D1754698

Jörg Forthmann (Hrsg.)

**Praxishandbuch Public Relations**

Jörg Forthmann (Hrsg.)

# Praxishandbuch Public Relations

*Mehr Erfolg für
Kommunikationsexperten*

WILEY-VCH Verlag GmbH & Co. KGaA

1. Auflage 2008

Alle Bücher von Wiley-VCH werden sorgfältig erarbeitet. Dennoch übernehmen Autoren, Herausgeber und Verlag in keinem Fall, einschließlich des vorliegenden Werkes, für die Richtigkeit von Angaben, Hinweisen und Ratschlägen sowie für eventuelle Druckfehler irgendeine Haftung.

**Bibliografische Information der Deutschen Nationalbibliothek**
Die Deutsche Nationalbibliothek verzeichnet diese Publikation in der Deutschen Nationalbibliografie; detaillierte bibliografische Daten sind im Internet über http://dnb.d-nb.de abrufbar.

© 2008 WILEY-VCH Verlag GmbH & Co. KGaA, Weinheim

Alle Rechte, insbesondere die der Übersetzung in andere Sprachen, vorbehalten. Kein Teil dieses Buches darf ohne schriftliche Genehmigung des Verlages in irgendeiner Form – durch Photokopie, Mikroverfilmung oder irgendein anderes Verfahren – reproduziert oder in eine von Maschinen, insbesondere von Datenverarbeitungsmaschinen, verwendbare Sprache übertragen oder übersetzt werden. Die Wiedergabe von Warenbezeichnungen, Handelsnamen oder sonstigen Kennzeichen in diesem Buch berechtigt nicht zu der Annahme, dass diese von jedermann frei benutzt werden dürfen. Vielmehr kann es sich auch dann um eingetragene Warenzeichen oder sonstige gesetzlich geschützte Kennzeichen handeln, wenn sie nicht eigens als solche markiert sind.

Printed in the Federal Republic of Germany

Gedruckt auf säurefreiem Papier.

**Satz** TypoDesign Hecker GmbH, Leimen
**Druck und Bindung** AALEXX Druck GmbH, Großburgwedel
**Umschlaggestaltung** Christian Kalkert, Birken-Honigsessen
**ISBN:** 978-3-527-50329-2

# Inhaltsverzeichnis

**Vorwort** 7

**Dos and Don'ts gegenüber der Presse** 9
Claudia Tödtmann

**I Themenführerschaft erobern** 27

**Die Zielgruppe ausleuchten: Sorgen, Nöte und Wünsche, Bremser- und Treiberthemen für die Public Relations** 29
Bernhard Keller

**Pressearbeit mit Plan – die erfolgreiche PR-Strategie** 63
Jörg Forthmann

**PR-Erfolg ist messbar!** 91
Uwe Mommert

**II *Bild*, *Handelsblatt*, *Focus*: herausragende Sichtbarkeit in den Medien** 121

**Fakten, Fakten, Fakten – die Türöffner in die Redaktionen** 123
Roland Heintze

**Marken- und Produkt-PR** 145
Annette Siragusano

**Mit PR auf Kundenfang** *173*
Jörg Forthmann

**III  Erfolgreiche PR in der Praxis** *195*

**Kommunikation im virtuellen Raum: Internet-PR** *197*
Roland Schweins

**Fernsehen erobern – TV-PR** *217*
Carsten Heer und Tine Vogt

**Medienkooperationen: Leuchttürme setzen** *233*
Andreas Gutjahr

**Von der Studie zur Story** *253*
Mathias Oldhaver

**Wenn's mal kracht – was dann?** *277*
Maja Brandl

**Literaturverzeichnis** *301*

**Autorenangaben** *305*

**Register** *309*

# Vorwort

PR-Profis sind in der Zwickmühle. Auf der einen Seite steigen die Anforderungen an sie rasant: Die Geschäftsleitung fragt nach klaren Strategien und Konzepten und möchte kaufmännisch die Sinnhaftigkeit der Investitionen in die Pressearbeit nachgewiesen bekommen. Sie verlangt nach handfester Vertriebsunterstützung und gibt sich in der Erfolgskontrolle längst nicht mehr mit dicken Clipping-Sammlungen oder Medienresonanzanalysen zufrieden. PR steht in direkter Budgetkonkurrenz mit den anderen Kommunikationsdisziplinen Marketing und Werbung. Bei diesen gibt es seit Jahren anerkannte Strategien in der Kampagnenentwicklung und Werkzeuge der Erfolgskontrolle – finanziert durch üppige Werbegelder, von denen PR-Verantwortliche nur träumen können.

Auf der anderen Seite fehlt es an fundierten Ausbildungs- und Fortbildungsangeboten für PR-Profis. Der Markt ist reich an Kursen, wie Pressemitteilungen richtig geschrieben und Pressekonferenzen professionell durchgeführt werden. Doch das liefert keine Impulse für PR-Profis, die seit Jahren in der Verantwortung stehen und ihr Tagesgeschäft beherrschen. Deshalb befasst sich das vorliegende Buch auch nicht primär mit Hilfestellungen zu diesen Einsteigerthemen. Für dieses Werk wurden herausragende Autoren aus Redaktionen, Unternehmenspressestellen und PR-Agenturen gebeten, praxisnahe und nützliche Expertenbeiträge für PR-Profis zu verfassen.

Diese Beiträge werden ergänzt durch 50 Best-Practice-Beispiele, so dass die Umsetzung in der Praxis direkt nachvollziehbar wird. Das *Praxishandbuch PR* ist damit ein reich gefüllter Werkzeugkasten, den wir unseren Lesern offerieren. Greifen Sie gerne zu!

Die Vision hinter diesem Buch sind Pressestellen, die strategisch auf Augenhöhe mit der Geschäftsführung agieren, operativ spürbare Beiträge zum Unternehmenserfolg liefern und diesen auch nachweisen können.

Ergänzend zur Lektüre dieses Buches empfehlen wir den Branchendienst *PR-Professional*, den Sie im Internet kostenfrei abonnieren können (www.PR-Professional.de). Außerdem bietet das Faktenkontor – das Beratungshaus für Unternehmens- und Vertriebskommunikation aus Hamburg – den Lesern dieses Buches an, regelmäßig über Veranstaltungen, Best Practices und Neuerungen in der Branche informiert zu werden, die für PR-Profis von Bedeutung sind. Sollte dieses Angebot für Sie interessant sein, informieren Sie den Herausgeber dieses Buches bitte per E-Mail an Joerg.Forthmann@Faktenkontor.de.

Hochkarätige Fachartikel entstehen in der Regel nachts oder am Wochenende. Eine ganze Reihe anerkannter Experten hat diese Mühsal auf sich genommen, um ihr Wissen mit Ihnen zu teilen. Dafür bedanke ich mich herzlich! Besonderer Dank geht an Tine Inken Vogt, die mit unermüdlichem Fleiß im Hintergrund das Erstellen dieses Buches begleitet hat.

Das Ergebnis dieser Arbeit lesen Sie auf den nachfolgenden Seiten. Eine spannende Lektüre wünscht

*Jörg Forthmann*

# Dos and Don'ts gegenüber der Presse

Claudia Tödtmann

## Wie man es sich mit Journalisten verscherzt – ohne es womöglich zu bemerken

Was für Vampire das Kreuz oder eine Knoblauchknolle ist, ist für Journalisten das Wort »platzieren«. Dieses Wort sollte jeder, der eine Redaktion anruft oder besucht, vorher aus seinem Repertoire streichen. Ersatzlos streichen sollte er dieses Verb »platzieren«, das scheinbar ganz harmlos klingt. Etlichen Mitarbeitern von PR-Agenturen, die die Presse auf ein bestimmtes Thema aufmerksam machen möchten, rutscht nämlich dieses Wort heraus: »Hier ist die Agentur Hundnase. Kennen Sie ... Und wie können wir denn die Firma Ratzputz bei Ihnen platzieren?« Dieses Verb führt dann dazu, dass die allermeisten Redakteure direkt rot sehen. Klappe. Schicht im Schacht, das Gespräch ist gelaufen. Selbst wenn sie es nicht sagen oder sich sonstwie anmerken lassen.

Warum? Ganz einfach: weil Journalisten nicht instrumentalisiert werden wollen. Und missbraucht. Und so plump schon gar nicht. Denn man kann Redaktionen durchaus Themenvorschläge machen und Anregungen geben – aber platzieren wollen Journalisten genau nicht. Das ist das, was die Anzeigenabteilung macht. Und zwar für zahlende Inserenten. Die platziert Anzeigen der Industrie auf Werbeseiten, die gekauft werden. Die Anzeigen sind fest gebucht und für die Leser als solche auch erkenn- und unterscheidbar von den Artikeln der Redakteure. Auf den Anzeigenseiten kann sich bewerben, wer will – aber eben nicht im redaktionellen Teil. Der ist Hoheitsgebiet der Redaktion, und da wird nichts platziert. Das ist der Teil eines Blattes, wo die Leser die Infos lesen möchten, die die Redaktion für sie vorgefiltert und aufbereitet hat, weil sie Wert genau darauf legen und eben keine Prospekte lesen wollen. Und wer als PR-Beauftragter das Verb unversehens verwendet – womöglich völlig arglos –, riskiert, dass das Gespräch dann ganz schnell zu Ende ist. Er riskiert vor allem, dass er den Journalisten gegen sich aufbringt. Denn ganz offensichtlich hält der Anrufer den Redakteur für einen Trottel. So nach dem Motto: Ich steuere den Journalisten mal kurz fern wie ein kleines Spielzeugauto. Ich rufe ihn an, und der schreibt dann das, was ich will. Wundert es Sie noch, wenn so ein Reizwort durchschlagende Wirkung hat?

Übertroffen wird das Verb platzieren übrigens von dem Wort schalten. »Ich wollte einen Artikel bei Ihnen schalten«, das sagen nur die ganz blutigen Anfänger. Mancher Journalist reagiert darauf auch so: »Und warum rufen Sie mich dann an?« Redepause. Rückfrage: »Ja, bin ich jetzt nicht mit der Redaktion ›Stock und Schirm‹ verbunden?« Antwort: »Doch, genau das. Aber wenn Sie Anzeigen schalten wollen, sollten Sie unsere Anzeigenabteilung anrufen. Darf ich Sie eben durchstellen?«

Was heute erschwerend hinzukommt, ist die Tatsache, dass die Verlage über sinkende oder zu niedrige Anzeigeneinnahmen klagen und etliche Redaktionen riesige Personaladerlasse hinter sich haben, auf allen Ebenen. Die Zahl der festen Redakteure ist seit 1993 von 25 000 auf heute 17 000 gesunken, rechnete Götz Hamann in der *Zeit* in einem sehr lesenswerten Artikel über Verlage und Zeitungen im September 2007 vor. Kurz: Sekretariats-Support für Redakteure ist zuweilen komplett gestrichen, Fotoredaktionen und Abteilungen wie Layout, Grafik auf ein Minimum reduziert und die Aufgaben auf die Verbliebenen verteilt. Wo vor fünf Jahren noch eine Handvoll Tabellenerfasser arbeiteten, sitzt heute kein einziger mehr. Entweder verzichtet man also ganz darauf, oder andere Abteilungen müssen die Tätigkeiten mitmachen oder die Redakteure selbst in nächtlichen Sitzungen, oder – und hier kommen wieder die PR-Agenturen ins Spiel – PR-Leute liefern ihnen zum Beispiel Rankings oder Vergleichstabellen direkt komplett. Die meisten Redaktionen sind heute immer schlechter ausgestattet, vom Drucker bis zum Kopierer, aber dafür mit immer mehr Aufgaben (insbesondere vor dem Hintergrund der zunehmenden Technisierung bis hin zum Profi-SAP-System für simple Reisekostenabrechnungen) belastet – ohne dass sich freilich die Arbeit oder die Zahl der zu füllenden Seiten mit verringert hätte. PR-Agenturen sind allein schon vom Material her besser ausgestattet als Redaktionen. Und nicht nur das: Die Schar der PR-Leute übersteigt die Zahl der Journalisten, wie der *Spiegel* jetzt vorrechnete.

Im Klartext: Die Arbeitsverdichtung in den Redaktionen kommt PR-Agenturen entgegen. Eigene Fotos, Grafiken und Tabellen bekommen sie heute viel schneller ins Blatt als früher. Wenn kein Geld da ist für einen Fotografen, freut sich die Redaktion, wenn sie wenigstens von den Unternehmen selbst kostenlos Fotos von dessen Führungskräften bekommt. Und diese Bilder sehen eben nicht abwechslungsreich, unterhaltsam oder gar entlarvend aus, sondern sind sorgsam so inszeniert, wie der Unternehmenslenker sich gerne sehen möchte. Langweilig eben. Das Ganze geschieht natürlich zur

Freude der Betroffenen. PR-Agenturen sind gut beraten, wenn sie stets von vornherein darauf achten, dass von den richtigen Managern gute Fotos vorrätig sind, und schon mal prophylaktisch Profifotos anfertigen lassen, die sie im richtigen Augenblick – wer hätte das gedacht – mal rasch der Redaktion schicken und damit aus der Verlegenheit helfen können. Sie ahnen, wie sich die Kette fortsetzt und wem diese Engpässe in den Redaktionen durchaus zugute kommen? Richtig.

Zurück zu den kleinen und großen Pannen im Umgang mit Journalisten: Ähnlich gut wie das Verb platzieren kommt dieser Satz an, der mal väterlich besänftigend daherkommt oder auch mal fast verschwörerisch: »Und wenn Ihr Artikel fertig ist, können Sie ihn mir gerne schicken. Damit ich drüberschaue, ob auch alles richtig ist.« Der Satz ist ein Volltreffer. Das Ziel ist ohnehin klar. Gemeint ist nämlich eigentlich: »Ich schaue, ob Sie auch alles in unserem Sinne geschrieben haben.« Umgekehrt signalisiert er jedenfalls, dass man den Journalisten für inkompetent hält oder für begriffsstutzig. Und gibt gleichzeitig zu, dass man es wohl nicht geschafft hat, sich verständlich zu machen. Ganz abgesehen davon verbieten oft übrigens die ganz großen Blätter, vor allem Magazine mit ihrem teureren und aufwendigeren Journalismus, ihren Redakteuren im Arbeitsvertrag – schon aus Gründen des Konkurrenzschutzes –, dass sie diese Manuskripte vor dem Druck jemandem zeigen. Sie halten die Sorge für übertrieben? Ich nicht mehr, seit ich bei einem Magazin erlebte, wie genau aus dem Grund ein Redakteur seinen Job verlor und in einem Schwesterblatt eine Sekretärin mir nichts, dir nichts ohne jeden echten Verdacht in die Gefahr einer Kündigung geriet, weil ihr liebe Kollegen etwas anhängen wollten und behaupteten, die Dame habe ein Manuskript aus der Redaktion herausgefaxt.

Warum das noch ein absolutes Tabu ist und auch sein muss? Sollte in dem Stück ein kritischer Satz stehen, von dem ein Unternehmen frühzeitig Wind bekommt, könnte jemand auf die Idee kommen, schon frühzeitig mit Hilfe der einschlägigen Medienrechtler mit juristischen Kanonen auf Spatzen zu schießen. Bei einem Wochenblatt ereignete es sich sogar schon, dass eine Großbank der Chefredaktion nur mit einer einstweiligen Verfügung drohte und am Ende die Staatsanwaltschaft ermittelte – und tatsächlich fündig wurde. Eine Mitarbeiterin der Anzeigenabteilung – sie hatte sogar noch Probezeit – war während einer Redaktionskonferenz ins Zimmer des Redakteurs gegangen und hatte dort am PC des Redakteurs den Artikel ausgedruckt. Ihr Mann hatte den dann der Bank verkauft – und die Chefredaktion sah sich gezwungen, den Text so abzuändern, dass die Auflage erscheinen konnte. Sie sehen, warum das Ansinnen – vorab zu prüfen – erfahrene Redakteure in Harnisch bringt?

Etwas trickreicher wollen diejenigen PR-Profis daherkommen, die es auf die leutselige Tour versuchen: »Wir haben einen neuen Kunden, die Firma Wunderbar. Ich wollte mit Ihnen mal überlegen, was wir für die tun können.« Wie bitte? »Wir«? Und weiter: »Welche Rubriken haben Sie denn so? Wo könnte die Firma da hinpassen?« Hallo? Da versucht jemand, mal eben den Spieß umzudrehen. Der Journalist soll plötzlich zum Anwalt eines einzelnen Unternehmens gemacht, quasi ins Boot geholt werden. Wenn ein PRler es wirklich geschickt anstellt, ist es plötzlich so, als müsse der Redakteur ihm den redaktionellen Teil schmackhaft machen. Psychologisch clever. Aber ob diese Masche echt erfolgreich ist, bezweifle ich. Denn in Redaktionen – zumindest in großen Redaktionen – besteht meist eine straffe Hierarchie. Texte werden manchmal von mehreren gegengelesen und auch redigiert, wo derlei Nummern rasch auffallen. Und wenn nicht, bekommt der Redakteur, der sich so einlullen lässt, am Ende womöglich einen harschen Rüffel vor versammelter Mannschaft bei der Blattkritik – dann wird er künftig auch vorsichtig gegenüber PR-Annäherungsversuchen werden.

Und ein guter PR-Mann wird auch nicht auf seinen kurzfristigen Erfolg achten, sondern vielmehr darauf, dass er es sich nicht mit seinen Ansprechpartnern in der Redaktion verscherzt. Was hat er davon, wenn er sich ein Mal durchsetzt – und sich dann nie wieder blicken lassen kann bei dem betroffenen Redakteur? Und auch Redakteure tauschen sich über ihre Informanten aus, so dass eine PR-Agentur dann auch mal schnell in einer ganzen Redaktion in Verruf geraten kann. Warum es nun also so wichtig ist, dass PR-Leute den richtigen Ton treffen und die richtige Botschaft an den Mann und die Frau bringen?

Weil
a) das Durchkommen zu den eher hetzenden als arbeitenden Journalisten in den Redaktionen immer schwieriger wird und
b) es keine zweite Chance für den ersten Eindruck gibt, weil keine Zeit, siehe oben, und
c) die Journalisten gar keine Zeit für Experimente und Nachhilfestunden haben. Dann lieber einen bewährten Informanten oder PR-Profi anrufen, als stundenlange Erklärungen geben zu müssen, um später dann doch eine Absage von schrecklich gutwilligen PR-Leuten zu bekommen, die leider ihrem Kunden nicht im richtigen Moment das Richtige entlocken konnten. Und es auch nicht schafften, ihn davon zu überzeugen.

Einer der größten Fehler, den PR-Mitarbeiter begehen können, ist, zu versuchen, sich selbst die redaktionsinterne Hierarchie zunutze zu machen. Eine Kollegin, die im Finanzressort über Anlageformen schreibt, erlebte mal

Folgendes: Sie hatte mehrere Fonds verglichen, und einem Anbieter, der mit einer mittelguten Bewertung wegkam, war das nicht genug. Er beschwerte sich schriftlich bei der Chefredaktion, und dieser Brief flatterte natürlich dann auch der Redakteurin auf den Tisch. Der Chefredakteur war weit davon entfernt, sich in die Tiefen der Fondsbewertung zu begeben, und hatte das Schreiben ihr dann einfach durchgereicht. Doch sie hatte sich so sehr geärgert über die Attacke des Fondsanbieters, dass sie ihn in sämtliche Vergleiche, die sie in den nächsten Jahren unter Fondsanbietern anstellte, erst gar nicht mehr mit einbezog. So, als gebe es ihn gar nicht. Sie war ja dazu auch nicht verpflichtet. Ob es ihm gefallen hat, nun ganz aus dem Spiel zu sein? Gute Chefredaktionen fallen nämlich ihren Redakteuren – zumindest nach außen hin – generell auch nicht so ohne Weiteres in den Rücken.

Gute PR-Leute hingegen – und nur die – sind ein wahrer Segen. Und zwar nicht nur für ihre Auftraggeber, sondern auch für Journalisten. »Aber sie sind leider so selten«, seufzt meine Kollegin Anja immer. Recht hat sie. Viele Öffentlichkeitsarbeiter sind nämlich leider eine Landplage – jedenfalls aus Sicht von Redakteuren. Warum? Das Grundproblem ist ganz einfach, meint auch mein Kollege Rüdiger: »Die PR-Leute wissen oft nicht, mit wem sie es zu tun haben, womit sie es zu tun haben und wie die jeweiligen Medien funktionieren.« Den ältesten Hasen bieten sie gut abgehangene Infos an. Oder sie geben Infos einem Magazin exklusiv, das vier Tage später erst erscheint und danach einer Tageszeitung, die sie fröhlich am nächsten Tag druckt – einen Tag vor dem Erscheinen des Magazins. Wo die Magazinjournalisten schon mal nachlesen können, was ihnen als »exklusiv« angedient worden war – zur Häme der Redaktionskollegen.

Das bedeutet: Unprofessionelle PRler sind eine Landplage, weil sie Redakteuren die knappe Arbeitszeit stehlen, indem sie ihnen langatmig erzählen, über welches Unternehmen doch unbedingt was berichtet werden müsste. Statt zu mailen. Oder sie machen gar noch Scherereien, zum Beispiel, indem sie beim Abstimmen von Zitaten im entscheidenden Moment Rückzieher machen. Indem sie total umständlich und kleinlich auftreten und, statt zu vermitteln zwischen Journalisten und ihren eigenen Kunden, nur die Bedenken, Sorge und Nöte haarklein dem Journalisten rückkoppeln, dessen Arbeitsprozess behindern und so richtig Sand ins Getriebe streuen. Denn wer mitten im Produktionsprozess ist, den nahenden Redaktionsschluss im Nacken hat und auf wen vielleicht noch Layouter und Bildredakteur warten, der muss mit seiner Zeit sehr streng haushalten. Ob er will oder nicht. Stil und Etikette die Vorfahrt zu geben ist in so einem Moment – leider – einfach unmöglich. Zumal sämtliche Telefonanrufe heute gleich zu jedem Schreibtisch durchkommen. Etwaige Redaktionssekretariate – soweit es noch welche gibt – sind meist nur noch für die Chefredaktionen da. Einfach nicht den Hörer abzunehmen ist auch keine Lösung. Mitten im Produktionsprozess kann keiner einfach das Telefon läuten lassen – schließlich könnte ja auch der Layouter dran sein und etwas Eiliges sagen wollen. Auf solche Situationen sollten Anrufer in Redaktionen einfach gefasst sein und es ja nicht persönlich nehmen, wenn sie vertröstet werden auf den nächsten Tag. Sie sollten nur schnell wieder einhängen und noch kurz sagen, dass sie mailen oder später noch mal anrufen. Und das dann aber auch tatsächlich tun.

Bleibt die Frage: Was macht nun die guten PR-Leute zu guten? Gute PR-Leute haben erst einmal ein klares Rollenverständnis. Sie kennen ihre Aufgabe genau und stellen professionell jedwede eigene persönliche Eitelkeit hintan. Ihnen ist bewusst, dass sie einzig und allein ihr Unternehmen gut vertreten müssen und ihrer Firma nicht noch Schaden zufügen, indem sie persönlich als Störfaktor wirken. Das ist nämlich dann der Fall, wenn ein Journalist eigentlich gerne bei einer Firma eine Information einholen würde, und die Firma sich vielleicht auch gerne damit in der Zeitung sähe, aber leider der Pressesprecher selbst wie eine Barriere wirkt. Oder weil er immer nur so langsam reagiert, so umständlich ist oder nur so schwer zu erreichen ist, dass man lieber gleich die Konkurrenzfirma anruft. Jedenfalls wenn man die Wahl hat. Oder weil es sich der Unternehmenssprecher schon vorher leider mit dem Redakteur verdorben hat. So schüttete mir schon der Pressechef eines großen internationalen Konzerns sein Herz darüber aus, wie er bereits auf die Nase gefallen war: Er hatte einen Jungredakteur einer Provinzzeitung nicht ernst genug genommen und ihn deutlich schlechter behandelt, als er es mit einer überregionalen Zeitung getan hätte. Dann kam der Tag, an dem sein Konzern böse in die Schlagzeilen geriet und eine Imagekrise durchmachte. Und wer saß plötzlich bei einer großen namhaften Zeitung und betreute genau seine Branche? Richtig, der junge Kollege aus der Provinz, der inzwischen Karriere gemacht hatte – und sich sehr genau daran erinnerte, wie er zuvor übergangen worden war. Der Pressechef hatte inzwischen die Lektion gelernt, dass er Journalisten in so einem Moment, in dem sie Informationen nachfragen, gleich behandeln sollte – schon vorsichtshalber.

Gerade heute kommt der Faktor Internet ja hinzu. Wartet eine an sich unauffällige Redaktionswebseite plötzlich mit einer überraschenden Nachricht auf – es braucht ja nicht mal die Homepage zu sein –, findet manches Stück über die Google-News-Seite heute in wenigen Stunden Verbreitung durch die ganze Republik. Da kann ein unverdächtiges Markenwertranking der Werbeagentur BBDO je nachdem, wie die Nachrichtenlage ansonsten aussieht, plötzlich über hundert Mal von anderen Medien online aufgegriffen und weiterberichtet werden.

Doch zurück zu den Eigenschaften guter PR-Leute: Sie wissen, wie Redaktionen funktionieren, sie kennen (und akzeptieren) ihre – zugegebenermaßen komplizierten, aber absolut unabänderlichen – Abläufe, Organisationen, Hierarchien und Zuständigkeiten. Sie mögen ja entsetzt sein, wenn sie nur zwei Stunden Zeit haben, um ein Zitat ihres Managers einzuholen, aber wenn die Nachrichtenlage in dem Moment dessen Kommentar erfordert und der Druckschluss naht, hat auch die Redaktion selbst keinen Spielraum. Sie kann den Moment, in dem die Seiten an die Redaktion gesendet werden müssen, nicht verschieben. Da hilft nur Augen zu und durch, auch für PR-Vertreter.

Sie haben gut zugehört, wenn Journalisten von ihren Zwängen berichten, und behalten diese im Hinterkopf. Denn Journalisten sind selbst alles andere als frei: Die Plätze im Blatt werden verteilt, die Längen ihrer Artikel vorgegeben, der Abgabezeitpunkt steht unverrückbar fest, bei der Bildauswahl haben sie manchmal gar nichts mitzureden, oft stammen nicht einmal die Überschrift des Textes oder sogar ganze Textpassagen von dem vermeintlichen Autor. Je größer das Blatt und je seltener es erscheint, umso höher ist die Wahrscheinlichkeit, dass viele Köche im selben Topf herumrühren. Was natürlich derjenige, dessen Name unter dem Artikel steht, kaum zugeben wird. Aber das, was ein PR-Mann herausfinden kann, sind die Hausregeln jedes Blattes. Zum Beispiel wenn grundsätzlich keine Doktortitel genannt werden. Weil man sonst jedes Mal Dr. Dr. Helmut Kohl schreiben müsste und weil das Blatt ohnehin nur bedeutende Leute zitiert. Denn dann ist schon der Versuch zwecklos, wenn etwa ein Sprecher einer Kanzlei unbedingt durchsetzen möchte, dass seine Anwälte im Artikel mit ihrem Titel auftauchen sollen.

Gute PR-Experten kennen die verschiedenen Blätter, deren jeweilige Zielgruppen und wissen vor allem eine Menge von ihren eigenen Kunden. Warum die Zielgruppe des jeweiligen Mediums so wichtig ist? Weil das Selektieren eine der Hauptaufgaben von Journalisten ist. Das Herausfiltern der News, die ihre Zielgruppe besonders interessiert. Und was das sein könnte, lässt sich auch von außen abschätzen – vorausgesetzt, man nimmt sich die Zeit, beschäftigt sich mit dem jeweiligen Blatt, analysiert mehrere Ausgaben, gleicht die Erkenntnisse ab mit dem, was der Auftraggeber erreichen möchte, und geht gut präpariert auf die Redaktion zu. Das wirkt Wunder. Dann kann man schon im Vorhinein erkennen, dass sich *Impulse* ganz klar an Arbeitgeber richtet und die Story »Ihr Recht als Arbeitnehmer« nicht eben willkommen ist. Oder dass für ein überregionales Wirtschaftsmagazin das Thema, welch ein schöner Werbeagenturstandort Düsseldorf doch ist, an sich noch keine Geschichte ist. Den Vorschlag machte – Sie werden es kaum erraten – eine internationale Werbeagentur, die ihren deutschen Hauptsitz in Düsseldorf hat, und »sehr gerne etwas für den Standort tun wollte«.

Auch PR-Profis, die nur bewundern, wie wundervoll ihr Kunde ist oder dass der Unternehmenslenker »ein echt authentischer Typ« ist oder dass sein Produkt »ganz toll« ist, helfen nicht weiter. Jedenfalls nicht bei der Wirtschaftspresse. Besser ist es, wenn sie Zahlen, Fakten und Geschichten von dem Unternehmen parat haben. Es macht auch keinen Supereindruck, wenn man bei der ersten Rückfrage passen muss und womöglich noch ausdrücklich verweist, quasi zurückdelegiert: »Das können Sie Herrn Mayerhuber dann gleich selbst fragen bei Ihrem Termin.« Danke für die Anregung, darauf wäre ich sonst nicht gekommen. Nur – warum rede ich dann noch mit dem PR-Mann?

Gute PR-Leute kennen also ihre Aufgabe genau und sind einsatzfreudig. Notfalls von einer Minute auf die andere. Sie wissen, wie hektisch es im Redaktionsalltag zugehen kann. Sie signalisieren sofort: »Ich hab verstanden, ich besorge jetzt sofort die Fakten, die Sie brauchen.« Denn schließlich bietet die Verlegenheit einer Redaktion ihnen die Chance, im Handumdrehen ihre Kunden ins Blatt zu bringen. Sie sollten so sensitiv sein, zu merken, wann es brandeilig wird, oder fragen zurück. Sie wissen, dass es bei einer Tageszeitung eben keine zwei Tage dauern darf, wenn man ein Zitat abstimmen will. Und dass man auch tatsächlich erreichbar sein muss, wenn's zur Zitatabstimmung geht. Notfalls auf dem Kindergeburtstag seines dreijährigen Sohns.

Mancher Manager braucht sich gar nicht zu wundern, dass immer nur sein Konkurrent in der Presse auftaucht – aber er nicht. Vielleicht liegt es einfach daran, dass der Schutzwall aus Sekretariat, Pressestelle und Presseagentur um ihn herum so hoch ist, dass ohnehin kein Journalist an ihn herankommt. Es gibt tatsächlich solche Firmen, bei denen man als Redakteur schon vorher weiß: Dort macht man alles möglich, um das erbetene Statement vom Chef schnell zu besorgen. Und dass es solche Firmen gibt, bei denen die Generalhaltung der Pressestelle lautet: Ich tue alles, um die Presse zu behindern. Dass Aldi und zumindest bis vor kurzem Bosch so einen Ruf hatten, war unter Journalisten oft Gesprächsstoff. Oder dass die Pressestellen des Handels oft merkwürdig ticken. Da konnte es einem schon passieren, dass man wegen eines vergleichsweise harmlosen Managementthemas bei einem der großen Warenhauskonzerne anrief, um allein wegen seines Redaktionsnamens abzublitzen. Auf Nachfragen erfuhr ich damals wenigstens warum: Ein Kollege hatte in seinem Unternehmensbericht am Rande ein Kleidungsstück des Konzernchefs beschrieben – die Socken. Das hatte die Firma so erzürnt, dass die ganze Redaktion die nächsten Monate nicht mehr mit Informationen versorgt wurde.

Zurück zu den typischen Schnitzern von PR-Vertretern im Umgang mit Redaktionen, die absolut vermeidbar sind. Nachfassanrufe etwa sind berüchtigt in Redaktionen. Dabei ruft ein Mitarbeiter einer PR-Agentur in einer Redaktion an – gern ist es ein ansonsten ahnungsloser Praktikant – und fragt: »Ich habe Ihnen unsere Pressemappe oder heute eine Mail geschickt und wollte jetzt nachfragen, ob Sie was daraus machen?« Oder gleich noch einen Schritt weiter gehend: »Wann bringen Sie das?« Oder etwas trickreicher in dieser Variante: »Ich wollte nur nachfragen, ob die Infos angekommen sind, und wenn Sie noch mehr wissen müssen, können Sie mich gerne noch anrufen.« Oft weiß der arme PR-Praktikant nicht einmal, worum es geht, und kommt gleich ins Stottern, wenn ein Redakteur sich tatsächlich an die Pressemappe erinnert und sogar eine gezielte Rückfrage hat. Das ist eher selten und sorgt stets für Verwirrung. Darauf war man denn doch nicht gefasst.

Zugegeben: Manchmal landen Mails im Filter, und die Firewall lässt sie nicht durch. Oder die Pressemappe oder eine Einladung sind auf dem Postweg verloren gegangen. Das geht in Redaktionen besonders schnell. Die Post wird in offen herumstehende Postkörbchen verteilt, die zu Dutzenden beieinanderstehen, und das falsche Körbchen ist ganz schnell erwischt. Und kaum ein Kollege trägt so einen Brief wieder zurück in den Postraum, absichtlich oder unabsichtlich. Oder Briefe, die nur an die Redaktion oder an die Chefredaktion ganz allgemein adressiert wurden. Die haben fast keine Chance mehr, den Richtigen zu erreichen. Allein schon deshalb, weil ja nicht sicher ist, ob derjenige, der diese Post als Erstes in die Finger bekommt – es kann ja auch eine Aushilfssekretärin oder Ferienvertretung sein –, eine Ahnung hat, welchen der rund 200 Redakteure einer überregionalen Tageszeitung dieses Thema nun gerade interessiert. Für die Klärung ist ohnehin keine Zeit da, ganz abgesehen davon, dass sich auch Zuständigkeiten überlappen.

Dann sind diese Nachfassanrufe in Ordnung, aber das klärt sich auch immer rasch. Nur nicht bei der PR-Dame, die immer wieder telefonisch nachfragte bei dem Wirtschaftmagazin, ob die Pressemappe von einem unbekannten Beratungsunternehmen »mit den grünen Steinen drauf« denn nicht angekommen war. Dieser Dialog wiederholte sich einmal, zweimal, bis herauskam, dass nur sie diese Steine eindeutig als solche identifizierte – und der Redakteur sich wunderte, warum er dieselbe Mappe immer wieder zugeschickt bekam.

Nachfassanrufe gehören zu den unbeliebtesten Anrufen in Redaktionen überhaupt. Ein Exkollege erzählte mir mal, er sei schon kurz davor, sich »eine Trillerpfeife zuzulegen, um nur noch ins Telefon zu pfeifen, statt zu antworten«. Das war kurz vor der Jahrtausendwende in der New-Economy-Phase, als man in der Redaktion vor Anrufen an manchen Tagen tatsächlich nicht mehr zum Arbeiten kam – da sind Mails heute der Segen schlechthin. Ein anderer Kollege blaffte die Anrufer an: »So, Sie haben jetzt einmal angerufen, nächstes Mal kommt Ihre Agentur auf meine schwarze Liste, und dann schreibe ich nie mehr eine Zeile über Ihre Kunden.«

Ein Kardinalfehler – in Dutzenden von Varianten und zeitraubend – ist dieser: unvorbereitet in Redaktionen anzurufen. Und Fragen zu stellen, die überflüssig sind. »Wie oft erscheinen Sie eigentlich?« Diese – scheinbar harmlose – Frage ist tatsächlich eine Zumutung. So nebensächlich sie auch klingen mag. Und sehr unhöflich ist sie obendrein. Jedenfalls wenn ein PR-Profi sie einem Redakteur einer Zeitung oder eines Magazins stellt. Warum? Weil sie eine Missachtung zeigt. Ganz besonders, wenn er diese Frage an einen Redakteur richtet, den er selbst gerade angerufen hat, um diesen auf ein »besonders spannendes Thema« aufmerksam zu machen. Oder um ihm »interessante Informationen« von einem Unternehmen, das er vertritt, in Aussicht zu stellen. Und genau diese Frage nach dem Erscheinungsrhythmus hören Redakteure immer wieder. Oder wenn zum Beispiel ein Redakteur der *Wirtschaftswoche* gefragt wird, wie oft sein Blatt denn erscheine. Die Standard-Gegenfrage »Was meinen Sie, wie heißen wir: *Wirtschaftsmonat?*« wird dann quittiert mit einem kurzen Schweigen – und einem verlegenen »Hihihihi« oder – »Ach so, ja, natürlich«. Doch warum gerade diese Frage nach dem Erscheinungsrhythmus einen Redakteur in Rage bringt? Weil diese fünf Worte so viel offenbaren. Viel Beleidigendes vor allem: dass der PR-Profi

a) nicht einmal so richtig weiß, wo er gerade anruft, bei einer Tageszeitung, einem Wochen- oder einem Monatsmagazin – mit entsprechend anderem Konzept, anderen journalistische Darstellungsformen und unterschiedlichen Zielgruppen zum Beispiel. Und dass er es
b) nicht für nötig hielt, sich vorzubereiten und wenigstens das Blatt und die Wunschrubrik vorher einmal anzusehen, bevor er die Redaktion anruft, und
c) er zeigt, dass er das Medium, mit dem er gerade Kontakt herstellen will, für austauschbar hält und es nur zufällig angerufen hat, und sich
d) nicht mal schämt, das zu offenbaren, und er

e) trotzdem erwartet, dass der so Geringgeschätzte, quasi Austauschbare, nichtsdestotrotz – bei all diesen Beleidigungen – für den Anrufenden seine eigene Zeit aufwendet, seine Arbeit liegenlässt und ihm Einzelnachhilfe gibt. Obwohl ein Blick in das betreffende Blatt dem Anrufer schon Aufschluss gäbe. Denn selbst ein Blick ins Internet würde dem Betreffenden Antwort geben, und er müsste sich auch keine Blöße geben: wie wenig er weiß und wie egal es ihm ist, wo er gerade vorspricht und – nicht zuletzt – welchen Schaden er dem Namen seiner PR-Agentur zufügt.

Klassiker sind übrigens auch die Anrufer bei Wirtschaftsblättern wie *Handelsblatt*, die gerne »die Wirtschaftsredaktion sprechen möchten«. Diese Spezialisten sind immer ganz verblüfft, wenn die Antwort »wir machen hier alle Wirtschaft« oder so ähnlich ausfällt. Wer eine derart dusselige Frage schon am Anfang eines Gesprächs stellt, hat sich als Dummbatzen selbst gekonnt geoutet, binnen Sekunden und wie es schlimmer kaum geht. Das Gespräch wird vermutlich nicht mehr lange dauern und der PR-Vertreter auch nicht mehr ernst genommen. Und weil der erste Eindruck entscheidend ist, haben etliche PR-Leute eigentlich nur wenige Chancen, ihre Kunden so in die Presse zu bringen, wie die es sich erhoffen. Von vornherein, einfach weil sie vielleicht nach dem Outsourcen ihrer Presseabteilung oder in Ermangelung derselben sich vom falschen PR-Mann oder der falschen PR-Frau den Auftrag abschwatzen ließen. Gerade weil die kleineren PR-Agenturen sich meist auf Branchen festlegen und zum Beispiel nur für die Kosmetikindustrie oder nur für Unternehmensberatungen arbeiten, spricht sich deren Verhalten und Auftreten auch unter den Journalisten – und über die Grenzen der Redaktionen hinaus – herum. Auch Journalisten, die zum Beispiel besonders viel über eine Branche schreiben, kennen ihre Kollegen bei den anderen Blättern und sprechen bei gemeinsamen Veranstaltungen auch über die PR-Experten und wie sich die Unternehmen benehmen.

Und weil auch Journalisten nur Menschen sind, bekommen PRler auch einiges mehr mit aus den Redaktionen und deren Sorgen und Nöten. Wer dies dann aber dem Kunden ungefiltert weitertratscht, um sich anheischig zu machen – was natürlich über kurz oder lang herauskommt – , braucht sich bei den Redakteuren irgendwann nicht mehr blicken zu lassen. Mehr noch: Er braucht sich nicht zu wundern, wenn bestimmte Journalisten gar keine Zeit mehr für ihn haben und von vornherein abblocken. Warum zum Beispiel sollte ein Journalist noch Zeit opfern für den Vertreter eines Buchverlags, bei dem er bemerkt hat, dass er erst als Letzter auf der Liste der zu informierenden Redakteure steht? Wie kann ein Pressesprecher nur davon ausgehen, dass ein Journalist es nicht als Attacke empfindet, wenn er ihm die neuesten Knüller ans Herz legt – und in den nächsten zwei Tagen große Artikel über dieses Buch oder Auszüge des Buches in dem Konkurrenzblatt erscheinen? Verlassen Sie sich drauf: Journalisten beäugen durchaus, welche Redaktion und welcher Redakteur als Erster manches im Blatt hat.

Wie ein Unternehmen herausfinden kann, ob es womöglich den falschen PR-Experten beauftragt hat? Zugegeben, einfach ist das nicht. Eigentlich nur, indem es sich schon vorher über den Ruf des PR-Profis in den Redaktionen selbst und bei namhaften freien Journalisten erkundigt, vorsichtig natürlich. Oder indem es sich Referenzkunden nennen lässt – und mal selbst im Internet und in Archiven prüft, wie diese Referenzkunden in der Presse wegkommen. Ob sie überhaupt auftauchen und wenn ja, womit.

Sonst kann es einem so gehen wie dieser PR-Agentur: Die Chefin selbst versuchte einen Redakteur einer der großen fünf Tageszeitungen zu überzeugen, dass er unbedingt ein Thema aufgreifen müsse – mit einem ihrer Kunden, einem beratenden Dienstleister, als Kronzeugen natürlich. Als der Redakteur nicht darauf eingehen wollte, schrieb sie ihm, dass sie besser wüsste, was ein gutes Thema wäre, sei sie doch früher selbst sogar Ressortleiterin bei einem großen Magazin gewesen. Der Schuss ging nach hinten los. Der Kollege bezog ob dieses Übergriffes nicht nur seinen Ressortkollegen mit ein, sondern die Antwort war: Wenn die PR-Lady denn diese gute Position innegehabt hätte, so stelle sich doch nun die Frage, warum sie sie heute nicht mehr bekleide? Und diese Mail ging auch gleich in Kopie an ihren Auftraggeber. Und es dauerte keine 24 Stunden, bis der ganz aufgelöst in der Redaktion anrief, sich entschuldigte und auch gleich distanzierte – von der eigenen PR-Beauftragten.

Auf Glatteis begibt sich, wer meint, er könne Redakteure gegeneinander ausspielen. Wenn also jemand Redakteure von ein und derselben Zeitung anspricht und ein konkretes Thema anbietet, um so seine Chancen zu erhöhen, ins Blatt zu kommen – das aber keinem der beiden auch nur andeutet. Oder erst viel zu spät. Das passiert selbst erfahrenen PR-Leuten, wenn ihnen eine Sache nur wichtig genug ist. Vor allem, wenn die vertretene Firma sich ohnehin nicht oft zu Worte meldet. Zum Beispiel wenn eine Unternehmensberatung nur einmal im Jahr eine Studie veröffentlicht und damit in so viele Blätter wie möglich kommen will. Und vor allem in die, die die meisten ihrer Kunden lesen. Nach dem Motto also »Doppelt genäht hält besser« sprach eine Beraterin erst einen Redakteur an – nennen wir ihn Neumann – und avisierte eine interessante Untersuchung über Aufsichtsräte. Sie vermittelte einen Kontakt zu einem Kollegen, der im Detail Rede und Antwort stehen sollte. Doch dann trat plötzlich eine Sendepause ein. Das ist an sich nicht ungewöhnlich. Dass Studien erst mit Verspätung fertig werden, passiert öfter. Doch auf der Themenkonferenz wenige Tage später staunte der Redakteur nicht schlecht, als plötzlich ein anderer Kollege genau diese Untersuchung ankündigte – und zwar gleich für den nächsten Tag. Hätte der zuerst Angesprochene das Thema gleich auf seine offizielle Redaktionsplanungsliste gesetzt, wäre er ziemlich blamiert gewesen.

Der Extremfall: wenn sogar zwei Kollegen einer Redaktion eine Dienstreise von Köln bis nach München zu ein und derselben Firma wegen ein und desselben Themas antreten. Anstifter war im konkreten Fall ein namhafter Finanzdienstleister. Beide Redakteure bemerkten das Dilemma erst nach ihrer Rückkehr in die Redaktion. Raten Sie mal, wie sich die beiden fühlten? Und raten Sie mal, wie dumm die beiden dastehen, wenn es Nachfragen der Chefredaktion gibt wegen der – vergeblichen – Reisekosten. Zumindest bei einem der beiden. Und raten Sie dann, ob der Redakteur, der den Artikel schließlich nicht schreibt, noch ein einziges Mal mit diesem Unternehmen zu tun haben will? Und ob er noch gut spricht über so eine Firma? Und denken Sie noch einen Schritt weiter: Die beiden Finanzprofis, mit denen die Recherchegespräche stattfanden, verließen irgendwann das Unternehmen, machten weiter woanders Karriere – die Namen des Finanzdienstleisters und der trickreichen PR-Zuständigen sind eingebrannt im Gedächtnis der Journalisten.

Auch Medien gegeneinander auszuspielen kommt ganz schlecht an. Zum Beispiel wenn eine Anwaltskanzlei ein und denselben Gastbeitrag zu einem aktuellen Gerichtsurteil gleichzeitig zwei großen Konkurrenzblätter anbietet – ohne dies zu erwähnen. Und wenn dieser Kommentar dann am selben Tag abgedruckt ist. Die Anwälte brauchen sich jedenfalls nicht wundern, wenn künftig eins der beiden Medien – oder gar beide – aus ihrem Haus erst mal gar keine Beiträge sehen will.

### Interviews und deren Abstimmung

Echte Wortlautinterviews gibt es in Zeitungen und Magazinen selten so häufig. Als Interviews bezeichnen aber viele praktisch jedes Gespräch mit einem Journalisten, unabhängig davon, ob und was darüber später in der Zeitung steht. PR-Vertreter, die freundlich Redakteuren ein Interview anbieten, meinen es also oft gar nicht so. Das echte Interview – das gedruckte Wechselspiel von Frage und Antwort – ist eher die Ausnahme als die Regel und gar nicht so häufig. Sie meinen dann eher ein Recherche- oder ein Hintergrundgespräch, bei dem manches offen zur Sprache kommt – was das Unternehmen jedoch so lieber nicht gedruckt sehen möchte. Das sollte sich der PR-Vertreter vorher klarmachen und vor allem auch den Unternehmenskunden entsprechend einnorden. Sonst kommt es auf beiden Seiten zu Missverständnissen. Ich habe schon erlebt, wie ein Hamburger Unternehmen mich eigens aus Düsseldorf einlud, um sich nach mehreren Jahren Presseenthaltsamkeit »endlich zu öffnen«, wie es die PR-Lady formulierte. Denn es ließ sich im Archiv schnell erkennen, dass die Firma – ein Luxusgüterhersteller – praktisch nichts über sich herausgelassen hatte. Jahrelang. Und schon gar keine Zahlen und Fakten wie Umsatz, Gewinn und so weiter. Im Gegenteil, im *ManagerMagazin* fand sich lediglich eine kritische Geschichte unter anderem über deren Verschlossenheit. Nachdem also die Dame hoch und heilig versichert hatte, dass sich die Firma nun endlich ändern will und gerade mein Blatt davon profitieren und die Infos zuerst bekommen solle, flog ich hin. Um dann vor Ort ungefähr drei Stunden lang durch die Produktion und das Haus geführt zu werden – zwar rührend bemüht in Stil und Ton, doch leider war für die Wirtschaftspresse von den Infos kaum etwas verwertbar. Und das anschließende Gespräch mit dem Management geriet zum Fiasko: Die Herren setzten sich mir gegenüber an den Tisch, um sich nach Kräften auszuschweigen und zu blockieren. Die Gesprächseröffnung war: »Welche Fragen haben Sie denn an uns?« Doch dann rückten sie keine einzige interessante Information heraus. Keine Zahl, keinen Fakt und nicht mal eine Anekdote, etwas über ihre Pläne, nichts. Wie eine Auster. Sie hatten sich offenbar nicht vorbereitet und auch nicht mal Ersatzgesprächsstoff in petto. Fest stand nur ihr Entschluss, die Auster zu geben. Und das nicht mal charmant oder galant, sondern im Ton konfrontativ. Vielen Dank, besser kann man Journalisten nicht auflaufen lassen. Und das, nachdem man sie selbst ins Haus einlud und quer durch die Republik reisen ließ.

Ziemlich unbeliebt ist bei Redakteuren, die ihren Job ernst nehmen, die leutselige Anfrage noch Tage vor dem großen Gespräch: »Ach, können Sie uns zur Vorbereitung schon mal bitte Ihre Fragen schicken?« Vorab: Wird nicht der Befragte deshalb befragt, weil man ihm zu einem bestimmten Thema hohe Kompetenz unterstellt? Dieses Thema sollte er also beherrschen und nicht eigens vorbereiten müssen. Dass genaue Zahlen oder irgendwelche Detailangaben den Journalisten nach dem Gespräch noch nachgereicht werden, ist normal. Dafür sitzt der Pressesprecher oder Agenturmitarbeiter bei dem Gespräch unter anderem ja auch dabei, um mitzubekommen, welche Infos später über irgendwelche zugesagten Detailangaben auch tatsächlich pünktlich in der Redaktion landen sollen. Denn ansonsten ist der PR-Profi in dem Moment gut beraten, einfach gar nichts mehr zu sagen. Es sei denn, er muss helfend einspringen.

Zum Zweiten: Der so Überfallene hat vielleicht in dem Moment gar keine Zeit und die Fragen vielleicht auch noch gar nicht parat – die Hinfahrt zu solchen Terminen eignet sich nämlich hervorragend, um im Zug das Archivmaterial zur Vorbereitung durchzuarbeiten, darüber nachzudenken und dabei auch die auftauchenden Fragen zu notieren. Oder der Journalist will die einzelnen Fragen noch gar nicht vorzeitig preisgeben – warum sollte er es auch? Keinen anderen Verhandlungspartner würde ein Manager fragen lassen, ob er nicht schon mal seine Pfeile aus dem Köcher holen und alles verraten will. So nach dem Motto: Wo ist denn Ihre Schmerzgrenze, bis wohin Sie im Preis gehen wollen?

Zudem: Ist das Interview in seiner Richtung schon so vorgegeben, wird sich der Befragte auch daran halten wollen – und nur noch abarbeiten. Schade ist dann nämlich, dass kein echtes Eingehen auf die Antworten mehr stattfindet. Es wird ein richtig langweiliges Abfrageinterview – obwohl der Interviewte womöglich spontan viel Spannendes zu berichten gehabt hätte. Und das gedruckte Interview ist dann am Ende im Übrigen auch langweilig zu lesen.

Also vergessen Sie's lieber, und geben Sie Ihrer Agentur oder Firma nicht die Blöße, den Journalisten so naiv dastehen lassen zu wollen. So naiv, wirklich relevante Fragen schon – zu – früh zu offenbaren. Und sich jeder Möglichkeit eines Überraschungseffekts freiwillig zu begeben.

In der Musikindustrie scheinen sehr weit gehende Vorschriften an die Adresse der Journalisten völlig normal zu sein. In etwa so: Sie haben zehn Minuten und dürfen dies, dies und dies alles nicht fragen. Und dann habe sich der Journalist auch noch bei dem Star zu entschuldigen, wenn er nach Ablauf der Audienz den verordneten Rückzug antritt. Wirtschaftsjournalisten ist dieses Vorgehen fremd. Schon die ausdrückliche Zuteilung der Slots wie »Also, Herr Superwichtig hat dann eine Stunde Zeit für Sie, das dürfte ja reichen« kommt nicht wirklich gut an. Den Papst persönlich – bei dem würde einen diese betonte Zuteilungspraxis nicht weiter wundern – hat man ohnehin kaum als Interviewpartner. Wenn die Zeit, die der Betreffende für den Journalisten hat, tatsächlich auf die Minute abgezirkelt ist und man ihm das auch unbedingt ausdrücklich sagen muss, sollte man's besser nicht ganz so auffällig machen. Und eher beiläufig erwähnen, dass er Interviewte danach noch einen anderen wichtigen Anschlusstermin hat.

Es kann übrigens auch vorkommen, dass der Manager oder die Wirtschaftsgröße plötzlich selbst fasziniert ist von dem Gespräch und aus einer angepeilten Stunde drei werden und derjenige für diesen einen Journalisten plötzlich alle Zeit der Welt hat. Weil ihn das Thema besonders interessiert. Oder weil er merkt, dass es brisant wird und wichtig für ihn selbst ist. Oder weil sich plötzlich zeigt, dass zwischen Interviewtem und Journalist die Chemie stimmt. Oder sich gleich mehrere Themen ergeben. Dann ist es die Aufgabe des anwesenden Sprechers, stillschweigend dafür zu sorgen, dass das Gespräch weitergeht und nachfolgende Termine eben kurzerhand und unauffällig abzusagen. Es gibt durchaus Topmanager, die ein Gespräch, das eigentlich von 15 bis 17 Uhr terminiert war, bis 19 Uhr führen – und zwar mit Feuereifer. Oder den Business-Lunch statt bis 14 Uhr bis 16.30 Uhr dauern lassen. Meistens profitieren die PR-Profis selbst am meisten davon. Jedenfalls auf lange Sicht.

Mündet ein Recherchegespräch also tatsächlich in ein Interview, ist die spätere Abstimmung ein wahres Tretminenfeld. Dann entscheidet sich zum Beispiel, ob der Journalist sich noch ein zweites Mal um den Gesprächspartner reißen wird. Hat also der Redakteur das Interview fertig – womöglich schon in der richtigen Länge –, ist aus seiner Sicht jeder einzelne Änderungswunsch ärgerlich, macht zusätzliche Arbeit und birgt Fehlerquellen. Ganz anders die Motivation des Befragten: Er fragt sich plötzlich, wie seine Kunden, Geschäftspartner oder Branchenkollegen welches Wort empfinden mögen – oder ihn verlässt der Mut, er bekommt es gar mit der Angst zu tun und will plötzlich manche Aussage zurückziehen. Nach dem Motto: »Ja, ich hab's gesagt, aber gedruckt sehen will ich's nicht.« Und das womöglich an der Stelle, die der Journalist am spannendsten fand. Oder die, wo er wirklich etwas Neues oder Revolutionäres sagte. Werden diese Passagen nachträglich abgemildert oder gestrichen, stimmt nicht nur der ganze Spannungsbogen des Interviews nicht mehr. Derlei Kompromisse merkt auch der Leser unterschwellig – und steigt aus dem Text aus. Der Redakteur kommt sich an der Nase herumgeführt vor. Das Schlimmste, was dann allen Beteiligten passieren kann, ist, dass der Ressortleiter eines Magazins zum Beispiel das Interview dann als »zu langweilig« aus dem Blatt kippt und eine andere Story vorzieht. Dann war alle Mühe umsonst. Die vornehmste Aufgabe von PR-Profis ist also, den Interviewten zurückzuhalten, ihm die wahre Relevanz seiner vielen Änderungswünsche gemessen am Risiko klarzumachen – und ihn dem Journalisten vom Hals zu halten. Je nach Hierarchie in dessen Redaktion kämpft der ohnehin schon an mehreren anderen Fronten: um den Platz im Blatt, um Änderungswünsche der Vorgesetzten und nicht zuletzt mit den Platzvorgaben des Layouters.

Zuallererst gilt also für Interviews: Die Fragen des Interviewers sind tabu. Die fallen unter die Redaktionshoheit. Und: Gekürzt werden darf von der Redaktion immer. Ganz clever wollte es schon mal ein großes Transportunternehmen anstellen, das bei der Interviewabstimmung sogar zwei, drei ganze Frage- und Antwortblöcke herausstrich und auch gleich Ersatz lieferte: Fragen plus Antworten. Die Ressortleitung reagierte prompt: Das Interview erschien nicht mehr groß auf drei Seiten, sondern nur noch kleiner und auf einer Seite.

Mehrere große Tageszeitungen versuchten auch schon mal, ihren Lesern vorzuführen, was sich gerade Politiker bei diesen Abstimmungsarien herausnehmen. Sie druckten auf Absprache am selben Tag die zensierten Interviews ab – aber mit samt den handschriftlichen Änderungen.

# I
# Themenführerschaft erobern

# Die Zielgruppe ausleuchten: Sorgen, Nöte und Wünsche, Bremser- und Treiberthemen für die Public Relations

Bernhard Keller

Meinungsforschung schafft Wissen, aus dem heraus Zielgruppen definiert werden (konstituierende Funktion). Im selben Augenblick schafft sie Wissen über diese Zielgruppen (kognitive Funktion) und über die Verwertbarkeit von Themen (ökonomische Funktion). Es geht um Wünsche, Erwartungen, Absichten, Träume, Sehnsüchte, Ängste, Befürchtungen, Nutzungen, Beurteilungen, Wertevorstellungen von Menschen, seien sie Verbraucher oder Funktionsinhaber in einem Unternehmen.

Meinungen werden bewusst oder spontan artikuliert und unbewusst in Bildern, Zeichen oder Sprichwörtern abgelegt.

Meinungsforschung zeigt auf, welche Themen aus der Zielgruppe sich für Action und Drama eignen, welche kurios oder originell sind, Betroffenheit auslösen oder öffentliche Bedeutung haben. Treiberthemen also. Meinungsforschung verknüpft dieses Wissen der PR mit Marketing und Vertrieb. Auf diese Weise ist die Meinungsforschung »Aufklärer« im Vorfeld von PR-Aktionen und legt so den Grundstein für erfolgreiche PR-Meinungsforschung.

Markt- und Meinungsforschung ist Wissenschaft und Handwerk. Wer die Regeln nicht beherrscht, liefert »Murks« – und kein PR-Profi kann einen kenntnisreichen Journalisten damit überzeugen.

## 1 Einleitung

»Forsche still und rede laut darüber« – so titelte unlängst *Horizont*, Zeitung für Marketing, Werbung und Medien in ihrer Sonderpublikation »Starke Marken«[1]. Die Unterzeile lautete: »Wer im Medienrauschen gehört werden will, muss der Presse wertigen Content anbieten. Studien und Meinungsumfragen bieten sich dazu bestens an.«

---

1) Ridder, Markus (2007): »Forsche still und rede laut darüber«, in: *Starke Marken. Nie werden sie so wertvoll sein wie morgen*, S. 20, Sonderpublikation von *Horizont* und *BVM* anlässlich des 42. Kongress der Deutschen Marktforschung, Deutscher Fachverlag.

*Praxishandbuch Public Relations*. Herausgegeben von Jörg Forthmann
Copyright © 2008 WILEY-VCH Verlag GmbH & Co. KGaA, Weinheim
ISBN 978-3-527-50329-0

### 1.1 Was ist wertiger Content?

Die Frage zielt direkt auf die Verwertbarkeit der durch die Meinungsforschung erbrachten Ergebnisse. Mit anderen Worten: auf das Endprodukt. Doch vor der Meinungsforschung für PR kommt die Marktforschung. Wortklauberei? Nein, denn im Vorfeld muss die Meinungsforschung doch wissen, über welche Zielgruppen sie forschen lassen soll, damit überhaupt eine verwertbare Meinungsforschung dort landet, wo sie hinsoll: in den Medien und somit bei den rezipierenden Konsumenten.

Die Marktforschung zur Meinungsforschung muss verschiedene Aufgaben erfüllen: Sie muss Wissen schaffen, aus dem heraus Zielgruppen definiert werden können (konstituierende Funktion), Wissen über diese Zielgruppen generieren (kognitive Funktion) und die Verwertbarkeit von Themen analysieren (ökonomische Funktion). Letzteres bedeutet aufzuzeigen, welche Themen aus der Zielgruppe sich für Action und Drama eignen, welche kurios oder originell sind, Betroffenheit auslösen oder öffentliche Bedeutung haben. Treiberthemen also. Meinungsforschung verknüpft dieses Wissen der PR mit Marketing und Vertrieb. Auf diese Weise ist die Meinungsforschung »Aufklärer« im Vorfeld von PR-Aktionen und legt so den Grundstein für erfolgreiche PR-Meinungsforschung. Damit die Markt- und Meinungsforschung ihre Aufgaben erfüllen kann, muss der gesamte Prozess der Funktion angepasst und müssen potenzielle Barrieren und Fallgruben im Vorfeld identifiziert werden.

## 2 Zielgruppensegmentierung

Warum überhaupt müssen oder sollen Zielgruppen definiert werden? Zielgruppendefinitionen dienen in der Kommunikation auch dazu, sich nach außen, gegenüber der Öffentlichkeit als Ganzes, wie auch gegenüber den speziell definierten Gruppen darzustellen und differenzieren zu können. Die Zielgruppe ist in dieser Betrachtung ein Objekt. In der Fokussierung auf die Gruppe kann sich ein Unternehmen von anderen z. B. als innovativ, die Zielgruppe verstehend, ihre Sorgen als Kümmerer aufnehmend unterscheiden. Die Zielgruppe ist gleichzeitig das Ziel der Ausrichtung, um die identifizierten Wünsche, Vorstellungen, Ängste, Werte und Lebensziele besser als bisherige Aktivitäten und besser als der Wettbewerb treffen zu können. Erst die Beschäftigung mit den positiven wie negativen Empfindungen der Zielgruppe treibt die Kommunikationsausrichtung gegenüber der Zielgruppe voran. Nur wer die Zielgruppe nachhaltig kennt, kann sie adressieren, kann mit ihr in Kommunikation treten. Themen, mit denen sich eine Zielgruppe nicht beschäftigt oder beschäftigen möchte, können vermieden werden. Ein Beispiel: Vermeintlich ist das Thema »Vererben« ein Thema der Generation, die die letzte in ihrer Generationsabfolge darstellt. Diese Generation der Menschen ab 75 Jahren ist aber kaum ansprechbar für das Thema Vererben. Das auch dann nicht, wenn sie selbst in jüngeren Jahren noch eine hohe Affinität zum Thema geäußert hat. Durch das Verstehen der Zielgruppe werden Themen, die eine Kommunikation vorantreiben, ebenso identifiziert wie Themen, die eher in die Leere führen. Treiber- und Bremserthemen können auch über eine andere Vorgehensweise identifiziert werden. So können über die Werteforschung wie bei der Semiometrie die einer Zielgruppe affinen wie aversen Werte identifiziert werden. Kommunikation, die wahrgenommen werden will, muss an die Werte adressiert sein, die eine Zielgruppe kennzeichnen und positiv besetzt sind.

Die Beschäftigung mit Gruppen von Menschen liefert also Inhalte zur Kommunikation wie auch Inhalte zur Ausgestaltung der Beziehungen zu diesen Gruppen. Mit anderen Worten: Wer seine Markenwerte zu seinen Zielgruppen transportieren will, muss diese auch kennen[2].

Zielgruppen lassen sich auf vielfältige Weise definieren. Die gebräuchlichsten Definitionen bestehen – weil sie einfach zu beschreiben sind – aus soziodemografischen Angaben wie Alter, Geschlecht und Haushaltsnettoeinkommen. Bei der Nutzung vorhandener Studien können in der Regel als Differenzierungskriterien zwischen Menschengruppen nur die voreingestellten soziodemografischen Auswertungskriterien genutzt werden. Also beispielsweise Frauen im Alter von 14 bis 20 Jahren mit einem Einkommen bis 2 000 Euro. Manchmal können Ergebnisse durch weitere Merkmale angereichert werden. So ist bei der Studie »Soll & Haben«[3] auch eine Gruppenbildung nach »Kunde bei« möglich.

Inhaltliche Erkenntnisse nach soziodemografischen Segmentierungen finden sich in den großen Mediastudien deutscher Zeitschriftenverlage (siehe Abschnitt 3.1.) und ferner bei den umfangreichen auch als Spezialthemenerhebungen geltenden Basisuntersuchungen von Verlagen, Marktforschungsinstituten, Bundes- oder Landesministerien sowie namhafter Unternehmen aus unterschiedlichsten Branchen (siehe Abschnitt 3.2.).

2) Dazu ausführlicher: Kulter, Oliver (2005): »PR-initiierter Markenwert für regionale Geldinstitute«, in: Duttenhöfer, Stephan/Keller, Bernhard/Braun, Uwe/Rossa, Henning (Hrsg.): *Handbuch Kommunikationsmanagement*, Frankfurt, S. 241–251.
3) www.media.spiegel.de.

Da diese soziodemografischen Auswertungen allein die Unterschiede zwischen den so segmentierten Zielgruppen nicht mehr verdeutlichen konnten, suchte die Forschung schon seit langem nach weiteren Möglichkeiten. Um Gruppen psychografisch beschreiben und adressieren zu können, wird die Gemeinsamkeit von Werten zugrunde gelegt. Je nach Ansatz üben dabei die einen Lebensprozess begleitenden soziodemografischen Kategorisierungen mehr oder minder Erklärungskraft aus.

Eine dritte Möglichkeit ist die Bildung von Zielgruppen aus dem Datensatz eigener Marktforschung (siehe Unterkapitel 5). Dies bedingt, Einstellungs- und Verhaltensdaten so detailliert abzufragen, dass mittels der Methoden der Inferenzstatistik (Un-)Ähnlichkeiten oder optimale Zusammensetzungen gefunden werden können. Da fast alle dieser Studien den Unternehmen auch Informationen für das strategische Marketing und für den Vertrieb liefern, sind diese Informationen in aller Regel nicht publiziert. Stünden sie dem Wettbewerb zur Verfügung, würden sie die Handlungsoptionen des Unternehmens offenlegen und strategische Marktbearbeitungsvorteile dem Wettbewerb skizzieren – kostenfrei noch dazu.

Mit der eigenen Markt- und Meinungsforschung kann das Forschungsziel – Identifikationen von Zielgruppen und ihrer Themen – am besten erreicht werden. Denn der Marktforschungsprozess kann optimal an den Unternehmenszielen ausgerichtet werden. Die Nutzung von Daten Dritter dagegen stellt immer eine Zweitverwertung (second hand) dar – mit allen Nachteilen.

## 3 Wissensquellen

Es gibt eine Reihe von Erhebungen, aus denen erste Informationen zu Zielgruppen und ihren Themen entnommen werden können. Verlage wie auch Forschungsinstitute publizieren bzw. stellen im Internet Daten hierzu bereit. Dazu gehören beispielsweise:

- Mediadaten,
- Spezialthemenbefragungen,
- Zusammenstellungen monothematischer Studien.

## 3.1 Mediadaten zur Zielgruppenbestimmung[4]

Mediadaten stammen aus den Leseranalysen der Zeitschriftenverlage, die die Struktur ihrer Leserschaft nach soziodemografischen Merkmalen und nach Lesegewohnheiten publizieren und die Reichweiten nach bestimmten Kriterien bestimmen. Gewonnen werden diese Zahlen entweder in eigenen Leserbefragungen oder über Mediaanalysen, auch Werbeträgeranalysen genannt. Diese sind eine Weiterentwicklung der Leserbefragungen, da sie nicht nur Zeitschriften, sondern auch weitere Medien wie Fernsehen, Hörfunk und elektronische Medien einschließen.

Diese Mediaanalysen[5] sind repräsentative Bevölkerungsbefragungen, mit denen die Nutzerstrukturen von Werbeträgern untersucht und die Reichweiten dieser Kommunikationsmittel analysiert werden. Originär werden diese Befragungen durchgeführt, um den Einfluss der Kommunikationskanäle auf den Werbeerfolg zu messen. Mediaplaner nutzen diese Daten, um die Medien und Zeitabschnitte (Wochen, Tageszeiten) mit ihrer Werbung zu belegen, in denen sie die von ihnen gesuchte Zielgruppe mit den geringsten Streuverlusten vorfinden. Ist die Zielgruppe also soziodemografisch bekannt, können die Medien gesucht werden, die von der Zielgruppe am häufigsten oder intensivsten genutzt werden. Maßgeblich ist diese Information, wenn es darum geht, spezifische Titel mit großer Verbreitung (Abonnementauflage, Zahl verkaufter Ausgaben, Zahl ausgelieferter Ausgaben, weitester Nutzerkreis) oder intensiver Nutzung (Lesemenge im Copytest) zu finden.

Die bekanntesten Werbeträgeranalysen in Deutschland sind in der Tabelle 1 aufgeführt.

[4] Siehe ausführlich: Koschnick, Wolfgang J. (2003): *FOCUS-Lexikon Werbeplanung, Mediaplanung, Marktforschung, Kommunikationsforschung, Mediaforschung*, München.

[5] Koschnick empfiehlt aus Gründen der begrifflichen Klarheit, nur die Multimediaanalysen als Mediaanalysen zu bezeichnen, die Untersuchungen einzelner Werbeträger wie z. B. Zeitschriften, Hörfunk, Fernsehen hingegen als Leser- oder Zuschaueranalysen zu benennen, ebd., S. 1811.

Tab. 1   Werbeträgeranalyse in Deutschland

| | Mediaanalyse[6]<br><br>– MA – | Typologie<br>der Wünsche[7]<br><br>– TdW – | Verbraucher-<br>analyse[8]<br><br>– VA – | Allensbacher<br>Markt- und Werbe-<br>trägeranalyse[9]<br><br>– AWA – |
|---|---|---|---|---|
| Inhalte | Untersucht das Mediennutzungs-verhalten in der Gesamtbevölkerung und deren Teilgruppen | Untersucht den Kontext zwischen verschiedenen Lebensstilen mit differenzierten Konsum- und Mediengewohnheiten | Single-Source-Untersuchung zur Mediennutzung, Besitzmerkmalen, Konsumverhalten, Freizeitverhalten, psychologischen und demografischen Merkmalen | Untersucht Konsumgewohnheiten und Mediennutzung in der Bevölkerung |
| Läuft seit | 1954 | 1974 | 1981 | 1959 |
| Rhythmus | Jährlich | Jährlich | Jährlich | Jährlich |
| Grundgesamtheit | Deutschsprachige Bevölkerung ab 14 Jahren in Privathaushalten | Deutsche Bevölkerung ab 14 Jahren in Privathaushalten | Deutschsprachige Bevölkerung ab 12 Jahren in Privathaushalten | Deutsche Bevölkerung ab 14 Jahren in Privathaushalten |
| Stichprobe | Ca. 60 000 Befragte | Ca. 20 000 Befragte | Ca. 31 000 Befragte | Ca. 20 000 Befragte |
| Abgedeckte Medien | Zeitschriften, Wochenzeitungen, Tageszeitungen, Abo- und Kaufzeitungen, Konpresstitel, Stadtmagazine, Online-Medien, Lesezirkel, Plakat, Kinobesuch, Hörfunk, Fernsehen | Zeitschriften, Tageszeitungen, Supplements, Apotheken-Kundenzeitschriften, TV, Hörfunk, Musikvorlieben, Kino, Bücher, Hörbücher, Online-Angebote, Internet | Zeitschriften, Supplements, Lesezirkel, Konpress, Zeitungen, Zeitungskombis, Romanheftkombi, Kino, Hörfunk, Fernsehen, Plakate, Gelbe Seiten, Telefonbücher, Internet | Zeitschriften, Wochen- und Monatszeitungen, Abo-Zeitungen, Kundenzeitschriften, Tarifkombinationen, Hörfunk, Fernsehen, regionale Kaufzeitung, Anzeigenblatt |

6) Nähere Informationen zu dieser Studie siehe Arbeitsgemeinschaft Media-Analyse (2007): URL: http://www.agma-mmc.de/ (abgerufen am: 12.07.2007).

7) Nähere Informationen zu dieser Studie siehe Burda Community Network GmbH (2007): URL: http://www.tdwi.de/ (abgerufen am: 12.07.2007).

8) Nähere Informationen zu dieser Studie siehe Bauer Media KG (2007): URL: http://www.bauermedia.com/markt_media_studien.0.html (abgerufen am: 12.07.2007).

9) Nähere Informationen zu dieser Studie siehe Institut für Demoskopie Allensbach (2007): URL: http://www.awa-online.de/ (abgerufen am: 12.07.2007).

Tab. 1 Werbeträgeranalyse in Deutschland (Fortsetzung)

| | Mediaanalyse<br><br>– MA – | Typologie der Wünsche<br><br>– TdW – | Verbraucheranalyse<br><br>– VA – | Allensbacher Markt- und Werbeträgeranalyse<br><br>– AWA – |
|---|---|---|---|---|
| Abgedeckte Märkte | Haushaltsausstattung, Produktverwendungen, Wohnverhältnisse, Urlaub und Reisen, Hobby, Freizeit, Einkaufen | Consumer Tech, Travel, Finance, Leisure, Automotive, Living, Garden, Shopping, Food & Beverage, Health, Fashion, Beauty | Freizeit, Reisen, Schönheit, Gesundheit, Wohnen, Essen und Trinken, Fotografie, Computer, Internet, Unterhaltungselektronik | Sport, Freizeit, Kultur, Bücher, Sprachen, Geldanlagen, Versicherungen, Haus und Wohnen, Garten, Computer, Internet, Telekommunikation, Gesundheit, Wellness, Medienkonsum, Werbung |
| Erhebungsinstrumente | Kombination aus mündlicher, schriftlicher, telefonischer und Online-Befragung, zusätzlich Auswertung telemetrischer Messdaten und Traffic-Messung | Persönlich-mündliche Interviews und Haushaltsbuch, zusätzlich Auswertung telemetrischer Messdaten | Kombination aus mündlicher und schriftlicher Befragung | Persönlich-mündliche Interviews |

Die Nutzung von Daten aus den Werbeträgeranalysen erbringt nicht nur erstes Wissen über eine Zielgruppe, sondern auch die Erkenntnis, in welchen Medien sich die Zielgruppe bewegt und welcher Medien sie sich mit welcher Intensität bedient.

Neben den Mediaanalysen existieren bundesweit durchgeführte Spezialthemenbefragungen, die allerdings nur in beschränktem Maße für Individualdatenanalysen zur Verfügung stehen.

### 3.2 Spezialthemenbefragungen zur Zielgruppenbestimmung

Die Stichproben der nationalen Umfragen sind so umfangreich, dass damit auch kleinere Zielgruppen, bestehend aus Kombinationen soziodemografischer Merkmale, betrachtet werden können. Beispielhaft seien hier verschiedene Studien angeführt:

Für *Finanzdienstleister* ist die bereits zum sechsten Mal seit 1980 erscheinende Studie »Soll & Haben«[10] des Spiegel-Verlages von besonderem Interesse. Mehr als 10 000 Menschen in Deutschland werden dabei in Abständen von vier bis fünf Jahren repräsentativ zu genutzten Produkten und Geldanlagemöglichkeiten bei Finanzdienstleistern persönlich-mündlich befragt. Neben Einstellungen zum Bankverhalten generell werden die Themen Geldanlage oder Bewertung von Versicherungen ebenso beleuchtet wie die Nutzung der verschiedenen Vertriebskanäle und die Einstellung zur Banktechnologie.

Für den *IT-Bereich* steht der seit 2001 jährlich erscheinende *(N)ONLINER Atlas*[11] zur Verfügung. Mittels 50 000 computergestützter Telefoninterviews legen die Herausgeber eine repräsentative Erhebung über die Strukturen und die regionale Verteilung von Internetnutzern und Nichtnutzern in Deutschland vor. In 2007 wurde ferner ein Sample von Internetnutzern zu ihrem Sicherheitsbewusstsein beim Surfen im Internet befragt. Ein weiterer Fokus der aktuellen Untersuchung liegt auf den Internetgewohnheiten der älteren Generation.

*Mittelstandsstudien* decken mit ihren sehr unterschiedlichen Inhalten das ganze Feld der Aktivitäten in diesem Marktsegment ab. In 2005 hat der Bundesverband der deutschen Industrie (BDI) die Ergebnisse einer umfassenden, online durchgeführten Mittelstandsbefragung von 1 300 Unternehmen publiziert[12]. Die Commerzbank führt seit 2005 sehr detaillierte Befragungen einer großen Zahl von Unternehmen durch[13]. Als beispielhaft für die Durchdringung eines lokalen Marktes gelten die Studien der Stadtsparkasse Düsseldorf[14].

Verhalten und Gewohnheiten, »Einstellungen, Hoffnungen und Werte« von *Jugendlichen* werden in der seit 1953 durchgeführten Shell-Studie erhoben[15]. In der mittlerweile 15. Erhebung wurden zuletzt im Jahr 2006 insgesamt 2 532 Jugendliche im Alter von 12 bis 25 Jahren persönlich-mündlich zu verschiedenen Themen befragt. Zusätzlich zur Befragung werden 20 Por-

---

10) Nähere Informationen zu der Studie siehe Spiegel-Verlag (2007): URL: http://www.media.spiegel.de/internet/ media.nsf/Navigation/69882C959C5BC0EDC1257157004F5A19?OpenDocument (abgerufen am: 12.07.2007). Siehe auch: Dierks, Sven (2005): »Mit Zielgruppen kommunizieren: Finanzspezifische Zielgruppen«, in: Duttenhöfer, Stephan/Keller, Bernhard/Braun, Uwe/Rossa, Henning (Hrsg.): *Handbuch Kommunikationsmanagement*, Frankfurt: S. 97–108.

11) Nähere Informationen zu der Studie siehe TNS Infratest/Initiative D21 (2007): *(N)ONLINER Atlas 2007 – Eine Typologie des digitalen Grabens durch Deutschland*, Bielefeld/Berlin.

12) www.bdi.de

13) www.unternehmerperspektiven.de

14) www.stadtsparkasse-duesseldorf.de

15) Shell Deutschland (Hrsg., 2006): *Jugend 2006 – Eine pragmatische Generation unter Druck* (15. Shell Jugendstudie), Frankfurt am Main.

träts ausgewählter Jugendlicher vorgestellt, die das Spezialthema »Jung und Alt« beleuchten. Jugendliche Lebenswelten, Rollenverständnis sowie Einstellungen zur Politik werden seit Beginn in 1953 als Langzeitberichterstattung erfragt.

Einen Einblick in das wissenschaftlich kaum erforschte Feld von *Spenden und Spendern* gibt die jährliche Studie »Der deutsche Spendenmonitor«. Seit 1996 werden in Deutschland jährlich nahezu 4 000 Bundesbürger persönlich-mündlich zu ihren Spendenmotiven, zur Höhe ihrer Spenden und zu ihren Einstellungen zu den einzelnen Spendenorganisationen befragt. Die Studie zeichnet ein Bild über die Veränderungen auf dem deutschen Spendenmarkt vor dem Hintergrund wirtschaftlicher, gesellschaftlicher und naturbedingter Entwicklungen[16]. Einflüsse wie Arbeitslosigkeit, Währungsumstellung auf den Euro oder Tsunami und Oderflut werden von den Daten detailliert abgebildet.

Teilweise komplementär zu diesen weit umfassenden Studien gibt es eine Reihe von *Exklusivstudien*, die selten in ihrer Gesamtheit, wohl aber in Auszügen veröffentlicht werden. Exemplarisch seien hier die Jugendstudien des Sparkassen- und Giroverbandes Baden-Württemberg genannt, in der seit mehr als 25 Jahren periodisch Einstellungen und Verhalten junger Menschen zwischen 14 und 24 Jahren zu den Themen Geld und Banken erfasst werden. In 2006 wurden mehr als 20 000 Jugendliche in Baden-Württemberg befragt – das ist bundesweit die wohl größte Studie zum Thema Finanzsozialisation[17]. Bewusst wurden bei dieser Studie die Erkenntnisse aus den bereits publizierten Befragungen der Geldinstitute genutzt, um auf diesen aufbauend die Forschung voranzutreiben. Mit Erfolg, denn mittlerweile können für das Jugendalter mehrere Zielgruppen unterschieden werden, die unterschiedlich zu adressieren und zu beraten sind.

Frauen und Banking ist das Thema der Commerzbank-Studie »Money – made by women«, die nach ihrem Erscheinen aufgrund ihrer erstmals erhobenen bzw. veröffentlichten Daten ausgiebig für weitere Aktivitäten genutzt wurde[18].

[16] Siehe Borcherding, Jan/ Staff, Julia (2007): »Spendenbündnisse: Was denken die Spender?«, in: *Fundraising professionell* 1: 18–21.

[17] Siehe ausführlicher bei Ladewig, Sergej (2007): »SVBW-Jugendmarktstudie 2006: Junge Kunden wollen Beratung«, in: *s-markt* 7: 11–13 und: Lammers, Mark/Krüger, Stephan (2006): »Junge Kunden - Orientierung bieten«, in: *s-markt* 3: 10–11.

[18] SWK Semnar & Wolf Kommunikation GmbH (2002): URL: http://swk-ffm.de/referenzen.fallbeispiele/commerzbank-money-made-by-women (abgerufen am: 12.07.2007). Henrich, Thomas/Ahrens, Monika (2004): Frauen und Finanzen: »Das Projekt ›Money – made by women‹«, in: Duttenhöfer, Stephan/Keller, Bernhard (Hrsg.): *Handbuch Vertriebsmanagement Finanzdienstleistungen*, Frankfurt, S. 335–356.

### 3.3 Publizierte Zusammenstellungen monothematischer Studien

Neben diesen Primärstudien gibt es eine Reihe von Veröffentlichungen, die von Verlagen für ihre Anzeigenkunden herausgegeben werden. Diese Studien zeichnen sich durch eine hohe Informationsdichte aus und skizzieren in ihrer Komplexität detailliert Märkte, Zielgruppen oder Entwicklungen. Zu Beginn der Energiemarktliberalisierung gab die Zeitschrift *Stern* Zusammenfassungen eigener Untersuchungen zum Thema Strom- und Gasmarkt in Deutschland heraus, die zur damaligen Zeit und vor dem Hintergrund des Informationsmangels von vielen Energieversorgern wie auch von der Politik aufgegriffen wurden. Mit der Verfeinerung des Frageninstrumentariums und der Replikation der Ergebnisse wurden die Daten immer verlässlicher.[19] Die *Stern*-Trendprofile dienten so auch als Grundlage für weitergehende Untersuchungen einiger Energieversorger.

Das Finanzverhalten der Deutschen und die Entwicklungen auf dem Finanzplatz Deutschland fasst die Studie »Der Markt der Finanzanlagen. Daten, Fakten, Trends« aus der Reihe *Focus*-Marktanalysen zusammen[20]. In dieser Reihe erscheinen auch Kompilationen zu einer Vielzahl weiterer Themen.

### 3.4 Exkurs: Nutzbarkeit und Grenzen von Mediaanalysen und Spezialthemenbefragungen

Die Ergebnisse aus den großen nationalen Befragungen erlauben erste Einschätzungen über das Verhalten der anvisierten Zielgruppe. Die aufzufindenden Fragen und Antworten reichen aus,

- um erste Einschätzungen zu einem Thema zu erhalten,
- um Hypothesen grob überprüfen zu können,
- um erste Hinweise auf Bremser- und Treiberthemen zu finden,
- um Benchmark-Ergebnisse für die eigenen Studienergebnisse zu generieren.

Beschränkungen ergeben sich möglicherweise,

- weil das dort archivierte Wissen nicht jahresaktuell ist (so z. B. die Studie »Soll & Haben«, die zuletzt 2004 erhoben wurde),

---

19) S. exemplarisch: *Stern Trendprofile (2001): Der Gas-Markt*, Hamburg.
20) Zuletzt erschienen 2007, s. www.medialine.de/marktanalysen.

- weil die Daten für die eigenen Wissensfragen nicht in ausreichendem Maße in die Tiefe gehen,
- weil die Daten keinen Aufschluss für eine bestimmte Region zulassen (Region wurde nicht erhoben oder regionale Definition entspricht nicht den Nutzeranforderungen wie bei den Geschäftsgebieten von Sparkassen und Genossenschaftsbanken oder den Liefergebieten von Energieversorgern),
- weil die vorhandenen soziodemografischen Definitionen nicht den eigenen Marktbearbeitungsdefinitionen entsprechen (z. B. Altersgruppen zwischen 18 und 24 Jahren statt 20- bis 25-Jährige, Einkommensgrenzen).

Bei sehr speziellen Zielgruppen besteht das Problem, dass einerseits eine eindeutige und trennscharfe Zielgruppendefinition gefordert ist,

- wenn nicht nur die Kommunikationsabteilung, sondern auch Marketing und Vertrieb mit den Befragungsdaten arbeiten, bzw.
- wenn Daten aus anderen Untersuchungen als Benchmark oder als Hintergrundinformationen in die Analysen einbezogen werden.

Andererseits sollte die Zielgruppe nicht zu streng definiert werden, wenn diese Definition forschungstechnisch nicht operationalisiert, also umgesetzt werden kann. So sind Private-Banking-Kunden zwar einfach zu definieren, wenn beispielsweise ein Haushaltsnettoeinkommen von 10 000 Euro oder ein Anlagevermögen von mindestens 300 000 Euro zugrunde gelegt wird. Aber fraglich ist, wie diese Zielgruppe in einem definierten regionalen Gebiet in ausreichendem Maße identifiziert und im Erfolgsfall zur Interviewteilnahme überzeugt werden kann.

Mit anderen Worten: Sind die Zielgruppendefinitionen der Kommunikationsabteilung nicht mit denen von Marketing und Vertrieb oder denen anderer Untersuchungen identisch, können die Informationen unbrauchbar werden, weil sie zu falschen strategischen Schlüssen verleiten.

## 4 Weiterführende Zielgruppen-Segmentationsansätze[21]

Da in der fortschreitenden Fragmentierung unserer Gesellschaft mit den soziodemografischen Kriterien allein Zielgruppen nur noch unzureichend beschrieben werden können, haben einige Forschungsinstitute weiterführende Segmentationsansätze entwickelt, von denen hier drei exemplarisch vorgestellt werden sollen:

- der Galaxie-Ansatz von GIM
- die Sinus-Milieus von SinusSociovision
- das Semiometriemodell von TNS Infratest

### 4.1. Der Galaxie-Ansatz von GIM[22]

GIM – Gesellschaft für Innovative Marktforschung – hat mit ihrer Vorgehensweise einen für die etablierten Sozialwissenschaften eher ungewöhnlichen Weg eingeschlagen[23]: In einer ersten Stufe werden über eine Statementbatterie Werteorientierungen und Wohnlage, Einrichtung, Kleidung und Markenpräferenzen erhoben. Auf diese Weise werden Zielgruppenrepräsentanten rekrutiert, die dann von einem Interviewer und einem Kameramann zu Hause besucht und befragt und auf einer Einkaufstour begleitet werden. Aus ihren Studien haben die GIM-Forscher ein Werteset mit sechs Werten für ihre zwölf unterschiedlichen Zielgruppen ermittelt. Innerhalb der Zielgruppen sind die sechs Werte unterschiedlich stark ausgebildet. Zielgruppen können einander sehr nahe sein und doch sehr unterschiedlich wirken, wie die Visualisierung der Zielgruppenpositionierungen in einer »Trendgalaxie« zeigt[24]. GIM erhebt nicht den Anspruch, mit den Zielgruppen das »Gesamtbild der Gesellschaft« abzubilden.

---

21) Die Zielgruppen aus den drei Ansätzen wurden ausführlich zwischen 2002 und 2005 in der Zeitschrift *media & marketing* vorgestellt. Im vorliegenden Beitrag wird aber nicht auf die Zielgruppenbeschreibungen, sondern auf die dahinterliegenden Ansätze eingegangen. Zur praktischen Umsetzung der Ansätze siehe auch: Florian Allgayer (2007), *Zielgruppen finden und gewinnen. Wie Sie sich in die Welt Ihrer Kunden versetzen*, Landsberg.

22) S. ausführlich: Kampik, Wilhelm/Teuber, Stephan (2004): »GIM Values. Analyse des Wertesystems zwischen Marke und Konsument für eine zeitgemäße zielgruppenrelevante Markenführung«. in: Schimansky, Alexander (Hrsg.) (2004): *Der Wert der Marke*. München.

23) Die folgenden Ausführungen entstammen: Kampik, Wilhelm (2006): »Konsumfacetten im Blick«, in: Kalka, Jochen/Allgayer, Florian (Hrsg.): *Zielgruppen. Wie sie leben, was sie kaufen, woran sie glauben*, Landsberg.

24) Fraunberg, Anja von/Allgayer, Florian (2006): »Per Zielgruppe durch die Galaxie«, in: Kalka, Jochen/Allgayer, Florian, ebd.

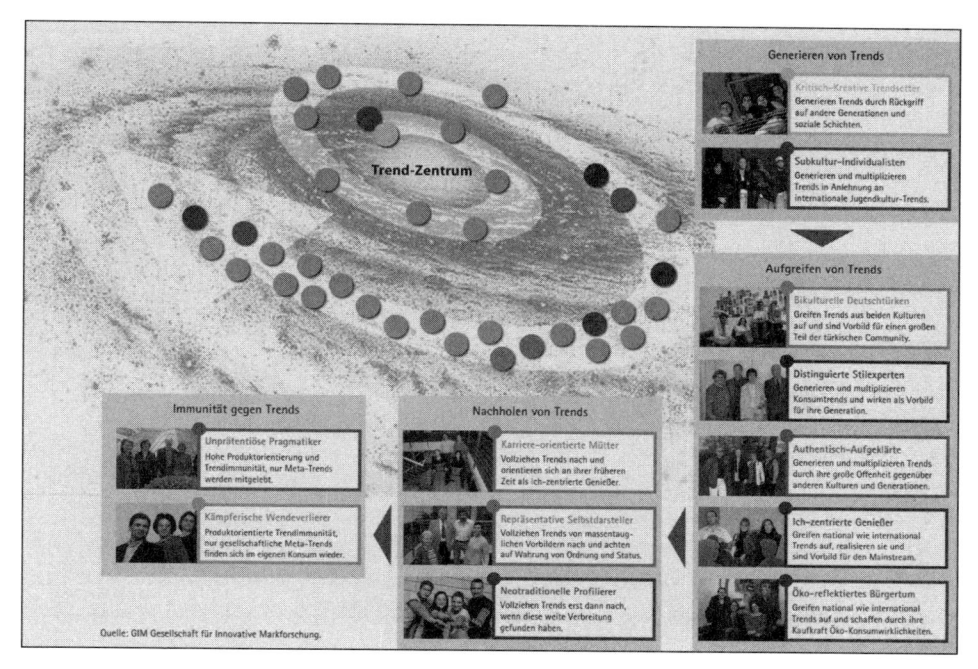

**Abb. 1** Der Galaxie-Ansatz von GIM

## 4.2 Die Sinus-Milieus

Im Fokus der Mitte der 80er Jahre entwickelten Sinus-Milieus stehen Lebenswelten, Lebensstile, Präferenzen und Werteorientierungen von Konsumenten. Mittels 45 verschiedener Items, die in jede Befragung geschaltet werden können, wird ein so genannter Milieu-Indikator gebildet, mit dem Personen den einzelnen Milieus zugeordnet werden. Betrachtet wird damit immer ein Milieu und nicht das einzelne Individuum mit seinen unterschiedlichen Ausprägungen. Alle Aussagen betreffen immer das Milieu, an dessen Rändern oder Übergängen zu anderen Milieus sich die »Unschärferelation der Alltagswirklichkeit«[25] deutlich bemerkbar macht. Die Grenzen sind nicht klar umrissen, sondern fließend. Die Milieus werden auf zwei Achsen abgebildet, der sozialen Lage einerseits, in die Variablen wie z. B. Einkommen, Bildung und Beruf einfließen, und der Grundorientie-

[25] Schipperges, Michael (2006): »Milieus als Gruppen ›Gleichgesinnter‹«, in: Kalka, Jochen/Allgayer, Florian (Hrsg.): ebd., S. 12.

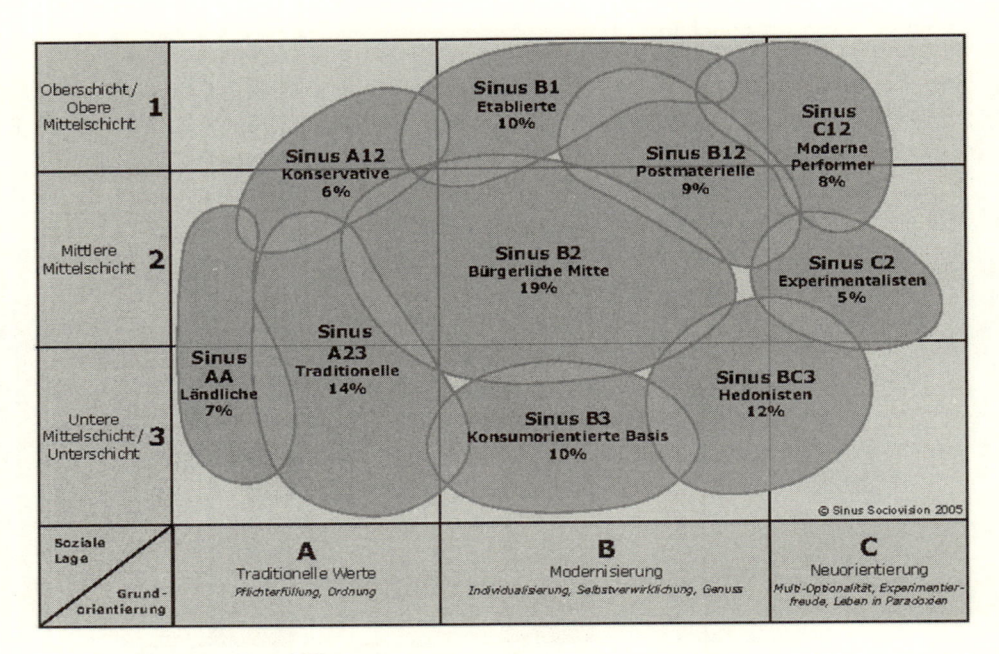

**Abb. 2**  Die Sinus-Milieus

rung andererseits, die von Inhalten wie z. B. Alltagsbewusstsein, Lebensstil oder Lebensziele beschrieben wird[26].

Je weiter oben auf der dreistufigen Milieuskala sich ein Milieu befindet, desto gehobener sind die damit verbundenen Merkmale Bildung, Einkommen und Berufsgruppe der Milieuangehörigen. Je weiter rechts ein Milieu platziert ist, desto weniger traditionell ist die Grundorientierung des betreffenden Milieus. Es werden zehn unterschiedliche Milieus ausgewiesen, die jeweils einen unterschiedlich starken Anteil an der Gesamtgesellschaft haben. Das kleinste Milieu wird von den Konservativen gebildet, sein Anteil beträgt 5 Prozent. Den größten Anteil nimmt die bürgerliche Mitte mit 16 Prozent ein.

[26] Schipperges, Michael/Plöger, Wolfgang/Mayr, Martin (2005): »Die Sinus-Milieus«, in: Duttenhöfer, Stephan/Keller, Bernhard/Braun, Uwe/Rossa, Henning (Hrsg.): *Handbuch Kommunikationsmanagement*, Frankfurt, S. 87.

## 4.3 Das Modell der Semiometrie von TNS Infratest

Das Semiometriemodell baut auf zeichentheoretischen und kognitionspsychologischen Erkenntnissen auf[27]. Einmal jährlich werden bevölkerungsrepräsentativ 4 300 Panelteilnehmer nach ihrer affektiven Bewertung von 210 Wörtern, die den menschlichen Erlebnisraum abbilden, befragt[28]. Erhoben werden Bezeichnungen für Objekte wie Blume oder Parfum, Eigenschaften wie materiell oder edel, Tätigkeiten, Gefühle und »... kulturelle Konzepte (»*Regel*«, »*Abenteuer*«) ... Die Grundannahme ist dabei, dass der Handlungs- und Erlebnisraum eines Menschen in der Sprache repräsentiert ist. Jeder Begriff ist mit einer subjektiven, erfahrungsbasierten Vorstellung verbunden, die kognitive und emotionale Komponenten enthält.«[29] Über eine Faktorenanalyse werden die beiden Achsen mit den Polen »Sozialität – Individualität« und »Pflicht – Lebensfreude« ermittelt, durch eine Achsenrotation wird ein so genanntes semiometrisches »Basismapping« mit den 210 Begriffen aufgespannt. Mit einer zusätzlichen Faktorenanalyse werden inzwischen 14 Wertefelder ermittelt[30]. Die Ermittlung der Über- oder Unterbewertungen der einzelnen Begriffe im Vergleich zur durchschnittlichen Begriffsbewertung in der Grundgesamtheit ergibt ein spezifisches »Werteprofil« auf individueller Basis.

Der unmittelbare Personenbezug ist das herausragende Unterscheidungsmerkmal zu Galaxie-Ansatz und Sinus-Milieus. Denn alle Analysen werden auf Basis individueller Datensätze, nicht auf Basis aggregierter Daten ausgeführt.

Da die Semiometriedaten aus einem bundesweiten Befragten-Panel gewonnenen werden, sind weitere informationsergänzende Interviews möglich. Somit können auf der individuellen Basis alle Arten von Fragen (und Antworten) mit den Semiometriedaten verknüpft werden. Eigenschaften wie z. B. »Kunde bei« oder »Nutzer von« oder »Interessent von« können jederzeit erhoben werden bzw. werden mit der Basisbefragung miterhoben. Des Weiteren werden im Rahmen der jährlich aktualisierten Basisbefragung auch die Nutzungsdaten bundesweiter Print- und Fernsehmedien erhoben. Die Kooperation mit dem Direktmarketinganbieter AZ Direct (Bertelsmann)

---

27) Dazu Deutsch, Emeric (1989): »Sémiomètrie: une nouvelle aproche de positionnement et de segmentation«, in: *Revue Française du Marketing*, Vol. 5, S. 5–16; Steiner, Jean-Francois./Ludovic, Lebart/Piron, Marie (2003): *La Sémiomètrie*, Paris.
28) Ausführlich in Petras, André/Samland, Wolfgang (2001): »Soziodemographie und Psychographie«, in: *planung & analyse*, S. 22–27.
29) Ebd., S. 23.
30) Petras, André (2006): »Die Befindlichkeit der Konsumenten erforschen«, in: Kalka, Jochen/Allgayer, Florian (Hrsg.): ebd., S. 90–91.

ermöglicht es, die 14 semiometrischen Werteprofile mittels differenzierter Prognosemodelle unmittelbar an Adressen anzuspielen[31].

Die Semiometrie hat inzwischen auch Eingang in Reden und Vorträge gefunden[32]. Und sie kann genutzt werden, um genau die Bilder, Eigenschaften, Bezeichnungen, Gefühle zu erarbeiten, die von einer gefundenen oder definierten Zielgruppe positiv oder negativ besetzt sind. Auf diese Weise resultieren aus einer Befragung nicht nur die Ängste, Wünsche, Erwartungen, Zustände et cetera von Zielgruppen, es stehen darüber hinaus auch die positiven und negativen Bewertungen fest. Positive Assoziationen signalisieren Nähe, negative Assoziationen drücken Distanz aus. Die Ergebnisse einer solchen Grundlagenforschung können für weitergehende Befragungen, deren Ergebnisse direkt in die PR-Arbeit einfließen, genutzt werden, weil negativ besetzte Sachverhalte, Zustände et cetera entweder adressiert werden, um diese zu ändern oder um eine Adressierung in einer Befragung zu vermeiden oder um positive Bewertungen zu verstärken.

## 5 ›Vertraulich, nur für den Dienstgebrauch‹ ? Marktforschung für die Ausrichtung der Pressearbeit

Bereits publizierte Quellen dienen dem Kennenlernen von möglichen, aber bereits definierten Zielgruppen. Sie können aber nicht die Informationen in der notwendigen Bandbreite oder Tiefe liefern, denn es werden ja gerade die unbekannten oder differenzierenden Themen gesucht. Mit anderen Worten: Fehlende Kenntnisse über die Zielgruppe, die mit der PR fokussiert werden soll, können nur mit den Instrumenten der eigenen Markt- und Meinungsforschung beschafft werden. Hypothesen zu Einstellungen, Wünschen, Nöten, Träumen, Problemen, Sorgen, Ängsten, Verhalten und Verhaltensvermeidung, über Besitz, Ausstattung und Einkommen, persönliche Berufs- wie Lebensziele von bereits definierten oder noch zu definierenden Gruppen können aufgestellt und über die Analyse von Studienergebnissen angenommen oder abgelehnt werden.

Die Nutzung der Marktforschung ist vor allem dort unerlässlich, wo Informationen über Zielgruppen bereitgestellt werden müssen, mit denen sich die PR eines Unternehmens deutlich von Aktivitäten der Wettbewerber unterscheiden kann. Mittelstandsbefragungen gibt es viele, aber erst die Prä-

31) »Die Bandbreite des Semiometrie-Ansatzes wird aufgezeigt«, in: Petras, André/Bazil, Vazrik (2008): *Wie die Marke zur Zielgruppe kommt*, Wiesbaden.

32) Bazil, Vazrik (2005): *Impression Management. Sprachliche Strategien für Reden und Vorträge*, Wiesbaden.

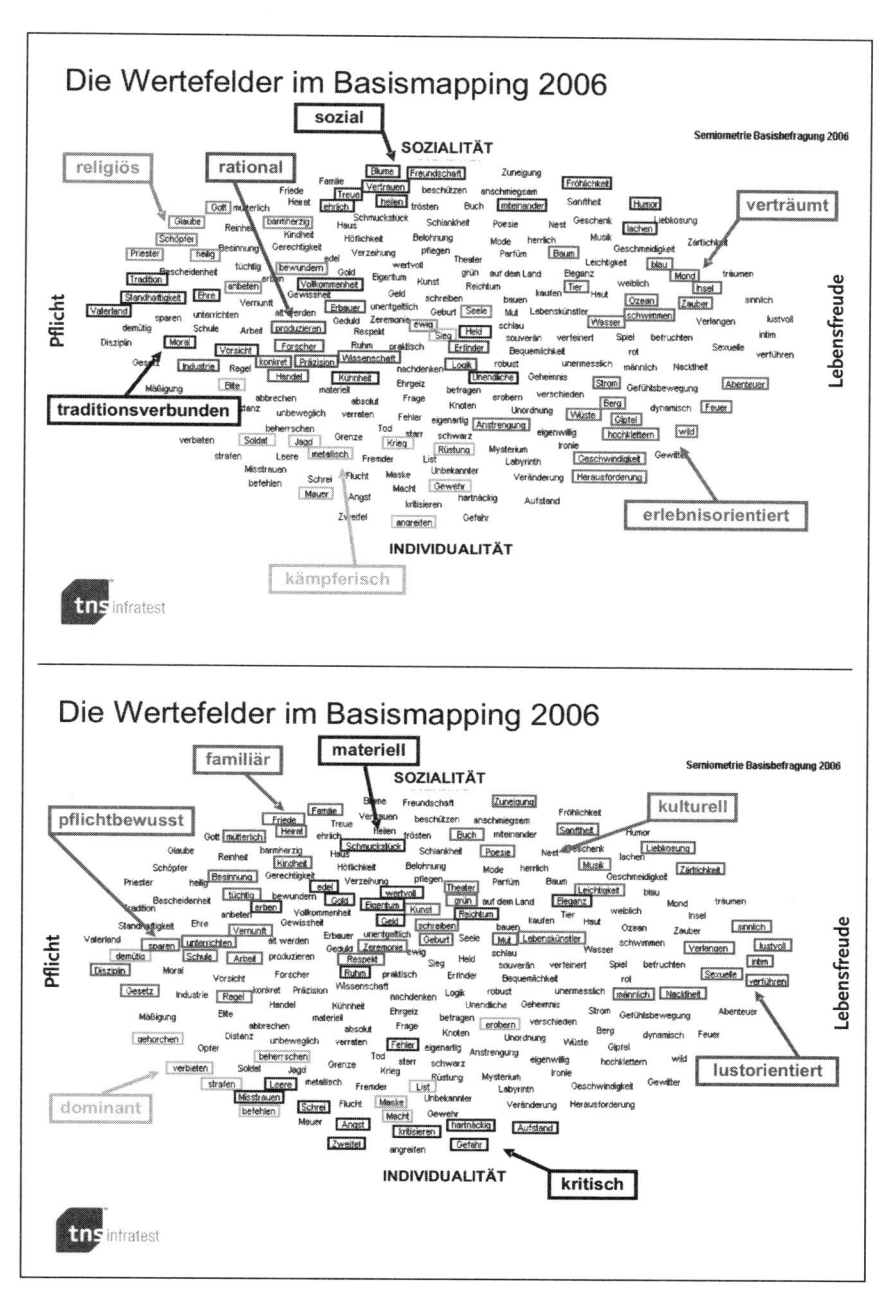

**Abb. 3** Semiometrie von TNS Infratest

sentation unbekannter Informationen mit hoher Relevanz für die betroffenen Zielgruppen generiert Nachrichtenwert. Die eigene Marktforschung ist auch dort gefordert, wo die Grundlagen für weitere Studien gelegt werden, so dass mit der Zeit ein Unternehmen und sein Name mit der Kompetenz für ein Thema verbunden werden. So steht die Shell-Studie seit Jahren für Wissen um die Jugend.

Wie kann nun die Forschung über die eigene Zielgruppe aussehen? Hier sind zwei grundsätzliche Vorgehensweisen zu unterscheiden:

1. die qualitative Forschung,
2. die quantitative Forschung.

### 5.1 Die qualitative Forschung

Mit der qualitativen Forschung kann das gesamte Spektrum an Meinungen, Verhaltensweisen, Überzeugungen etc. festgehalten werden. Als marktforscherische Instrumente sind Tiefeninterviews, Experteninterviews, Gruppendiskussionen und Kreativ-Workshops[33] einsetzbar. Den einzelnen Vorgehensweisen ist gemein, dass sie in hohem Maße aussagekräftige Informationen einsammeln, diese aber nicht repräsentativ bewerten. Tiefen- und Experteninterviews werden mit einer geringen Zahl an Individuen anhand eines Interviewleitfadens geführt. Der Interviewer reagiert dabei nur als Stichwortgeber, lässt aber ansonsten den Interviewpartner sehr ausführlich über den Gegenstand des Interviews sprechen. Das Kennzeichen dieser Art von Interviews ist ihre offene, sehr unstrukturierte Form, in der lediglich Stichworte benutzt werden, um durch die verschiedenen Aspekte des zu behandelnden Themas zu moderieren. Es geht um die Begründungen von Aussagen und um Sachverhalte, die erst während des Gespräches ins Bewusstsein gerufen werden, weil sie sich erst nach und nach herauskristallisieren. Ein weiterer Vorteil liegt in der Möglichkeit, dem Interviewpartner unangenehme Antworten auf einen späteren Zeitpunkt zu verschieben und sich dem sensiblen Gegenstand der Erörterung auf eine andere Weise zu nähern. Ein dritter Vorteil ist darin zu sehen, dass mögliche Erkenntnisse, an die bei der Konzeption der Befragung nicht gedacht wurde, im Laufe des Gesprächs aufgenommen werden können und so nicht verloren gehen. »In diesem Sinne gestattet es das Tiefeninterview, nach Dingen zu fragen, die man

---

[33] Stellvertretend für die Vielzahl der Literatur s. Templeton, Jane Farley (1994): *The Focus Group*, Chicago; Salcher, Ernst F. (1995): *Psychologische Marktforschung*, Berlin; Dammer, Ingo/Szymkowiak, Frank (1998): *Die Gruppendiskussion in der Marktforschung*, Opladen.

gar nicht fragen kann, weil sie der Marktforscher zum Zeitpunkt der Fragestellung noch gar nicht kennt.«[34] 10 bis 20 Interviews – das ist von der Größe und Auffindbarkeit und Antwortbereitschaft der Zielgruppe abhängig – können ausreichen, um das Informationsbeschaffungsziel zu erreichen. Es ist damit aber nichts über die Verteilung der Meinungen in der Grundgesamtheit, über Zustimmungen und Ablehnungen, ausgesagt.

Gleiches gilt für Ergebnisse aus Gruppendiskussionen oder Kreativ-Workshops. Bei Gruppendiskussionen werden acht bis zehn Personen zu einer 90- bis 120-minütigen Sitzung eingeladen. Der Moderator leitet die Sitzung und führt mit Stichworten die Diskussion an. Er dirigiert die Teilnehmer in dem Sinne, dass er die Wortführenden zügelt und die Zurückhaltenden fordert, durchaus auch provoziert, ansonsten aber durch seine Stichwörter die Diskussion so leitet, dass alle geforderten Punkte ange- und besprochen werden. Der gruppendynamische Prozess des Einbringens, Widersprechens, Weiterentwickelns soll tieferliegende Motivationen und Einstellungen zutage fördern. Die Emotionalität und Spontaneität einer solchen Diskussion fördert diesen Prozess. In Kreativ-Workshops findet ein ähnlicher Prozess statt, nur dass dort sehr stark visuell und auf ein konkretes Ziel hingearbeitet wird.

### 5.2 Die quantitative Befragung

Die quantitative Befragung besteht im Unterschied zu einer qualitativen Erhebung aus Fragen mit größtenteils vorgegebenen Antworten. Nur ein kleinerer Teil der Fragen wird von den Interviewpartnern mit selbst zu formulierenden Antworten versehen. Der Befragte wählt also entweder zwischen vorgegebenen Antworten aus oder trägt seine von ihm selbst formulierte Antwort in ein Leerfeld ein.

Die Instrumente der quantitativen Befragung sind Telefon (CATI = computer assisted telephone interviewing), persönlich-mündlich (auch face-to-face oder CAPI = computer assisted personal interviewing), schriftlich, online oder Mischformen, die aber in der Regel nur bei Unternehmensbefragungen angewendet werden (so Telefon, Fax und online). Die heutigen Technikoptionen erlauben die telefonische Befragung bei gleichzeitiger Faxversendung und Führung über eine Website.

Die *Vor- und Nachteile der einzelnen Instrumente* sind zwar vielfach beschrieben, werden aber oft missachtet – mit den daraus resultierenden Folgen für die Ergebnisse und deren Verwertbarkeit.

---

[34] Salcher, Ernst F. (1995), S. 28.

Die *telefonische Befragung* erbringt eine hohe Datenqualität. Zum einen, weil der gesamte Kommunikationsprozess von der Nummernanwahl bis zur Beendigung sowohl durch einen Supervisor als auch maschinell beobachtet werden kann. Diese Kontrollen sind bei keinem anderen Befragungsinstrument möglich. Ein Supervisor überwacht, dass die Interviewer Frage- und Antworttexte wort- und betonungsgetreu vorlesen und nicht über falsche Antwortcodierungen das Interview beeinflussen, z. B. indem sie Filter überspringen und so das Interview abkürzen. Per Computer werden die Zeiten für Fragen und Antworten festgehalten, so dass Abweichungen vom Durchschnitt – deutlich längere oder kürzere Bearbeitungszeiten – schnell auffallen und kontrolliert werden können. Ein weiterer Grund, der auch für Laptop-Interviews im Face-to-Face-Einsatz gilt, ist die automatisierte Steuerung von Fragen je nach Antwortverhalten der Befragten. Solche »Wenn-dann«-Szenarien sind nur bei computerisierten Befragungen möglich, denn es können Antworten zu einer Vielzahl von Fragen kombiniert und aus dem daraus resultierenden Ergebnis eine neue Frage gestellt werden. Bei schriftlichen Fragen würde das bedeuten, die Ja-Antwort aus Frage 1 mit der Sehrgut-Antwort aus Frage 9 mit der Verneinung der Frage 17 und der Nennung des dritten Items in Frage 20 zu kombinieren. Dem Vorgang folgt kein noch so williger Befragter. Im computerisierten Verfahren werden zudem Rangreihenfehler neutralisiert. Stehen Items, z. B. Produktnutzungen bei einer Bank, in einer Reihe nacheinander, und der Befragte soll angeben, welche der Produkte er nutzt, wird er bei einer längeren Liste am Anfang und am Ende besonders aufmerksam sein, in der Mitte aber eher nachlässig. Entsprechend erhalten Produkte am Anfang oder Ende einer Liste höhere Nutzungswerte. Dieses Befragtenverhalten ist normal, die Effekte können aber durch eine zufallsgesteuerte Rotation der Items auf der Liste neutralisiert werden.

Telefoninterviews haben auch den Vorteil, dass eine Masse an Adressen in kurzer Zeit angesprochen werden kann. Über automatisierte Anwahlprozeduren, die die RLD-Technik[35] nutzen, können auch kleinere Bevölkerungsgruppen oder schwer erreichbare Gruppen wie sehr mobile Menschen noch zu relativ moderaten Kosten erreicht werden. Die Alternative wäre, Interviewer auszusenden, die in ihrer Umgebung nach diesen Menschen fahnden und diese befragen – mit den Nachteilen der weniger unkontrollierbaren Befragung.

---

35) RLD = random last digit dialing bezeichnet die Möglichkeit, die letzten beiden Nummern der maximal elfstelligen Telefonnummer zu variieren. Da über die Kombination von Postleitzahlen, Gemeindekennziffern und Vorwahlen geografische Gebiete (z. B. ein Geschäftsgebiet einer Genossenschaftsbank) sehr gut eingegrenzt werden können, können diese über RLD schnell antelefoniert werden.

Ein weiteres Argument für eine telefonische Befragung ist die Tatsache, dass außer der Stimme kein weiteres Interviewerelement den Befragten beeinflusst, denn der Befragte hört nur die Stimme, sieht aber nicht, wie der Interviewer gekleidet ist und welches Alter genau er oder sie hat – et vice versa. Auch Wettereinflüsse wie Regen stören nicht.

Für Masseninterviews ist die telefonische Befragung ideal, allerdings leidet die Ausschöpfung unter der Tatsache, dass zu angemessenen Kommunikationszeiten immer weniger Menschen zu Hause erreichbar sind bzw. erreichbar sein wollen. Zufallsbefragungen mit Mobilnummern scheitern an der Tatsache, dass es kein öffentlich zugängliches Register an validen Mobilnummern gibt.

*Face-to-Face-Befragungen* werden persönlich-mündlich durchgeführt. Dazu zählen besonders Befragungen, die von den Auftraggebern als besonders wissenschaftlich-qualitätsorientiert definiert werden und die deshalb sehr hohen Ausschöpfungsquoten unterliegen. Dieses Verfahren ist auch dann gefordert, wenn Bildvorlagen gezeigt werden müssen. Aber auch dort, wo kleinste Zielgruppen in einer Region gesucht werden müssen, wie Millionäre oder Porschefahrer in einer Stadt, sind persönlich-mündliche Befragungen, möglicherweise mit einem telefonischen Vorabscreening, einsetzbar – dann aber sind es selten Zufallsauswahlen, denn die betroffenen Menschen werden dort gesucht und angesprochen, wo sie häufig anzutreffen sind, also in ihren Wohnvierteln und in ihren Sportclubs.

Face-to-Face-Befragungen sind sicherlich die teuersten, weil der Mensch und seine Wege nicht zu den Maschinenkosten einer Telefon- oder Online-Befragung zu haben sind. Die persönlich-mündlichen Interviews werden entweder als Quotenstichprobe durchgeführt oder als Random-Route-Befragung. Quotenstichproben bedeuten, dass den Interviewern Vorgaben gemacht werden, die in der Gesamtheit aller Interviews den Verteilungen in der Grundgesamtheit entsprechen. Nach den strengen Regeln der Statistik, welche erfordern, dass jedes Mitglied einer Grundgesamtheit die gleiche Chance hat, für ein Interview ausgewählt zu werden, ist das keine Zufallsauswahl und lässt deshalb auch keine Hochrechnungen zu. Aus diesen Gründen werden entweder Stichproben aus den Einwohnermeldekarteien gezogen und diese Adressen angelaufen, oder es werden so genannte sample points z. B. über das ADM-Mastersample ausgewählt[36]. In diesen Orten werden Straßen zufällig gezogen und gelistet, und der Interviewer erhält eine zufällig bestimmte Startadresse in der ersten Straße zugewiesen. Dann

---

[36] S. dazu das Standardwerk in der Marktforschung: Arbeitskreis Deutscher Marktforschungsinstitute – ADM – (Hrsg.) (1979): *Muster-Stichproben-Pläne*, München.

soll er jede x. Adresse in dieser Straße mehrere Male anlaufen – im Idealfall, bis er ein Interview erreicht hat. Innerhalb des Haushaltes wird dann nicht die Person befragt, die die Tür öffnet, sondern die Zielperson wird wiederum nach einem Zufallsverfahren ermittelt. Diese Vorgehensweise lässt sich nur auf ihre ordentliche Durchführung überprüfen, wenn Kontrolleure die Einsatzpläne der Interviewer (so genannte Begehungspläne) nachlaufen und bei den Befragten nacherheben, ob ein Interviewer im Hause war, ob er bestimmte Fragen gestellt hat – und wen er tatsächlich befragt hat.

*Online-Befragungen*[37] werden mit fortschreitenden Zugangsmöglichkeiten in Haushalten und Büros und mit zurückgehender Antwortbereitschaft bei Telefonbefragungen immer spezieller eingesetzt. Hier wiederholt sich eine technische Weiterentwicklung, die mit der Einführung der Telefonbefragung Mitte der 80er Jahre vergleichbar ist. Die Qualitätssicherung wird ähnlich intensiv ausgeübt wie bei Telefonbefragungen – nur auf einer anderen Ebene. Bei Panel-Online-Befragungen müssen die Profis in den Reihen der Befragten aussortiert werden, denn Multirespondenten sind deutlich überinformierter als ihre weniger befragungsaffinen Zeitgenossen. Außerdem ist nicht von der Hand zu weisen, dass sich Multirespondenten ein in ihren Augen ökonomisches Durchklicken durch einen Fragebogen aneignen. Damit sind Vorgehensweisen des Überlegens und Abwägens, des sorgfältigen Studierens von Beschreibungen unmöglich, und die Online-Befragung wäre die inadäquate Befragungsmethode. Aus diesem Grund müssen Teilnehmer von Online-Befragungen, sofern sie Panelteilnehmer sind, sehr sorgfältig ausgewählt und verwaltet werden.

*Schriftliche Befragungen*[38] haben a prima vista den Vorteil, dass sie sehr intensiv zur Kommunikation mit dem Empfängerkreis genutzt werden können. Das Layout des Fragebogens kann die Frageführung stark unterstützen, Symbole oder Maskottchen können Orientierung geben. Allerdings können solche Zeichen auch Effekte auf die Beantwortung haben. Es ist ein Unterschied, ob das Jugend- oder Sozialamt oder das Finanzamt Eltern nach den Betreuungsmaßnahmen für ihre Kinder fragt. Gegenüber dem Jugendamt wird es kaum Zeiten geben, in denen ein Kind länger allein gelassen wird – und gegenüber dem Finanzamt wird kaum offenbart, dass eine Kinderfrau ganztags beschäftigt wird, wenn dafür keine Steuern abgeführt werden.

Schriftliche Befragungen haben den Nachteil, dass kein Marktforscher sicher sein kann, dass der Adressat auch tatsächlich der Ausfüller des Frage-

---

37) Vgl. hierzu: Welker, Martin/Werner, Andreas/Scholz, Joachim (2005): *Online Research. Markt- und Sozialforschung mit dem Internet.* Heidelberg.

38) S. ausführlich: Dilman, Don A. (1978): *Mail and Telefone surveys. The total design method.* New York.

bogens ist. Kostengünstig kann ein Fragebogen nur versendet werden, wenn er als Massenprodukt im Lang-DIN-Format unter 20 Gramm verschickt wird – das Gewicht erreicht ein vierseitiger, etwa 25 Fragen umfassender Fragebogen inklusive Anschreiben und Rückkuvert. Da es ein standardisierter Fragebogen ist, erhalten alle Empfänger den gleichen Fragebogen. Bei diesem Verfahren ist es fast unmöglich, zielgruppengenau zu arbeiten. Denn alle Empfänger gleich welchen Alters und welcher Erfahrungen, gleich welcher Produktnutzungen oder welcher Einstellungen, werden mit den gleichen Fragen konfrontiert. »Wenn-dann«-Fragestellungen sind nicht praktizierbar, Itemrotationen zur Vermeidung von Rangreihenfolgeneffekten sind ausgeschlossen. Bei schriftlichen Befragungen besteht die Gefahr, dass sie in hohem Maße von Menschen ausgefüllt werden, die sehr hilfsbereit sind, und von Menschen, die sehr überzeugt von oder sehr verärgert über das Objekt der Befragung sind und ihre Meinungen endlich loswerden wollen. Die Bewertungen befinden sich oft in den Randbereichen, also in den besten oder schlechtesten Kategorien, weniger in den mittleren. Damit korrespondieren in den offenen Antworten oftmals Beschreibungen, die eher ungenau sind, die hochgradig Emotionen, aber weniger Sachverhalte enthalten. Erst das zweite und dritte Anschreiben der Zielpersonen bringt auch die mobilen und zeitarmen und die eher befragungsaversen Menschen dazu zu antworten. Auswertungen der zweiten und dritten Rückläufe sind zuweilen reicher an offenen Antworten, weil Vorgänge dezidierter beschrieben werden. Aus diesen Gründen, die auf die Qualität der Rückläufe abheben, ist es angeraten, die Stichprobe mindestens zweimal anzuschreiben – dann erreichen die Kosten aber auch die Höhe einer qualitativ deutlich hochwertigeren Telefonbefragung.

Neben den Instrumenten unterscheidet die quantitative Marktforschung auch, ob es sich um eine speziell konzipierte Befragung handelt *(Ad-hoc-Befragung)*, oder ob es sich um die Einschaltung von Fragen in eine Mehrthemenbefragung *(Omnibus)* handelt. Zwar ist bei der Einschaltung die Zahl der Fragen beschränkt, aber die Einschaltung ist kostengünstiger, weil die Fragen zu den standardisierten soziodemografischen Informationen nur einmal erhoben werden müssen und deshalb diese Kosten von allen getragen werden.

### 5.3 Grundgesamtheit, Stichprobe und Gewichtung

Neben der Frage, welches Erhebungsinstrument das für die Zwecke der Forschung adäquate ist, muss bestimmt werden, wie die *Grundgesamtheit* zusammengesetzt ist und wie groß die *Stichprobe* aus dieser Grundgesamtheit sein muss[39]. Bei kleinen Grundgesamtheiten wie Vorstandsvorsitzende von Banken ist es sicherlich angebracht, eine Vollerhebung anzusetzen – also alle Funktionsträger anzusprechen. Bei größeren Grundgesamtheiten wie einer Stadtbevölkerung reicht eine Teilerhebung. Dabei werden nach einer Zufallsauswahl Individuen kontaktiert. Die Studie gilt dann als repräsentativ, wenn alle Individuen dieser Grundgesamtheit die gleiche Chance hatten, kontaktiert zu werden. Strukturrepräsentativ für die zugrunde liegende Grundgesamtheit sind die Ergebnisse, wenn die wesentlichen Strukturmerkmale der Grundgesamtheit in der Stichprobe proportional abgebildet sind. Das können logischerweise nur bekannte Daten aus einer Statistik sein, in der Regel sind mindestens Altersgruppen und Geschlecht gegeben. Die proportionale Abbildung wird über *Gewichtungen* der entsprechenden Individuen oder Zellen erreicht[40].

Die *Größe der Stichprobe* lässt sich einerseits wissenschaftlich berechnen[41], andererseits gibt es dazu eine einfache Daumenregel: In einer zu betrachtenden Zelle oder Zielgruppe sollten mindestens 100 Individuen vorhanden sein. Denn dann sind die Schwankungsbreiten gemessener Werte um den »wahren«, aber unbekannten Wert klein genug, um verlässlich Unterschiede zwischen den betrachteten Gruppen interpretieren zu können. Wenn also eine lokale Bank in den Grenzen amtlich verfügbarer Einwohnerdaten Zielgruppenanalysen vornehmen will, dann ist es ratsam, auf der Ebene von Stadtteilen oder Stadtregionen die Stichprobe zu strukturieren. Da ja die Zielgruppe inhaltlich erst noch beschrieben werden soll, könnte eine Annahme sein, innerhalb jeder stadtgeografischen Einheit fünf Altersgruppen bilden zu können – bei vier Einheiten wären das 20 Zielgruppen, und da jede Zielgruppe 100 Interviews umfassen sollte, müsste die Gesamtstichprobe 2 000 Interviews umfassen. Da nur in den seltenen Fällen die Budgets für solche Studien zur Verfügung stehen, ist es ratsam, entweder nach Stadtregionen oder nach Altergruppen auszuwerten – folglich reichen 500 Interviews (die umfangreichste Kategorie wird aus fünf Altersgruppen gebildet) aus – allerdings nur, wenn die Bedingungen der Inferenzstatistik nicht höhere Fallzahlen erfordern.

**39)** Zu den Grundlagen der Marktforschung siehe die Basiswerke von Berekoven, Ludwig/Eckert, Werner/Ellenrieder, Peter (1989): *Marktforschung. Methodische Grundlagen und praktische Anwendung*, Wiesbaden; Hüttner, Manfred (1989): *Grundlagen der Marktforschung*, Berlin.

**40)** Zu Gewichtungen siehe Gäbler, Siegried/Hoffmeyer-Zlodnick-Jürgen H.P./Krebs, Dagmar (Hrsg.) (1994): *Gewichtung in der Umfragepraxis*, Opladen.

**41)** Zur Berechnung von Stichproben siehe Bortz, Jürgen (2004): *Statistik: Für Human- und Sozialwissenschaftler*, Berlin.

## 5.4 Exkurs: Barrieren und Fallgruben

**Kognitionspsychologie**

Der qualitativen und der quantitativen Forschung ist gemein, dass sie Erinnerungsleistungen abrufen oder Assoziationsvermögen aktivieren soll, die entweder sofort verfügbar sind, weil sie leicht zugänglich sind, oder die erst im Erinnerungsspeicher abgerufen oder auf der Assoziationsebene ermöglicht werden müssen. Es ist Aufgabe der Marktforschung, diesen Prozess des Abrufens im mentalen Speicher zu steuern.

Erinnerungsleistungen sind auf die Vergangenheit gerichtet und bergen, trotz des vielleicht einfach klingenden Vorgangs, eine Reihe von Fehlern. Die Frage nach dem Bierkonsum im letzten Monat beispielsweise ist aus vielen Gründen in ihrer Einfachheit (Wie viel Bier haben Sie im letzten Monat getrunken?) eine tückische.

- Welcher Zeitraum ist konkret gemeint, wenn die Frage am 27. August gestellt wird – der Juli oder die Tage vom 26. Juli bis zum 26. August?
- Welche Einheiten sind gemeint? Flaschen und Gläser (welche Größe), Liter?
- Welches Bier ist gemeint – sind Mixgetränke eingeschlossen?
- Ist nur der Konsum zu Hause oder der gesamte Konsum, gleichgültig wo, betroffen?
- Sind dem Befragten alle Situationen bewusst, in denen er im betroffenen Monat Bier getrunken hat, oder müssen diese beispielhaft aufgezählt werden?
- Gibt es dabei Situationen, bei denen der Befragte den Genuss in der öffentlichen Situation einer Befragung nicht zugeben kann, weil der Genuss negative Reaktionen hervorrufen könnte – so zum Beispiel das (heimliche aber stetige) Biertrinken am Arbeitsplatz?
- Ist der angesprochene Monat ein Ausnahmemonat, weil in diesem (im Vergleich zu anderen Monaten) besonders viel Bier getrunken wurde?
- Macht es Sinn, den verlangten Zeitraum in Tage und Wochen zu untergliedern und nach stetig wiederkehrenden Abläufen und Ausnahmen hierzu zu fragen? Wäre der Juli ein normaler Arbeitsmonat im Leben eines Büroangestellten mit festen Essens- und Sportzeiten und regelmäßigem Wochenendablauf, so ist der Konsum einfacher zu rekonstruieren als bei einem Außendienstler, der stetig unterwegs ist und kaum Regelmäßigkeiten in seinem Tagesablauf kennt.

Antwortkategorien geben dem Befragten einen Interpretationsanhalt, welchen Bierkonsum er »sozialverträglich« oder gesellschaftlich akzeptiert angeben kann. Werden vorgegebene Kategorien verwendet, so werden die unterste und die oberste Kategorie als Rahmen des normal vorkommenden Bierkonsums herangezogen. Da die meisten Befragten dazu tendieren, sich als normal, also in der Mitte eines Rahmens befindlich, zu sehen, werden Kategorien, die einen übermäßigen Alkoholkonsum signalisieren, kaum genutzt. Benutzt ein Marktforscher also eher hohe Konsumkategorien, werden auch eher hohe Verbräuche gemeldet, als wenn nur niedrige Kategorien verwendet werden. Selbst wenn ein Marktforscher nur an der Dichotomisierung in hohe und niedrige Verbrauchswerte interessiert ist, tut er gut daran, mit niedrigen Kategorien zu starten und viele Kategorien zu nutzen. Gleiche Vorgehensweise gilt für Einkommensbeträge, die durchaus mit »unter 500 Euro« beginnen und dann in 500er oder 1000er Schritten weitergeführt werden. Welcher arbeitende Befragte ordnet sich gerne in die unterste Kategorie ein? Genauso wenige, wie sich konstante Biertrinker in die oberste Konsumkategorie einordnen werden.

Ein anderes Beispiel für den interpretativen Charakter von Antwortkategorien verdeutlicht die Frage: »Wie oft haben Sie sich seit letztem Weihnachten geärgert?« Wenn die Antwortkategorien starten mit »mehrmals die Woche«, dann wird deutlich, dass mit der Frage jeder noch so kleine Ärger gemeint sein muss. Starten die Kategorien aber mit »einmal im Monat«, dann ist offensichtlich nur eine sehr starke Verärgerung gemeint.

Da es bei solchen Fragen den Befragten in vielen Fällen unmöglich sein wird, sich vor allem bei längeren Zeiträumen an alle Einzelheiten zu erinnern, ist es Aufgabe der Marktforschung, die Erinnerungsleistung über Zusatzfragen zur einfachen Eingangsfrage zu fördern (Bitte denken Sie beim Bierkonsum an Verabschiedungen von Arbeitskollegen, an das Bier an der Hotelbar, nach dem Sport oder Einkaufen oder nach der Gartenarbeit) und sich mit Schätzungen zu begnügen.

Liegen zu erinnernde Vorgänge schon längere Zeit zurück – und diese Zeiträume werden von jedem Individuum verschieden interpretiert – und hängen sie stark davon ab, ob es sich um automatisierte oder herausragende Vorgänge handelt, dann sollte der Startpunkt für zurückliegende Zeiträume mit einem leicht erinnerbaren Ereignis beginnen. Stark polarisierende Feiertage wie Weihnachten oder prägnante Ereignisse wie der Schulanfang für Erstklässler, die letzte WM für Fußballfans oder der Zeitpunkt des Autokaufs für Neuwagenbesitzer eignen sich gut als Ankerpunkte. Sind solche Ankerpunkte nicht vorhanden, und das gilt speziell für Vorgänge, die man sich zwar extra vornimmt, die aber trotzdem automatisiert sind wie z. B.

Geld am Automaten holen, dann sind Erinnerungsleistungen auf die letzten Wochen oder Monate zu begrenzen. Verblassende Erinnerungen, Blockierungen, Gedächtnislücken, Fehlattributierungen, Suggestabilität, Verzerrungen führen – wenn überhaupt – zu Erinnerungen an Vorgänge, die sich so in der Realität nicht abgespielt haben müssen[42].

An dieser Stelle ist es notwendig, daran zu erinnern, was ein befragter Mensch alles leisten muss, um einen scheinbar einfachen Vorgang wie das Beantworten einer Frage leisten zu können[43]:

- Er muss die Frage verstehen bzw. einen Kontext kreieren.
  Zum Verstehen ist es notwendig, dass die Frage im Erfahrungsdeutsch des Befragten und nicht im technisch geprägten Akademikerdeutsch von Auftraggeber und Marktforschungsinstitut gestellt wird.
  Die Frage muss eindeutig (und nicht mehrdeutig) zu verstehen sein. Die Frage »Wie oft verreisen Sie im Jahr?« ist trotz ihrer Schlichtheit nicht zu beantworten, denn es ist nicht geklärt, was unter verreisen zu verstehen ist – Geschäftsreisen oder Urlaubsreisen, Wochenendtrips zu weiter entfernt lebenden Freunden, Fortbildungsreisen und Kuraufenthalte?
  Den Kontext erschließt sich der Befragte aus allen Informationen, die ihm visuell (z. B. bei einem schriftlichen Fragebogen der Absender oder Auftraggeber) oder aus den der gestellten Frage vorausgehenden Fragen bekannt sind. Die Frage »Mögen Sie Kohl?« wird bei der Nennung der CMA als Auftraggeber oder bei Vorfragen zu Gemüse auf Rot-, Grün- oder Weißkohl bezogen werden, bei Fragen im Kontext von politischen Personen auf den Altkanzler.
- Er muss vorhandene Informationen aus dem Gedächtnis abrufen.
  Die verlangten Informationen müssen im Gedächtnis abrufbereit verortet sein oder über Vorfragen (siehe Bierkonsum) bereitgestellt werden.

---

42) Siehe dazu die glänzend geschriebenen Ausführungen bei: Schacter, Daniel (2001): *Aussetzer: Wie wir vergessen und uns erinnern*, Bergisch Gladbach und Kotre, John (1996): *Weiße Handschuhe, Wie das Gedächtnis Lebensgeschichten schreibt*, München.

43) Zu den möglichen Fehlern im Befragungsprozess, so der Befragte, die Befragungssituation oder die Frage selbst als Fehlerquelle, wurde in der Kognitionspsychologie ausgiebig geforscht, siehe stellvertretend: Strack, Fritz (1994): *Zur Psychologie der standardisierten Befragung*, Berlin/Heidelberg; Bradburn, Norman/Sudman, Seymour/Wansink, Brian (2004): *Asking questions – The definitive guide to questionnaire design – for market research, political polls, and social and health questionnaires*, San Francisco sowie Sudman, S./Bradburn, N. M./Schwarz, N. (1996). *Thinking about answers: The application of cognitive processes to survey methodology*, San Francisco; Kirchhoff, Sabine/Kuhnt, Sonja/Lipp, Peter/Schlawin, Siegfried (2003): *Der Fragebogen*, Stuttgart.

- Er muss sich zum erfragten Sachverhalt ein Urteil bilden können.
  Bei Imagefragen ist es nicht wichtig, ob der Befragte Erfahrungen zu dem erfragten Sachverhalt hat (fast jeder Mensch kann ein Urteil über einen Ferrari abgeben), aber es ist unabdingbar, dass er Erfahrungen gesammelt hat, wenn er zu solchen gefragt wird. Ein typisches Beispiel ist bei Kundenzufriedenheitsstudien die Frage nach der Freundlichkeit des Personals – wo aber wird tatsächlich geprüft, ob der Befragte (und wann das letzte Mal) überhaupt ein Verhalten des Personals erlebt hat?
- Er muss sein Urteil in ein Antwortformat bringen – oder das vorgegebene Format nutzen können.

  Der Befragte muss seine Bewertung entweder in den eigenen Worten treffend ausdrücken können oder die vorgegebenen Antwortkategorien zutreffend nutzen können. Hierzu zählen beispielsweise Fragen nach sympathisch/unsympathisch, fraglich ist dabei, ob der Befragte den erfragten Gegenstand je unter Gesichtspunkten der Sympathie eingestuft hat.

**Benchmarking**

Benchmark-Ergebnisse, mit denen die eigenen Resultate angereichert werden können, müssen eine Reihe von Bedingungen erfüllen, damit sie als Vergleichswerte und nicht nur als Hintergrundvariablen anerkannt werden können:

Es ist speziell zu prüfen:
- ob die Vergleichsdaten mit einem identischen Instrumentarium erhoben worden sind, denn unterschiedliche Erhebungsinstrumente ergeben oft unterschiedliche Beantwortungswerte;
- ob die Fragestellungen inklusive der Antwortvorgaben von der Wortwahl her identisch sind (gleiche Stimuli). Auslassungen oder Einfügungen im Fragetext oder bei den Antwortvorgaben und unterschiedliche Skalen bedingen Effekte im Antwortverhalten;
- ob die Fragestellungen im gleichen Kontext erhoben worden sind. Unterschiedliche Kontexte, in denen die einzelnen Fragen eingebettet worden waren, können (in der Kognitionspsychologie als Kontexteffekte bekannte) Abweichungen hervorrufen. Auch die Platzierung ein- und derselben Frage an anderer Stelle kann aufgrund der zuvor gegebenen Informationen zu Antwortverzerrungen führen;
- ob die Befragtenstruktur vergleichbar ist. Sind also beispielsweise die gleichen Alters- und Einkommensgruppen befragt worden, mit oder ohne Ausschluss nichtdeutscher Personen, Bürger oder Wähler etc.;

- ob das Befragungsgebiet und die Befragungsorte strukturidentisch sind. Möglicherweise wurde in einer persönlich-mündlichen Befragung aus Budgetgründen nur in größeren Städten befragt, um die Einsatzkosten der Interviewer durch Einsparung langer Fahrzeiten niedrig zu halten. In der Benchmark-Befragung dagegen waren die Sample Points repräsentativ über das ganze Land verteilt und umfassten so auch die kleineren Ortschaften, so dass Stadt-Land-Unterschiede deutlich zum Tragen kommen;
- ob die Hintergrundvariablen identisch sind. So war beispielsweise die wirtschaftliche und politische Situation vor zehn Jahren von anderen Faktoren geprägt als heute, das Familienleben hat sich innerhalb einer Generation verändert etc.;
- welcher Zielsetzung die zum Benchmark genutzte Studie bei ihrer Konzeption unterlag. Fragenreihenfolgen, Platzierungen im Fragebogen, Absenderangaben etc. haben einen Einfluss auf die Befragten und deren Antwortverhalten.

## 6 Fazit

Ohne Vorarbeiten geht es kaum. Gerade in schwierigen Zeiten sind Informationsvorsprung und Informationsqualität zentrale Voraussetzungen für das Bestehen im Wettbewerb.

Um am Markt erfolgreich zu sein, müssen Unternehmen fundierte Kenntnisse bezüglich der relevanten Marktteilnehmer besitzen. Hierzu werden zahlreiche Informationen über Kunden und Konkurrenz benötigt, welche die Marktforschung bereitstellen kann.

Mit Meinungsforschung in der PR zu arbeiten, erfordert neben adäquaten Instrumenten und notwendigem Know-how vor allem die Kenntnis über die Zielgruppen der Forschung – und den Platz, den das Wissen darüber in der Kommunikation einnehmen kann. Denn das Wissen muss sowohl für diejenigen, die die Ergebnisse verbreiten, als auch für diejenigen, die die Ergebnisse lesen und verarbeiten sollen, neu oder zumindest interessant und relevant für deren Lebenswelt sein oder gar handlungsauslösende Betroffenheit erzeugen.

Nur so kann herausgearbeitet werden, bei welchen Topics es sich um Treiberthemen handelt und welche eher bremsend wirken. Bestehende Studien zeigen, was an Wissen bereits vorhanden ist. Das ist nicht trivial, sondern vermeidet Me-too-Effekte und liefert oft schon das Fundament für Hypothesen zu den Menschen, die man als Zielgruppe im Auge hat. Die eigene Forschung verwirft, bestätigt oder präzisiert sogar die Annahmen – sowohl zur Definition der Zielgruppe als auch zu deren Lebensinhalten. Auf diese Weise lassen sich Daten und Fakten erzeugen, mit denen neues Wissen vermittelt werden kann – für das eigene Marketing, für den Vertrieb und für die Positionierung des Unternehmens in der Öffentlichkeit.

## 7 Fallbeispiele

### 7.1 Fallbeispiel: Unternehmerperspektiven der Commerzbank

| | |
|---|---|
| Jahr | 2006 ff |
| Auftraggeber | Commerzbank |
| Einbindung weiterer Gremien | Speziell gebildeter Beirat aus Vertretern der Wirtschaft. |
| Thema | Unternehmerperspektiven: Zukunft gestalten im globalen Wettbewerb – Innovation als Erfolgsfaktor im Mittelstand. |
| Zielgruppe | Mittelständische Unternehmen. |
| Art der Befragung | Computergestützte Telefonbefragung. |
| Zahl der Befragten | 4 000 Unternehmen (Mittelstand und Großunternehmen) pro Befragung. |
| Inhalte | Innovationsaktivitäten in Deutschland. |
| Wie wurde das Wissen über die Zielgruppe in der Kommunikation und darüber hinaus eingesetzt? | Pressegespräche auf nationaler wie regionaler Ebene, Pressemeldungen.<br>16 Dialogabende, in denen ein kurzes Business-Theaterstück die zentralen Fragen der Studie vorstellte. Anschließend wurde die Thematik in einer Podiumsdiskussion vertieft. |
| Weitere Informationen | www.unternehmerperspektiven.de. |
| Kontakt beim Auftraggeber | Commerzbank: Michael Huvers, Leiter Kommunikation Firmenkunden. michael.huvers@commerzbank.com. |
| Besonderheiten | In 2006 und 2007 wurden jeweils zwei Befragungen mit unterschiedlichen Themenschwerpunkten durchgeführt:<br>Frühjahr 2006: Wirtschaft in Bewegung – Herausforderungen und Strategien am Standort Deutschland;<br>Herbst 2006: Qualifiziertes Personal als Schlüsselressource. |

## 7.2 Fallbeispiel: Studentenbefragung der Continental AG

| | |
|---|---|
| Jahr | Seit 2003 jährlich |
| Auftraggeber | Continental AG |
| Einbindung weiterer Gremien | Kooperation mit TH Darmstadt |
| Thema | Globalisierung |
| Zielgruppe | Studenten in Deutschland und Rumänien. |
| Art der Befragung | Computergestützte Telefoninterviews (CATI), Auswahl der Befragungsteilnehmer anhand eines standardisierten Zufallsverfahren nach Branchenstandard (random last two digits). |
| Zahl der Befragten | 1 000 in Deutschland, 1 000 in Rumänien. |
| Inhalte | Studienverhalten im Hinblick auf Globalisierung und Internationalisierung, Arbeiten im Ausland, Praxisorientierung im Studium und Praktika sowie Hochschulreformen. |
| Wie wurde das Wissen über die Zielgruppe in der Kommunikation und darüber hinaus eingesetzt? | Nationale Pressekonferenzen, Internet (u.a. Downloadmöglichkeit der Studien), interne Auswertung nicht veröffentlichter Teile (z. B. Ranking der beliebtesten Arbeitgeber). |
| Weitere Informationen | www.conti-online.com |
| Kontakt beim Auftraggeber | Hannes Boekhoff, Leiter Presse, Continental AG Vahrenwalder Straße 9, 30165 Hannover Telefon: 0511 938-1278, Fax: -1055 E-Mail: prkonzern@conti.de |
| Besonderheiten | Bisherige Themen 2004: Sozial- und Hochschulreformen in Deutschland, Altersvorsorge, Gehaltsinvest; neue Abschlüsse wie Bachelor/Magister; 2005 + 2006: Arbeitszeit, Karriere, Qualifizierung sowie Hochschulreformen und Wettbewerbsfähigkeit des Standorts Deutschland; 2007 Einschätzung zu Globalisierung und Auswirkungen auf Arbeitswelt der nächsten Jahre. |

### 7.3 Fallbeispiel: ARD-DeutschlandTREND

| | |
|---|---|
| Jahr | Kontinuierlich seit Oktober 1997 (monatlich). |
| Auftraggeber | ARD und sieben Tageszeitungen. |
| Netzwerk: Einbindung weiterer Gremien | Keine. |
| Thema | Politische Stimmung in Deutschland. |
| Zielgruppe | Wahlberechtigte (Deutsche ab 18 Jahren). |
| Art der Befragung | Computergestützte Telefonbefragung. |
| Zahl der Befragten | 1 000 pro Welle (für die Sonntagsfrage 1 500). |
| Inhalte | Bewertung von Themen, Parteien, Politikern. |
| Wie wurde das Wissen über die Zielgruppe in der Kommunikation und darüber hinaus eingesetzt? | Veröffentlichung jeden ersten Donnerstag im Monat in den ARD-Tagesthemen, bei tagesschau.de (www.tagesschau.de), in Auszügen über Nachrichtenagenturen und am folgenden Freitag ausführlich in sieben Tageszeitungen (*WELT, FR, Kölner Stadt-Anzeiger, Stuttgarter Zeitung, Rheinpfalz, Thüringer Allgemeine, Sächsische Zeitung*). Im Nachgang auch auf der Website von Infratest dimap (www.deutschlandtrend.de/). |
| Medienresonanzanalyse | Über TNS Infratest Pressemonitor. |
| Weitere Informationen | www.deutschlandtrend.de |
| Besonderheiten | Vor Bundestagswahlen werden wöchentliche Erhebungen durchgeführt. |

## 7.4 Fallbeispiel: METRO Consumption Report

| | |
|---|---|
| Jahr | 2005 |
| Auftraggeber | METRO AG |
| Netzwerk: Einbindung weiterer Gremien | WHU – Otto Beisheim School of Management; Lehrstuhl für Betriebswirtschaftslehre, insbesondere Marketing, Prof. Dr. Martin Fassnacht. |
| Thema | Der europäische Konsument. |
| Zielgruppe | Bevölkerung: D, UK, F, I, PL, E, H. |
| Art der Befragung | Computergestützte Telefonbefragung. |
| Zahl der Befragten | Je 1 000 Konsumenten in 7 Ländern. |
| Inhalte | Wirtschaft und Politik, Einkauf im Handel, Konsum und Konsumeinstellungen, Preis- und Qualitätsbewusstsein, Lebenseinstellung, Zeitdruck, Lohngerechtigkeit, Arbeitslosigkeit, Sparen, Abgaben, finanzielle Risikobereitschaft, finanzielle Situation des Haushalts. |
| Wie wurde das Wissen über die Zielgruppe in der Kommunikation und darüber hinaus eingesetzt? | Vorstellung auf breiter Ebene (Presse, Medien, Verbände etc.) in Berlin; gebundene Hochglanzbroschur »Der europäische Konsument«; Veröffentlichung im Internet. |
| Weitere Informationen | http://www.metrogroup.de/servlet/PB/menu/1089150_l1/index.html. |
| Kontakt beim Auftraggeber | Georg Fuhrmann fuhrmann@metro.de |

## 7.5 Fallbeispiel: (N)Onliner Atlas

| | |
|---|---|
| Jahr | Seit 2001 jährlich |
| Auftraggeber | Initiative D21 e.V. und TNS Infratest. |
| Netzwerk: Einbindung weiterer Gremien | Unterstützung durch jährlich wechselnde Sponsoren/D21-Mitglieder. In 2007 sind dies: Fujitsu Siemens Computers, Microsoft Deutschland, Deutsche Telekom AG, Wolters Kluwer Deutschland, Intel GmbH, Kompetenzzentrum Technik-Diversity- Chancengleichheit e.V., Bundesministerium für Wirtschaft und Technologie. |
| Thema | Nutzung und Nichtnutzung des Internets. |
| Zielgruppe | Bevölkerung älter als 14 Jahre. |

| | |
|---|---|
| Art der Befragung | Computergestützte Telefoninterviews (CATI), Auswahl der Befragungsteilnehmer anhand eines standardisierten Zufallsverfahren nach Branchenstandard. |
| Zahl der Befragten | 48 500 Interviews (je rund 30 000 in den Jahren 2002 bis 2004, 20 000 in 2002). |
| Inhalte | Internetnutzung und Nichtnutzung, Nutzungsplanung, Strukturen und regionale Verteilung – Studie schlüsselt die Zahlen nach Bundesland, Regierungsbezirk, Postleitzahlengebiet, Alter, Geschlecht, Einkommen, Bildungsstand und Beschäftigung auf. |
| Wie wurde das Wissen über die Zielgruppe in der Kommunikation und darüber hinaus eingesetzt? | Jährliche Pressekonferenz im Konferenzzentrum der Bundespressekonferenz Berlin; fünf Pressemitteilungen; Podcasts; Einzelinterviews; Sonderthema im Herbst 2007/des jeweiligen Jahres auf Landesebene/in Kooperation mit einem Landesministerium; Abendveranstaltung in exklusiver Berliner Location mit Gästen aus Politik, Wirtschaft und Wissenschaft. |
| Weitere Informationen | www.nonliner-atlas.de |
| Kontakt beim Auftraggeber | Stefan Jaeckel<br>Leiter Presse und Öffentlichkeitsarbeit<br>Initiative D21 e.V.<br>Stefan.jaeckel@initiatived21.de |
| Besonderheiten | *Sonderteile ab 2004:*<br>2004: »Internet und Arbeitsmarkt«<br>2005: »Innovation: Mobiles Internet«<br>2006: »Sicher Surfen: Wie schützen sich die deutschen Onliner im Internet?<br>»Internet 2010: Visionen online leben«<br>»Lehre oder Leere? Computerausstattung und -nutzung an deutschen Schulen«<br>2007: »Sicher Surfen: Wie schützen sich die deutschen Onliner im Internet?«<br>»Best-Ager-PC: Altersgerecht ins Internet« |

# Pressearbeit mit Plan
# – die erfolgreiche PR-Strategie

Jörg Forthmann

## 1 Einleitung

Einem Pressesprecher oder einer Pressesprecherin unterstellen zu wollen, es würde nicht nach einer PR-Strategie gearbeitet werden, wäre ehrenrührig. Doch in den allermeisten Pressestellen ist dem so. Die Situation ist dramatisch. Die Pressestellen sind getrieben vom Tagesgeschäft, für strategische Überlegungen fehlt vermeintlich die Zeit. Das Tätigkeitsportfolio ergibt sich vorwiegend aus Anforderungen Dritter – zum Beispiel von der Geschäftsführung oder von Produktmanagern – oder ist historisch gewachsen. Aktuelle Erfahrungen und Gedanken der PR-Verantwortlichen fließen laufend in die Pressearbeit ein – doch so entsteht auch keine ausgefeilte PR-Strategie.

So haben Pressestellen laut dem PR-Trendmonitor – einer regelmäßigen Umfrage unter Fach- und Führungskräften der PR-Branche durch news aktuell und Faktenkontor – mehr Zeit für Presseinformationen oder für die Beantwortung von Journalistenanfragen aufgebracht als für die Entwicklung einer Strategie. Trotzdem wissen Pressestellen und Agenturen, dass diese wichtig ist: 82 Prozent von ihnen geben an, dass eine durchdachte Konzeption eine hohe Bedeutung hat.

Doch was ist eine Strategie? Es ist die Antwort auf die Frage, wie Menschen zu einem bestimmten Denken oder Tun angeregt werden können. Image-PR zielt auf Veränderungen im Kopf. In der Vertriebsunterstützung geht es ebenfalls um geänderte Wahrnehmungen, Erinnerungen und Präferenzen, obendrein aber auch um geändertes Kaufverhalten oder um die Motivation zum Ersterwerb von Produkten und Dienstleistungen.

Bevor jedoch überhaupt an eine Strategie gedacht werden kann, stehen PR-Verantwortliche vor einer nicht zu unterschätzenden Herausforderung:

## 2 Die Zielsetzung

So simpel es auch klingen mag, manchmal ist es gar nicht so einfach, die Ziele einer PR-Kampagne zu definieren. Nicht selten nennen Pressestellen nur eine Zahl von Clippings, die eine Kommunikationsmaßnahme nach sich ziehen soll. Das ist jedoch kein Ziel, sondern allenfalls ein Indikator für Medienpräsenz. Mehr nicht. Was diese Präsenz bewirkt, wird durch Clippings oder Medienresonanzanalysen nicht erfasst. Ob also eine angestrebte Medienresonanz zu einem beabsichtigten Ziel beiträgt, liegt im Bereich der wilden Vermutungen. Trotzdem ist das Zählen von Clippings die wichtigste Erfolgskontrolle in deutschen Pressestellen – und damit die wichtigste Zielgröße.

Das ist barer Unsinn. Wir benötigen eine konkrete Anforderung an die PR:

*Was* soll im Denken und Tun *von wem* mit *welcher konkreten Auswirkung* verändert werden?

Strebt die Pressestelle an, das Image zu polieren oder eine Themenführerschaft auf einem Gebiet zu erlangen? Oder soll die PR den Abverkauf steigern? Je nach Zieldefinition können PR-Fachleute ihre Strategien genau darauf ausrichten. Wichtig dafür ist, bereits im Vorfeld Messgrößen festzulegen, an denen sich der Erfolg der Kampagne im Nachhinein überprüfen lässt. Dabei kann es sich um gestiegene Abverkaufszahlen, aber auch um einen höheren Bekanntheitsgrad handeln.

Was sich in anderen Abteilungen schon durchgesetzt hat, müssen sich nun auch Pressestellen auf ihre Fahnen schreiben: Nur wer weiß, wohin es gehen soll, kann anfangen, den Weg dorthin zu planen. Marketing und Werbung sind in dieser disziplinierten und zielgerichteten Vorgehensweise erheblich weiter. Letztlich verbirgt sich in einer ausgefeilten PR-Strategie auch der Schlüssel, mehr zeitliche und budgetäre Freiheiten zu erobern, weil auf eine Vielzahl wenig zielführender Aktivitäten verzichtet werden kann.

Hilfreich ist es, sich an der allgemeinen Unternehmensstrategie zu orientieren, da in dieser meist die relevanten Unternehmensziele festgelegt wurden. Aus diesen Oberzielen lassen sich die für die Kommunikation relevanten Ziele ableiten. Dies geschieht in zwei Schritten:

1. Zu welchen Unternehmenszielen kann die PR einen Beitrag leisten? Ziele, bei denen die Pressearbeit nicht helfen kann, können PR-Verantwortliche aussortieren.

2. Welche Prioritäten sollten die restlichen Ziele in der Pressearbeit haben? Die entstehende Rangfolge hängt davon ab, mit welcher Effizienz die PR unterschiedliche Ziele unterstützen kann oder welche Unternehmensziele die Geschäftsführung derzeit besonders intensiv verfolgt.

Mit diesem Vorgehen ist sichergestellt, dass die Pressestelle auch aus Sicht der Unternehmensführung in eine sinnhafte Richtung arbeitet. Aktuell ist diese Situation in den meisten Firmen erstaunlicherweise nicht gegeben. Oftmals kennen die Pressesprecher noch nicht einmal die Unternehmensziele im Detail. Dies führt dazu, dass die Geschäftsführung die Pressearbeit nicht ernst nimmt, denn zu wirklich ernsthaften Zielstellungen liefert die PR offensichtlich keinen nachvollziehbaren (geschweige nachweisbaren) Beitrag. Andererseits fühlen sich PR-Verantwortliche nicht verstanden, wenn sie ihre Belange der Geschäftsführung vortragen, denn sie drücken nicht die Tasten in der Klaviatur der Unternehmensführung, auf die Geschäftsführer vorzugsweise hören: Marktanteile ausbauen, Umsatz erhöhen, Cross Selling ausweiten, Absatzwege sichern, Vertriebskrisen vorbeugen, eine erfolgreiche Markteinführung ermöglichen und so weiter.

Ein Ziel ist dadurch gekennzeichnet, dass es detailliert und messbar ist. Ein Beispiel: Miele möchte den Marktanteil bei Waschmaschinen erhöhen (= Unternehmensziel). Welchen Beitrag kann die Pressearbeit zu diesem Ziel leisten? Pressestellen neigen dazu, dieses Ziel einfach dadurch zu befördern, dass sie die Sichtbarkeit von Miele in Endverbrauchermedien erhöhen. Logik: Mehr Sichtbarkeit führt zu mehr Bekanntheit, zu mehr Sympathie und damit auch zu höherer Kaufbereitschaft. Voilà! Pressearbeit wirkt! Eine Analyse des Kaufprozesses könnte aber zu dem Ergebnis führen, dass beim Kauf einer Waschmaschine der Kunde von der Vielzahl der Geräte – Reihe um Reihe in der Elektroabteilung aufgestellt – schlicht überfordert ist und daher die Beratung durch den Verkäufer sucht. Eine Waschmaschine wird also nicht gekauft, sondern verkauft. Mit dieser Erkenntnis sieht das Ziel für die Pressearbeit schon bedeutend anders aus: die Empfehlungsintensität des Verkaufspersonals für Miele-Waschmaschinen zu erhöhen. Bekanntheit und Sympathie beim Endverbraucher haben in diesem Szenario auf einmal nur noch zweite Priorität, denn sie sind nur noch entscheidungsbestätigend, wenn der Verkäufer seine Hand auf die Miele-Maschine legt und sagt: »Wenn Sie mich fragen, ist diese Waschmaschine die beste. Etwas teurer, dafür hält sie ein Leben lang!«

Dieses Beispiel zeigt, dass eine detaillierte Analyse zwingend notwendig für die Strategiefindung ist.

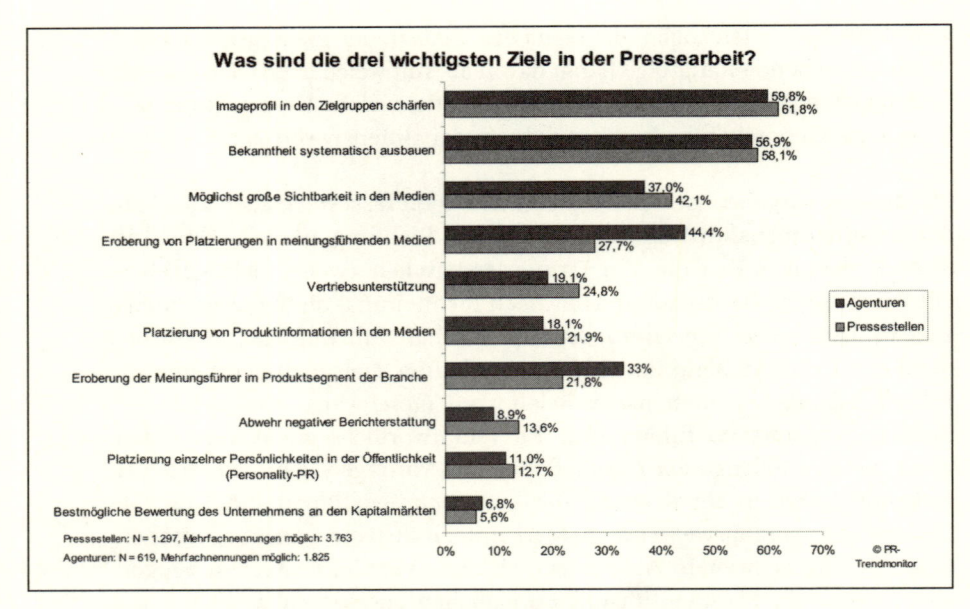

**Abb. 1** Image und Bekanntheit stehen bei den PR-Zielen ganz weit oben, obwohl diese Dimensionen in der Pressearbeit nicht immer erfolgsentscheidend sind

## 3 Die Unternehmensanalyse

Auch wenn man als Kommunikationsexperte meint, das eigene Unternehmen, den hiesigen Markt, den Konsumenten und den Wettbewerb in- und auswendig zu kennen, hilft jedem PR-Verantwortlichen eine neutrale Recherche vor der Konzeption einer Kampagne.

Hierbei ist zunächst der erste Blick auf den Markt interessant. Eine neutrale Analyse der eigenen Marktlage lässt darauf schließen, in welchen Bereichen noch Nachholbedarf und Steigerungspotenzial bestehen. Nach der Sammlung aller relevanten Daten und Fakten können diese in einem zweiten Schritt anhand verschiedener Methoden ausgewertet werden. Die wohl beliebteste ist die Gegenüberstellung von Stärken und Schwächen, Chancen und Risiken.

### 3.1 Stärken und Schwächen analysieren

Ein bekanntes Mittel hierbei ist die Analyse der *S*trengths (Stärken), *W*eaknesses (Schwächen), *O*pportunities (Chancen) und *T*hreats (Gefahren). In einer Matrix lassen sich interne Stärken und Schwächen sowie marktbedingte Chancen und Risiken abwägen. Das bekannte Analyse-Tool ist auch für die PR gut geeignet, eine systematisierte Sicht auf das eigene Unternehmen zu erlangen. Stärken und Schwächen der eigenen Firma, die man vorher noch nicht kannte, können herausgearbeitet werden. Chancen und Risiken, die der Markt aktuell bietet, liefern dem Unternehmen Ansätze, auf aktuelle Gegebenheiten zu reagieren.

Durch die umfassende Situationsanalyse lassen sich Fragen wie: »Welche Stärken und Schwächen weist der Wettbewerb auf und wo kann die eigene Performance noch ausgebaut werden?« leicht beantworten. Besonders interessant wird die so genannte SWOT-Analyse, bezieht man sie auf ein bestimmtes Produkt. Auch hier besteht die Möglichkeit, das eigene Produkt im Vergleich zum Wettbewerb und dem eigenen Portfolio zu analysieren. Dabei kann es schon vorkommen, dass sich für ein Unternehmen völlig neue Perspektiven eröffnen und Produkte sich in einer bestimmten Marktposition behaupten können, die vielleicht vorher noch nicht zu erkennen war. Sei es der Blick auf eine neue Zielgruppe oder ob der Konsument dem Produkt überhaupt das nötige Vertrauen schenkt. Diese Analyse lässt einen Blick auf die nötige Kommunikation, Image und die Bekanntheit erahnen.

Durch die strukturierte Recherche sollte die Pressestelle eine neutrale Sicht auf das eigene Unternehmen erlangen. Bisher können nur die wenigsten Unternehmen von sich behaupten, dass sie es schaffen, ihr eigenes Unternehmen realistisch zu betrachten. Leider genießen Firmen und ihre Sprecher oftmals eine völlig verklärte Sicht auf die eigene Marktlage. Wünsche dominieren die eigene Unternehmenssicht. Nur in den wenigsten Fällen gewährleisten die hausinternen Analysen den nötigen Abstand, um ein realistisches Bild auf das eigene Unternehmen, auf die Marktstellung und auf die Position in den Medien zu erlangen.

Besonders die Definition der Unique Selling Proposition (USP) – das Alleinstellungsmerkmal – unterschätzen Pressesprecher in den meisten Fällen. In vielen Pressestellen treten Schwierigkeiten bei einer solchen Definition auf. Trotzdem ist es zur klaren Abgrenzung von anderen Akteuren im Markt unerlässlich, sich selbst durch etwas »Einzigartiges« herauszustellen. Denn nur wer seinen besonderen Vorteil, seine Einzigartigkeit oder Besonderheit klar definieren kann, hat eine Chance, sich in den Medien zu behaupten. So genannte »Me-too«-Botschaften sind nicht nur für die Zielgruppe, sondern auch für den Journalisten absolut uninteressant. Zur Lösung dieser Kernfrage in der PR gibt es vier Ansätze: das Besondere, die Relevanz, die Inszenierung und die Themenwelt.

1. Das Unternehmen, das Produkt oder die Marke hat eine *Besonderheit*, die das Interesse von Journalisten auslöst. Zum Beispiel Blacksocks, ein Internetversender, der Sockenabonnements für Männer anbietet. Mit einem Augenzwinkern auf die mangelnde Strumpfausstattung zielend, liefert Blacksocks alle drei Monate neue Socken im Abonnement. Die Offerte ist so ungewöhnlich, dass sie immer wieder Berichterstattung in den Medien erzeugt. Verstärkt wird dieser Effekt durch das Anspielen auf die männliche Schwäche – ausgerechnet bei einem schnöden Alltagsgegenstand wie Socken. Ebenso attraktiv für Medien sind herausragende Menschen (wie Michael Schumacher), spannende Unternehmen (Beate Uhse) oder ungewöhnliche Services (zum Beispiel ein Butler auf Kreuzfahrten mit der MS Europa). Pressesprecher schauen oftmals neidisch auf Kollegen, die auf derartige Besonderheiten zurückgreifen können. Der Trick liegt manchmal jedoch einfach darin, auf ein interessantes Detail zu fokussieren und dies zu inszenieren. Wenn eine Krankenkasse ihre Versicherten intensiv bei der Überwindung von Krebserkrankungen unterstützt, kann daraus eine spannende Mediengeschichte werden, denn diese tödliche Krankheit kann jeden treffen und löst große Betroffenheit aus. Nun kommt es nur noch darauf an, das Besondere und Nachrichtenrelevante herauszuarbeiten. Diese Strategie erfordert allerdings zugleich den Mut, die spitze Positionierung eines Themas tatsächlich herzustellen. Die Messlatte hierzu hat der Gründer von Greenpeace gelegt: »Eine Kampagne funktioniert nur, wenn sie sich in einem Satz mit sieben Wörtern beschreiben lässt.« So spitz präsentieren Pressesprecher ihr Thema allerdings oftmals nicht – und verlieren damit dramatisch an Nachrichtenrelevanz.
2. Der nächste Schlüssel in die Redaktionen liegt in der *Relevanz* des Absenders. DaimlerChrysler, Siemens und Deutsche Bank sind aus Sicht der Redakteure allein ob ihrer Größe höchst relevant. Ebenso verhält es sich mit renommierten Forschungsinstituten wie das Robert-Koch-Institut, das regelmäßig zur Vogelgrippe interviewt wird, oder relevante Personen wie Bundeskanzler oder EZB-Präsident. Doch auch Erfolg macht relevant; schöne Beispiele hierfür sind Bionade, Amazon oder eBay. Wem das alles nicht zur Verfügung steht, dem bleibt die letzte Möglichkeit: Relevanz durch die Aussage. Gibt es ein Gebiet, in dem sich das eigene Haus als Themen- und Know-how-Führer positionieren lässt? Mit einem Wissensvorsprung, der zum Effekt »die müssen wir auf jeden Fall auch noch dazu fragen« führt? Dieser Ansatz scheint möglicherweise auf dem ersten Blick arg vermessen zu sein. Doch in sehr vielen Fällen benötigen Unternehmen keinen allzu großen Wissensvorsprung,

um eine Themenführerschaft herzustellen. Es kommt allein darauf an, zukunftsgerichtete Fragen mit hoher Relevanz beantworten zu können, die andere bislang nicht beantworten. Ein schönes Vorbild ist der BITKOM, der Bundesverband Informationswirtschaft Telekommunikation und neue Medien e.V. Der BITKOM ist dank seiner regelmäßigen Analysen zum IT-Markt zur festen Größe in den Medien geworden – mit einer Glaubwürdigkeit, die an Wirtschaftsforschungsinstitute grenzt.
3. Andere Absender im Nachrichtendschungel wählen die *Inszenierung*: Flugevents von Red Bull, Durex schickte Paare zur Bewerbung des neuen Gleitgels in Iglus und der ACE bepflanzte Schlaglöcher mit Vergissmeinicht, um auf den schlechten Straßenzustand aufmerksam zu machen. Die Gefahr der Inszenierung liegt in der schmalen Gratwanderung zwischen gelungen und gescheitert.
4. Zu Unrecht oftmals gescheut wird das Aufbauen von *Themenwelten*. Da das Unternehmen oder das Produkt nichts Nachrichtenrelevantes in sich trägt, bereitet die Pressestelle ein Thema umfassend auf, das als Transmissionsriemen für die eigentliche Nachricht nutzbar ist und gleichzeitig hohes Interesse in den Zielgruppen auslöst. Dieser Lösungsansatz bedarf guter PR-Arbeit, denn das aufbereitete Thema muss Relevanz in sich tragen – es ist inszenierte Relevanz. Die Nachricht wird inszeniert, gestaltet, auf die eigenen Bedürfnisse hin zugeschnitten. Unbedingt erforderlich ist es bei diesem Ansatz, das Thema vom Empfänger her zu denken: Was bewegt die Zielgruppe so sehr, dass es die Redakteure aufgreifen und prominent im Blatt platzieren? Weitere Erfolgsbedingung ist die zeitliche Tragfähigkeit des Themas. Wer nur einmal kurz mit seiner Themenwelt aufflackert, wird schnell wieder vergessen. Stattdessen sollte das Thema dauerhaft Nachrichtenwert erzeugen – und ebenso lange als Hilfsmittel einsetzbar sein, das Unternehmen oder das Produkt in zweiter Reihe mit zu transportieren.

Doch nicht nur die eigene USP, sondern auch die Zielgruppen spielen in der Analyse eine wesentliche Rolle. Denn ob eine Bewusstseinsveränderung beim Kunden oder die Steigerung des Abverkaufs hervorgerufen werden soll, es ist immer der Mensch, der im Fokus der Betrachtung steht. Doch eine Wahrnehmungsveränderung kann nur geschehen, wenn man es schafft, den idealtypischen Vertreter der Zielgruppe bis ins kleinste Detail zu kennen. Mit welchen Wünschen, Ängsten und Nöten ist er konfrontiert? Wer ist als Ratgeber gefragt und akzeptiert? Welche Bedeutung hat das Unternehmen für ihn? Und welches Ansehen genießt es? All diese Fragen sollten PR-Verantwortliche im Detail beantworten.

## 4 Analyse der Zielgruppe

Nur die wenigsten Unternehmen definieren die Dialoggruppe so spitz, dass eine darauf aufbauende Kommunikation ohne Probleme möglich ist. Für jedes Unternehmen mit einer geplanten Kampagne muss die Nennung der Kernzielgruppe ohne Probleme möglich sein.

So lässt sich beispielsweise in Bezug auf das neue »iPhone« eine klare Käufergruppe relativ schnell definieren. Anders sieht dies allerdings bei herkömmlicheren Produkten aus. Eine Waschmaschine beispielsweise benötigt wohl jeder – das ist der erste Gedanke, wenn man die Zielgruppe von Haushaltsgeräten betrachtet. Doch ein genauerer Blick lässt auch hier Differenzierungspotenzial zu: Wer trifft die Kaufentscheidung, und welche Zielgruppe ist die für das Produkt relevante? Soll das Unternehmen eher die jungen Menschen – die Erstausstatter – ansprechen, damit bereits früh eine Markenbindung einsetzt? Oder konzentriert man sich mit dem gesamten Produktsortiment auf Familien, die Vielnutzer einer Waschmaschine? Ein und dasselbe Produkt kann viele verschiedene Zielgruppe aufweisen. Deswegen gilt es, zu filtern und abzuwägen, welche für die Zielsetzung am effektivsten ist. Denn kaum etwas ist so vernichtend für eine Kampagne wie eine falsche Vermutung, wer sich hinter der Zielgruppe verbergen mag.

Auch fatal: Wenn mit einer Maßnahme verschiedene sehr heterogene Zielgruppen angesprochen werden – und letztlich niemand wirklich erreicht wird. Die Kommunikationsabteilung sollte daher radikal selektieren. Die PR-Verantwortlichen sollten deshalb auf Zielgruppen verzichten und lediglich eine als Kernzielgruppe definieren, und zwar die mit dem größten Hebel auf den Kommunikationserfolg.

Dreht sich die Kommunikation allein um die Vermarktung eines Produktes oder einer Dienstleistung, ist der erste Schritt der Blick auf die relevanten Eckdaten der Zielgruppe. Hierbei spielt auch die Betrachtung der verschiedenen Lebensphasen eine nicht unwichtige Rolle für die Kommunikation. Bei dem Thema Versicherungen beispielsweise ist es entscheidend, welches Alter der Kunde hat und in welcher Lebenssituation er sich befindet. Hat er gerade eine Familie gegründet und sucht nach Sicherheiten in seinem Leben, oder ist er gerade erst mit dem Studium fertig und macht sich über das »Morgen« noch keine Sorgen? Je nach Struktur und Lebenswandel hat die Kommunikation die Aufgabe, genau auf diese Bedürfnisse zu reagieren.

Hierbei oftmals hilfreich: soziodemografische Daten. Auch wenn diese auf den ersten Blick dröge erscheinen, helfen Faktoren wie Einkommenshöhe oder regionale Einzugsgebiete, die Kundengruppe zu differenzieren. Diese Daten bieten den Pressestellen die Möglichkeit zu kategorisieren und liefern ein grundlegendes Gerüst für eine folgende eventuell psychologische Analyse.

Interessant in diesem Zusammenhang ist auch der Blick auf die so genannten Peer Groups. Die Zuordnung, die aus der Soziologie kommt, beschreibt eine Gruppe von Gleichgesinnten, die sich durch bestimmte Merkmale ähneln. Dabei kann es sich sowohl um das gleiche Alter als auch um gleiche Interessen handeln. Als Beispiele werden hierbei häufig Teenager angeführt, die sich in ihrer Peer Group meist bis ins kleinste Detail analysieren lassen. Da diese Identifikation meist aussagekräftiger ist als schlichte soziodemografische Daten, entnehmen immer mehr PR-Experten ihre Zielgruppenanalyse aus den Peer Groups, die meist noch mehr Aufschluss über Weltanschauungen und psychologisch relevante Ansichten geben.

Ein weiterer wichtiger Punkt in der Zielgruppenbetrachtung ist der Blick auf die Nutzgewohnheiten. Diese können darüber Auskunft geben, wann und wie Produkte genutzt oder Dienstleistungen in Anspruch genommen werden. Auch wenn diese in der Marktforschung erhobenen Daten bisher in der PR meist keine Beachtung finden, helfen sie bei der spitzen Analyse ausgezeichnet weiter.

Auch interessant in der Zielgruppenbetrachtung: Wer befindet sich im Umfeld des Konsumenten und wer beeinflusst ihn? Welche Ratgeber gibt es in der Umgebung? Sind es die Verkäufer oder doch eher Familienangehörige, die Einfluss auf die Kaufentscheidung nehmen? Doch natürlich ist es nicht immer nur das Umfeld, welches auf die Kaufentscheidung Einfluss nimmt, sondern auch der Preis. In jedem Fall ist es nötig, die Einstellung beim Konsumenten genau zu prüfen und zu selektieren, was den Kaufimpuls auslöst.

## 5 Bedürfnisse in Botschaften verwandeln

Hat man die USP, die Zielgruppe, das Unternehmen und den Markt analysiert, werden sich bei den meisten Unternehmen verschiedene Botschaften herauskristallisieren, die die Pressearbeit transportieren könnte. Jedoch muss auch hier eine Selektion stattfinden: Häufig machen Unternehmen den Fehler, dass sie Botschaften vermitteln, die ihnen besonders am Herzen liegen, aber für den Kunden keine Relevanz haben. Obendrein sollte die Botschaft in einem kurzen, klaren Satz übermittelt werden können. Die Realität zeigt hingegen, dass ein Brainstorming in der Kreativabteilung mehrere längere Botschaften zu einem Thema hervorbringt. Völlig unbrauchbar.

Für die Planung bedeutet dies, dass die Pressestelle nicht nur auf Zielgruppen in der Kommunikation verzichtet, sondern auch aus der Sammlung der verschiedenen Botschaften nur eine kommuniziert. Das ist besonders für die Wahrnehmung in der Zielgruppe wichtig: Menschen müssen eine Botschaft etwa sieben bis acht Mal wahrnehmen, ehe sie sich daran erinnern können. Dabei ist zu beachten, dass es sich bei diesen sieben bis acht Wahrnehmungen nicht um Abdrucke in den Medien handelt, sondern wie oft eine Botschaft tatsächlich wahrgenommen wurde. Auflagenzahlen und Reichweiten täuschen hier ungemein, denn der Leser einer Zeitung liest nicht jeden Artikel.

Die Kommunikationsabteilungen eines Unternehmens kämpfen also mit einer Wahrnehmungsschwelle: Wenn sie – im Konzert von PR, Marketing, Werbung – keine sieben bis acht Wahrnehmungen erzeugen, verpufft der Kommunikationseffekt, weil die Botschaft nicht erinnert wird. Die Pressearbeit ist also in der Pflicht, gemeinsam mit den Nachbarabteilungen diese Wahrnehmungsschwelle zu überspringen.

Allerdings muss man bei genauerer Betrachtung feststellen, dass es dazu keine starren Regeln gibt: Die Wahrnehmungsschwelle ist individuell unterschiedlich. Wenn ein Thema hohe Betroffenheit erzeugt, sinkt die Schwelle – die Erinnerung ist bereits bei ein oder zwei Wahrnehmungen hergestellt. Andererseits besteht bei den Menschen kaum Aussicht darauf, eine Erinnerung zu provozieren, wenn das Thema absolut kein Interesse erzeugt.

Erschwert wird das Überschreiten der Wahrnehmungsschwelle durch die begrenzte Zeit, in der Kommunikatoren die notwendige Zahl der Wahrnehmungen erreichen müssen. Es handelt sich um wenige Wochen oder Monate, was ebenfalls abhängig von der Betroffenheit in der Zielgruppe ist. Spätestens jetzt wird deutlich, dass es wichtig ist, die Zielgruppe zu differenzieren. Denn je größer die anzusprechende Gruppe ist, umso schwieriger, wenn nicht geradezu unmöglich ist es, die Botschaft bei jedem Einzelnen möglichst häufig zu platzieren.

Auch wenn es sich viele Pressestellen nicht eingestehen wollen, liegen sie häufig mit ihren Kampagnen unter der Wahrnehmungsschwelle, da oftmals PR-Abteilungen nach dem Gießkannenprinzip verfahren. Meist schaffen es die PR-Verantwortlichen nicht, ihre Maßnahmen so zu bündeln, dass sie einen Tenor haben und spitz in der Zielgruppe ankommen.

## 6 Plan muss sein: der strategische Ansatz

Mit der Analyse ist die Basis für den strategischen Ansatz gelegt: Wie kann die Pressestelle das gesetzte Ziel erreichen? Immer im Vordergrund: die Wahrnehmungsschwelle des Kunden zu überschreiten.

Der strategische Ansatz lässt sich gut an unserem Waschmaschinenbeispiel verdeutlichen: Die Analyse hat gezeigt, dass die Wahl der Waschmaschine besonders vom Verkäufer im Fachmarkt entschieden wird. Die Kunden sind von der Vielfalt der Maschinen überfordert und suchen Rat beim Verkaufspersonal. Der Waschmaschinenhersteller ist damit sehr gut beraten, seine Kommunikation auf die Verkäufer zu fokussieren. Für den strategischen Ansatz unserer »Waschmaschinenkampagne« ist deswegen nicht, wie zunächst vielleicht angenommen, der eigentliche Konsument unser Ansprechpartner, sondern der Verkäufer. Für die PR bedeutet diese Erkenntnis, dass der Waschmaschinenhersteller die Verkäufer für sein Produkt gewinnen muss. Wenn die Analyse nicht schon sehr tiefgehend war, beginnt die Recherche erneut: Was sind Motivatoren für Verkäufer, nach welchen Kriterien werden im Fachmarkt Empfehlungen ausgesprochen und wie kann das Verkaufspersonal kommunikativ erreicht werden?

Aus diesen Erwägungen ergibt sich der strategische Ansatz – also die entscheidende Idee, wie das kommunikative Ziel tatsächlich erreicht werden kann. In dieser Phase wird zu schnell in die Umsetzung gesprungen und ein Event, eine Studie oder eine Tingeltour durch die Redaktionen als strategischer Ansatz definiert. Das ist es nicht; diese Maßnahmen sind die Umsetzung der Strategie.

## 7 Endlich – die Kampagne

Nach der Erstellung der ausgeklügelten Strategie kommt nun endlich die Kreation zum Zuge: die Kampagne. Auch hierbei besteht die Möglichkeit, sich auf zwei verschiedene Ansätze zu konzentrieren:

Bei einer *Eisbrecherkampagne* gibt es eine Kernmaßnahme, beispielsweise eine Studie, um die herum verschiedene PR-Aktivitäten gruppiert werden: ein Pressegespräch, Presseinformationen, Fachartikel, Redaktionsbesuche, Vorstellung für Kunden auf einer Messe usw. Durch die Konzentration auf eine Kernmaßnahme wird der Kampagne eine besondere Schubkraft verliehen – so wie ein Eisbrecher, der sich punktuell durch das Eis bricht. Eine Eisbrecherkampagne ist in der Regel auf einen engen Zeitraum begrenzt, wenige Wochen oder Monate.

### 7.1 Männergesundheit in den Medien

Durch gezielte Presse- und Öffentlichkeitsarbeit wollte Epicure.tv – das europäische Forum zum Thema »Healthy Living« für Männer – die Besucherzahlen auf der Webseite erheblich steigern. Epicure verstand sich als Kompetenzcenter zur Verknüpfung von Gesundheit und Lifestyle. Fachleute wie Sportärzte, Ernährungsexperten und Wellnessspezialisten beleuchteten Themen aus verschiedenen Perspektiven. Durch eine erhöhte Sichtbarkeit in den Medien sollte die Besucheranzahl auf Epicure.tv gesteigert werden. Das Online-Forum wollte sich gezielt als kompetenter Partner im Bereich Männergesundheit positionieren.

Hierzu veröffentlichte das Unternehmen die Studie »Dossier Männergesundheit« gemeinsam mit dem F.A.Z.-Institut. Dafür wurden 1 000 Männer zwischen 31 und 69 Jahren zu den Themen Gesundheit, Wellness und Sexualität befragt. Die Befragungsergebnisse arbeitete das F.A.Z.-Institut zu einem Studienband in Dossierform aus. Dieses stellte Epicure im Rahmen eines Pressegesprächs vor. Anschließend publizierte das Unternehmen 19 Presseinformationen zur Studie. Der Fokus lag in der Presseverwertung vor allen Dingen auf der Tagespresse.

Die Resonanz auf die veröffentlichte Studie war enorm: Epicure erreichte durch eine einzige Studie 74 Millionen Leser von Tages- und Wochenmagazinen und generierte 940 Clippings. Unter anderem konnte sich Epicure über Veröffentlichungen in der *BILD-Zeitung*, im *Handelsblatt* und im *Hamburger Abendblatt* freuen. Die Internetseite Epicure.tv zog nach der Kampagne so viele Besucher auf sich wie Menshealth.de.

Anders sieht dies bei einer so genannten *Dachkampagne* aus: In einem längeren Zeitraum setzt die Pressestelle verschiedene Maßnahmen unter einem gemeinsamen Dach um. Zu beachten ist jedoch, dass sie alle eine Kernbotschaft transportieren und ein verbindendes Element – zum Beispiel eine Begrifflichkeit oder eine Person – enthalten. Dieses sticht einem leider nicht immer direkt ins Auge – deswegen muss man eines kreieren, welches sich in allen Kommunikationsprozessen hindurch wiederfindet.

Gutes Beispiel in diesem Zusammenhang ist die Initiative »Zukunft Technik entdecken« von ThyssenKrupp. Die 2004 ins Leben gerufene Initiative will den Dialog zum Thema Technik quer durch alle gesellschaftlichen Gruppen und Altersklassen fördern. Das gesamte Maßnahmenpaket der Kampagnen hat durchweg den gleichen Tenor und erzeugt somit einen hohen Wiedererkennungswert. Sei es durch ein Event, einen umfassenden Newsletter oder eine Homepage zur Initiative – alle Kommunikationsebenen bedienen die gleiche Aussage.

### 7.2 Unternehmensberater als Themenführer

Steria Mummert Consulting zählt zu den führenden Anbietern für Management- und IT-Beratung im deutschen Markt. Seit mehr als 40 Jahren verbindet das Unternehmen seine anerkannte Branchenexpertise mit einem umfassenden Prozess- und Technologie-Know-how und trägt so zu einer nachhaltige Verbesserung der Erfolgsposition seiner Kunden bei.

Ziel war es, das Unternehmen als kompetenten Partner und Themenführer in den Medien und der Fachwelt zu platzieren. Hierbei sollte eine Steigerung von allgemeiner Bekanntheit und Sichtbarkeit in ausgewählten (Fach-)Medien durch gezielte Presse- und Öffentlichkeitsarbeit erreicht werden. Des Weiteren galt es, die eigene Kompetenz bei den Zielgruppen aus Finanzwesen, Versicherungen und Telekommunikation durch die Lieferung von fachlichem Mehrwert und durch konzentrierte Fachpressearbeit zu demonstrieren.

Um diese Ziele zu erreichen, hatte die Pressearbeit die Aufgabe, eine einheitliche Faktenbasis aufzusetzen und die (Fach-)Öffentlichkeit über die aktuelle Trendentwicklung in den jeweiligen Kernkompetenzbereichen von Steria Mummert Consulting zu informieren. Hierbei entwickelte das Unternehmen Studienreihen, die sowohl für Journalisten als auch für Entscheider in den Unternehmen einen hohen Nutzwert haben. Dabei entstanden Studien wie der »Managementkompass«, der »Branchenkompass« und Trendstudien wie der »Banking Trend« oder der »Insurance Trend«. Diese eigneten sich zur Presseverwertung durch Pressegespräche, Exklusiv-Medienpublikation, Fachartikel und Presseinformationen.

Die Zwischenergebnisse sind sehr gut. Steria Mummert Consulting konnte zahlreiche Veröffentlichungen in Tages-, Wirtschafts- und Fachmedien verzeichnen. Hierbei zählten sie jährlich mehr als 3 000 bis 4 000 Clippings. Mittelfristig baute die Unternehmensberatung die Studien als Branchenstandard auf und konnte in Imageanalysen nachweisen, dass Kunden und potenzielle Kunden Steria Mummert Consulting eine weit überdurchschnittliche Branchenkompetenz zusprachen. Außerdem konnte die Abschlussbereitschaft deutlich ausgeweitet werden.

Besonders bei langfristigen Dachkampagnen spielt die Choreographie der verschiedenen Maßnahmen eine erhebliche Rolle. So sollten Presseverantwortliche alle Kommunikationsmaßnahmen aufeinander abstimmen, um die Wahrnehmungsschwelle beim Konsumenten tatsächlich zu überspringen. Eine kluge Zeitplanung führt zudem zu erfreulichen Synergieeffekten, wenn zum Beispiel durch die Pressearbeit auf künftige Veranstaltungen hingewiesen werden kann oder dem Direktmarketing wertvolle Veröffentlichungen für Mailings zugeführt werden.

### 7.3 Optimix-Kampagne der Conrad Hinrich Donner Bank

Das Hamburger Unternehmen Conrad Hinrich Donner Bank zählt zu den etablierten deutschen Privatbanken, die sich besonders im Private Banking und in der Bereitstellung attraktiver Finanzdienstleistungen für institutionelle Kunden einen Namen gemacht haben.

Da der Markt der Fondsanbieter in Deutschland immer unübersichtlicher und von »Me-too«-Produkten besiedelt ist, stehen Banken unter dem erschwerten Druck, sich mit herausragenden Alleinstellungsmerkmalen von der Konkurrenz abzuheben. Besonders die Kommunikation in diesem Sektor und das Hervorheben besonderer Produkte unterliegen einer starken Herausforderung. Deswegen bedarf es einer innovativen Kommunikation, gepaart mit einer Kompetenz-Berichterstattung, die den Abverkauf unterstützt.

Für die Conrad Hinrich Donner Bank bedeutet dies, eine PR-Strategie zu entwickeln, die die Bekanntheit bestimmter Anlageprodukte in der relevanten Zielgruppe steigert. Grundlage dafür ist das Produkt »HI Bankhaus Donner Optimix«, das durch die Best-of-two-Strategie gemanagt wird. Hintergrund dieser Strategie ist die Optionspreisformel, mit der sich der Kunde zum Ende einer Optionslaufzeit für die bessere von zwei Anlageformen – Aktien oder Rentenpapiere – entscheiden kann. Mit diesem Angebot liefert das Unternehmen nicht nur ein Alleinstellungsmerkmal auf dem Fondsmarkt, sondern auch einen klaren Mehrwert für den Kunden, der zugleich für Finanzjournalisten interessant ist. Denn die Best-of-two-Strategie beruht auf der Arbeit der Nobelpreisträger Fischer Black und Myron Scholes – welcher Fonds kann das schon bieten?

In der Pressekommunikation hat das Unternehmen bewusst auf die gezielte Ansprache von Fachjournalisten gesetzt. Das aktuelle Anlageverhalten der Deutschen fungierte dabei als Aufhänger. Um Streuverluste weitestgehend zu vermeiden, hat die Privatbank auf allgemeine Presseinformationen verzichtet und stattdessen Redaktionstermine vereinbart. Als Basis hat die Bank eine Liste mit Schlüsseljournalisten genutzt. Das Ziel: durch das persönliche Gespräch die Kompetenz des Asset-Managements zu demonstrieren. Bei der redaktionellen Vorbereitung stand das Produkt bewusst hinten an. Stattdessen leuchtete das Unternehmen das thematische Umfeld des Asset-Managements aus. Dafür bediente es sich aktueller Marktzahlen, Trends und Entwicklungen sowie neuer Fakten zur Kundensicht, die es durch eine repräsentative Bus-Befragung zum Thema Fondsanlageverhalten in Deutschland gewonnen hatte. Quintessenz der Marktforschung: Die Anleger sind verunsichert und würden die Option, nachträglich zwischen Aktien und Rentenpapieren wählen zu können, stark präferieren. Neue und aktuelle Erkenntnisse aus diesen Umfragen konnten gut als Aufhänger für die Redaktionsgespräche genutzt werden.

Die Zielgruppenmedien akzeptierten den Lösungsansatz der Conrad Hinrich Donner Bank komplett und die besuchten Journalisten berichteten über das Produkt »HI Bankhaus Donner Optimix«.

## 8 Unique Plattform

In der Konzeption sollte darüber nachgedacht werden, ob es Sinn macht, eine unique Kommunikationsplattform aufzubauen. Üblicherweise müssen wir uns die Aufmerksamkeit mit vielen Absendern teilen, zum Beispiel in der Zeitung oder im Online-Auftritt eines Mediums. Diese geteilte Aufmerksamkeit erschwert das Überspringen der Wahrnehmungsschwelle. Außerdem sind Pressestellen in der klassischen Medienarbeit darauf angewiesen, eine Flut an Veröffentlichungen auf die Zielgruppe stürzen zu lassen, um die nötige Intensität in der Wahrnehmung zu erreichen. Sonst geht die Botschaft in der Erinnerung unter. Eine unique Kommunikationsplattform hat diese beiden Nachteile nicht. Wem es gelingt, einen eigenen Nachrichtenservice für seine eingegrenzte Zielgruppe aufzubauen, genießt ungeteilte Aufmerksamkeit und erreicht die Menschen regelmäßig. Das Finanz Colloquium Heidelberg veröffentlicht in Kooperation mit der Verlagsgruppe Handelsblatt die Zeitschrift *Bank Praktiker*. Andere unique Kommunikationsplattformen können durch Webseiten, Newsletter oder regelmäßige Studienformate entstehen. Selbst die Bundeskanzlerin nutzt diese

Möglichkeit und berichtet einmal pro Woche über ihren eigenen Podcast, was in der Politik geschieht – ihre Form der PR.

> ### 8.1 PR-Professional: eine einzigartige Plattform
>
> Faktenkontor, eine Beratungsgesellschaft für Unternehmens- und Vertriebskommunikation, und Landau Media, Spezialist für Medienbeobachtung in Print-, Internet-, TV- und Hörfunkmedien, veröffentlichen seit März 2007 einen Nachrichtendienst für die PR-Szene. Der Newsletter »PR-Professional« erscheint alle zwei Wochen und informiert die Branche über aktuelle Geschehnisse. Neben den neuesten Nachrichten rund um das Thema Kommunikation haben Pressestellen, Agenturen und PR-Experten die Möglichkeit, sich anhand von Best Practices und Fachbeiträgen zu positionieren. Bereits nach einem halben Jahr zählt der Newsletter mehr als 18 500 Abonnenten und erfreut sich einer großen Beliebtheit in der Szene. Landau Media und Faktenkontor treten mit diesem Projekt positiv in der PR-Branche auf. Der kostenlose Newsletter ist weiter auch ein Instrument, eigene Themenschwerpunkte und Arbeitsergebnisse in die Kommunikationslandschaft zu transportieren. Interessenten können den Newsletter unter www.pr-professional.de kostenlos abonnieren.

Ein anderes wertvolles Tool ist es, mit Branchenexklusivität aufzutrumpfen. Wenn ein Unternehmen es schafft, sich durch ein eigens entwickeltes Format zu behaupten, sorgt es für Bekanntheit und den nötigen Gesprächsstoff sowohl in der B2B- als auch in der B2C-Kommunikation. Somit hat man nicht nur die Möglichkeit, in der Öffentlichkeit aufzufallen, sondern auch beim Kunden Eindruck zu schinden.

## 8.2 Möge er wachsen und gedeihen – Vertriebsunterstützung zum Baumsparvertrag

von Ulf Werner (37), Senior-PR-Berater und Teamleiter bei der Hamburger Kommunikationsagentur Laub & Partner.

Der Baumsparvertrag ist ein ökologisches Forstinvestment der ForestFinance GmbH aus Bonn – einer Servicegesellschaft, die sich auf die Konzeption und den Vertrieb von tropischen Forstinvestments spezialisiert hat. Aufgeforstet werden die Bäume in Panama. Dort steht mit dem deutsch-panamaischen Forstunternehmen Futuro Forestal ein kompetenter Partner zur Seite, der seit Mitte der 1990er Jahre brachliegende Flächen für Investoren aufforstet, die von der steigenden Nachfrage nach Holz profitieren wollen. Dabei ist der Nutzen der Forste für Umwelt und Klima ein wesentliches Argument für dieses Investment, ebenso wie die Verbesserung der sozialen Situation der lokalen Bevölkerung.

Die ForestFinance GmbH wurde im Frühjahr 2005 gegründet, mit dem Ziel, sich mit Forstinvestments im Markt für klassische Ökoinvestments (Wind, Sonne) zu etablieren. Die Zielgruppe sind private Investoren, die nachhaltig investieren wollen. Der Baumsparvertrag war das erste Forstinvestment in Deutschland, das es auch Kleinanlegern ab 30 Euro monatlich ermöglichte, direkt in die tropische Forstwirtschaft zu investieren – bis dahin mussten Investoren mindestens einen vierstelligen Betrag aufbringen, um ihr Geld in tropische Edelhölzer anzulegen.

Der deutschsprachige Markt für Forstinvestments war zu Beginn der Zusammenarbeit, im Herbst 2005, recht überschaubar: ungefähr zwei Dutzend Anbieter, die Forstinvestments in Form von Aktien, Zertifikaten, Beteiligungen oder Direktinvestments anboten – darunter mehrere große Finanzdienstleister wie UBS. Auf der anderen Seite ForestFinance: Das Unternehmen war zuvor das deutsche Vertriebsbüro des Aufforstungsunternehmens Futuro Forestal und hatte deren Produkte mit einigen Mitarbeitern in Deutschland vorwiegend online vertrieben. Mit der Unternehmensgründung wurde der Vertrieb von Futuro Forestal in die ForestFinance GmbH ausgelagert, um diesen weiter zu professionalisieren.

Da das Budget für Kommunikation begrenzt war und ist, sind teure Werbekampagnen bis heute nicht denkbar. PR, konkret die Pressearbeit, bilden das Grundgerüst in der Gesamtkommunikation – ergänzt durch eine Website als zentraler Vertriebskanal, auf der Interessenten beispielsweise Produktinformationen anfordern oder Baumsparverträge online abschließen können.

Das Alleinstellungsmerkmal des Baumsparvertrages war schnell herausgearbeitet: Es war das erste Direktinvestment in ökologische Tropenforste für Kleinanleger. Weitere positive Kennzeichen: der Name »Baumsparvertrag« ist eingängig, das Produkt »Baum« jedem bekannt und emotional besetzt, der Vielfachnutzen (ökonomisch, ökologisch) bietet eine Menge Anknüpfungspunkte für die Kommunikation. Dies war zugleich die Herausforderung: die richtige Balance zwischen den Produktmerkmalen »Ökologie« und »Ökonomie« zu finden. In der Kommunikation für den Baumsparvertrag müssen, um ein Bild aus der Seefahrt aufzugreifen, vergleichbar mit einem Katamaran die beiden »Rümpfe« (Ökologie und Ökonomie) entsprechend austariert werden, damit sie erfolgreich ist.

Die Kommunikationsziele sind: den Baumsparvertrag als Alternative zu etablierten Ökoinvestments bekannt zu machen, das Vertrauen in den Baumsparvertrag bei den Investoren als seriöses und profitables Investment zu stärken, das Image eines finanziell, ökologisch und sozial nachhaltigen Investments aufzubauen. Da PR das Grundgerüst der Kommunikation bilden, spielen sie auch eine wichtige Rolle für den Vertrieb. PR sollen die Zielgruppe auf den Baumsparvertrag aufmerksam machen und dazu animieren, die Website zu besuchen, wo die Interessenten Informationsbroschüren anfordern oder Verträge online abschließen können. Dies bedeutet, dass die URL prominent in die Kommunikation integriert wird und verstärkt Online-Medien angesprochen werden.

Die Klippen, die es in der Kommunikation zu umschiffen gilt, sind neben der geringen Bekanntheit von Holzinvestments in Deutschland auch der Aufforstungsstandort Panama. Die meisten Bundesbürger assoziieren mit dem mittelamerikanischen Land den Panamakanal, Janoschs Erzählung *Oh, wie schön ist Panama* und schlimmstenfalls die Militärdiktatur von General Noriega. Diese Vorurteile gilt es in der Kommunikation auszuräumen, indem wir umfassend über das Land, die wirtschaftliche und soziale Lage informieren.

### Anlässe nutzen für die Kommunikation

Wir nutzen Debatten und Anlässe, um über den Baumsparvertrag zu kommunizieren. So haben wir die Pressearbeit für den Baumsparvertrag am 30. Oktober 2005 begonnen – dem Weltspartag. Diesen haben wir zum »Weltbaumspartag« erklärt und als Anlass für die erste Pressemeldung über den Baumsparvertrag genutzt – seitdem rufen wir jährlich den »Weltbaumspartag« aus. Im Jahr 2006 haben wir diesen Tag für die Neueinführung eines Produktes genutzt: das Waldsparbuch.

Auch an jährlich wiederkehrenden Umweltgedenktagen wie dem »Tag des Baumes« machen wir in Pressemitteilungen auf den Baumsparvertrag aufmerksam. Jährlich stattfindende Feierlichkeiten wie Weihnachten oder Konfirmationen spielen außerdem eine wichtige Rolle in der Kommunikation. So haben wir im Vorfeld der diesjährigen Konfirmationszeit den Baumsparvertrag als nachhaltiges und klimafreundliches Konfirmationsgeschenk kommuniziert.

### Der persönliche Kontakt zu den Medien

Unerlässlich für eine erfolgreiche Kommunikation erscheint uns der persönliche Kontakt zu den Medien. Denn ein unbekanntes Produkt wie der Baumsparvertrag muss erklärt, die gesellschaftliche Relevanz erläutert und der Vielfachnutzen hervorgehoben werden. Wir kontaktieren regelmäßig die Medien in Form von Pressemeldungen, Telefonaten oder Redaktionsbesuchen, um auf das Produkt aufmerksam zu machen. Dadurch entstand in den letzten anderthalb Jahren ein vertrauensvolles Verhältnis zu einer Vielzahl von Journalisten. Besonders effektiv sind Redaktionsbesuche. Denn was ist wirkungsvoller als der persönliche Eindruck und die Glaubwürdigkeit eines Gesprächspartners? In persönlichen Gesprächen mit dem Geschäftsführer von ForestFinance konnten sich Journalisten ausführlich über das Unternehmen, die Produkte, den Markt, den Aufforstungsstandort u. v. m. informieren. Wir bieten Medien aktiv Redaktionsbesuche an und haben bis heute eine Vielzahl von Redakteuren von Tages- und Wochenzeitungen sowie Wirtschaftsmagazinen getroffen. Die Gespräche haben in der Regel eine ausführliche und positive Berichterstattung nach sich gezogen.

### Bilder sagen mehr als tausend Worte

Eine große Herausforderung in der Kommunikation für ForestFinance ist es, mögliche Vorbehalte von Seiten der Kunden (und Journalisten) gegenüber dem Forststandort Panama auszuräumen. Da es zu Beginn der Pressearbeit noch kein sendefähiges Filmmaterial gab, haben wir von Anfang an darauf gedrängt, dieses zu erstellen, damit öfter über den Baumsparvertrag berichtet wird. Zu Beginn des Jahres 2007 wurde sendefähiges Filmmaterial in Panama erstellt, das wir seitdem den TV-Sendern zur Verfügung stellen können. Mit Erfolg. Denn in den letzten Monaten haben bereits mehrere Fernsehsender das Filmmaterial angefordert und über das Produkt berichtet.

### Bilanz

In den letzten zwölf Monaten ist eine steigende Veröffentlichungsquantität und -qualität insbesondere in den A-Medien zu beobachten. Über den Baumsparvertrag und andere Produkte von ForestFinance haben große Sonntagszeitungen ebenso ausführlich berichtet wie mehrere überregionale Tageszeitungen, wichtige Wirtschaftsmedien und Nachrichten-Online-Portale. Im Vergleich: Es gab zwölf Veröffentlichungen zum Thema ForestFinance im ersten und zweiten Quartal 2006. Darunter war als einziges A-Medium die *Frankfurter Rundschau*. Schon ein Jahr später, die Pressearbeit fruchtete, konnten 15 Veröffentlichungen gezählt werden. Im Unterschied zu 2006 jedoch in vielen überregionalen Tageszeitungen wie der *Frankfurter Allgemeinen Zeitung*, *Neues Deutschland* und der *Financial Times Deutschland* sowie in für das Unternehmen wichtigen Wirtschafts- und Finanzmedien wie *Capital*, *Wertpapiere* und *Die Bank*. Ferner konnte ForestFinance bzw. Chef Harry Assenmacher insgesamt drei Mal bei den privaten TV-Sendern wie n-tv und N24 platziert werden. Eine TV-Berichterstattung über ForestFinance fand in 2006 nicht statt.

Ein weiterer wichtiger Indikator für das Erreichen der Kommunikationsziele ist, dass Journalisten uns zunehmend bei ihrer Recherche kontaktieren. Dies zeigt, dass ForestFinance trotz seiner »Größe« (heute beschäftigt das Unternehmen knapp ein Dutzend Mitarbeiter) als etablierter und seriöser Marktteilnehmer wahrgenommen wird – neben großen Mitbewerbern wie beispielsweise dem amerikanischen Immobilienunternehmen Plum Creek Timber, das mehrere hundert Millionen Hektar Forst bewirtschaftet, oder der Schweizer Bank UBS, die ein Forstzertifikat aufgelegt hat, taucht ForestFinance regelmäßig in Berichten über Holzinvestments auf.

PR trägt zum Vertriebserfolg bei. Spätestens nach dem Relaunch des Internetauftritts von ForestFinance im Oktober 2006 (und der besseren Findbarkeit im Netz) konnte die Besucheranzahl der Website deutlich gesteigert werden. Nachweislich durch PR. Denn nach Veröffentlichungen in Print- oder Onlinemedien stiegen die Besucherzahlen an – zum Teil um das Drei- bis Vierfache von normalen Tagen. Heute besuchen durchschnittlich 500 Menschen täglich die Website – ein Vielfaches im Vergleich zu Beginn der Pressearbeit. Und allein in den letzten sechs Monaten haben sich 5 000 Interessenten mit ihrer E-Mail registrieren lassen. Dieser Zuspruch schlägt sich auch in den gestiegenen Kundenzahlen nieder, seit Beginn der Pressearbeit konnten 1 500 neue Kunden gewonnen werden.

Das Beispiel ForestFinance zeigt, PR eignen sich für kleine und mittlere Unternehmen, nicht nur um Kommunikationsziele zu erreichen wie höhere Bekanntheit oder ein positives Image, sondern auch um ihrem Vertrieb wichtige Impulse zu geben.

## Managementwerkzeuge für eine erfolgreiche strategische PR-Planung

Um eine PR-Strategie durchdacht zu planen und erfolgreich durchzuführen, haben sich einige Managementwerkzeuge durchgesetzt. Einen Leitfaden, um für anstehende Planungsaufgaben die richtigen Instrumente zu finden, haben Klaus Kerth, Heiko Asum und Klaus Peter Nührich in ihrem Buch *Die besten Strategietools in der Praxis* entwickelt. Diese Checkliste hilft Ihnen zu ermitteln, in welchen Bereichen noch Nachholbedarf besteht und wo Sie unterstützend tätig werden müssen.

Hierbei gibt es verschiedene Punkte, die darüber Auskunft geben, wie gut Ihr Unternehmen tatsächlich am Markt aufgestellt ist.

### 1. Analyse der eigenen Kundensituation

Riskieren Sie, bevor Sie mit der Planung Ihrer PR-Strategie anfangen, einen Blick auf Ihre aktuellen, aber auch potenziellen Kunden. Welche Leistungen werden benötigt? Wo besteht Verbesserungsbedarf? Und in welchen Disziplinen sind Sie besonders erfolgreich? Hierbei dienen folgende Werkzeuge:

*a) Die ABC-Analyse*
Bei der so genannten ABC-Analyse handelt es sich um ein betriebswissenschaftliches Analyseverfahren. Hierbei soll das Wichtige vom Unwichtigen differenziert werden. Unterteilen Sie einfach Ihre Kunden – je nach Aufgabenstellung – in die drei Kategorien A, B und C nach absteigender

Anordnung. Hierbei können verschiedene Messgrößen im Mittelpunkt stehen. Orientieren Sie sich beispielsweise am Umsatz, so unterliegen die Kunden, die am meisten Umsatz einfahren, der Kategorie A. Die, die am schwächsten dastehen, rangieren unter C. Anhand dieser Analyse definieren Sie den Erfolgshebel für Ihre Arbeit, der dazu dient, unwirtschaftliche Bemühungen zu vermeiden.

*b) Erfahrungskurvenanalyse*
Anhand der Erfahrungskurvenanalyse bringen Sie die Erfahrung mit der Chefetage Ihres eigenen Unternehmens mit der von Ihnen erbrachten Leistung in Verbindung. Verfügen Sie über ausreichend Erfahrung in Bezug auf die Wünsche und Anliegen Ihres Unternehmens bezogen auf die Pressearbeit, so wird sich dies auch auf Ihr Tagesgeschäft in der Pressestelle auswirken. Dabei kann es sich sowohl um bestimmte Formulierungen beim Schreiben von Pressemitteilungen handeln oder auch um die Definition besonders relevanter Medien – erst nach einiger Zeit weiß man ziemlich genau, worauf das eigene Unternehmen Wert legt und was absolute No-gos sind. Je mehr Erfahrung Sie in der Zusammenarbeit mit der Chefetage haben, desto produktiver wird auch die Arbeit auf Dauer werden. Projekte werden sich sowohl in der Abwicklungszeit als auch in der Effizienz mit steigender Erfahrung deutlich verbessern.

*c) Zufriedenheitsanalyse*
Nur mit zufriedenen Kunden lässt sich Ihr Unternehmen zum Erfolg führen. Sie werden sehen, dass sich eine gute Stimmung beim Kunden auf die zukünftige Auftragslage auswirken wird. Fragen Sie doch einfach mal nach: Wo gibt es Schwachstellen? Welche Bedürfnisse haben die Kunden, und wie können Sie besser darauf reagieren?

*d) Kernkompetenzanalyse*
Besinnen Sie sich auf Ihre Stärken. Bei welchen Kunden konnten Sie schon besondere Erfolge erzielen? Durch die Herausstellung einer speziellen Kompetenz haben Sie die Möglichkeit, noch weitere Kunden aus diesem Segment zu akquirieren. Für die PR kann dies beispielsweise bedeuten, dass Sie sich auf eine bestimmte Sparte spezialisieren.

*e) Wertkettenanalyse*

Die Wertkette stellt die Wertaktivitäten (Prozesse, die für den Kunden von Nutzen sind) und die Gewinnspanne gegenüber. Dazu können Sie Analysen zu verschiedenen Fragestellungen durchführen. Beispielsweise: Wie hoch sind die Kosten für welche Kernbereiche?

*f) Portfolioanalyse*

Bei der Portfolioanalyse haben sich verschiedene Modelle durchgesetzt. Eines der bekanntesten ist wohl das »Boston-Portfolio« der Boston Consulting Group. Nach welchem Schema Sie auch vorgehen, betrachten Sie Ihr Portfolio nach zwei Kriterien: Marktwachstum und Marktanteil. Aufgrund dieser Kriterien hat die Boston Consulting Group vier verschiedene Einordnungen entwickelt, nach denen sich die strategischen Geschäftsfelder kategorisieren lassen (siehe Abbildung).

**Produkt-/Marktportfolio nach der Boston Consulting Group**

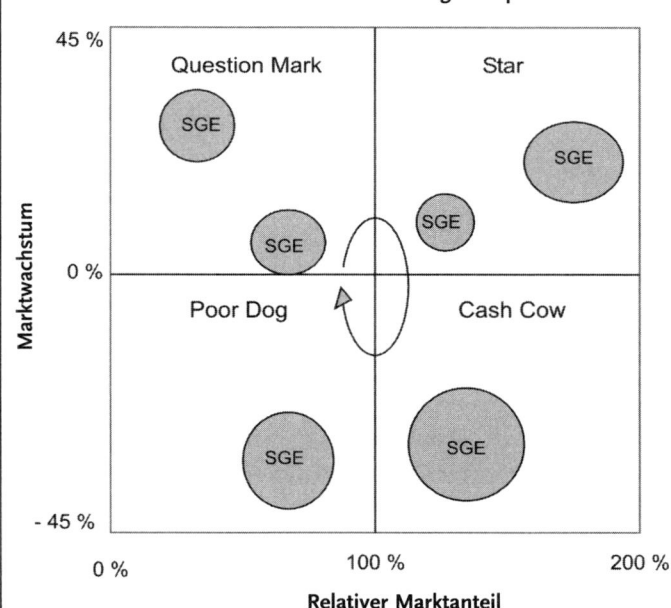

**Abb. 2** Die Portfolioanalyse nach der Boston Consulting Group

*g) Analyse der internen Stärken und Schwächen*
Zur Planung einer Strategie darf auch die Analyse der eigenen Stärken und Schwächen nicht fehlen. Hierbei ist es wichtig, diese ehrlich und objektiv abzuwägen, um auf die Ergebnisse aufzubauen.

## 2. Analyse der externen Marktkräfte

Nach Betrachtung der Kundensituation in Ihrem Unternehmen untersuchen Sie die externen Einflüsse. Stellen Sie sich hierbei Fragen wie »Was erwartet der Markt und welche Standards haben sich durchgesetzt?«, »Was wollen die Kunden?« oder »Welche Risiken bringt der Markt mit sich?«. Antworten erhalten Sie bei folgenden Tools:

*a) Umweltanalyse*
Welche Kriterien wirken sich auf den Markt aus? Hierbei kann es sich um externe Faktoren handeln, auf die das eigene Unternehmen keinen Einfluss hat, aber auch um das Aufspüren von Trends. Manchmal sind es subjektive Wahrnehmungen, aber auch ganzheitliche Einschätzungen, die für die Kommunikation wichtig sein können. Hierbei gilt es, zu differenzieren, inwieweit diese für die eigene Arbeit relevant sein können. Wer hätte beispielsweise vor ein paar Jahren den Web-2.0-Trend geahnt oder das Phänomen, mit Handy-Klingeltönen Geld zu verdienen? Solche Marktveränderungen wahrzunehmen, aber auch solche Trends vielleicht selbst zu setzen ist für die Kommunikation ausschlaggebend und kann den Erfolg Ihrer Strategie mitbestimmen.

*b) Zielgruppenanalyse*
Definieren Sie en detail, wer zu Ihrer Zielgruppe zählt. Dabei kann es sich um externe, aber auch interne Personen handeln. Haben Sie diese analysiert, lassen sie sich in einzelne Kundensegmente zusammenfassen. Dann können Sie Ihre Maßnahmen direkt auf die unterschiedlichen Gruppen abstimmen.

*c) Konkurrenzanalyse*
Um ein klares Bild über die aktuelle Marktsituation zu erlangen, hilft es, den Wettbewerb zu analysieren. Ergründen Sie die Stärken und Schwächen Ihrer Mitbewerber. So lassen sich auf eine schnelle Weise mögliche Marktlücken und Chancen für die eigene Arbeit aufdecken.

### d) Substitutionsanalyse

Häufig wird die Substitution unterschätzt und doch ist die Gefahr bei den meisten Unternehmen enorm groß. Denn es gibt wohl kaum ein Produkt, welches nicht durch ein anderes ersetzt werden könnte. Überlegen Sie also genau, welche Produkte oder Leistungen Ihres Unternehmens austauschbar wären. Hier wird dann schnell deutlich, in welchem Bereich noch Aufholbedarf besteht und wie Sie sich vom Wettbewerb gekonnt abgrenzen können. Kommunizieren Sie gezielt, warum Ihr Produkt oder Ihre Dienstleistung in Anspruch genommen werden sollte und nicht die des Mitbewerbers.

### e) Benchmarking

Meist gibt es Unternehmen oder Agenturen, die durch ihre herausragenden Leistungen einen enormen Erfolg erzielen konnten. Anhand von Best Practices der Konkurrenz lassen sich Anregungspunkte für die eigene Arbeit identifizieren. Daraus ableitend können Strategien für die eigenen Produkte oder Dienstleistungen entwickelt werden. Auch für die PR ist eine solche Untersuchung durchaus sinnvoll. Welche Wettbewerber legen den Standard am Markt fest? Welche Pressekonferenzen sind besonders gut besucht? Welche Pressemitteilungen ziehen viele Veröffentlichungen nach sich?

### 3. Zusammenfassung in einer SWOT-Analyse

Nach der Unternehmens- und Marktanalyse lassen sich alle herausgearbeiteten Punkte in einer Stärken-Schwächen-/Chancen-Risiken-Analyse zusammenfassen. Hierbei werden die internen Stärken und Schwächen den Chancen und Risiken des Marktes gegenübergestellt. Daraus lassen sich dann verschiedene Handlungsmöglichkeit ableiten. Hierbei wird besonders die aktuelle Position des Unternehmens untersucht. In welchem Segment ist das Unternehmen gut aufgestellt und in welchem besteht noch Handlungsbedarf?

### 4. Strategische Positionierung

Nach der Analyse der aktuellen Situation steht die zukünftige Positionierung im Mittelpunkt. Wie soll sich Ihr Unternehmen aufstellen, um profitabel zu wachsen?

### a) Marktfeldstrategien nach Ansoff

Die Ansoff-Matrix setzt sich zusammen aus der Kombination von Markt- und Produktanalysen. Hierbei werden Potenziale von Risiken der verschiedenen Produkt-Markt-Kombinationen untersucht. Die Wachstumsstrategie nach Ansoff sieht vor, dass sich ein Unternehmen auf vier Stufen bewährt.

- *Marktdurchdringung* von gegenwärtigen Produkten auf einem gegenwärtigen Markt.
- *Marktentwicklung* von gegenwärtigen Produkten auf einem neuen Markt.
- *Produktentwicklung* von neuen Produkten auf einem gegenwärtigen Markt.
- *Diversifikation* von neuen Produkten auf neuen Märkten.

### b) Wettbewerbsstrategie nach Porter

Laut Michael E. Porter verfügt ein Unternehmen über drei Strategien, um sich gegenüber dem Wettbewerb abzuheben. Dabei stehen drei verschiedene Faktoren im Mittelpunkt:

- *Kostenführerschaft*
  Durch geringe Kosten erlangen Sie einen Wettbewerbsvorteil. Denn Sie haben die Möglichkeit, im harten Preiskampf flexibel Ihren Preis auszurichten.

- *Differenzierungsstrategie*
  Sie schaffen es mit Ihrer Leistung, als einzigartig wahrgenommen zu werden. Sei es durch die Preisführerschaft, ein außerordentliches Image, Design oder Qualität. Wer über ein solches Standing auf dem Markt verfügt, kann das Kriterium Exklusivität für sich beanspruchen. Hierbei steht immer im Mittelpunkt, besser als die anderen zu sein.

- *Nischenstrategie*
  Wenn Sie sich mit Ihren Leistungen nur auf einen bestimmten, meist eher kleinen Kundenstamm konzentrieren, passt Porters Nischenstrategie. Von Vorteil bei dieser Strategie ist, dass die Arbeit für die Zielgruppe viel einheitlicher stattfinden kann. Dadurch haben Unternehmen die Chance, die Bedürfnisse der Kunden besser zu bedienen als jene, die sich auf eine breiter gefasste Zielgruppe konzentrieren.

*c) Leitbild*

Anhand eines Leitbildes hat Ihre Pressestelle die Möglichkeit, langfristige Ziele zu setzen. Diese helfen dabei, durch eine langfristige Denkweise Ihre Vorhaben voranzutreiben.

**5. Strategische Planung**

Nach einer zielgerichteten Positionierung ist zu definieren, welche Stoßrichtung von Ihnen verfolgt werden soll. Darüber hinaus müssen Sie sich damit auseinandersetzen, welche Maßnahmen ergriffen werden sollen, um Ihre gesetzten Ziele zu verfolgen.

*a) SWOT-Normstrategien*

Bei der so genannten SWOT-Analyse haben Sie bereits die Stärken, Schwächen, Chancen und Risiken Ihrer Arbeit zusammengefasst und untersucht. Nun müssen Sie definieren, mit welcher Strategie Sie an Ihr Ziel gelangen möchten. Durch die Kombination verschiedener Faktoren lassen sich neue Wege erschließen. Entscheiden Sie sich beispielsweise für die S-O-Strategien, so verfolgen Sie neue Chancen, die zu den Stärken Ihrer Arbeit passen. Oder konzentrieren Sie sich auf die W-O-Strategie, so bemühen Sie sich, Ihre Schwächen zu eliminieren, um neue Möglichkeiten zu erschließen. Auf diese Weise definieren Sie für Ihre Arbeit ein Grundgerüst, welches für weitere Handlungen als Vorgabe gilt.

*b) Portfolio-Normstrategien*

In Ihrer Portfolioanalyse haben Sie bereits festgelegt, in welchem Entwicklungsstadium sich Ihre strategischen Geschäftsfelder befinden. Hierauf kann nun Ihre Strategie aufbauen. Haben Sie beispielsweise einen so genannten Star mit hohem Marktwachstum, aber noch geringem Marktanteil in Ihrem Portfolio, so muss dieser mit diversen Maßnahmen unterstützt werden, damit das Produkt zu einer Cash Cow wird – also hohen Gewinn abwirft. Genauso sollte eine Strategie über Ausläuferprodukte (Poor Dogs) erstellt werden: Sollen sie aus dem Sortiment genommen werden oder sich durch einen Relaunch neu positionieren?

*c) Szenariotechnik*

In Ihrer zukünftigen Arbeit können Szenarien eintreffen, auf die Sie nicht vorbereitet waren. Deswegen hilft im Vorwege die Szenariotechnik, um sich auf mögliche zukünftige Entwicklungen vorzubereiten. Hierbei kann es sich um die Analyse von Extremszenarien, aber auch um besonders typische Situationen handeln, die es gilt, im Vorwege durchzuplanen. Dadurch definiert man mögliche Einflussfaktoren, genauso wie mögliche Handlungsalternativen für bestimmte Situationen.

### d) Scoringmodelle

Ein häufiges Problem ist, dass Entscheidungen in Bereichen getroffen werden, deren Erfolg sich nicht in Geld ausdrücken lässt. Doch auch in diesen Segmenten wie beispielsweise dem Umweltschutz ist es wichtig, dass sie sich mit anderen Bereichen vergleichen lassen. Anhand eines Punktemesssystems werden solche schwer definierbaren Bereiche auf einen Nenner gebracht

### e) Gap-Analyse

Mit diesem Instrument haben Sie die Möglichkeit, strategische Lücken zu identifizieren. In diesem Zusammenhang findet eine Analyse der festgelegten Sollvorgaben und der voraussichtlichen Entwicklung des Basisgeschäfts statt. Ziel dieses Vorhabens ist es, das Umfeld mit dem Unternehmen in Verbindung zu setzen. Der Gap, der zwischen den beiden Dimensionen entsteht, gibt Auskunft sowohl über die strategische als auch operative Lücke.

### f) Balanced Scorecard

Mit der Balanced Scorecard wenden Unternehmen ein Konzept zur Messung der eigenen Aktivitäten unter Betrachtung ihrer Visionen und Strategien an. Hierbei steht nicht so sehr der finanzielle, sondern vielmehr der menschliche Fokus im Mittelpunkt. Darüber hinaus haben Sie anhand dieses Modells die Möglichkeit, die Leistungsfähigkeit und Effektivität der Mitarbeiter in Bezug auf die Zukunft des eigenen Unternehmens zu setzen. Untersuchungen zu diesem Thema können in die Perspektiven Kunden, Prozesse oder Finanzen übertragen werden.

### g) Break-even-Analyse

Zur Ermittlung der Gewinnschwelle eignet sich die Break-even-Analyse. Hierbei wird der so genannte Break-even-Point ermittelt: der Punkt, an dem Erlös und Kosten einer Produktion oder Leistung gleich hoch sind. An dieser Stelle ist weder ein Gewinn noch ein Verlust zu verzeichnen. Wird dieser Punkt überschritten, sind die Kosten mehr als gedeckt – ab jetzt erwirtschaftet ein Unternehmen Gewinn.

# PR-Erfolg ist messbar!

Uwe Mommert

## 1 Einleitung

»*PR ist nicht messbar!*« Die These, dass es unmöglich ist, den Erfolg von PR-Arbeit zu quantifizieren, hält sich hartnäckig. Sie wird von den Vertretern dieser Meinung auch oft mit stolzgeschwellter Brust vorgetragen, macht dieses Argument die PR doch quasi zu einer Geheimwissenschaft. Es wird mit viel Aufwand und Mitteleinsatz kommuniziert, die Beurteilung, ob dies erfolgreich und betriebswirtschaftlich sinnvoll war, obliegt jedoch nur dem Kommunizierenden selbst, der seine Erfolge wortreich, aber faktenarm begründen kann. Solche Geheimwissenschaftler sind allerdings denen im Unternehmen, die die Verantwortung für eine sinnvolle Verteilung der eingesetzten Mittel haben, ein Dorn im Auge. Der Ausgang dieser Auseinandersetzung ist sicher und nur eine Frage der Zeit: PR-Arbeit wird in Zukunft durch klare und verständliche Controllingsysteme begleitet werden müssen! Eine PR-Arbeit, die ihren Nutzen aus der hohlen Hand selber definiert, wird es in Zukunft nicht mehr geben.

Wie also sehen die Möglichkeiten aus, die PR mit bezahlbaren und aussagekräftigen Mitteln mit sinnvollen Controllingzahlen zu begleiten?

### 1.1 Grundlage: das Wirkungsmodell

Um sinnvolle Controllingsysteme für die PR-Arbeit zu entwickeln, ist es notwendig, zunächst mit einem Wirkungsmodell der Kommunikation zu starten. Erst wenn die Wirkung der Kommunikation durch ein solches Modell in verschiedene Phasen unterteilt wurde, kann ein so komplexer Wirkungszusammenhang wie der Kommunikationserfolg sinnvoll gemessen werden. Generalistische Systeme, die ohne ein solches Wirkungsmodell einfach betriebswirtschaftliche Kennzahlen wie Kommunikationsbudget und Ertragssteigerung in ein Verhältnis setzen, werden der Komplexität der Kommunikationsarbeit nicht gerecht und liefern keine sinnvollen Impulse für die operative Arbeit.

Als gängigstes Wirkungsmodell für die Kommunikation über Medien hat sich das unten beschriebene Modell durchgesetzt. Hier wird der Kommunikationserfolg in verschiedenen Ebenen abgebildet, die ursächlich aufeinander aufbauen (siehe Abbildung 1).

Als Ausgangspunkt des Modells wird der Input des Kommunizierenden in das System betrachtet. Dieser steuert sich optimalerweise aus Erkenntnissen, die bereits vorher durch Messungen gewonnen wurden. Als Beispiel werden Themen für Pressemitteilungen aus den Erfolgen der vergangen Perioden und der aktuellen Themenlage entwickelt.

Die erste Wirkungsebene bildet das ab, was bis heute oftmals noch als einziger Erfolgsnachweis für die PR-Arbeit betrachtet wird: die Resonanz in den Medien. Natürlich kann auf dieser Ebene auch Berichterstattung entstehen, die nicht ursächlich auf einen direkten Input aus der ersten Stufe zurückzuführen ist. Hier spricht man dann allgemein von »fremdinitiierter« Berichterstattung. Die Summe aus eigeninitiierter und fremdinitiierter Berichterstattung bildet die Gesamtberichterstattung, die durch diese zweite Ebene abgebildet wird.

Die zweite Ebene ist sozusagen der erste Schritt, der wirklich in die Köpfe der Zielgruppe führt. Hier geht es um die so genannte »direkte Wahrnehmung«. Werden meine Medienberichte also überhaupt von meiner Zielgruppe gelesen, gesehen der gehört? Nur wenn diese Schwelle überwunden werden kann, hat überhaupt eine Kommunikation in die Zielgruppe hinein stattgefunden. Gelingt die Überwindung der Wahrnehmungsschwelle

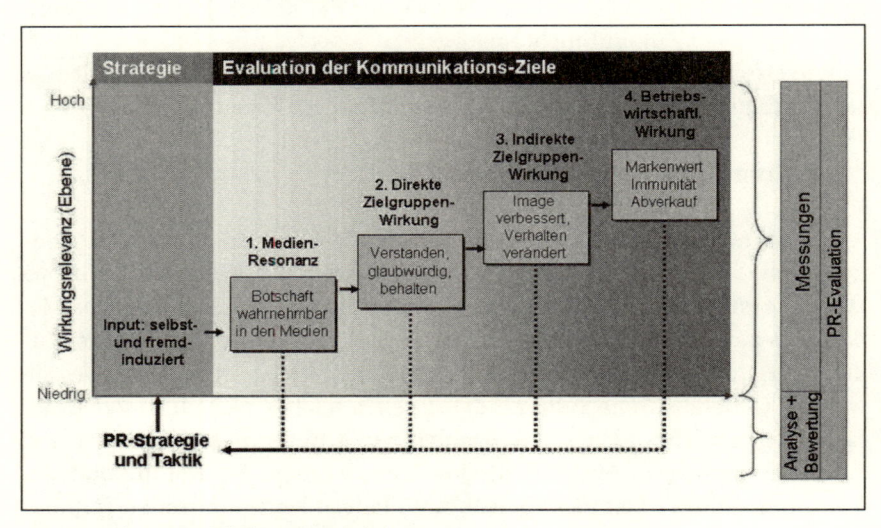

**Abb. 1** Wirkungsmodell der Kommunikation

innerhalb eines bestimmten Zeitraums häufiger, kann davon ausgegangen werden, dass Bekanntheit in der Zielgruppe erzeugt wird.

Die dritte Ebene beschreibt das Bild, das sich die Zielgruppe aus der wahrgenommenen Berichterstattung selber zusammensetzt. Durch eine Mischung, die meist aus positiver und negativer Berichterstattung sowie eigenen Erfahrungen und »Mundpropaganda« besteht, bildet sich ein Bild des Kommunikationsobjektes im Kopf der Zielgruppe ab. Dies enthält neben »harten« bewertenden Faktoren wie z. B. Preis, Gewicht usw. auch »weiche« emotionale Faktoren wie Sympathie und Assoziationen.

Die vierte Ebene ist letztendlich das in den meisten Fällen angestrebte Ziel der Kommunikation. Die Absatz- oder Unternehmenswertsteigerung, die durch ein bestimmtes Kaufverhalten der Zielgruppe erreicht werden soll. Diese Größen entscheiden letztendlich über den Gesamterfolg einer Unternehmung und sind oft die zentralen Steuergrößen für alle Handlungen im Unternehmen.

Mit diesem vierstufigen Modell kann für fast jede Kommunikationsaufgabe ein unterstützendes System zur Erfolgskontrolle und Steuerung entwickelt werden.

## 2 Medienbeobachtung – der Grundlagenprozess der PR-Evaluation

### 2.1 Einleitung

Warum zu viele Gedanken an die Medienbeobachtung verschenken? Eigentlich ist diese doch eine einfache Sache: Viele fleißige Leser durchsuchen die Printmedien und finden die gesuchten Artikel. Danach noch schnell ausschneiden, aufkleben und versenden. Das war bis vor einigen Jahren alles, was Clippingservices anbieten konnten. Dann kamen der Fax- bzw. Express-Service, einfache Medienresonanzanalysen, Internetbeobachtung und vieles mehr dazu.

In der Zwischenzeit sind jedoch aus den »Schnipseldiensten« Profis für die Informationsselektion und -aufbereitung geworden. Ob urheberrechtliche Fragen zum elektronischen Pressespiegel, Issues Monitoring, PR-Evaluation oder Datenbankrecherchen: Neben dem Zeitunglesen sind umfangreiche Dienstleistungsangebote entstanden, die Pressesprechern und PR-Verantwortlichen in Unternehmen oder Organisationen eine professionelle Informationsversorgung sichern können.

Verkaufsunterlagen reichen für diese Dienstleistungen schon längst nicht mehr als Erklärung aus. Die Berater der großen Medienbeobachter analysieren die Bedürfnisse ihrer Kunden und entwickeln maßgeschneiderte Konzepte zur Informationsversorgung und damit für einen entscheidenden Wettbewerbsvorteil.

### 2.2 Wonach suchen lassen?

Was ist eigentlich eine Information? »Eine Information ist eine Nachricht, die für den Rezipienten relevant ist«, lautet die Definition der Kommunikationswissenschaft. Und genau diese Überprüfung der Relevanz ist das, was jeder Einzelne in der heutigen Medienlandschaft nicht mehr alleine leisten kann. Wer in einem Unternehmen in verantwortlicher Position beschäftigt ist, kann nicht jeden Tag alle wichtigen Informationsquellen daraufhin überprüfen, ob es neue Informationen gibt, die seine Handlungen beeinflussen könnten. Genau diese Überprüfung der Relevanz übernehmen Medienbeobachter und sind damit »Informationsdienstleister« im wahrsten Sinne des Wortes.

Nicht zuletzt stellt die Medienbeobachtung die Grundlage für entscheidende Teile der PR-Erfolgskontrolle dar. Nur wer hier sorgfältig die Quellen, Themen und Belieferungsarten ausgewählt hat, kann später auch sinnvolle Analysen seiner PR-Arbeit erstellen.

#### Welche Information wird benötigt?
Der Informationsbedarf eines Unternehmens lässt sich zunächst grob in zwei Bereiche unterteilen.

Das Interesse an Neuigkeiten und Entwicklungen
In diesem Fall wird die aktuelle Information schnell benötigt. Die wichtigsten News-Quellen müssen regelmäßig auf neue Informationen überprüft werden. Die gefundenen neuen Meldungen und Artikel müssen dann für die entsprechenden Zielgruppen des Unternehmens verfügbar gemacht werden. Das kann in Form eines »klassischen« Papierpressespiegels erfolgen oder aber in komplexen Knowledge-Management-Systemen unternehmensweit verfügbar gemacht werden.

Bei diesem Informationsbedarf gilt der Leitsatz »Weniger ist mehr«. Nur wenn die selektierten Informationen punktgenau das Interessengebiet des Empfängers treffen, wird er diese regelmäßig beachten und seine wertvolle Zeit zum Lesen verwenden. Hier können bereits innerhalb des Unternehmens viele differenzierte Verteiler existieren, die komplett unterschiedliche Informationsbedürfnisse haben.

Die Selektion der Informationen kann nur durch einen gut gebrieften Dienstleister bzw. Mitarbeiter erfolgen, der im ständigen Dialog mit den Informationsverwendern steht. Das Profil der gesuchten Informationen kann sich durch aktuelle Ereignisse und Marktenwicklungen ständig verändern. Suchmaschinen, Datenbanken und andere rein EDV-basierte Selektionen sind für diese Ansprüche nicht geeignet, weil eine thematische Suche mit ihnen nicht möglich ist.

Als Informationsquelle stehen meist die wichtigsten Medien im Fokus der Beobachtung. Welche das sind, kann sich von Unternehmen zu Unternehmen stark unterscheiden. Oft sind die meinungsbildenden und verbreitungsstärksten Medien jeder Mediengattung wichtig. Hinzu kommen je nach Standort lokale Medien und die entsprechenden Fach- und Branchenmedien.

Medienbeobachter bieten für dieses Informationsbedürfnis oft spezielle Programme (Pressespiegelservice, Frühlieferprogramm usw.) an. Hier werden wichtige regionale und überregionale Medien zeitnah beobachtet und per E-Mail an die Unternehmen geliefert.

Das Interesse an der umfassenden Dokumentation der Berichterstattung

Wird eine komplette Dokumentation der Berichterstattung zu Personen, Unternehmen oder Produkten sowie zu bestimmten Themen (Issues Monitoring) benötigt, dann wird die Unterstützung von Seiten professioneller Medienbeobachter fast unumgänglich. Nur wenn umfangreiche Informationsquellen regelmäßig und in kontinuierlicher Art und Weise durchsucht werden, kann eine solche Dokumentation erstellt werden. Dann werden durch die großen Medienbeobachter monatlich Tausende von Medien durchsucht und die Medienresonanz zu den gewünschten Begriffen und Themen dokumentiert.

Oft gilt »je mehr, desto besser« als Grundsatz. Nur wenn die Dokumentation komplett ist, kann ein umfassendes Bild über die quantitative und qualitative Medienpräsenz des gesuchten Themas/Begriffs erarbeitet werden. Entscheidend ist jedoch, dass überprüft wird, ob die Medien beobachtet werden, die für den Kommunikationserfolg eine wesentliche Rolle spielen, also:

- Fachmedien der eigenen Branche,
- andere Medien, die von der adressierten Zielgruppe bevorzugt gelesen werden,
- lokale Medien, die ein Bild über die Berichterstattung ermöglichen, die von den eigenen Mitarbeitern wahrgenommen werden,
- Medien, die von den etwaigen Anteilseignern beobachtet werden.

Neben der Auswahl der richtigen Medien spielt eine präzise Beschreibung der gesuchten Information eine große Rolle. Auch die Dauer der Beobachtung trägt erheblich zum gewünschten Erfolg der Beobachtung bei. Nur wenn über längere Zeit die Dokumentation nach dem gleichen Verfahren erfolgt ist, können zeitliche Entwicklungen verglichen und Prognosen erstellt werden. Oft dienen diese Prognosen als Grundlage für die Kommunikationsstrategie von Unternehmen. Basierend auf den vorliegenden Informationen wird Veränderungsbedarf analysiert, und Kommunikationsmaßnahmen werden geplant.

In vielen Unternehmen wird das dauerhafte Sammeln von Medienberichterstattung oft als ausreichende Lösung für die Dokumentation der eigenen Resonanz angesehen. Endlose Reihen von Ordnern mit Artikeln verstauben in den Kellern und liefern im entscheidenden Moment nicht die gewünschte Information. Nur eine elektronische Erfassung und statistische Aufbereitung der Berichte und Beiträge kann dauerhaft die gewünschten Aussagen bringen.

## 2.3 Welche Informationsquellen stehen zur Verfügung?

### Printmedien

Deutschland verfügt über eine der größten Zeitungsdichten pro Kopf weltweit. Weit über 1 000 Tageszeitungen buhlen täglich um die Aufmerksamkeit der Leser. Häufig schließen sich lokale Redaktionen zu Redaktionsverbänden zusammen und erscheinen mit gleichem Mantelteil und unterschiedlicher Lokalberichterstattung. Ein besonders großer Vertreter ist die Gruppe der *Westdeutschen Allgemeinen Zeitung*, die rund 30 regionale Redaktionen zu einem großen Redaktionsverbund bündelt.

Neben den Tageszeitungen gibt es die Wochenzeitungen, Magazine und Anzeigenblätter, die über aktuelle Themen berichten. Gerade bei den Letztgenannten ist die Anzahl bereits unüberschaubar geworden. Mit Kleinstauflagen schlagen sich diese Blättchen mit dem Abdruck von Pressematerial großer Unternehmen und minimalem redaktionellen Einsatz durch. Je nach Branche spielen auch die jeweilige Fachpresse bzw. die Special-Interest-Magazine eine wichtige Rolle.

Was von diesem unüberschaubaren Medienangebot alles beobachtet werden muss, hängt immer vom individuellen Informationsbedürfnis ab. Als Faustregel gelten jedoch die unter 2.2 formulierten Leitsätze, je nachdem, ob es um Information oder Dokumentation geht.

### TV/Radio

Die über das Fernsehen und den Hörfunk gesendete Berichterstattung nimmt aufgrund einer Änderung des Mediennutzungsverhaltens der Menschen immer mehr an Bedeutung zu. Wer jüngere Zielgruppen adressiert, kommt häufig an den A/V-Medien nicht vorbei. Auch hier kann die Auswahl der zu beobachtenden Einheiten nach den Prinzipien erfolgen, die unter 2.1 und 2.2 formuliert wurden.

### Internet

Das Internet ist ja bereits seit einigen Jahren ein Hypethema in der PR-Arbeit. Frei nach dem Motto »Alle reden drüber, aber keiner weiß, wie es geht« wird zwar viel über Pressearbeit im Internet diskutiert, professionelle Ansätze, dieses Medium mit seinen speziellen Eigenschaften in die eigene Pressearbeit einzubeziehen, sind jedoch eher die Ausnahme. Zum Pflichtprogramm gehört in der Zwischenzeit die Einbindung der »klassischen Online-Medien«, also der Medien, die entweder ein Pendant in der Medienwelt haben (wie z. B. *Bild.de* oder *n-tv.de*) oder aber wie ein Medium agieren (wie z. B. die *Netzzeitung*).

Für meist vollkommene Verwirrung sorgen die Internetbereiche, die sich der klassischen Medienlogik weitgehend entziehen. Die dialogorientierten Internetangebote wie Chats, Foren und Blogs wurden in letzter Zeit auch gern unter dem Begriff Web 2.0 subsumiert. Richtig ist allerdings, das Foren bereits ein PR-Thema waren, bevor der Begriff Web 2.0 die Welt erblickte. Überhaupt sind die kommunikativen Angebote eigentlich die Dinosaurier in den Computernetzen. Bereits vor dem Siegeszug des Internets und der E-Mail wurde fleißig in so genannten Mailboxen (Rechner, in die man sich direkt mit einem Modem einwählen konnte) diskutiert. Trotz dieser historischen Rückgriffe in die Computersteinzeit gibt es für diese Form der Internetangebote noch immer kein kommunikatives Patentrezept.

Die fehlende kommunikative Strategie hängt stark mit der äußerst dünnen Datengrundlage zusammen, die zur Verfügung steht, um die meisten Angebote im Internet zu bewerten und einzuschätzen. Außer für die Online-Medien, stehen für die anderen Internetangebote keine belastbaren Zahlen zur Nutzung der Seiten zur Verfügung.

### Online-Medien

Online-Medien sind die Internetangebote, die mit einer eigenen Redaktion Neuigkeiten und Hintergründe zum aktuellen Tagesgeschehen oder zu speziellen Fachgebieten anbieten. Meist sind die Online-Angebote das Pendant zu einem anderen Medium, die heutzutage allerdings oft durch eigene

Redaktionen mit Neuigkeiten versorgt werden. Insofern werden in den Online-Medien meist nicht oder nicht nur die Inhalte des Gegenstücks aus der klassischen Medienwelt veröffentlicht, sondern sie haben ihren komplett unterschiedlichen, eigenen Content. Aus diesem Grund ist die Beobachtung von Online-Medien nie als Ersatz für die Beobachtung des »klassischen« Mediums zu sehen (also *Bild.de* statt *Bild*), sondern sie ist vielmehr eine notwendige Ergänzung. Die Verbreitung und damit die Bedeutung der meisten Online-Medien ist schwer zu beurteilen, bis auf wenige, große Online-Medien, die sich von der IVW kontrollieren lassen, gibt es kaum zuverlässige Verbreitungsinformationen. Nichtsdestotrotz kommt man um eine intensive Beobachtung der Nachrichtenlage im Internet nicht mehr herum.

### Newsgroups, Foren, Chats

Newsgroups sind eigentlich die Dinosaurier des dialogorientierten Internets. Bereits seit 1979 gibt es Diskussionsforen, die sich jedem erdenklichen Thema widmen. Früher nur schwer über spezielle Software und Newsserver zugänglich, sind Newsgroups heute einfach über Portale verfügbar. Vorteil der Newsgroups: Die Diskussion wird aufgezeichnet und ist nicht so flüchtig wie in Chats. Nachteil: Es gibt Tausende von Newsgroups im Internet. All diese Informationen täglich und zeitnah zu durchsuchen wäre ein äußerst aufwendiger Prozess, der eine Vielzahl an unbrauchbaren Informationen generieren würde. Sinnvoll ist bei Newsgroups somit nur eine punktuelle und klar auf relevante Newsgroups konzentrierte Beobachtungsstrategie. Die gewonnenen Beobachtungsergebnisse lassen sich zudem nur für qualitative Analysen der Medienresonanz verwenden, da quantitative Daten zur Verbreitung und Leserstruktur so gut wie nicht vorhanden sind.

Foren sind im Prinzip eine Weiterentwicklung der Newsgroups, die mit spezieller Forensoftware von fast jedem technisch Interessierten betrieben werden können. Entweder sind Foren eigenständige Internetauftritte, die sich einem speziellen Thema widmen, oder Teile von Websites, auf denen diskutiert werden kann. Für die Beobachtung und Analyse von Foren gilt im Prinzip das Gleiche wie für Newsgroups: Nur eine punktuelle und auf klar relevante Inhalte konzentrierte Beobachtungsstrategie kann hier sinnvolle Ergebnisse liefern. Auch die Datenlage ist bei Foren ähnlich unbefriedigend und kann nicht als Grundlage für quantitative Medienanalysen genutzt werden.

### Websites

Als Websites bezeichnet man meist die Seiten, die von Unternehmen, Verbänden, Institutionen oder anderen Organisationen betrieben werden.

Eine generelle Kategorisierung ist für Websites schwer zu leisten, allerdings kann man sie grob in zwei Kategorien unterteilen:

Auf der einen Seite stehen die Websites, die man als »elektronische Visitenkarte« oder aber »elektronischen Verkaufsprospekt« bezeichnen kann. Die Inhalte sind hauptsächlich werblicher Natur und werden meist nicht allzu häufig aktualisiert. Die aktuellsten Inhalte sind die regelmäßig veröffentlichten Pressemitteilungen, die jedoch auch nicht zu einer hohen Änderungsfrequenz beitragen. Die Beobachtung solcher Seiten lässt sich durch regelmäßige Besuche selbst lösen und ist häufig nur auf einer Handvoll von Seiten (z. B. Mitbewerbern) interessant.

Die andere Form von Websites erzeugt einen wesentlich höheren Informationsdruck, da sie neben den werblichen Inhalten auch Informationsangebote oder Diskussionsangebote beinhalten, die täglich oder mehrmals täglich aktualisiert und von einer quantitativ oder qualitativ interessanten Zielgruppe wahrgenommen werden. Diese Websites sollten in eine professionelle, automatische Beobachtung integriert werden, damit dort publizierte, relevante Inhalte nicht der eigenen Wahrnehmung entgehen.

### Vodcasts, Podcasts und Videoportale

Podcasts sind sozusagen über das Internet produzierte Radiosendungen. Vereinfacht gesagt kann jeder, der ein Mikrofon und ein Aufnahmegerät hat, einen Podcast produzieren. Nach der Aufnahme muss die Aufzeichnung nur noch digitalisiert werden, eine Aufgabe, die in der Zwischenzeit jeder handelsübliche PC bewältigt. Danach ist aus der Tonaufnahme eine Datei geworden (ein so genanntes Audiofile). Diese Audiofiles können dann über das Internet jedem zugänglich gemacht werden. Besonders interessant wurden Podcasts, nachdem auch das Musikhören durch MP3-Player digital geworden war. Seither kann man auch unterwegs den Podcasts zuhören. Trotzdem ist Podcasting in Deutschland bis heute kein Massenphänomen, das mit dem Rundfunk verglichen werden könnte. Obwohl in der Zwischenzeit über 1 Million Podcasts in Deutschland pro Jahr heruntergeladen werden, ist die Gesamtverbreitung dieser elektronischen Übermittlung eher zu vernachlässigen. Ausnahmen können hier Spezial-Podcasts sein, die für spezielle Themen eine relevante Reichweite in diesen Zielgruppen erreichen. Eine Beobachtung von Podcasts scheint deshalb nur in Spezialfällen sinnvoll und kann meist in Eigenregie abgebildet werden.

Vodcasts sind vereinfacht gesagt Podcasts mit Bild. Videodateien können in der Zwischenzeit dank breitbandiger Internetverbindungen (DSL) und weit entwickelter Komprimierungsverfahren in vertretbaren Zeiten aus dem Internet auf den PC oder den mobilen Videoplayer geladen werden. Eine ähnliche Form wie den Vodcast stellen die so genannten Videostreams dar. Dabei wird das Video jedoch nicht heruntergeladen, sondern über das Internet »gesendet«. Der Nutzer kann einen Videostream somit anschauen, aber nicht abspeichern.

Beide Formen, der Vodcast und der Videostream, haben dank so genannter Videoportale einen Siegeszug im Internet angetreten. Kombiniert mit der Videofähigkeit moderner Handys und preiswerten Videokameras (Webcams), die an die PCs angeschlossen werden können, werden täglich Hunderte von Stunden Videomaterial präsentiert, das auf den Videoportalen angeboten wird. Die Bandbreite reicht von künstlerischen über banale Darbietungen bis hin zu professionellen Filmen, die meist indirekte Werbebotschaften enthalten. Das Phänomen Videoportale hat in der Zwischenzeit eine so große Reichweite in der jugendlichen Zielgruppe erreicht, dass eine Beobachtung von YouTube & Co. sinnvoll erscheint. Es gibt jedoch im Moment noch keine technischen Lösungen, die die Vielzahl an oft qualitativ schlechtem Videomaterial erschließen können.

Blogs

Die Bezeichnung Blog ist die Kurzform für Weblog. Weblog wiederum ist die Bezeichnung für online geführte Tagebücher. Diese bestehen gemeinhin aus rückwärtschronologischen Einträgen. Weiterhin typisch für Blogs sind Kommentarfunktionen, Vernetzung über Links in das Internet (Trackback, Pingback) und RSS-Feeds, d.h. die Möglichkeit, sich die neusten Inhalte in eine Software »einliefern« zu lassen.

Die genaue Anzahl von in Deutschland geführten Weblogs ist unbekannt, die Angaben schwanken zwischen 30 000 und bis zu 1,4 Millionen Blogs. Die Zahl der aktiven, also täglich publizierenden Blogs dürfte tatsächlich noch kleiner sein. Generell kann ein Blog für die Beobachtung aus zwei Gründen interessant sein. Erstens, das Blog hat relevante Verbreitungswerte erreicht, ist also mit einem Online-Medium vergleichbar. Die Zahl der Blogs, die dieses Kriterium erfüllen, sollte in Deutschland bei maximal 250 liegen. Die zweite Möglichkeit dafür, dass ein Blog zur Beobachtung für eine Institution relevant sein könnte, ist, dass der Schreibende über relevantes Insiderwissen verfügt und dies innerhalb einer wichtigen Zielgruppe (Investoren, Journalisten, Verbraucher usw.) publiziert.

Die verbreitungsrelevanten Blogs werden in der Zwischenzeit von den meisten Dienstleistern beobachtet. Die individuell relevanten Blogs müssen derzeit meist in Eigenregie beobachtet werden. Für die PR-Evaluation in Medienresonanzanalysen spielen Blogs nur bedingt eine Rolle, da häufig kein belastbares Zahlenmaterial über sie existiert.

### Datenbanken

Nach dem Siegeszug des Internets sind die großen Zeitungs- und Zeitschriftendatenbanken wie Genios GBI oder LexisNexis für jeden verfügbar geworden. Das heißt leider nicht, dass sie auch für jeden bedienbar sind. Die meisten verfügen über eine verschachtelte Benutzeroberfläche, die eine schnelle Suche in den gewünschten Medien nur bedingt zulässt. Nur wer häufig mit diesen Informationsinstrumenten arbeitet, kann sie auch gut bedienen.

Das Informationsangebot in den Datenbanken liest sich recht umfangreich: Tausende von nationalen und internationalen Medien stehen als Volltext mit weit zurückreichenden Archiven zur Verfügung. Leider fehlt jedoch oft das entscheidende Medium, das dann entweder in einer anderen Datenbank bzw. überhaupt nicht online verfügbar ist.

Grundsätzlich kann man sagen, dass eine Datenbank die Dienstleistungen eines Medienbeobachters nicht ersetzen kann. Neben den fehlenden Informationen wie Bilder, Seitenposition des Artikels, Layout und Umfeld des Artikels, die Datenbanken überhaupt nicht liefern können, braucht es für Medienbeobachtung menschliche Intelligenz. Ein weiteres Manko ist die oben bereits angesprochene mangelnde Online-Verfügbarkeit eines wirklich breiten Medienangebotes. Es ist bis heute eher eine Minderheit der Printmedien überhaupt elektronisch verfügbar.

Eine gute Lösung sind Datenbanken, wenn man sich einen Überblick über Themen verschaffen will, deren Medienpräsenz in der Vergangenheit liegt. Hier kann nur noch mit Volltextdatenbanken der versunkene Schatz der Presseresonanz gehoben werden. Die meisten Medienbeobachter bieten hierfür Services an, diese Resonanz in den Datenbanken zu recherchieren und aufzubereiten.

### Nachrichtenagenturen

Zu einer gründlichen Medienbeobachtung gehört immer auch die Beobachtung der Nachrichtenagenturen. In Krisensituationen und zur frühmorgendlichen Informationsversorgung sollte die Auswertung der Agenturmeldungen zeitnah erfolgen. Für diese zeitnahe Beobachtung am Puls der Agentur bieten die meisten Nachrichtendienste selbst spezielle Services an, die dann über relevante News informieren, wenn diese über den Ticker gehen. Zur Dokumentation der Resonanz in den Nachrichtenagenturen bieten sich aus Kostengründen eher Medienbeobachtungsunternehmen an, da diese die Nachrichten zwar nicht in Echtzeit dokumentieren können, dafür aber in den meisten Fällen kostengünstiger und durch menschliche Bearbeitung auch in einer besseren Qualität liefern können.

Als Bestandteil einer Medienresonanzanalyse spielt vor allem die Multiplikatorenwirkung einer Agentur eine Rolle. Anhand der Agenturmeldung kann oft das Ursache- und Wirkungsprinzip in der Berichterstattung besser nachvollzogen werden.

## 3 Konzeption und Arten der Medienresonanzanalyse

Nachdem die Materialsammlung durch die Medienbeobachtung für einen relevanten Zeitraum abgeschlossen ist, stellt sich die Frage, wie die Ergebnisse sinnvoll statistisch verdichtet werden können. Auch hier braucht es, wie so oft, vor der eigentlichen Aktion erst eine gründliche konzeptionelle Überlegung.

### 3.1 Konzeption einer Medienresonanzanalyse

**Operativer Erkenntnisgewinn oder quantitativer Erfolgsnachweis?**
Medienresonanzanalysen können bei der Bewertung und Analyse der eigenen Presseresonanz grundsätzlich zwei Funktionen erfüllen. Die erste Funktion dient dem internen Leistungsnachweis gegenüber Vorgesetzten und/oder anderen Bereichen des Unternehmens. Dabei geht es in erster Linie nicht darum, die eigene Resonanz kritisch nach konzeptionellen Schwachstellen zu durchsuchen, sondern durch Zahlen die eigene Leistung nachzuweisen. Die zweite Funktion einer Medienresonanzanalyse ist komplexer. Hier dient die Medienresonanzanalyse zur Erfolgsanalyse der Resonanz gemessen am eigenen Zielsystem. So werden Erfolg und Misserfolg der Kommunikation in der Analyse sichtbar.

**Interner Leistungsnachweis durch eine Medienresonanzanalyse**
Diese Analyseform ist zu großen Teilen quantitativ angelegt und verzichtet auf zu große Strukturierungen der Medienresonanz. Sie dient oft zur Rechtfertigung des eingesetzten Budgets, nicht aber zur Steuerung der eigenen PR-Arbeit.

Oft werden hier die Reichweiten der einzelnen Medien (sofern verfügbar) verwendet. Ein weiterer Wert wird häufig zum internen Leistungsnachweis herangezogen: der Anzeigenäquivalenzwert. Die Umrechnung der Fläche eines Artikels in dessen Wert als Anzeige erzeugt nicht selten hohe Euro-Werte, die das eingesetzte Budget bei weitem überschreiten. Ganz unreflektiert wird diese Gegenüberstellung in manchen Methoden als »Return on Communication« eingesetzt.

Die Darstellung des eigenen Erfolgs in großen Zahlen ist ein legitimes Interesse der Kommunikationstreibenden, sollte jedoch so erfolgen, dass die Werte realistisch ermittelt werden. Ziel sollte es sein, ein System aufzusetzen, welches in erster Linie der Ergebnispräsentation dient und trotzdem argumentativ vertretbar ist. Nicht fehlen sollten in einem solchen System:

- Darstellung des Zielgruppenansatzes durch die Formulierung von Zielmedien,
- Gewichtung des Anzeigenäquivalentes nach dem Kommunikationsziel zuträglichen Inhalten,
- Nutzung von Reichweiten oder Verbreitungen, die nach legitimen Richtlinien ermittelt wurden,
- Verzicht auf Nutzung der gedruckten Auflage (Papierkörbe gehören nun mal nicht zur Zielgruppe eines Unternehmens).

Erreichung der eigenen Kommunikationsziele messen

Oftmals sind die Ziele der Kommunikation im Allgemeinen und der PR im Speziellen nicht konkret genug formuliert, damit diese überhaupt messbar wären. Nur wenn die Unternehmensstrategie und -ziele konkret und klar formuliert sind, lassen sich daraus auch Kommunikationsziele ableiten. Diese müssen SMART sein, d.h. **s**pezifisch, **m**essbar, **a**kzeptiert, **r**ealistisch und **t**erminiert. Wer über Kommunikationsziele verfügt, die diese Eigenschaften mittragen, ist auch in der Lage, seine derzeitige Position bezogen auf diese Ziele zu bestimmen (Ist-Analyse) und den Fortschritt zu formulieren, den er im nächsten Jahr erreichen will (Soll-Konzept). Dann verfügt die Kommunikation über ein klar beschriebenes Zielsystem, welches auf die einzelnen Disziplinen (Werbung, Sponsoring, PR usw.) heruntergebrochen werden kann. Wer hierbei die Zielsetzung gemäß den individuellen Stärken der einzelnen Disziplinen vornimmt, hat eine optimale Kommunikationsplanung.

Nur wer also seine Kommunikation im Sinne eines ständigen Erkenntnisprozesses organisiert und zyklisch analog eines Regelkreislaufes handhabt, kann Medienresonanzanalysen sinnvoll einsetzen. Und nur wer die Erfolgsfaktoren seiner PR-Arbeit klar beschreiben kann, für den kann auch eine Medienresonanzanalyse ein Steuerungssystem darstellen, das ihn erfolgreicher kommunizieren lässt (siehe auch Abbildung 2).

Diese Schlussfolgerung zieht eine weitere wesentliche Tatsache nach sich: Es gibt keine Analysekonzepte von der Stange! PR-Erfolg ist individuell definiert, genauso verhält es sich auch mit der Messung von PR-Erfolgen.

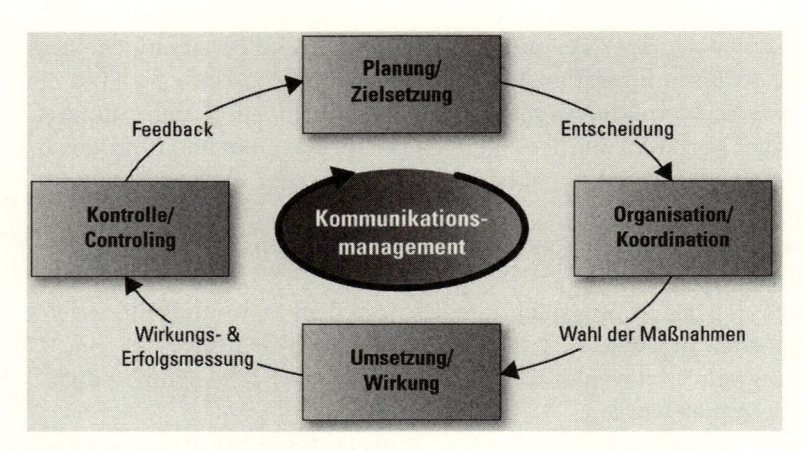

**Abb. 2**  Kommunikationsmanagementprozess

### Strategische Informationen über den Wettbewerb, Benchmarking

Neben der Analyse der eigenen Resonanz können Medienresonanzanalysen noch mehr. Sie können auch zur Gewinnung von Informationen über die Kommunikationsaktivitäten der Mitbewerber eingesetzt werden. Diese Informationen lassen sich auf der einen Seite zur Analyse der Kommunikationsstrategie des Mitbewerbers nutzen und können auf der anderen Seite Benchmarks (Vergleichsgrößen) als Messgrößen zur eigenen Kommunikationsbewertung liefern. Auch der Vergleich des so genannten Share of Voice, also des prozentualen Anteils an der Gesamtberichterstattung zu einem Thema, einem Produktbereich oder anderen Gebieten, kann wertvolle Informationen über den Erfolg der eigenen Kommunikationsarbeit im Vergleich zu der des Mitbewerbers liefern.

### Wie entwickeln sich kritische Themen: Issues Monitoring

Das richtige Reagieren auf mediale Entwicklungen ist die Königsdisziplin der Kommunikation. An welche Themen kann ich mich mit meiner Kommunikationsarbeit »anhängen« und aus welchen sollten wir uns raushalten? Nähert sich ein journalistisches Hypethema meinem Unternehmen, muss ich also aktiv reagieren, oder zieht die journalistische Gewitterfront weit entfernt vom Schreibtisch des Kommunikationsmanagers vorbei?

Auch in solchen Situationen können gut konzipierte Medienresonanzanalysen wichtige Informationen liefern. Die permanente und zeitnahe Beobachtung der Berichterstattung in den Zielgruppenmedien, kombiniert mit einer schnellen Medienresonanzanalyse, bietet eine tägliche Information über die aktuelle Berichterstattung.

Folgende Aspekte können so aufgearbeitet werden:

- Wie entwickelt sich die Beurteilung/Tonalität der Berichterstattung zu einem Thema?
- Welche Akteure (Journalisten, Politiker, Verbände) engagieren sich innerhalb des Themas?
- Welche Argumentationen werden von den einzelnen Akteuren vertreten?
- Welche Fakten (Studien, Zahlen usw.) werden in der Diskussion verwendet?
- Welche anderen Unternehmen werden mit dem Thema in Verbindung gebracht?
- Wird das eigene Unternehmen mit dem Thema in Verbindung gebracht?

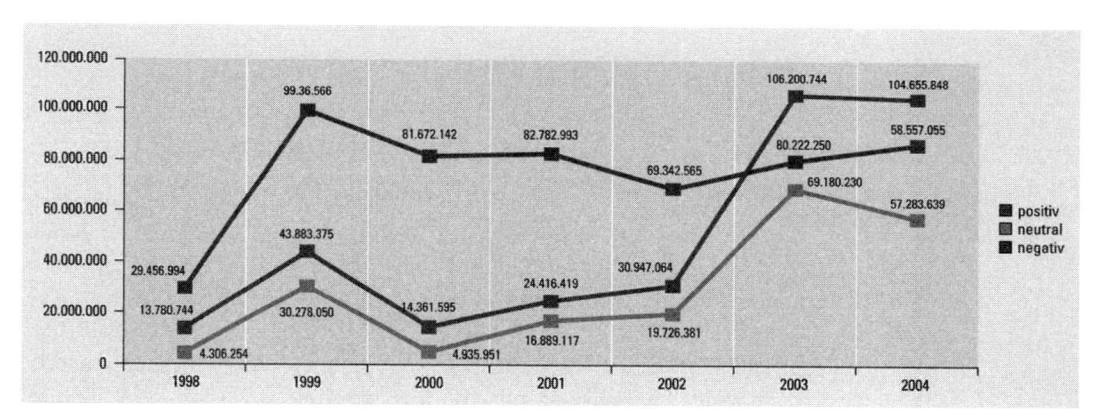

**Abb. 3** Imagewandel im Zeitverlauf

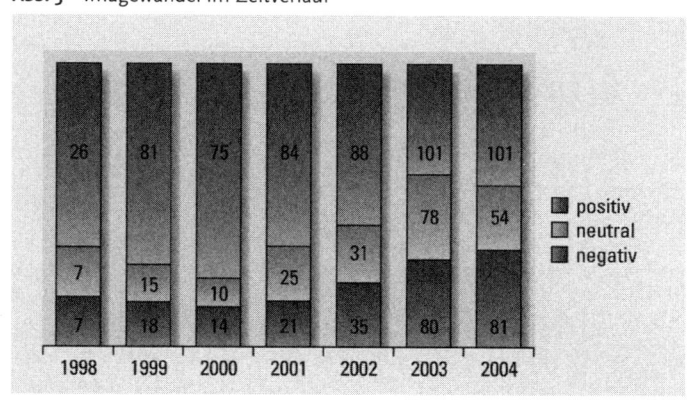

**Abb. 4** Zeitlicher Verlauf der Tonalität

## 3.2 Kombination aller Elemente zu einem individuellen Analysekonzept

Für das optimale Analysekonzept bedarf es einiger Vorarbeit. Folgende Grundlagen sollten bereitstehen, bevor man sich daranmachen kann, ein optimales Konzept zur Steuerung der eigenen PR-Arbeit durch Medienresonanzanalysen zu erstellen.

1. Klare Zieldefinitionen
   a. Zielgruppen
   b. Botschaften
   c. Zielmedien
   d. Benchmarks im Bezug auf Mitbewerber
   e. Kommunikationsziele (Bekanntheit, Share-of-Voice-Anteile)
2. Zahlen
   a. Ergebnisse aus Markt- und Meinungsforschung
   b. Medienresonanzanalysen der Vorjahre
   c. Budget für Evaluation

Mit diesen Grundlagen können die definierten Ziele in das Zahlensystem einer Medienresonanzanalyse übersetzt werden. In regelmäßigen Perioden (monatlich oder quartalsweise) kann diese dann den Grad der Zielerreichung und eventuelle Störgrößen identifizieren und ermöglicht so eine Optimierung der Kommunikationsarbeit. Zur Abstimmung mit dem Evaluationsdienstleister sollte als Grundlage ein detailliertes Codebuch erstellt werden, in dem die Analysemethodik klar beschrieben wird. Erste Testcodierungen geben dann den Aufschluss, ob die konzipierte Medienresonanzanalyse die geplanten Ergebnisse zeigt.

## 3.3 Instrumente der Medienresonanzanalyse

Diese einzelnen Instrumente sollen die praktische Seite der Evaluationsarbeit kurz illustrieren und aufzeigen, welche Formen der Analyse zur Quantifizierung der eigenen PR-Arbeit zur Verfügung stehen.

### Quantitative Analysen

Quantitative Analysen dienen der Gliederung der eigenen Medienresonanz. Sie können bereits wertvolle Erkenntnisse über die Resultate der eigenen Arbeit aufzeigen. Komplett wird eine Medienresonanzanalyse aber nur durch die Kombination mit qualitativen Instrumenten.

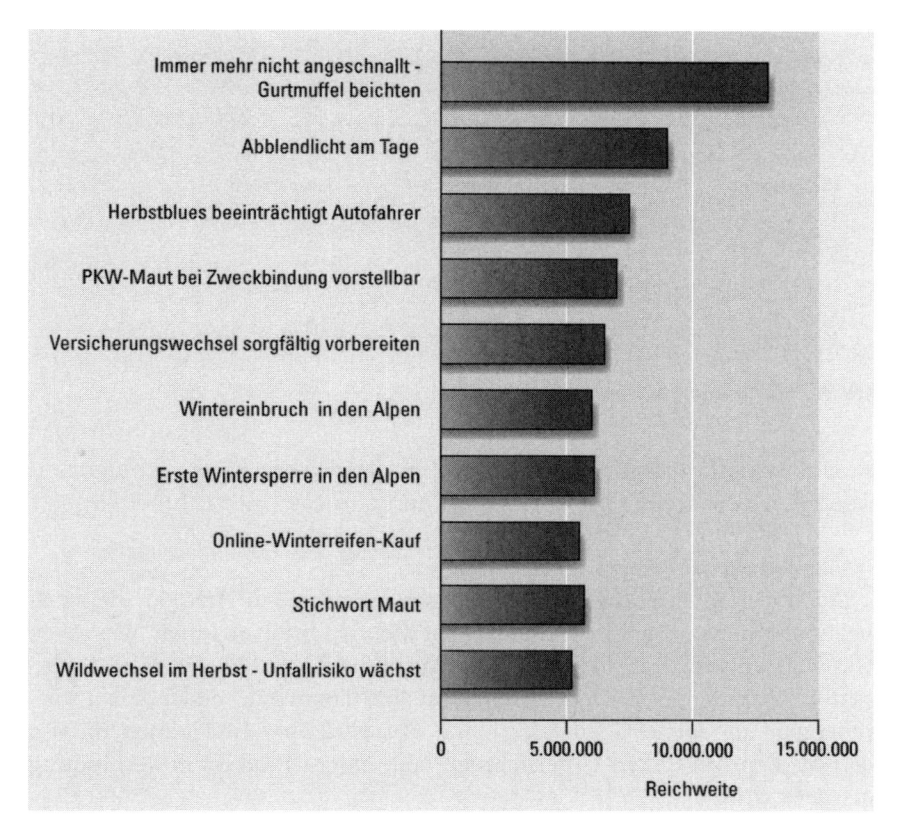

**Abb. 5** Verteilung der Presseresonanz über die Kommunikationsaktivitäten des ACE Auto Club Europa

Die Input-Output-Analyse

Als Input-Output-Analyse bezeichnet man die Zuordnung jeder einzelnen Meldung, jedes einzelnen Presseartikels, TV- oder Radiobeitrages zu den konkreten Kommunikationsaktivitäten (z. B. Pressemitteilungen, Pressekonferenzen usw.). Diese Zuordnung verschafft den Überblick über den quantitativen Erfolg der einzelnen Maßnahmen und über den Anteil von eigen- und fremdinitiierter Berichterstattung. So können erfolgreiche Themen in der eigenen Arbeit identifiziert werden.

Gliederung der Resonanz nach Bereichen

Eine weitere sinnvolle Gliederung ist die Aufteilung der Medienresonanz nach unternehmensbezogenen Eigenschaften (Unternehmensbereiche,

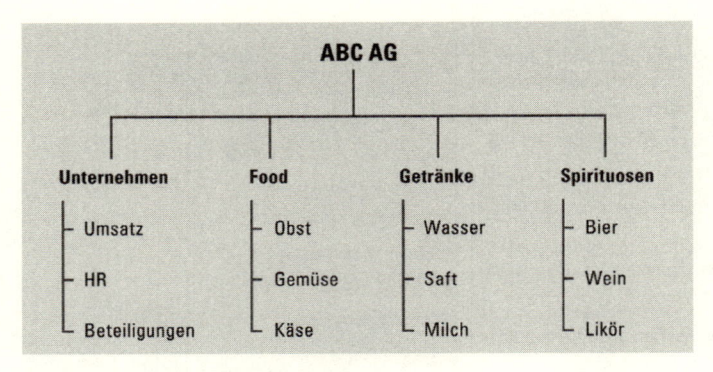

```
              ABC AG
    ┌───────┬────┴────┬────────┐
Unternehmen  Food  Getränke  Spirituosen
├ Umsatz    ├ Obst  ├ Wasser  ├ Bier
├ HR        ├ Gemüse├ Saft    ├ Wein
└ Beteiligungen └ Käse └ Milch └ Likör
```

**Abb. 6** Strukturierung der Resonanz

Produktbereiche usw.). So kann später in der Analyse genau differenziert werden, wo die Treiber der Berichterstattung für das Unternehmen liegen.

### Gliederung der Resonanz nach Themen

Auch die Unterteilung der Medienresonanz nach den Themen, die zu einer Medienpräsenz geführt haben, bietet wichtige Informationen. War es die Geschäftsentwicklung, die besonders intensiv diskutiert wurde, oder die Expertenmeinung des CEO zu einem aktuellen Thema? Übersichtlich aufbereitet gibt eine solche Gliederung einen Überblick über die Themen, die von den Medien mit einem Unternehmen oder einem Produkt in Verbindung gebracht wurden.

| Nr. | PR-Aktivität | Anteil |
|---|---|---|
| 1 | Expertenmeinung | 32% |
| 2 | Sonstiges | 18% |
| 3 | Mandat | 16% |
| 4 | Autor | 12% |
| 5 | Personalien | 11% |
| 6 | Geschäftsentwicklung | 6% |
| 7 | Arbeitsmarkt für Juristen | 3% |
| 8 | Sponsoring | 1% |
| 9 | Studie | 1% |
| 10 | Interview | 1% |
| 11 | Wettbewerb | <1% |

**Abb. 7** Überblick über die Themen, die in den Medien stattfinden

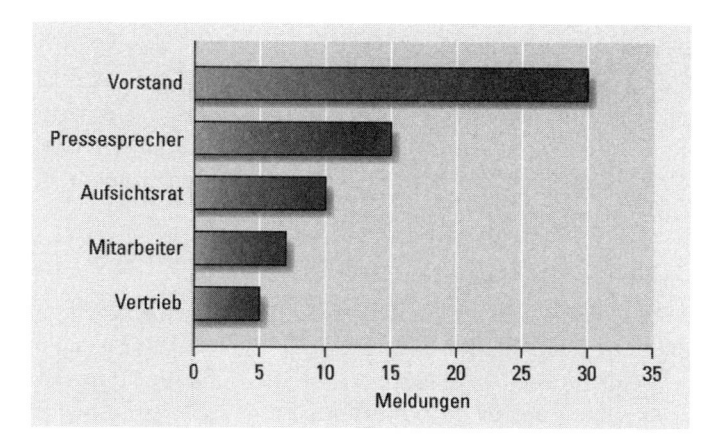

**Abb. 8** Personengruppen, die im Zusammenhang mit dem Unternehmen genannt werden

Gliederung der Resonanz nach Personen
Wer spricht für Ihr Unternehmen? Welche Personen werden zitiert? Mit der Erfassung der im Zusammenhang mit ihrem Unternehmen genannten Personen erhalten PR-Treibende den Überblick, wer das Image des Unternehmens durch Äußerungen in den Medien beeinflusst. Sie erkennen so z. B., welcher Analyst sich am meisten zu ihrer Aktie äußert oder welcher Journalist am häufigsten über ihr Unternehmen berichtet.

Gliederung der Resonanz nach Quellen
Was treibt meine Berichterstattung? Welche eingesetzten Quellen (Materndienst, Sponsoring usw.) tragen am meisten zu meinen Kommunikationserfolgen bei? Diese Fragen werden durch eine Quellengliederung beantwortet.

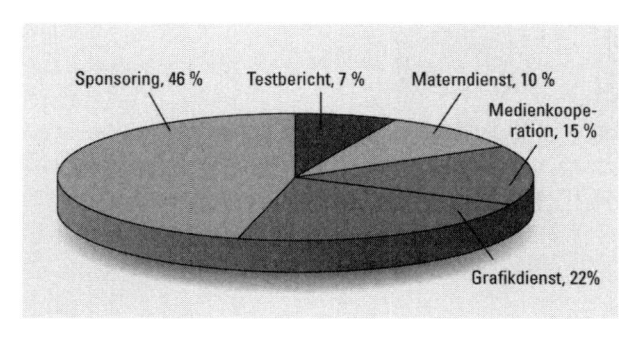

**Abb. 9** Quellen, auf die die Resonanz zurückzuführen ist

**Qualitative Analysen**

Neben der Gliederung der Presseresonanz sind die inhaltlichen Aussagen, die durch eine qualitative Analyse gewonnen werden können, ein wichtiger Bestandteil der Medienresonanzanalyse. Mit qualitativen Analysen werden Themen und Meinungen in der Medienberichterstattung untersucht und ein aktives Issues Management betrieben.

Erfassen der Tonalität der Berichterstattung

Was ist positiv? Diese Frage scheint auf den ersten Blick recht einfach zu beantworten, ist aber eine Frage des kommunikativen Blickwinkels bezogen auf die adressierte Zielgruppe (Stakeholder). Botschaften, die im Sinne der Investor Relations durchaus positiv zu bewerten sind, erscheinen aus der Sicht der internen Kommunikation oft ambivalent oder negativ.

Mit diesem Know-how kann Ihre gesamte Presseresonanz bewertet und inhaltliche Stärken und Schwächen aufgezeigt werden.

Die Bewertung der Berichterstattung erfolgt daher immer subjektiv, da es keine absoluten Maßstäbe dafür gibt, was eine positive bzw. negative Berichterstattung ist. Nur wenn Sichtweisen und Ziele genau definiert wurden, erhalten Sie die optimalen Ergebnisse. Aus diesem Grund werden für qualitative Analysen immer Codebücher erarbeitet, die die Ergebnisse des qualitativen Briefings genau beschreiben.

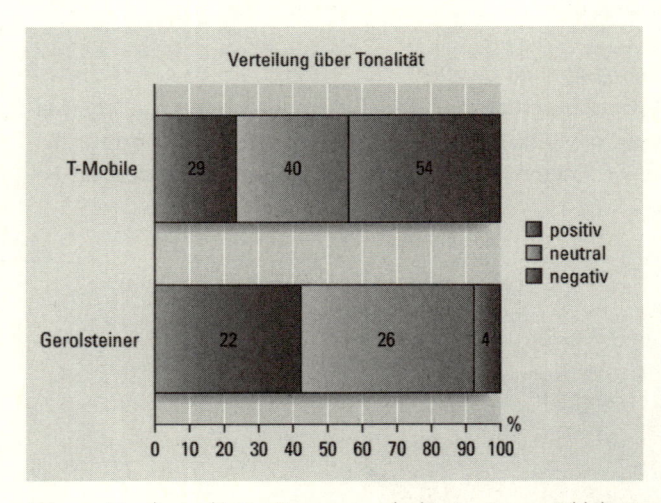

Abb. 10  Nur die qualitative Bewertung erlaubt ein genaues Bild der Presseresonanz

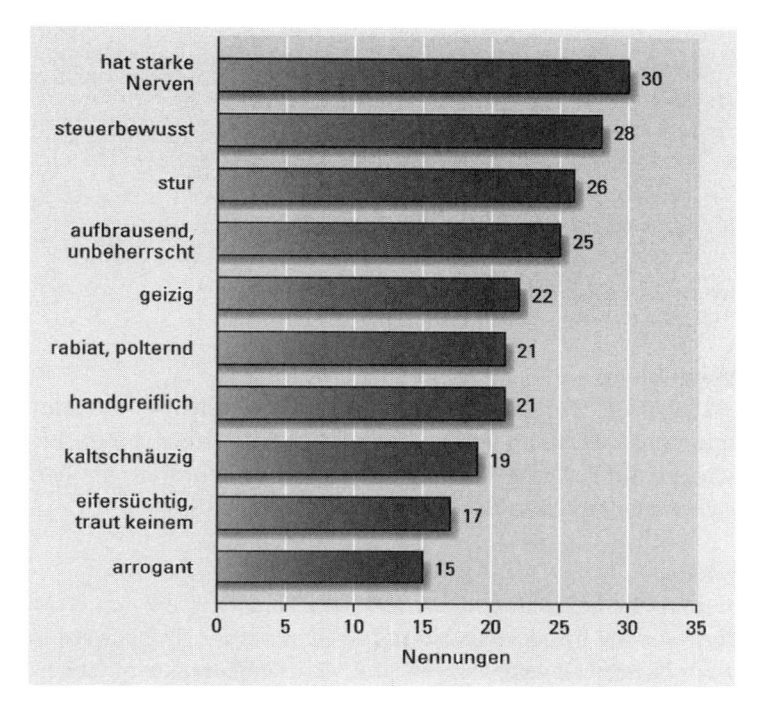

**Abb. 11**   Überblick über die gesamten Imagefaktoren

Darstellung der Imagefaktoren in der Berichterstattung

Mit welchen Eigenschaften wird ein Unternehmen, Produkt oder CEO in Verbindung gebracht? Diese Frage beantwortet eine Imageanalyse der Medienresonanz. Diese zeigt die Imageeigenschaften, die Journalisten in der Berichterstattung verwenden. Sinnvoll ist es, diese Eigenschaften auch in Übergruppen einzuteilen und mit Ihren Kommunikationszielen abzugleichen.

Identifikation von Botschaften in der Berichterstattung

Werden meine Kommunikationsbotschaften von den Medien übernommen? Mit welchen Aktionen und zu welchen Zeitpunkten gelingt es, meine Botschaften durch die Medien zu transportieren? Qualitative Medienresonanzanalysen können zeigen, ob Botschaften in der Medienresonanz auftauchen. PR-Schaffende erhalten so den Überblick über jeden Aspekt ihrer kommunikativen Zielsetzungen und können frühzeitig die eigene Arbeit optimieren.

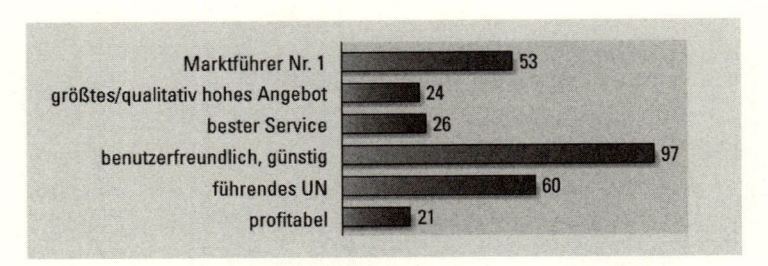

| Botschaft | Wert |
|---|---|
| Marktführer Nr. 1 | 53 |
| größtes/qualitativ hohes Angebot | 24 |
| bester Service | 26 |
| benutzerfreundlich, günstig | 97 |
| führendes UN | 60 |
| profitabel | 21 |

**Abb. 12**  Botschaften in der Berichterstattung

### Reichweitenermittlung

Jetzt wird's statistisch! Zur exakten Bestimmung von Reichweiten unter Berücksichtigung der relevanten Zielgruppe gibt es Software aus dem Bereich der Medienplanung. Diese liefert genaue Reichweiteninformationen und auf Wunsch auch den Gross Rating Point (GRP).

#### Bruttoreichweite

Die Bruttoreichweite bezeichnet die Anzahl der Personen, die von einer Werbeträgerkombination mindestens einmal erreicht werden. Dabei werden im Gegensatz zur Nettoreichweite Doppel- und Mehrfachkontakte nicht herausgerechnet. Die Bruttoreichweite ist die Kontaktsumme, also die Summe aller erzielten Kontakte oder Kontaktchancen von Personen mit einem Medium oder mehreren Medien (auch mit einem oder mehreren Werbemitteln). Sie wird in Millionen oder Prozent (GRP) ausgewiesen und basiert im TV-Bereich auf der Sehbeteiligung (Fernsehpanel).

#### Nettoreichweite

Bei der Berechnung der Nettoreichweite geht im Gegensatz zur Bruttoreichweite jede Person nur einmal ein, unabhängig davon, wie viele Kontakte auf sie entfallen.

Die Nettoreichweite gibt also die Zahl der Personen an, die bei Einschaltungen in verschiedenen Medien mindestens einmal erreicht werden. Jede Person wird nur einmal gezählt, ob sie durch einen einzigen oder durch mehrere Werbeträger Kontakt hatte.

Die Nettoreichweite ist folglich in jedem Fall kleiner als die Summe der Reichweiten aller Werbeträger, in denen dasselbe Werbemittel erschien, weil sich zwischen den einzelnen Werbeträgern externe Überschneidungen und zwischen den verschiedenen Ausgaben derselben Werbeträger interne Überschneidungen ergeben.

Somit ist die Nettoreichweite in der Kampagnenplanung und -kontrolle die im Vergleich zur Bruttoreichweite »härtere« Währung.

**Quantifizierung in barer Münze: Anzeigenäquivalenzwerte**

Die Grundlage für die Monetarisierung bildet der Anzeigenäquivalenzwert. Der Bezug zu klassischen Mediapreisen gilt in Teilen der PR-Branche als Tabubruch. Er ist jedoch nur die Konsequenz der Nutzung von PR als Marketinginstrument. Mediapreise sind tatsächliche Marktpreise und repräsentieren ideal die Wertschätzung der jeweiligen Medien aus der Sicht der Marketingverantwortlichen.

Ein weiteres Argument für die Verwendung von Äquivalenzwerten ist, dass diese im Gegensatz zu Reichweiten und Auflagen auch den Umfang der Berichterstattung in die Wertermittlung mit einfließen lassen. Durch die Ergänzung des Äquivalenzwertes mit inhaltlichen Faktoren kann ein aussagekräftiges PR-Wertsystem entwickelt werden.

**Der ungewichtete Anzeigenäquivalenzwert**

Die einfachste Art, den Anzeigenäquivalenzwert zu berechnen, ist die direkte Umrechnung eines Beitrags in einen Werbewert. Hierzu wird der Beitrag vermessen und je nach Medium ins Verhältnis gesetzt zum realen Anzeigen- oder Spotpreis. So wird errechnet, welchen Preis ein Beitrag in den jeweiligen Medien erzielt hätte. Dieser Wert ist der am einfachsten zu erfassende, allerdings auch ungenaueste Euro-Wert zur monetären Abbildung der Presseresonanz.

Abb. 13  Anzeigenäquivalenzwert ungewichtet

Abb. 14   Anzeigenäquivalenzwert gewichtet

**Der gewichtete Anzeigenäquivalenzwert**
Die Berechnung des gewichteten Anzeigenäquivalenzwertes erfolgt zunächst genau wie die oben beschriebene Berechnung. Danach wird allerdings der inhaltliche Anteil ermittelt, der sich mit dem PR-relevanten Thema beschäftigt. Der Gesamtwert des Artikels wird dann mit dem jeweiligen Anteil multipliziert.

*Beispiel:*
Anzeigenäquivalenzwert eines Artikels = 100 €,
inhaltlicher Anteil 20 %,
gewichteter Anzeigenäquivalenzwert = 100 € × 0,2 = 20 €

**Möglichkeiten der Kombination einzelner Werkzeuge: Ein PR-Wertsystem**
Ein PR-Wertsystem sollte dezidiert den Inhalt der PR-Berichterstattung bewerten. Diese Bewertung geschieht sinnvoll in zwei Teilschritten:

1. Die Bewertung der Sichtbarkeit des Absenders als notwendige Voraussetzung für eine Marken- und Themenzuordnung
   Diese Bewertung beschreibt die Wahrnehmungswahrscheinlichkeit des Absenders: Wie hoch ist die Chance, dass der Leser den Artikel einer bestimmten Marke oder einem Unternehmen zuordnet? Dabei werden Erfahrungswerte aus Copytests genutzt: Wenn die Marke in der Headline genannt wird oder stark im Bild präsent ist, ist die Wahrscheinlichkeit, dass ein Leser des Beitrags die Marke wahrnimmt, höher, als wenn die Marke nur im Text steht. Dieser Logik folgend wird der gesamte Artikel bewertet.

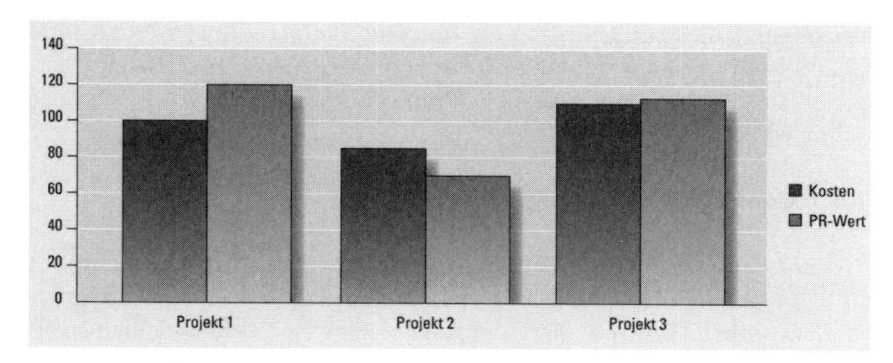

**Abb. 15** Return on Investment

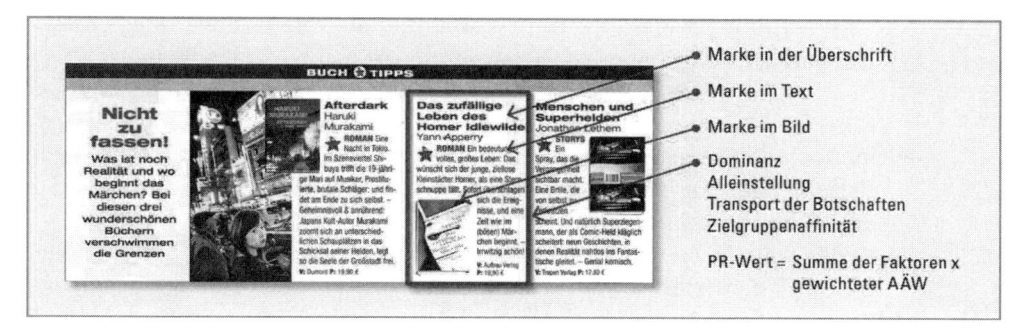

**Abb. 16** PR-Wertsystem

2. Die Bewertung der Übereinstimmung der PR-Inhalte mit den vom Absender gewünschten Botschaften

Die Bewertung des inhaltlichen Transports der gewünschten Botschaften erfolgt auf der Grundlage eines vorher entwickelten und abgestimmten Kataloges. Darüber hinaus erfolgen eine Zuordnung der Zielgruppenaffinität der Medien zum jeweiligen Absender und eine Überprüfung der Alleinstellung des Absenders. Als Grundsatz könnte hier also die Frage gestellt werden: »Wie sieht der optimale Artikel aus?«

## 4 Einsatz von Meinungsforschung im Bereich der PR-Evaluation

In anderen Kommunikationsdisziplinen nicht mehr wegzudenken, fristet die Markt- und Meinungsforschung in der PR-Planung und Steuerung eher ein Schattendasein. Selten werden Kommunikationsplanungen mit Ergebnissen einer Zielgruppenbefragung fundiert. Hauptargument: Markt- und Meinungsforschung ist zu teuer. Dass dieses Argument im Zeitalter preiswerter Callcenter-Kapazitäten und Online-Umfragen nur noch teilweise richtig ist, ist vielen unbekannt.

### 4.1 Quantitative Meinungsforschung

Unter der quantitativen Meinungsforschung versteht man vornehmlich die zahlenmäßige Strukturierung von Meinungsbildern in einer Zielgruppe. Bekanntheit, Kaufverhalten und andere objektive Größen können so ermittelt und gemessen werden. Im unter 1.1 vorgestellten Wirkungsmodell wird diese Methodik als Stufe 2 definiert. Nur durch die Ermittlung von Wahrnehmungswerten kann man erfahren, ob trotz positiver Medienresonanz an der Zielgruppe vorbei kommuniziert wurde. So landet man z. B. in Zeiten einer Fußball-WM oder anderer medialer Highlights auch mit ausführlicher Berichterstattung noch immer unter der Wahrnehmungsschwelle. Auch den gegenteiligen Effekt der Wahrnehmung trotz relativ geringer Berichterstattung aufgrund einer hohen Reizwirkung eines Themas oder des Bildmaterials kann man so nachweisen.

Knackpunkt bei der quantitativen Meinungsforschung ist das Studiendesign, mit dem man sowohl relative Zeiträume als auch eine repräsentative Stichprobe innerhalb der Zielgruppe sicherstellen muss.

### 4.2 Qualitative Meinungsforschung

Durch permanente Kommunikation in allen Kommunikationskanälen formt sich im Kopf der Zielgruppe ein Bild über Produkte und Unternehmen, welches auch Assoziationen und emotionale Aspekte beinhaltet. Dieses qualitative Bild muss in längeren dialogorientierten Befragungen durch Fachleute in der Zielgruppe ermittelt werden. Im unter 1.1 vorgestellten Wirkungsmodell der Kommunikation stellt dies die dritte Stufe dar. Beantwortet man mit den Mitteln der quantitativen Marktforschung die Frage, ob mich und mein Produkt überhaupt jemand wahrgenommen hat, so bekommt man durch qualitative Untersuchungen auch die Antwort auf die Frage: Wie wurde ich wahrgenommen? Aufgrund der Methodik wird bei der qualitativen Meinungsforschung mit wesentlich kleineren Stichproben gearbeitet, so dass eine Repräsentativität im Sinne der quantitativen Marktforschung nie erreicht werden kann. Bildlich gesprochen ist die quantitative Untersuchung zwar breiter, die qualitative Untersuchung geht aber wesentlich tiefer. Die Ergebnisse einer qualitativen Untersuchung sind daher weniger Tabellen und Charts, sondern tatsächliche Bilder, die in den Köpfen der Zielgruppe ermittelt werden.

Um Kommunikationsstrategien zu entwerfen, die mit Botschaften arbeiten, welche den Kern des Zielgruppenbedürfnisses treffen, muss regelmäßig eine qualitative Untersuchung durchgeführt werden, deren Ergebnisse in der strategischen Kommunikationsplanung berücksichtigt werden. Auch hier ist ein professionelles Studiendesign durch Fachleute die Grundvoraussetzung für aussagekräftige Ergebnisse.

### 4.3 Fokusgruppengespräche

Fokusgruppengespräche sind eine weitere Facette der Meinungsforschung, die sich in der PR immer mehr durchsetzt. Neben der Befragung der eigentlichen Stakeholder eines Unternehmens (Kunden, Investoren, Mitarbeiter usw.) eignet sich dieses Instrument auch besonders gut, um zu erfahren, was die Journalisten eigentlich über die eigene Institution, das Unternehmen und seine Produkte denken und wie sie die bisherige Kommunikationsarbeit bewerten. Da Journalisten in unserem Wirkungsmodell die eigentlichen »Gatekeeper« sind, die Instanz, die bereits auf der ersten Stufe der Kommunikationswirkung über Erfolg oder Misserfolg entscheidet, lohnt es sich auch, dieses Instrument in die Kommunikationsplanung mit einzubeziehen.

## 5 Wohin geht die Entwicklung in der PR-Evaluation?

Seit über zehn Jahren gründen die einschlägigen PR-Verbände neue Ausschüsse zur Definition der PR-Evaluation. Neue Verfahren werden entwickelt und mit komplizierten Namen der staunenden Fachöffentlichkeit präsentiert. Auch die Universitäten entwickeln teilweise Messinstrumente, die als universelle Management-Tools jedem Kommunikationsmanager die Arbeit erleichtern sollen. Begriffe wie »Balanced«, »Value«, »Communication« werden in beliebiger Reihenfolge zur Namensgebung von Kennzahlensystemen kombiniert. Wirklich in der Praxis angewendet werden die meisten dieser Systeme jedoch nur selten.

Wirft man jedoch einen Blick auf die Wirklichkeit in den Unternehmen, so sind die oben beschriebenen Systeme nur für die Top 50 der kommunizierenden Unternehmen in Deutschland einsetzbar. Wirklich angewandt werden sie maximal von einer Handvoll Unternehmen. Trotzdem hat sich der Markt für PR-Evaluation in den letzten Jahren sehr positiv entwickelt.

Dies liegt vor allem daran, dass die meisten Unternehmen nicht auf die »eierlegende Wollmilchsau« der Kommunikationsmessung warten, sondern pragmatisch und praxisorientiert nach dem Motto »Nicht schwätze, schaffe!« ihre eigenen Systeme zusammen mit den Evaluationsdienstleistern entwickeln. Diese Entwicklung hat die tatsächlich eingesetzten Instrumente stark verbessert.

Die Lösung kann also nur eine ständige Weiterentwicklung der einzelnen Messinstrumente sein, die sich jeder Kommunikationsverantwortliche zu einem eigenen Evaluationsinstrumentarium kombinieren wird. Auch die stärkere Verknüpfung mit der Markt- und Meinungsforschung wird hierbei eine immer wichtigere Rolle spielen.

### 5.1 Messen von Wertsteigerungen durch Kommunikation

Das Ziel ist klar: die genaue Definition des Wertsteigerungsbeitrags, den die eigene PR-Arbeit dem Unternehmen gebracht hat. Das Ziel ist allerdings auch wesentlich einfacher zu definieren als zu erreichen. Trotzdem gibt es in der Zwischenzeit verschiedene Modelle, die genau dies versprechen. Manche Modelle erreichen das versprochene Ziel bereits mit wenigen Messpunkten und versprechen so eine genaue Wirkungsanalyse der Kommunikation. Allerdings täuscht der lineare Aufbau des Modells über die Tatsache hinweg, dass es noch andere Einflussfaktoren gibt, die in diesen Modellen gar nicht erfasst werden.

Wer sich intensiv mit der Komplexität von Meinungsbildungsprozessen auseinandersetzt, wird an jedem Quantifizierungsmodell Mängel ausmachen, die es unmöglich machen, eine genaue Bestimmung des Wertbeitrags der Kommunikation vorzunehmen. Sinnvoll scheint nur, sich an den einzelnen Stufen des Wirkungsmodells der Kommunikation analytisch zu orientieren. Durch die Verknüpfung der Erkenntnisse jeder einzelnen Stufe ergeben sich logische Argumentationsketten, die uns über die Wahrscheinlichkeit aufklären, dass die PR-Kommunikation zum betriebswirtschaftlichen Erfolg des Unternehmens beigetragen hat. Diese wird umso genauer, je detaillierter jede einzelne Stufe gemessen und die einzelnen Ergebnisse verknüpft werden.

### 5.2 Scorecard-Systeme

Scorecard-Systeme waren vor einigen Jahren der letzte Schrei in der Managementlehre. Sie vereinten die quantitative Messung objektiver Faktoren (Umsatz, Kosten, Deckungsbeiträge) mit den subjektiven Faktoren des Managements. So sollten die »weichen« Erfolgsfaktoren wie z. B. Motivation, Innovation und Führungsstärke anhand einiger Indikatoren zusammen mit objektiven Faktoren zur Bewertung einer jeden Führungskraft im Unternehmen dienen. Für diese Bewertung wurden für alle Bereiche Scorecards entwickelt, die eben diese Werte definierten und zusammen mit Zielgrößen, die innerhalb einer Zeitperiode erreicht werden sollten, als Bewertungsgrundlage für das Managementteam dienten.

Natürlich kann in einem solchen System auch das Management der Kommunikation mit einer Scorecard geführt werden. Die Messung der »weichen« Erfolgsfaktoren kann durch die oben beschriebenen Instrumente erfolgen. Insofern ist eine Scorecard für die Kommunikation nichts anderes als ein gutes Evaluationskonzept, das durch übergreifende Strukturen sehr gut in die Unternehmensplanung implementiert wird.

# II
## *Bild, Handelsblatt, Focus:* **herausragende Sichtbarkeit in den Medien**

# Fakten, Fakten, Fakten
# – die Türöffner in die Redaktionen

Roland Heintze

Manche Unternehmen haben Glück, andere die nötige Marktrelevanz, um eine prominente Sichtbarkeit in den Medien zu erlangen. Doch was tun Firmen, die nicht automatisch in die Presse katapultiert werden? Da hilft nur eines: die Redaktionen von sich überzeugen. Einfacher gesagt als getan. Grundsätzlich gilt: So kreativ die Ideen, die den PR-Schaffenden dieses Landes durch den Kopf schwirren auch sein mögen, eines darf bei einer erfolgreichen Medienarbeit nie vergessen werden – die nötigen Daten und Fakten. Sie fungieren als einziger verlässlicher Türöffner in die Redaktionen. Denn beim Lesen einer Geschichte entscheidet der Redakteur bereits innerhalb der ersten Sekunden, ob die Nachricht einen Abdruck wert ist oder in den Papierkorb wandert. Die Fakten sollten daher so gewählt sein, dass sie eine Geschichte erzählen, die Betroffenheit auslöst. Die erste Instanz, die über den Fortlauf Ihrer PR-Idee entscheidet, ist der Redakteur. Er ist der Gatekeeper. Darum lohnt es sich für jeden, der erfolgreich sein will, sich den Redakteur und sein Arbeitsumfeld einmal genauer anzuschauen.

## 1 Der Journalist – das unbekannte Wesen

Sie leiden unter chronischem Zeitdruck, kämpfen gegen personelle Ausdünnung in der Redaktion und mit der Konkurrenz untereinander. Denn viele Verlage haben Mitarbeiter durch freie Autoren ersetzt. Ein ständiges Ringen um die besten Geschichten und die größten Aufträge dominiert das Tagesgeschäft des Redakteurs. Dies wird dadurch erschwert, dass die Kollegen aus der PR versuchen, die eigenen, selten wirklich spannenden Meldungen um jeden Preis möglichst populär zu platzieren. Dabei wird oft übersehen, dass nicht die Penetranz zum Erfolg führt. In der Regel würde es genügen, wenn sich sowohl Pressestellen als auch Agenturen ernsthaft mit der Arbeit des jeweiligen Journalisten auseinandersetzen und ihre Ideen zielgenau liefern. Doch häufig überwiegt die Unkenntnis des eigenen Zielmediums und seiner Macher, gepaart mit Zeitmangel. Allein wer die Hand-

*Praxishandbuch Public Relations*. Herausgegeben von Jörg Forthmann
Copyright © 2008 WILEY-VCH Verlag GmbH & Co. KGaA, Weinheim
ISBN 978-3-527-50329-0

lungsweise und Arbeitsschritte des Journalisten versteht, kann die eigenen Aktivitäten darauf abstimmen. Nur so ist garantiert, dass die Zusammenarbeit schnell zum Erfolg führt. Gute Medienarbeit lässt sich lernen. Im Folgendem stelle ich die wesentlichen Erfolgsfaktoren vor.

### 1.1 Der Entscheidungsprozess: Selektionskriterien auf dem Prüfstand

Journalisten arbeiten nicht nur unter ständigem Zeitdruck, sondern auch permanent mit den Anforderungen ihres Chefredakteurs im Hinterkopf. Ihr Alltag ist bestimmt durch die Recherche und das schnelle Verfassen von Texten. Dem eigentlichen Schreibvorgang wird dabei am wenigsten Zeit zugesprochen. Besonders Tageszeitungsjournalisten erleben diese Herausforderung täglich auf ein Neues. Da muss eines ganz besonders schnell gehen: die Selektion der Informationen! Gerade hier schimpfen PR-Leute gerne über uninformierte und oberflächlich recherchierende Journalisten. Dabei könnten sie eine einfache Hilfestellung liefern und dessen Zeitdruck mindern. Der Redakteur hangelt sich aus Effizienzgründen gerne an zehn Nachrichtenfaktoren entlang. Human Interest, Nähe, Aktualität, Prominenz, Konflikte, Dramatik, Fortschritt, Kuriosität, Sex/Liebe und Folgenschwere entscheiden über den Fortbestand einer Geschichte.

Ein weiteres wichtiges Selektionskriterium ist Betroffenheit. Sowohl den Journalisten als auch seine Leser muss eine Geschichte berühren. Hierbei entscheidet der Redakteur meist aus einem Bauchgefühl, ob ihn eine Story persönlich anspricht, zum Nachdenken über die eigene Lebenssituation oder die anderer Menschen anregt. Sein Ziel ist dabei eine spannende, wenn möglich exklusive Geschichte, die beim Leser und auch beim Chef gut ankommt. Hat nämlich ein Thema den Selektionskriterien des Redakteurs standgehalten, heißt das noch lange nicht, dass es auch dem Chefredakteur gefällt. Doch nur seine Zustimmung bringt die Geschichte ins Blatt. Die Nachrichtenfaktoren und Betroffenheit eines Themas helfen auch hier weiter!

In den meisten Fällen findet der wesentliche Entscheidungsprozess während der Redaktionskonferenz statt. Hier beginnt ein Thema zu leben, oder es stirbt auf dem Tisch des Konferenzraumes. Je nach Mediengattung können Redaktionskonferenzen täglich, wie bei Tageszeitungen, oder ein Mal pro Woche stattfinden. In den meisten Fällen sind diese Termine übrigens fix und kein guter Zeitpunkt, um einen Redakteur ans Telefon zu bekommen.

Pressemeldungen, die Nachrichtenfaktoren enthalten und Betroffenheit auslösen, erleichtern allen Beteiligten die Arbeit. Ein sehr einfacher und effektiver Weg zu schauen, ob man den richtigen Umgang mit Journalisten pflegt und die eigene Geschichte gut ist, bietet folgender Test:

## 1.2 Schnell und griffig wie die BILD

Der beste Selbstcheck ist wohl der *BILD*-Flurtest: Stellen Sie sich vor, *BILD*-Chefredakteur Kai Diekmann rennt hektisch an Ihnen im Flur vorbei und Sie müssen ihm im Vorbeilaufen ein Thema »verkaufen«. Der hierfür mögliche Zeitkorridor beträgt meist nicht mehr als drei Sekunden. Fassen Sie deswegen Ihr Thema in einem kurzen prägnanten Satz zusammen, der den Chefredakteur der größten europäischen Tageszeitung beim Gang über den Flur anhalten lässt. Dieser Qualitätsstandard gilt nicht nur für das Telefonat mit einem Redakteur, sondern auch für jede Presseinformation, die das Unternehmen verlässt. Nur eine möglichst schon in der Überschrift greifbare Geschichte schafft den Sprung über die Schreibtische der Redaktion direkt ins Blatt. Auch der Journalist am Faxgerät oder E-Mail-Account entscheidet meist binnen drei Sekunden, ob eine Geschichte für ihn interessant ist. Eine spitze Formulierung schafft Aufmerksamkeit und regt zum Weiterlesen an. Dabei spielt der emotionale mit handfesten Tatsachen hinterlegte Faktor eine wichtige Rolle. Schafft es eine Geschichte, in den ersten Momenten durch Betroffenheit zu überzeugen, hat der PR-Profi die Chance, den Redakteur für sich zu gewinnen. Betroffenheit kann auf verschiedenen Ebenen hervorgerufen werden: Wir unterscheiden zwischen emotionaler, fachlicher und persönlicher Betroffenheit.

Bedient die angebotene Thematik wenigstens eine der drei, so ist die erste Hürde in der Redaktion genommen. Der nächste Erfolgsfaktor ist die Frage, ob die Geschichte den inhaltlichen Anforderungen des Redakteurs entspricht.

## 2 Anforderungen von Journalisten an Fakten

Journalisten werden täglich mit jeder Menge Informationsmaterial überhäuft. Die Selektion findet anhand der Nachrichtenfaktoren und Betroffenheiten statt. Dabei bleiben noch genug Geschichten übrig, die zusammen mit der natürlichen, nicht PR-getriebenen Nachrichtenlage zu einem Übermaß an Nachrichten führen. Daher muss der PR-Profi alles dafür tun, dass seine eigene Nachricht nicht im Meer der potenziell spannenden Informationen ertrinkt. Denn selbst nach dem skizzierten Selektionsprozess bleibt noch genug übrig, das das Potenzial zum Sprung ins Blatt hat. Dabei spielen verschiedene Faktoren eine Rolle: Wie glaubwürdig ist das angebotene Thema? Wie fundiert sind die Aussagen, die getroffen werden? Wie seriös ist der Absender und wie nachvollziehbar ist die Geschichte? Wie relevant ist sie für den Journalisten selbst? Versteht der Redakteur die Geschichte nicht, ist die Story tot. Für die PR bedeutet dies, voll und ganz die eigene Arbeit an der Arbeit des jeweiligen Redakteurs auszurichten. Das bedeutet, diesen kennenzulernen und Themen nicht wie von der Stange platzieren zu wollen. Hier droht ein Konflikt.

### 2.1 Gratwanderung für Presseabteilungen

Die Pressearbeit steht nicht nur vor der Herausforderung, die Wünsche des eigenen Unternehmens zu befriedigen, sondern die eigene Arbeit auch auf die Journalisten und ihre Bedürfnisse abzustimmen. In den meisten Firmen stößt dieser Spagat Erkenntnis auf Skepsis. Viele Manager und Pressesprecher wehren sich, ihr Agenda-Setting den Spielregeln der Redaktionen zu unterwerfen. Denn häufig bedeutet dies, dass sich komplexe Sachverhalte in kurzen, vereinfachten Teasern wiederfinden. Die Zuspitzung eines Themas hat meist zusätzlich zur Folge, dass nicht immer die für das Unternehmen und seine Experten nötige Tiefe erreicht wird. Darüber hinaus führt die Ausrichtung an Nachrichtenfaktoren zu Problemen: Nicht immer liegen diese auf der Hand, sondern müssen generiert bzw. inszeniert werden. Dies gilt auch für das Entstehen von Betroffenheit. Die ist zwar unerlässlich, aber am schwierigsten zu inszenieren und muss in den meisten Fällen extra z. B. durch zusätzliche Forschung herausgearbeitet werden. Aus dem Betroffenheitsfokus kann resultieren, dass für das jeweilige Unternehmen auf einmal Themen in den Vordergrund rücken, die zunächst als zweitrangig betrachtet wurden, da nicht immer nur die selbst als relevant empfundenen Geschichten medial interessant sind.

Doch wie schafft der PR-Profi es, ein Thema so zu platzieren, dass sowohl die eigene Geschäftsführung zufriedengestellt als auch die Anforderungen der Journalisten bedient werden?

Erst einmal muss jede Pressestelle und PR-Agentur abwägen, ob ihnen die Sichtbarkeit in den Medien so wichtig ist, dass sie die für die Redaktion relevanten Mechanismen auch bedienen wollen. Um dabei nicht allzu sehr in die Zwickmühle zu geraten, hilft es, den Gedankengang des Journalisten nachzuvollziehen und einen möglichen Kompromiss zu erlangen. Will man seine Presse- und Öffentlichkeitsarbeit nicht auf die Arbeit der Redaktionen einstellen, so macht diese keinen Sinn. Pressesprecher oder Agenturen als reine Statisten der Geschäftsleitung sind pure Geldverschwendung.

## 2.2 Generierung von Fakten

Bei allen Dos and Donts in der Zusammenarbeit mit Journalisten gibt es ein absolutes Must-have: Fakten. Helmut Markwort, *Focus*-Chefredakteur, hat dieses so offensichtliche Geheimnis laut ausgesprochen und damit den Standard für Pressearbeit gesetzt: »Fakten, Fakten, Fakten.« Für Journalisten sind sie in einer Geschichte unerlässlich. Sie bilden die Basis. Spätestens der Chefredakteur wird beim Redigieren eines Artikels auf ihr Fehlen hinweisen.

Allerdings haben Unternehmen in puncto Fakten unterschiedliche Voraussetzungen: Die einen haben einfach Glück und werden durch ihr Standing am Markt gern als Experte zu Rate gezogen. Geht es beispielsweise um das Thema »Energie«, so kommen fast automatisch Deutschlands große Energiekonzerne oder der Verbraucherverband zum Zug. Leider können sich über diese Position nur die wenigsten Pressestellen freuen. 99 Prozent der Unternehmen müssen sich mit der Realität auseinandersetzen: Wenn über sie berichtet wird, dann ist es häufig eher negativ. Deswegen ist es an der Zeit, das Schicksal selbst in die Hand zu nehmen. Fakten für die Pressearbeit müssen her.

Auch wenn es schwerfällt, dabei ist der News-Faktor besonders wichtig. Kein Redakteur wird Zahlen abdrucken, zu denen schon einmal eine Geschichte erzählt wurde oder die bereits einige Monate alt sind. Hier sind Kreativität und Einfallsreichtum gefragt. Bestes Beispiel ist eine Studie von TNS Infratest. Mehrfach wurden Geschichten zum Thema Vorsorge, Absicherung in der Zukunft, Verbesserung der eigenen Lebenssituation anhand eigens generierter Zahlen erzählt. Der Neuigkeitswert sank schnell, trotz immer neuer Fakten. Doch TNS Infratest hat es geschafft, sich durch einen leicht veränderten Ansatz mit diesem Thema erneut in den Medien zu platzieren: Wie wollen Deutsche reich werden? Mit diesem fast zu einfachen und doch einzigartigen Ansatz hat es das Marktforschungsinstitut noch einmal geschafft, das Thema unter einem neuen Aspekt zu beleuchten. Mit einem Schlag bediente es alle Betroffenheitsebenen. Mit dieser Thematik wurde nicht nur die persönliche, emotionale, sondern auch die fachliche Betroffenheit angesprochen. Durch diesen besonderen Ausgang schaffte das Institut einen besonderen Anreiz für Journalisten, ihren Lesern durch diese Untersuchung einen neuen Blick auf bereits bekannte Themen zu gewähren. Die geschickte Kombination verschiedener Faktoren, die den Nerv der Zeit trafen, konnte sich über einen regen Zuspruch in den Medien freuen. Leider ist es nicht immer so einfach, Neuigkeiten zu generieren. Deswegen kann es sinnvoll sein, in der einen oder anderen Situation nachzuhelfen.

## 2.3 Techniker Krankenkasse überzeugt mit ›Ernährungsrisiken‹

Die Techniker Krankenkasse (TK) ist eine Krankenkasse mit mehr als 6,2 Millionen Versicherten. Leitgedanke der Assekuranz ist es, diese anspruchsvoll zu beraten und zu betreuen. Insbesondere die Themen Ernährung und damit verbundene Risiken spielen für die gesunde Lebensweise der Versicherten eine wichtige Rolle. Um die eigene Themenführerschaft auf diesem Gebiet weiter auszubauen, kooperierte die Krankenkasse mit dem renommierten F.A.Z.-Institut: Gemeinsam veröffentlichen sie den Kundenkompass *Ernährungsrisiken*. Hierbei fungierte die Techniker Krankenkasse als Experte auf dem Gebiet der Ernährung. Das FAZ-Institut trat als kompetenter Partner in der Marktforschung auf. Zusammen generierten sie den für die Öffentlichkeit spannenden Content in Bezug auf Ernährungsrisiken.

Die Studie zeigt die wichtigsten Trends und Einstellungen der Verbraucher auf und ordnet sie in den Gesamtkontext der gesunden Ernährung ein. Ziel der Techniker Krankenkasse war es, sich als kompetenter Partner und Themenführer in den Medien und in der Fachwelt zu positionieren. Im Zentrum hierbei stand die Steigerung der Sichtbarkeit im Zusammenhang mit dem Thema »Gesunde Ernährung«. Darüber hinaus demonstrierte die Assekuranz, bei der Zielgruppe Kompetenz durch die Lieferung von fachlichem Mehrwert und Serviceinformationen zu »Ernährungsrisiken«. Des Weiteren sollten die neuen Erkenntnisse Impulse in der öffentlichen Diskussion setzen.

Das Studienformat fungierte darüber hinaus als Basis für fakten- und nutzwertorientierte Pressearbeit. Eine breite Streuung des Themas und die Platzierung der Techniker Krankenkasse konnte durch eine Pressekonferenz und Redaktionsservices erreicht werden.

Für die Studie »Ernährungsrisiken« wurden 1 000 Endverbraucher zu Trends, Präferenzen und eigenen Entscheidungskriterien sowie dem Informationsbedarf zum Thema »Ernährung« befragt. Der Trend-Teil wurde anschließend im Medienservice der Techniker Krankenkasse vorgestellt und die wichtigsten Ergebnisse in Presseinformationen dargelegt. Sowohl in Tageszeitungen wie der *BILD* und der *taz – tageszeitung*, in Online-Magazinen als auch in der Fachpresse generierte die Techniker Krankenkasse rund 680 Veröffentlichungen.

## 2.4 Neuigkeiten kreieren

Wie die Beispiele zeigen, ist es manchmal hilfreich, bekannte Themen neu zu beleuchten – einen neuen Dreh zu finden. Denn nicht immer ist es einfach, etwas Brandaktuelles, Exklusives oder komplett Neues aus dem eigenen Hause zu berichten. Dabei können Pressestellen, wie es die der Techniker-Krankenkasse getan hat, nachhelfen. Hier gibt es einige wenige, aber sehr nützliche Tipps, die helfen, die eigene Geschichte etwas brisanter und exklusiver zu vermarkten.

Themen, die eine nationale Rolle spielen, können z. B. auf individuelle Größen heruntergerechnet werden. Welche Auswirkungen haben Entwicklungen auf dem Arbeitsmarkt beispielsweise für den Einzelnen und für eine kleine Gruppe? Umgekehrt funktioniert dieses Phänomen natürlich genauso, wenn eine Erkenntnis über eine bestimmte Region oder Stadt erhoben wird, kann diese auf Bundesebene hochgerechnet werden.

Spannend ist auch die Betrachtung von Hypethemen wie beispielsweise Web 2.0. Das Thema wurde von allen erdenklichen Seiten beleuchtet. Jeder, der das Phänomen Web 2.0 weiterspinnen konnte, war in den Medien begehrt. Es gilt also, Hypethemen zu erkennen und diese weiterzuspinnen.

Dabei hat alles, was auf die Zukunft bezogen ist, eine starke Anziehungskraft auf die Medien. Themen wie »Wie werden sich die Arbeitslosenquote oder die Rentenansprüche in den kommenden zehn Jahren verändern« bringen immer den gewünschten Effekt in den Medien. Journalisten greifen sie entweder sofort auf oder beziehen sich in späteren Artikeln auf die Erkenntnisse.

Eine weitere, beliebte Methode zur Platzierung ist die Unterstützung durch Prominente. Berühmte Menschen haben ebenfalls Anziehungskraft auf die Presse. Es bleibt abzuwägen, wer der richtige Promi ist. Denn nichts ist schlimmer als eine negativ besetzte Persönlichkeit. Paradebeispiel hier ist Rennradprofi Patrik Sinkewitz, der für einen Mobilfunkanbieter als Vorzeigebeispiel stand, während der Tour de France allerdings mit unangenehmen Dopingeskapaden Schlagzeilen machte. Deswegen sollten vor einer PR-Kampagne mit Starbesetzung mögliche Pros und Kontras abgewogen werden.

## 2.5 Schicksale wirken

Doch nicht nur Prominenz, sondern generell Menschen mit Einzelschicksalen rufen beim Journalisten die gewünschte Betroffenheit hervor. Dabei kann es sich um bewegende Geschichten von Kindern oder Tieren handeln – je nach Unternehmen oder Organisation werden sich Themen finden, die für die Presse interessant sind. So können Hilfsorganisationen an Weihnachten über die Einzelschicksale von Obdachlosen berichten und zu Spenden aufrufen. Auch ein beliebtes Thema: die Ausrichtung von öffentlichen Verkehrsmitteln für Behinderte. Eine Geschichte, die beim Redakteur und auch Leser Betroffenheit hervorruft und für jede Stadt und nahezu jeden Behinderten individuell erzählt werden kann. So berechnend diese Themenauswahl scheint, sie zieht die Leser in ihren Bann. Kaum ein anderes Thema wird mit so viel Intensität, Begeisterung und Betroffenheit gelesen wie emotionale Geschichten. Sie sind greifbar und bieten jedem Unternehmen die Chance, auch eine soziale Seite zu demonstrieren. Warum nicht einmal verdeutlichen, wie behindertengerecht die eigene Firma ist oder wie sie ihren Beitrag dazu leistet, dass mehr Ausbildungsplätze entstehen? Zeigen Sie den Azubi hinter den Kulissen! Ein gutes Beispiel in diesem Zusammenhang ist die Karriere von Niki Lauda. Der Mann mit einem unglaublichen Schicksal und einem noch unglaublicheren Schutzengel hat es geschafft, die eigene Situation in ein positives, medienwirksames Licht zu rücken. Es kann also durchaus hilfreich sein, über den eigenen Schatten zu springen und Themen aufzugreifen, die auf den ersten Blick wenig erfreulich sind. Geschichten, die Menschen bewegen und sie dazu motivieren, sich für ein Unternehmen zu interessieren. Doch auch bei diesen Themen darf der fachliche Hintergrund nicht fehlen. Ebenso wie für andere Geschichten werden Daten und Fakten benötigt, die Ihr Thema untermauern und die nötige Basis schaffen. Hierbei ist die Kunst, die Fakten in Einklang mit einer emotionalen Geschichte zu bringen. Nur mit einem gekonnten Mix wird das gewünschte Interesse beim Journalisten ausgelöst. Doch Sie werden schnell merken, nur weil Ihre Geschichte mit ein paar Zahlen gespickt ist, ruft sie nicht unweigerlich den gewünschten Effekt hervor.

### 2.6 Glaubwürdigkeit für den Journalisten

Eine weitere Hürde, die PR-Themen immer im Weg steht, ist der misstrauische Journalist. So gestresst diese Berufsklasse auch sein mag, sie wird trotzdem immer erst mal eines tun: alle Themen, die ihnen angeboten werden, in Frage stellen. Der steigende Arbeits- und Zeitdruck hatte hier den positiven Effekt, dass sich einige Standards zum Thema Glaubwürdigkeit durchgesetzt haben:

Die Deutsche Presseagentur (dpa) hat beispielsweise festgelegt, dass eine Befragung erst ab 1000 Teilnehmern repräsentativ ist. Marktforschungsinstitute sehen dies anders: Bei ihnen reichen häufig bereits 500 Befragte für eine repräsentative Umfrage. Die Praxis bei B2B-Befragungen zeigt, dass Ergebnisse mit einer Befragtenzahl im dreistelligen Bereich zumeist akzeptiert werden. Doch abgesehen von der Teilnehmerzahl müssen sich Pressestelle und Journalist noch mit einem weiteren Phänomen auseinandersetzen: der Seriosität ihrer Zahlen. In der Vergangenheit haben sich nicht selten Studien einen Weg in die Presse gebahnt, in denen mit erfundenen Fakten agiert wurde. Dabei gehört es in vielen Redaktionen inzwischen ebenfalls zum Standard, möglichst renommierte Absender auszuwählen. Deswegen ist es ratsam, Untersuchungen für PR-Zwecke zumindest mit einem anerkannten Marktforschungsinstitut als Partner durchzuführen. So wird die Glaubwürdigkeit des Absenders für den Journalisten verstärkt. Wenn ein kritischer Redakteur trotzdem nachfragt, sollten Sie die angewandte Methode sicher erklären und alle Ergebnisse und Schlussfolgerungen darlegen können. Achten Sie dabei auf die Zuverlässigkeit Ihrer Quellen. Haben Sie beispielsweise die Zahlen, mit denen Sie agieren, im Rahmen einer Studienerstellung selbst erhoben, oder nutzen Sie Daten, die Sie in Ihrer Internetrecherche gefunden haben? Sobald Sie mit Fakten agieren, die nicht aus Ihrem Unternehmen stammen, ist immer zu klären, wie zuverlässig der Absender ist. So brauchen Sie nicht die Zahlen des Statistischen Bundesamtes in Frage stellen, aber dafür die aus Sekundärquellen, die Sie auf einer Homepage gefunden haben. Der exakte Quellennachweis zählt zum Standard in Redaktionen.

Doch nicht nur das Misstrauen des Journalisten ist in den vergangenen Jahren gewachsen, sondern auch seine Ansprüche an die Pressearbeit insbesondere von Unternehmen. Möglichst originäre Fakten spielen dabei eine entscheidende Rolle, ebenfalls wichtig ist die passende Geschichte. Wer sind die Menschen hinter den Fakten? Wen treffen beispielsweise Umsatzrückgange am meisten? Wer sind auf der anderen Seite die Gewinner? Nicht nur die reinen Zahlen, sondern auch die Erlebnisse, die damit zusammenhängen, sind perfekt für Geschichten und Platzierungen in den Medien geeignet.

Eine solche Interpretation erfordert immer auch Mut vom eigenen Unternehmen, wird sich aber auszahlen. Trotzdem muss jede redaktionelle Aufbereitung eines Themenvorschlags individuell – je nach Botschaft und Medium – stattfinden, nur so entsteht die gewünschte Glaubwürdigkeit.

## 2.7 Die Geschichte zu den Zahlen

**SCANIA**
Scania Deutschland GmbH

**Presseinformation**
für

**Vorname Name**
**Medium**
**Faxnummer**

**Verkehrsstudie: Deutsche Autofahrer lieben es, am Steuer zu essen**
Nachlässigkeiten im Straßenverkehr: Bundesbürger auch Europameister im Nicht-Blinken

Koblenz, 12. Juni 2007 – **Nirgendwo in Europa essen und trinken Pkw-Fahrer so oft während der Fahrt wie in Deutschland. Eine Befragung von 9 000 Fahrern aus neun Ländern durch den Nutzfahrzeughersteller Scania hat ergeben, dass 59 Prozent der deutschen Pkw-Fahrer die Autofahrt zur Nahrungsaufnahme nutzen. Dies ist nicht das einzige gefährliche Verhalten hinter dem Steuer, mit dem Deutschland europaweit unrühmlich auffällt: Fast ein Drittel der befragten deutschen Autofahrer gab an, das Blinken häufig zu vergessen oder falsch auszuführen. Vom Handy lassen deutsche Autofahrer hingegen lieber die Finger. Nur 19 Prozent trauen sich während der Fahrt zu telefonieren. Damit landen die Deutschen im europäischen Vergleich nur auf den hinteren Plätzen.**

Neben den Deutschen frönen vor allem Niederländer und Schweden der Lust am mobilen Snack. In allen drei Ländern gab die Mehrheit der Befragten an, gerne hinter dem Steuer zu essen. Mit diesem Verhalten können sich Italiener und Spanier kaum anfreunden. Von ihnen verlagert lediglich jeder Fünfte den Mittagstisch in das eigene Auto.

Auch beim Anzeigen von Richtungswechseln sind Italiener und Spanier zuverlässiger als deutsche Fahrer. Nur 19 beziehungsweise 17 Prozent der Südeuropäer vergessen, den Blinker richtig zu setzen. In Deutschland sind es 31 Prozent. Am vorbildlichsten verhalten sich die Polen – von ihnen zählen nur 11 Prozent zu den Blinkermuffeln.

Das Blinkverhalten fällt nicht nur nach Region, sondern auch nach Fahrzeugtyp unterschiedlich aus. So ist bei oAALastwagen ein willkürlicher Umgang mit Lichtzeichen eher selten anzutreffen. Beispielsweise gehören präzise Signale bei Überholmanövern schon lange zum guten Ton bei Lkw-Fahrern.

Scania, der Auftraggeber der Befragung, unterstützt das EU-Ziel, die Zahl der Unfalltoten im Straßenverkehr bis 2010 zu halbieren. Deshalb setzt sich der Nutzfahrzeughersteller mit verschiedenen Projekten für die Sicherheit im Lastverkehr ein. Im Rahmen des Wettbewerbs »Young European Truck Driver 2007« wird zurzeit Europas sicherster Lkw-Fahrer ermittelt. Bei praktischen Tests müssen die Teilnehmer Professionalität, Nervenstärke und Umsicht beweisen. In der Theorie ist Fachwissen gefragt. Im deutschen Finale auf dem Nürburgring wird am 7. Juli 2007 der Sieger des diesjährigen Wettbewerbs ermittelt.

**Hintergrundinformationen zur Studie:**
Befragt wurden jeweils 1 000 Pkw-Fahrer im Alter von 18 bis 55 Jahren aus Schweden, Großbritannien, den Niederlanden, Belgien, Frankreich, Deutschland, Italien, Spanien und Polen. Die Befragung wurde im Januar und Februar 2007 durch TNS Automotive durchgeführt.

**Weitere Informationen zum Wettbewerb:**
Faktenkontor GmbH
für Scania Deutschland
Roland Heintze
E-Mail: roland.heintze@faktenkontor.de
Tel.: 040 – 22703–7160

*Scania gehört zu den weltweit führenden Herstellern von Lastwagen und Bussen über 16 Tonnen sowie von Einbau- und Marinemotoren. Der Anteil an Finanzierungs- und Dienstleistungsangeboten, die dem Kunden kosteneffiziente Transportlösungen und maximale Fahrzeugverfügbarkeit garantieren, steigt stetig an. Mit 32 800 Mitarbeiterinnen und Mitarbeitern ist Scania weltweit in rund 100 Ländern vertreten. Forschung und Entwicklung befinden sich in Schweden, während die Produktion in Europa und Südamerika angesiedelt ist. Hierbei sind einzelne Komponenten und komplette Fahrzeuge global austauschbar. 2006 betrug der Umsatz 70,7 Milliarden SEK (7,8 Mrd. Euro), der Nettogewinn lag bei 5,9 Milliarden SEK (0,65 Mrd. Euro). Scania Deutschland verzeichnete 2006 einen Marktanteil von 7,2 Prozent und einen Fahrzeugbestand von fast 32 000 Scania-Lkw. Der Umsatz der Scania Deutschland Gruppe betrug im Jahr 2006 420 Millionen EUR.*

Scania Nutzfahrzeuge schaffte es mit nur zwei Pressemitteilungen zu der Studie »Wie fahren die Deutschen – Verkehrssicherheitsforschung«, insgesamt 218 Clippings zu generieren. Hier hat es die betreuende PR-Agentur geschafft, durch eine geschickte Kombination aus Fakten, die durch eine Studie generiert wurden, und einer spannenden, aktuellen Geschichte eine weitreichende Sichtbarkeit in den Medien zu erreichen. Pressetexte wie »Deutsche lieben es, am Steuer zu essen« haben den Sprung über den Schreibtisch geschafft.

### 2.8 Checkliste für Fakten

Journalisten erwarten von Pressestellen, dass sie spannende Fakten liefern. Machen Sie den Selbstcheck, ob Ihre Geschichten den Anforderungen der Redaktionen Stand halten.

- Neuigkeit
- Exklusivität
- Glaubwürdigkeit
- Emotionalität
- Unabhängigkeit

## 3 Planung ist alles: der Verwertungsplan

Nachdem Sie die gewünschten Fakten für Ihre Arbeit beispielsweise durch eine Busumfrage oder durch die Erstellung einer umfassenden Studie generiert haben, ist eine durchdachte Medienverwertung der nächste erfolgskritische Punkt. In einem Verwertungsplan werden alle geplanten Aktivitäten zusammengefasst. Welche Aussagen eigenen sich für eine Presseinformation und welcher Ansatz kann für einen Expertenbeitrag interessant sein? Bevor Sie sich Gedanken um eine mögliche Verwertung machen, sollten Sie für sich und Ihr Unternehmen definieren, welche Zielgruppe mit Ihren Fakten erreicht werden soll. Daraus resultieren dann die Zielmedien. In Ihrem Verwertungsplan fassen Sie alle PR-Aktivitäten zusammen, um den Überblick zu behalten, aber auch um eine sinnhafte Taktik sicherzustellen.

Schauen wir uns die Einzeldisziplinen, die zu einem Verwertungsplan gehören, genauer an:

## 3.1 Die Pressekonferenz

Das Thema Pressekonferenz gehört für jeden PR-Profi zum Tagesgeschäft. Immerhin: Knapp 40 Prozent der Pressestellen hierzulande messen der Pressekonferenz im gesamten Kommunikationserfolg eine hohe bis sehr hohe Bedeutung bei[1]. Doch es besteht Optimierungsbedarf: Denn Journalisten stehen unter Zeitdruck, und warum sollte jemand eine Pressekonferenz besuchen, wenn er sich die Unterlagen per Mail zuschicken lassen kann? Deswegen gilt: Exklusivität ist alles. Bereits im Einladungsschreiben sollte deutlich werden, warum es für den Redakteur wichtig ist, die Pressekonferenz persönlich zu besuchen. Ist es vielleicht das erste Mal, dass eine Untersuchung zu Ihrem Thema durchgeführt wurde, oder ist der Absender besonders bekannt? Wenn Sie ein Alleinstellungsmerkmal für Ihre Pressekonferenz gefunden haben, gibt es bei der Organisation viel Nützliches zu beachten. Denn auch hier ist der Faktor »Zeit« entscheidend: Der Journalist plant maximal zwei Stunden für den Besuch einer Pressekonferenz ein. Deswegen gilt es, alle Fakten kurz und knapp zu halten und alle Aussagen direkt auf den Punkt zu bringen. Doch auch andere Komponenten spielen eine Rolle: zum Beispiel, dass das Datum und der Zeitpunkt so abgestimmt werden, dass keine Parallelveranstaltungen wie beispielsweise eine Pressekonferenz eines größeren Mitbewerbers stattfindet. Zeitpunkt, Location und Thematik müssen gemeinsam eine solche Zugkraft verkörpern, dass der Journalist an einem Erscheinen nicht vorbeikommt. Wenn keiner der Faktoren zieht und die Reaktion auf ihre Einladung schlecht ist, folgt meist ein zeitintensiver Prozess: das Nachtelefonieren. Mit Glück überzeugt man noch im letzten Moment den einen oder anderen Redakteur. Dazu bietet es sich an, dem Journalisten am Telefon den Anlass der Pressekonferenz noch einmal schmackhaft zu machen. Erläutern Sie kurz und prägnant, warum das Thema genau für ihn und sein Medium spannend sein könnte und was die Geschichte ist.

## 3.2 Der Exklusivartikel

Ein anderer Weg, sich bei einem Medium beliebt zu machen, ist eine Exklusivveröffentlichung: Der PR-Profi bietet einem Journalisten seiner Wahl an, seine Untersuchungsergebnisse exklusiv vor anderen Redaktionen zu erhalten. Das ist nicht nur für die Pressestelle von Vorteil, die so den Kontakt

---

[1] PR-Trendmonitor Mai/2005.

zu den relevanten Medien aufrechterhält und intensiviert, sondern auch für den Journalisten, der eine Geschichte als Erster aufgreifen kann.

Auch wenn das Angebot gut klingt: Nicht immer ziehen Exklusivvorschläge in den Redaktionen den gewünschten Erfolg nach sich. Die Gründe sind häufig banal: ab und an trifft man auf Redaktionen, in denen schlechte Absprachen und eine hohe Fluktuation unter Mitarbeitern herrschen. Deswegen kann es vorkommen, dass sich eine Exklusivplatzierung verzögert oder unter den Tisch fällt. Darum muss der PR-Verantwortliche genau abwägen, wem er das Exklusivangebot wann unterbreitet, denn sonst kann sich die Weiterverwertung einer Studie unnötig in die Länge ziehen. Ein Platzierungsprozess kann über Wochen laufen und stirbt am Ende vielleicht sogar – egal, ob exklusiv oder nicht. Häufig ist es daher ratsam, nur Teilbereiche einer Untersuchung exklusiv zu vermarkten. So entsteht kein Stillstand beim Platzierungsset und die Pressearbeit hat die Möglichkeit, mehrere Medien auf einmal mit einem Exklusivangebot zu beglücken.

Neben den exklusiven Angeboten per Telefon gibt es noch einen anderen Weg, Themen anzupreisen.

### 3.3 Umstritten, aber erfolgversprechend: Redaktionsbesuche

PR-Beauftragte bieten diese immer wieder gern an, doch leider muss man häufig feststellen, dass sie nur sehr selten von der Redaktion genutzt werden. Daher ist es kein Wunder, dass immer mehr Pressestellen dem persönlichen Besuch keine allzu hohe Bedeutung beimessen. Eine Umfrage des PR-Trendmonitors hat ergeben, dass sie Redaktionsbesuchen eine gleiche Bedeutung in Bezug auf den Kommunikationserfolg beimessen wie administrativen Aufgaben. Trotzdem sollte man diese Disziplin nicht völlig ignorieren. Gerade der persönliche Draht zu den Redakteuren hat einen massiven Einfluss auf den Erfolg der eigenen Pressearbeit. Häufig ist es in einem persönlichen, bewussten Kennenlernen einfacher, einen Journalisten zu überzeugen, als in einer unpersönlichen E-Mail! Ergeben sich doch im persönlichen Gespräch immer auch spannende Ansätze für eine gemeinsame Zusammenarbeit.

### 3.4 Immer auf dem neuesten Stand durch die Presseinformation

Ohne sie kommt kein Verwertungsplan aus: der Versand von Presseinformationen. Auch wenn es schwerfällt, müssen bei der Formulierung immer die journalistischen Ansprüche berücksichtigt werden. Das bedeutet: kurze, knappe, leicht verständliche Sätze, präzise Aussagen – angereichert mit jeder Menge Daten und Fakten. Die Schreibweise sollte der eines Journalisten entsprechen. Das Ziel eines jeden PR-Redakteurs: dass sein Meisterwerk direkt von der Redaktion abgedruckt wird. Mit diesem Wissen im Hinterkopf muss jede Formulierung einzeln überdacht werden. Hilfreiche Übungen, um sich der Schreibweise der Redakteure anzunähern, ist das Lesen anderer Presseinformationen, die für das eigene Unternehmen als Benchmark gelten können, indem sie die eine oder andere Veröffentlichung mehr schaffen als die eigene. Sowohl um sich der Schreibweise der Redakteure anzunähern als auch zur Kontrolle der eigenen Leistung ist es hilfreich, die im Fokus stehenden Medien intensiv zu studieren. Denn nur wer den Puls der Zeit trifft, schafft viele Veröffentlichungen. Deswegen gehören die Medien, die Sie mit Ihrer PR-Kampagne erreichen wollen, zur Pflichtlektüre.

Doch nicht nur das Formulieren, sondern auch der Versand der Presseinformation sollte gut durchdacht sein. Denn nur weil der Chefredakteur letztendlich über das Entstehen einer Geschichte entscheidet, ist er nicht immer der richtige Ansprechpartner. Vor dem Versand ist ein Blick in die einzelnen Redaktionen hilfreich. So ist der Chefredakteur oder sein Stellvertreter in kleineren Verlagen meist schnell und einfach zu erreichen. Informationen können also bedenkenlos an sie geschickt werden. Anders sieht es in großen Redaktionen aus. Senden Sie hier Ihre Presseinformation direkt an den Chefredakteur, kann dies schnell zum Untergang der Meldung führen. Hier beurteilen meist die Ressortleiter, welche Geschichten entstehen und welche uninteressant sind. Je nach Themengebiet entscheidet sich, wer der richtige Ansprechpartner ist. Diese Kontakte lassen sich meist schnell recherchieren und sind bei stetiger Pflege Gold wert. So nimmt der PR-Profi die erste Hürde und die ausgesandte Geschichte landet gleich beim richtigen Ansprechpartner.

## 10 Tipps vom Praktiker – worauf bei Pressemitteilungen zu achten ist:

von *Handelsblatt*-Redakteurin Claudia Tödtmann

1. Im Absenderfeld muss sofort erkennbar sein, welche Firma die Mitteilung schickt.
2. Unter jeder Mail – auch unter den Antwort-Mails – sollte die komplette Signatur stehen, damit Journalisten nicht lange nach Telefonnummern suchen müssen. Wollen Sie wirklich angerufen werden, geben Sie auch eine Mobilnummer an.
    Optimal ist, unter der Mail als Standardtext die Firma kurz mit ihren wichtigsten Daten zur besseren Einordnung wie Mitarbeiterzahl, Umsatz, Branche, Marktführerschaft und Produkten vorzustellen – dann hat der Journalist gleich den neuesten Stand und die korrekte Schreibweise.
3. Die Pressemitteilung muss in deutscher Sprache sein und ohne Anglizismen und Fremdworte.
4. Schicken Sie nicht täglich eine Mail an den kompletten Presseverteiler, sondern nur dann, wenn es tatsächlich etwas mitzuteilen gibt. Sonst riskieren Sie, wenn wirklich etwas Wichtiges zu sagen ist, dass die Mail ungeöffnet weggeklickt wird, nach dem Motto »Ach, die schon wieder«.
5. Pressesprecher sollten besser auf Titelhuberei verzichten: Ein »Dipl. Pol.« beeindruckt niemanden, sondern schreckt nur ab. Die Aufgabe von Pressesprechern ist nicht, sich persönlich in Szene zu setzen, sondern ganz allein die Firma und das Management. Je schlichter, umso professioneller, ist da die Regel.
6. Die eigentliche Nachricht sollte nicht im Anhang stehen, sondern in der Mail selbst. Wer es anders macht, riskiert, dass jemand den Anhang aus technischen Gründen gar nicht öffnen kann, oder dass jemand, der seine Mails nicht in der Redaktion liest, nie zu lesen bekommt, etwa wenn er von extern aus keine Anhänge öffnen kann, die einmal geöffnete Mail nach unten rutscht und die eigentliche Mitteilung nie mehr gelesen wird.
7. Im Betreff sollte nie nur das Wort »Pressemitteilung« stehen, sondern immer, worum es konkret geht. Anglizismen oder rätselhafte Abkürzungen gehören nicht in den Betreff – und auch nicht in den Text. Geben Sie auch sonst keine Rätsel auf: Schreibt in der Mail eine unbekannte Firma,

dass sie um Beachtung ihrer Mitteilung bittet, und liefert keinen einzigen Stichpunkt, so hat kaum einer die Zeit und Lust, lange zu klicken.
8. Schicken Sie lieber keine Fotos, Flyer und andere schwere Dateien mit, sondern schicken Sie einen Link oder bieten Sie an, Fotos usw. separat zuzusenden. Empfänger mit geringem Arbeitsspeicher sind sonst blockiert und können selbst nichts mehr rausschicken.

Mailen Sie dem Redakteur eine PowerPoint-Präsentation, eine Studie oder eine umfangreiche Untersuchung, bedenken Sie, dass dieser höchstwahrscheinlich keinen Farbdrucker zur Verfügung hat. Wunderschöne vierfarbige Grafiken kann er also kaum interpretieren, wenn er nur diverse Grauschattierungen erkennt – und ohnehin in erster Linie zur eigenen Information erst mal Texte braucht.
9. Verzichten Sie darauf, Pressemeldungen mit dem Wichtigkeitsfaktor »Hoch« und dem typischen roten Ausrufungszeichen neben der Betreffzeile zu verschicken, wenn nicht gerade die Chinesische Mauer umgefallen ist – sondern eher ihre kleine Gartenmauer.
10. Sorgen Sie für Abwesenheitsmeldungen für E-Mail-Schreiber, und wenn es nur für einen halben Tag ist. Besser: automatische Weiterleitung an anwesende Kollegen oder aufs Blackberry. Kommt ein wichtiges Zitat zur Abstimmung aus der Redaktion und Sie haben versäumt zu reagieren, liegt der Schwarze Peter bei Ihnen, wenn der Vorstandschef anschließend tobt.

Parallel zum Presseversand ist auch das Angebot von Fachartikeln eine gute Möglichkeit, das eigene Unternehmen und die eigenen Experten kompetent in der Presse zu positionieren.

### 3.5 Die Königsdisziplin: der Fachartikel

Er ist nicht einfach, ihn zu platzieren, und es ist noch schwieriger, ihn zu schreiben. Guten Fach- bzw. Namensartikeln kommt trotzdem eine extreme Wichtigkeit für eine erfolgreiche PR-Kampagne zu. Sie werden meist nur in der Fachpresse angenommen und sind eine perfekte Plattform, um das eigene Thema im gewünschten Stil zu positionieren. Deswegen gilt es auch hier, einige Erfolgsfaktoren zu beachten: Die Redakteure von Fachmedien sind sehr gut in ihre Materie eingearbeitet und lassen sich nicht so leicht beeindrucken wie ein Tageszeitungsjournalist. Deswegen sollten die Themenvorschläge mehr in die Tiefe gehen. Hat ein Kurzexposé den Redakteur überzeugt, steht das Verfassen des Artikels an. Hierbei müssen Pressestelle und Autor eng zusammenarbeiten. Denn häufig weiß die Pressestelle, welche Anforderungen die Redaktionen sprachlich an ein Thema haben. Dies ist aber für den Autor nicht immer nachvollziehbar, da er als Experte meist Daten im Hinterkopf hat, die er am liebsten in einer wissenschaftlichen Abhandlung darlegen würde. Deswegen ist hier ein Mix aus sprachlicher Finesse und nötigem Background-Wissen gefragt. Sprachlich ist es wichtig, sich auf dem Niveau des Fachjournalisten und seines Mediums zu bewegen. Nur so haben Artikel die Chance, veröffentlicht zu werden. Hat man diese Hürde genommen und die Geschichte wird tatsächlich abgedruckt, hat diese einen hohen Nutzwert für die PR und das eigene Unternehmen. Denn trotz geringer Druckauflage trifft man eine für Ihr Unternehmen relevante Zielgruppe.

Es hilft, den Presseinformationsversand und Fachartikelangebote parallel anzugehen. So haben Unternehmen die Chance auf eine höhere Wahrnehmung. Wenn sowohl in der Fach- als auch in der Publikumspresse Ihr Thema gleichermaßen penetriert wird, kommt es garantiert in Ihrer Zielgruppe an. Denn ein Mensch muss eine Botschaft sieben bis acht Mal aufnehmen, bevor er sie wirklich wahrnimmt. Je höher also die Wahrscheinlichkeit ist, dass Ihre Zielgruppe Ihr Thema aufnimmt, umso kleiner wird die Wahrnehmungsschwelle, die überschritten werden muss.

### 3.6 Anwälte in der Presse

Die unabhängige Sozietät Schwarz Kelwing Wicke Westpfahl entstand aus der Verbindung traditionsreicher und renommierter Kanzleien und ist derzeit in Deutschland an vier Standorten vertreten. Sie ist vornehmlich am Wirtschaftsrecht orientiert und verfügt an jedem Standort über branchenspezifische Fachkompetenzen, beispielsweise im Bank- und Versicherungsrecht oder im Medien-, Immobilien- und Arbeitsrecht. Die Sozietät berät und vertritt Unternehmen von inhabergeführten Firmen bis zu börsennotierten Aktiengesellschaften sowie Privatmandate.

Ziel von Schwarz Kelwing Wicke Westpfahl ist es, in den von der Kanzlei definierten Schwerpunktthemen wie beispielsweise Handels- und Gesellschaftsrecht, Bank- und Versicherungsrecht, öffentliches Wirtschaftsrecht oder Medien- und Entertainmentrecht Kompetenz zu demonstrieren. Darüber hinaus gilt es, eine mediale Sichtbarkeit sowohl in B2B- als auch in B2C-Medien systematisch auszubauen.

Deswegen besetzt die Kanzlei die relevanten Themenfelder und Positionierungen als Kompetenzträger in den Zielgruppen durch Fachbeiträge und Expertenmeinungen. Dabei strebt SKWW den Ausbau der Präsenz in relevanten A-Medien an. Um sich den nötigen Zugang zu den Journalisten zu eröffnen, musste hierfür eine PR-Agentur unterstützend tätig werden.

Im Zuge eines Themenmonitorings analysieren die Anwälte und die PR-Agentur aktuelle Trends am Markt. Daraus ableitend lassen sich Ansätze für neue PR-Kampagnen, aber auch für Fachartikel oder Experteninterviews herausfiltern. Diese werden dann gezielt relevanten Medien angeboten.

Die Bilanz ist mehr als erfreulich: Die Anwälte von Schwarz Kelwing Wicke Westpfahl positionieren sich als renommierte Rechtsexperten. Regelmäßige Veröffentlichungen in den A-Medien steigerten den Bekanntheitsgrad und den Kompetenznachweis der Kanzlei. Inzwischen gilt Schwarz Kelwing Wicke Westpfahl als Mehrwertanbieter für die Kundenzielgruppe.

### 3.7 Die breite Streuung: Redaktionsservice

Ein sehr beliebtes Tool im Zusammenhang mit der Medienverwertung ist die Aufbereitung von Themen im Rahmen eines Redaktionsservices. Hierbei steht die breite Streuung eines Pressetextes im Mittelpunkt. Zum Aussand wird ein Verteiler von 2 000 bis 3 000 Adressen erstellt, an die der Redaktionsservice geht. Die Ansprechpartner kommen sowohl aus Redaktionen von kleinen und großen Tageszeitungen, Anzeigenblättern als auch aus der Fach- und Wirtschaftspresse, zum Teil sind es auch freie Journalisten. Dieser Service kann sowohl per E-Mail als auch per Fax angeboten und zu einer eigenen Marke aufgebaut werden. Textlich liegt neben dem Fokus auf der journalistischen Schreibe der Schwerpunkt auf einer erfolgreichen Produktbeschreibung. Für die Umsetzung bedeutet dies, dass natürlich auch für den Redaktionsservice genau wie für eine Presseinformation ein nachrichtenlastiger Aufhänger gefunden werden muss, der dann gekoppelt mit einer Produktvorstellung dargestellt wird. In der Vergangenheit hat dies beispielsweise die Gothaer Krankenversicherung AG umgesetzt. Mit ihrer erstmaligen Studie in Zusammenarbeit mit dem F.A.Z.-Institut zu dem Thema »Zusatzversicherung« haben sie es nicht nur geschafft, sich als Themenführer auf diesem Gebiet zu etablieren, sondern auch im Rahmen eines Redaktionsservices auf verschiedene ihrer Produkte aufmerksam zu machen.

Hier ging es beispielsweise um das Thema »Arbeitgeberfinanzierte Zusatzversicherungen«. Diese Thematik wurde gekoppelt mit der Vorstellung der Kollektivverträge, die die Krankenversicherung für Arbeitgeber anbietet. Damit gelang es der Gothaer, anhand eines redaktionellen Aufhängers das Produkt und die herausgegebene Studie durch eine breite Streuung in verschiedenen Publikationen zu platzieren.

## 4 PR veranschaulichen: mit Fotos in die Medien

Besonders förderlich für eine Platzierung ist die Integration von Bildmaterial in die Presseinformation. So ist es erwiesen, dass Bilder in den Printmedien die Aufmerksamkeit der Leser auf sich ziehen, deswegen ist der Journalist häufig an zusätzlichem Fotomaterial interessiert. Er hat so die Möglichkeit, seine Geschichte visuell zu unterstützen. Inzwischen drucken wohl nur die wenigsten Zeitungen Themen ohne entsprechendes Bildmaterial ab. Die Folge: Passen Geschichte und Bildaussage zusammen, so kann sich das Unternehmen meist über eine größere Veröffentlichung freuen. Darüber hinaus ist die Publikation nicht nur größer, sondern auch die Wahrscheinlichkeit, dass eine Geschichte überhaupt abgedruckt wird, erhöht sich mit dem Versand von zusätzlichem geeignetem Fotomaterial. So stehen gute Fotos oder Grafiken hoch in der Gunst der Journalisten und des Layouters. Deshalb ist es für PR-Verantwortliche wichtig, immer passendes Bild- und Grafikmaterial parat zu haben. Sei es bei der Personalmeldung zum neuen Vorstand oder dass das Unternehmen im kommenden Jahr mehr Mitarbeiter einstellen wird – wenn solche Pressemitteilungen visuelle Unterstützung erhalten, steht die Chance des Abdrucks höher.

Doch auch bei Pressefotos sollten einige Richtlinien eingehalten werden. Wenn Sie Bildmaterial zu einer Presseinformation haben, achten Sie darauf, dass es auch druckfähig ist. Fotos mit 300 dpi und mindestens 500 KB sind für den Druck geeignet – alles, was unter diesen Daten liegt, ist für die Redaktion meist unbrauchbar. Da der PR-Manager mit seinem Bildmaterial nicht unnötig den elektronischen Posteingang des Redakteurs verstopfen möchte, bietet es sich an, dieses als Download zur Verfügung zu stellen. Auch eine gern gewählte Methode: Fotos in kleiner Auflösung als »Ansichtsexemplar« mitzuschicken und bei Bedarf hochauflösend nachzuliefern.

Neben der Fotogröße ist natürlich auch das Motiv besonders wichtig: Generell lässt sich sagen, dass Bilder mit Menschen den größeren Effekt haben. Besonders in der Produkt-PR kann es attraktiv sein, das zu kommunizierende Produkt mit einer Person abzulichten. Das wirkt nicht nur sympathisch, sondern zieht bestimmt die Aufmerksamkeit des Lesers auf sich. In diesem Zusammenhang ist auch die Erstellung eines so genannten Freistellers von Vorteil. Denn gerade in der Produkt-PR werden häufig Bilder mit weißem Hintergrund benötigt. Aus Platzmangel und Layoutgründen werden solche Motive in den Redaktionen gern gesehen und verwendet.

Ein wichtiger Aspekt im Zusammenhang mit dem Pressebildaussand ist die Copyright-Frage. PR-Profis müssen sicherstellen, dass alle Rechte der Bilder bei ihrem Unternehmen liegen. Sollte dies nicht der Fall sein, muss dies auch kommuniziert werden. Muss beispielsweise der Fotograf namentlich genannt werden, machen Sie es kenntlich. Weitere Missverständnisse können ausgeschlossen werden, wenn eine detaillierte Bildunterschrift mitgeschickt wird. Mit einer kurzen Beschreibung, wer, wann, wo, was stattfindet, beugen Sie Missverständnissen vor. Ab und an kommt es vor, dass Bildunterschriften nicht zur vollsten Zufriedenheit der PR angefertigt werden.

Nicht zu vergessen: die Kosten. Die sparsamen Verlagshäuser sind sehr darauf erpicht, nicht zu viel Geld für den redaktionellen Content auszugeben. Deswegen empfiehlt sich, den Journalisten nur honorarfreie Bilder anzubieten. Kostenlose Pressefotos erfreuen sich in den Redaktionen hoher Beliebtheit.

Es ist immer zu beachten, dass die PR-Bilder im direkten Konkurrenzkampf mit denen von Bildagenturen oder sogar denen der hauseigenen Fotografen stehen. Deswegen müssen sie – auch wenn sie honorarfrei sind – mit Qualität und Aussagefähigkeit überzeugen. Darum empfiehlt sich statt des Griffs zur eigenen Digitalkamera die Beauftragung eines Fotografen, der mehr Ahnung von Licht- und Stimmungsverhältnissen sowie die bessere Ausrüstung hat und somit für ein angemessenes Foto garantieren kann.

Genau wie bei den Texten gilt auch bei den Bildern, sich den journalistischen Standards anzupassen. So fungieren gute Fotos, die eine besonders große Veröffentlichung in dem Zielmedium nach sich zogen, als Benchmark.

## 5 Nachbereitung – keep in touch

Auch nach einem erfolgreichen Erstkontakt sollte man sich den Journalisten warmhalten. Denn gerade wenn man eine Geschichte gemeinsam realisiert hat, hilft es, mit dem jeweiligen Ansprechpartner in Kontakt zu bleiben. So hat man es einfacher, wenn es um folgende Geschichten geht. Ist einem ein Journalist wohl gesinnt, kann dies einem für die Zukunft nur nützen. In den besten Fällen sind gemeinsame Projekte so gut gelaufen, dass der Redakteur, wenn er ein bestimmtes Thema in seinem Heft veröffentlichen will, auf Ihr Unternehmen zukommt, um es als Experten anzuführen. Man sollte daher nicht die Kraft des Erinnerungsvermögens unterschätzen. Deswegen ist es ratsam, sich regelmäßig wieder ins Gedächtnis zu rufen. Das kann auf unterschiedliche Weise passieren. Schätzen Sie deshalb sorgfältig ab, was für ein Typ Mensch der Journalist am anderen Ende der Leitung ist. Legt er Wert auf den persönlichen Kontakt, so kann es hilfreich sein, ihn auch zwischendurch einfach mal anzurufen und sich beim Smalltalk über das aktuelle Geschehen zu unterhalten. Darüber hinaus freut er sich bestimmt auch über einen Gruß zu Weihnachten oder zum Geburtstag. Doch neben dem Redakteur, der gern umgarnt wird, gibt es auch die Spezies, die lieber in Ruhe gelassen werden möchte. Diesen Kontakt wahren Sie am besten, indem Sie ihn fachlich von sich überzeugen. Hier mal eine News vorab, dort einen spannenden Experten an der Hand.

# Marken- und Produkt-PR

Annette Siragusano

> »Der Wert der Unternehmenspersönlichkeit liegt nicht im Unternehmen, sondern in den Köpfen der Bezugsgruppen.«[1)]

## 1 Information Overkill versus Markeninszenierung

Wir leben in einer Zeit des »Information Overkill« – 400 verschiedene Zeitungen, mehr als 5000 Zeitschriften, über 100 Fernsehsender, 250 Radiosender und rund 400 000 Plakatstellen existieren in Deutschland. Die Folge: 98 Prozent der gerichteten Informationen werden vom Verbraucher nicht erfasst. Von den verbleibenden 2 Prozent sind mehr als 80 Prozent innerhalb von 24 Stunden wieder vergessen[2)]. Allein in Deutschland gibt es derzeit rund 600 000 eingetragene Marken, von denen zirka ein Zehntel aktiv beworben wird. Bemerkenswert ist: Nur ca. 3 000 Marken finden Platz in den Köpfen der Verbraucher[3)]. Ist eine Markeninszenierung denn dann überhaupt von Bedeutung, und warum sind Marken für Konsumenten und Unternehmen wichtig? Was versteht man überhaupt unter einer Marke? Welchen Beitrag kann gezielte Marken- und Produkt-PR liefern, eine Marke in den Köpfen der Verbraucher zu inszenieren?

Marken bieten Vertrauen, Identifikationspotenziale und einen psychologischen Mehrwert für den Kunden, für den er auch bereit ist, einen höheren Preis zu zahlen[4)]. Marken unterscheiden Produkte, sie sorgen für Differenzierung im Wettbewerb und sind heute zentrale strategische Erfolgsfaktoren vieler Unternehmen, die sich nicht ausschließlich über den Preis differenzieren wollen. Marken verkörpern ein Lebensgefühl und stellen zum Teil sogar Statussymbole dar. Ein verstärkter Verdrängungswettbewerb, vielfach verursacht durch stagnierende oder schrumpfende Märkte, sowie schwindende Qualitätsunterschiede der Produkte führen zu erhöhten Investitionen in den Markenaufbau[5)]. Auch aus Investorensicht gewinnt die Marke immer mehr an Bedeutung, denn der Markenwert macht bezüglich des Unternehmenswertes laut einer Umfrage von Sattler/PWC durchschnittlich 56 Prozent des Gesamtwertes eines Unternehmens aus[6)]. Public Relations sind

---

1) Vgl. Herbst, Dieter; S. 117.
2) Vgl. Trommsdorff, Volker; S. 6/7.
3) Vgl. Trommsdorff, Volker; S. 4.
4) Vgl. Drüner, Marc; S. 400.
5) Vgl. Trommsdorff, Volker; S. 3/5.
6) Vgl. Sattler, Henrik; S. 19.

*Praxishandbuch Public Relations.* Herausgegeben von Jörg Forthmann
Copyright © 2008 WILEY-VCH Verlag GmbH & Co. KGaA, Weinheim
ISBN 978-3-527-50329-0

hierbei wichtiger Bestandteil für eine erfolgreiche Markenkommunikation. Sie ermöglichen eine gezielte Schärfung des Markenbildes, dienen zur Stärkung der Glaubwürdigkeit und ermöglichen Unternehmen, gezielt durch qualitativ hochwertigen Content ein Themenfeld für sich zu belegen und eine Themenführerschaft zu erzielen.

- Marken bieten dem Verbraucher Orientierung.
- Marken differenzieren Produkte vom Wettbewerb.
- Marken stehen für ein Lebensgefühl und können Statussymbole sein.
- Marken erhöhen den Unternehmenswert.
- Public Relations helfen, das Markenbild zu schärfen und ein Themenfeld zu besetzen.

## 2 Was ist eine Marke, und warum sind Marken wichtig?

Wenn wir an Marken denken, fallen uns zunächst die bekannten und großen Marken wie z. B. Nike, Coca-Cola oder McDonald's ein. Aber was genau versteht man unter einer Marke? Eine Marke stellt in erster Linie ein unverwechselbares Vorstellungsbild eines Produkts oder einer Dienstleistung dar, welches beim Verbraucher fest verankert ist[7]. Aus rechtlicher Sicht wird eine Marke jedoch als nichts anderes als ein geschütztes Produkt angesehen. Oder nach Leven: »Alles, was nicht konsumiert oder nachgefragt wird, ist keine Marke.«[8] Unter einer Marke versteht man also nicht nur die großen und bekannten Marken – *jedes Unternehmen, jedes Produkt kann für sich eine Marke sein*. So können kleine, regionale Unternehmen ebenso eine gezielte Markenkommunikation realisieren wie große überregionale oder internationale Unternehmen. *Je limitierter der finanzielle Rahmen, umso bedeutsamer sind eine zielgenaue Markenstrategie und der passgenaue Einsatz der Markeninstrumente.* Die Basis ist ein klar definiertes und durchgängiges Markenbild, welches sich über alle Instrumente der Kommunikation erstreckt – von der Imageanzeige über die Verkaufsförderung bis hin zu einer erfolgreichen Marken-PR. Aber nicht alle Unternehmen können sich groß angelegte Imageanzeigenkampagnen leisten, umso anspruchsvoller wird eine Markenpositionierung mit geringerem Budget. Ganz gezielt muss der Mitteleinsatz geplant und auch nachgehalten werden, um so ein optimales Ergebnis zu erhalten. Die Auswahl der Kommunikationswege gewinnt verstärkt

---

[7] Vgl. Meffert, Heribert; S. 847.
[8] Vgl. Leven, Wilfried; S. 17.

an Bedeutung und so kann gerade für kleine und mittelständische Unternehmen (KMUs) Marken-PR eine ideale Chance sein, um nachhaltig Präsenz zu zeigen und entscheidend zu einer Marken- und Unternehmenspositionierung beizutragen.

Aber warum sind Marken für den Verbraucher von Bedeutung? Eine Marke erfüllt beim Verbraucher folgende Grundfunktionen: Erstens stiftet sie einen ideellen Nutzen, denn Marken stützen die Selbstdarstellung und verstärken die Selbstpositionierung sowie die Positionierung durch die Zugehörigkeit zu sozialen Gruppen. Zweitens erhöhen sie die Informationseffizienz des Verbrauchers, denn Marken sind Informationsträger. Sie geben Information über die Herkunft des Produktes, bieten Wiedererkennung und Orientierung. Drittens ermöglichen Marken eine Risikoreduktion, denn sie verringern den Grad der Fehlentscheidungen durch ein Markenversprechen mit dem Fokus Qualität[9]. Ist das Markenversprechen einmal definiert, können Presseinstrumente ganz gezielt eingesetzt werden, um diese Attribute auf einem nicht werblichen Weg zu platzieren. Insbesondere zur Selbstpositionierung eines Unternehmens kann PR ihren Beitrag leisten. Ebenso kann PR auf den Bereich der Risikoreduktion verstärkt einwirken und zunächst eine Themenrelevanz in der Presse schaffen. Ebenso kann Marken-PR meinungsbildend wirken, indem durch gezielte Information Aufklärung betrieben wird und sich ein Branchenbild so verändern kann.

- Markenkommunikation ist nicht nur was für »Große«.
- Je limitierter der finanzielle Rahmen, umso bedeutsamer die Wahl der Kommunikationswege.
- Ein klares Markenbild erleichtert eine zielgerichtete Pressearbeit.
- Marken stiften einen ideellen Nutzen, erhöhen die Informationseffizienz und ermöglichen eine Risikoreduktion.
- PR verstärkt die Selbstpositionierung eines Unternehmens, schafft Themenrelevanz und kann meinungsbildend wirken.

### 3 Wie werden Marken wahrgenommen und welche Aufgabe übernimmt dabei PR?

Am Anfang einer Markenkommunikation steht zunächst die Wahrnehmung durch den Verbraucher. Nur wenn Botschaften wahrgenommen wer-

---

[9] Vgl. Riesenbeck, Hajo; Perrey, Jesko; S.22ff

den, können diese verarbeitet und gelernt werden und folgend auch eine Erinnerungswirkung ermöglichen[10]. Eine entsprechende Aufmerksamkeit ist Voraussetzung für die Platzierungen von Botschaften. In der Forschung werden im Generellen drei Elemente beschrieben, die eine Aktivierung hervorrufen[11].

- Emotion = innere Erregungsvorgänge, die angenehm oder unangenehm empfunden und mehr oder weniger bewusst erlebt werden.
- Motivation = Emotionen (und Triebe), die mit einer Zielorientierung in Bezug auf das Verhalten verbunden sind.
- Einstellung = Motivation, die mit einer – kognitiven – Gegenstandsbeurteilung verknüpft ist.

Dies soll nun anhand eines Beispieles für den Bereich Immobilienfinanzierung verdeutlicht werden:

### 3.1 Beispiel: Immobilienfinanzierung

- Emotional = die Person fühlt sich wohl, wenn sie günstig finanziert hat. Es entsteht bei der Person ein Gefühl des Glücks oder der Freude. Dieser Zustand ist besonders schwierig nachzuvollziehen oder sprachlich mitzuteilen, denn er gilt als subjektives Erleben eigener innerer Zustände.
- Motivational = die Person wird bei entsprechender Stimulierung bestrebt sein, besonders günstig zu finanzieren. Dies drückt eine Tätigkeits- oder Zielorientierung aus und wird als Handlungsbewusstsein erlebt.
- Einstellungsbezogen = aufgrund ihrer Motivation wird die Person Sachverhalte, die eine günstige Finanzierung ermöglichen, positiv werten.

Diese Prozesse bauen aufeinander auf und entstehen durch ein kompliziertes Zusammenspiel von Funktionen verschiedener Gehirnzellen. So ist zum Beispiel das Streben nach einem eigenen Heim (Prestige) eine Emotion und wird zur Motivation, wenn der Kunden kauft. Aufgrund dieser Motivation werden die in Frage kommenden Produkte näher betrachtet und beurteilt.

10) Vgl. Meffert, Heribert; S. 691.
11) Vgl. Kroeber-Riel, Werner/Weinberg, Peter; S. 53/54.

Diese Gegenstandsbeurteilung führt in Kombination mit zusätzlichen kognitiven Aktivitäten zu einer strukturierten Haltung, die sich Einstellung nennt[12]. Trifft eine Person mit ihrer individuellen Einstellung nun auf eine PR-Aussage, wird sie diese bewerten und es entsteht eine individuelle Meinung.

Diesen Erkenntnissen liegen unterschiedliche Aktivierungsmuster zugrunde, wie z. B. die Aktivierung durch emotionale oder physische Reize (Farbe) oder auch visuelle Überraschungen. Die Auswirkung dieses Zusammenspiels in Hinblick auf eine Markenpräferenz hat eine Arbeitsgruppe der Universität Münster ermittelt. Hierbei wurden unterschiedliche Kaffeemarken präsentiert und die Gehirnaktivitäten mittels der funktionalen Magnetresonanztomografie ermittelt. Je stärker die Durchblutung, umso stärker die Gehirnaktivität. »Das Ergebnis: Bei Personen mit einer starken Affinität zu einer Marke sind andere Hirnbereiche aktiv als bei Menschen, die der Marke neutral gegenüberstehen. So verringerte sich die Aktivität in der vorderen Hirnrinde (Kortex), welche für das rationale Entscheiden zuständig ist. Dafür erhöhte sich die Durchblutung – wie weitere Untersuchungen zeigten – in Arealen, die für die Verbindung von Gefühlen, affektivem Handeln und Selbstwahrnehmung zuständig sind.«[13] Diese »kortikale Entlastung« entsteht besonders bei Personen mit hoher Markenaffinität. Ziel einer guten Marken-PR muss es also sein, gemeinsam mit entsprechenden Marketinginstrumenten durch Lesen eines Unternehmensnamens ein Markenbild im Kopf des Verbrauchers zu schaffen.

Ein Ansatz, der den Einfluss von Werbung und Marken verdeutlicht, ist das Werbewirkungsmodell von Trommsdorff, welches in die drei Kernbereiche Stimulus, Organismus und Response aufgeteilt ist. So bestehen neben der Marktkommunikation (Stimulus) der Organismus, nämlich die Aktiviertheit, und die Kognitionen, die Basis, die ein Image prägen. Je nach Einstellung und Intention löst dies dann in Folge ein Verhalten aus. Verfeinert ergibt sich im Organismus neben der Informationsverarbeitung, die getrieben ist von aktivierenden und kognitiven Prozessen, ein mehrdimensionales Objektimage, welches eine psychische Integration auslöst. Dieses erzeugt eine psychische Abstimmung durch Verhaltenseinstellungen, Objekteinstellungen und andere Objekteinstellungen, die letztlich das Verhalten auslösen[14]. Ziel ist es also, in das »Consideration Set« – die Marken, die bei einer Kaufentscheidung als Alternativen zur Verfügung stehen – des Verbrauchers zu gelangen, um so im relevanten Entscheidungsprozess präsent zu sein.

12) Vgl. Kroeber-Riel, Werner, S. 55.
13) Zitiert nach *Harvard Business Manager*, März 2005, S. 55: »Wie eine starke Marke wirkt«.
14) Vgl. Trommsdorff, Volker; S. 21.

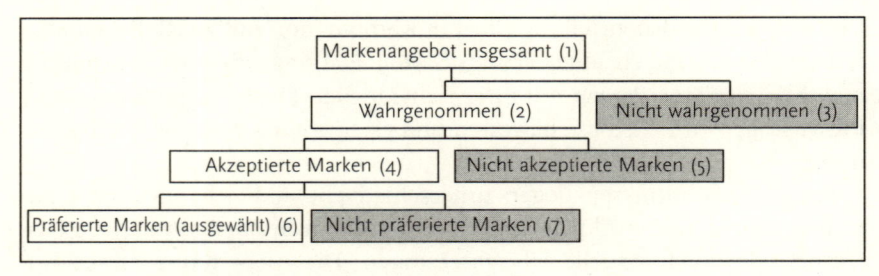

```
┌─────────────────────────────────────────────────┐
│           Markenangebot insgesamt (1)           │
│          ┌──────────────┬──────────────┐        │
│          Wahrgenommen (2)   Nicht wahrgenommen (3)
│     ┌──────────────┬──────────────┐             │
│  Akzeptierte Marken (4)  Nicht akzeptierte Marken (5)
│ ┌──────────────┬──────────────┐                 │
│ Präferierte Marken (ausgewählt) (6)  Nicht präferierte Marken (7)
└─────────────────────────────────────────────────┘
```

**Abb. 1** Markenwahrnehmung durch den Konsumenten[15]

Der Prozess ist ein kontinuierlicher Weg, der mit einer grundsätzlichen Markenwahrnehmung am Markt beginnt. Die Marken müssen jedoch auch akzeptiert werden, bis sie letztlich als bevorzugte Marke in die Markenauswahl beim Entscheidungsprozess gelangen[16]. Eine kontinuierliche Pflege einer Marke und der Aufbau eines Images sind somit unabdingbar. Pro Produktsegment gelangen in der Regel nur drei Marken ins »Consideration Set« und werden als Entscheidungsgrundlage verwendet. Durch die hohe Glaubwürdigkeit von Marken-PR kann diese entscheidend dazu beitragen, ein Markenbild zu etablieren und die entsprechenden Attribute im Kopf des Verbrauchers zu positionieren.

**Wie kann man dieses Wissen nun für die PR-Arbeit nutzen?**

Im Vergleich zu anderen Markeninstrumenten verzichtet PR komplett auf den werblichen Auftritt. Das bedeutet, herkömmliche Wiedererkennungsmerkmale wie Farben, Schriftzüge oder Bildelemente sind nicht gegeben. Im Gegenzug erfreut sich PR einer überdurchschnittlich hohen Glaubwürdigkeit, frei von werblichen Attributen. Die Kunst liegt also in der Platzierung von redaktionellen Inhalten, die auf das Markenversprechen einzahlen, jedoch auf werblichen Anschein verzichten und vielmehr durch inhaltlich wertvolle Informationen glänzen, um so eine Verankerung im Gedächtnis des Rezipienten zu erreichen. Idealerweise schafft es eine vernetzte Marketing- und Pressestrategie, dass sich durch das Lesen eines Unternehmens- oder Produktnamens in einem redaktionellen Umfeld ein Markenbild im Kopf des Verbrauchers aufbaut und somit redaktionelle Botschaften mit Markenattributen verknüpft werden können. Allem voran steht hierbei jedoch die Wahrnehmung im redaktionellen Umfeld mit entsprechender Frequenz. Einmalige Meldungen können beim Verbraucher nicht verankert werden und nicht mit Kompetenzthemen in Verbindung gebracht

15) Vgl. Kroeber-Riel, Werner/Weinberg, Peter; S. 394.
16) Zitiert nach Avenarius, Horst; S. 163.

werden. Kontinuität in der Pressearbeit im Hinblick auf einheitliche Inhalte und Frequenz tragen entscheidend zur Markenbildung bei.

> - Ohne Wahrnehmung keine Markenpräferenz.
> - Ziel ist es, ins »Consideration Set« des Verbrauchers zu gelangen.
> - Durch gute übergreifende Markenkommunikation soll bei einer redaktionellen Nennung dem Verbraucher ein Bild der Marke im Kopf erscheinen.
> - Um eine Markenbotschaft zu verankern, braucht es Kontinuität – sowohl auf den Inhalt bezogen als auch auf eine notwendige Pressefrequenz.

## 4 Was ist Marken-PR und was muss diese leisten?

In Zeiten, in denen sich Produkte oftmals kaum mehr in ihrer Funktion oder Qualität unterscheiden, gewinnt der psychologische Mehrwert immer mehr an Bedeutung. Ziel einer einheitlichen Unternehmenskommunikation sollte es sein, eine unverwechselbare Unternehmenspersönlichkeit aufzubauen, welche »Ansehen, Ausstrahlung und Aura«[17] umfasst. Es soll ein Image aufgebaut werden, welches kontinuierlich weiterentwickelt wird. Genauso wie Marken helfen Images dem Verbraucher zur Orientierung und zur Risikoreduktion, denn sie verringern die Komplexität. »Images sind Vorstellungsbilder, die eine Person/Gruppe von einem haben«[18]. Eine gezielte Marken-PR soll folglich helfen, ein Markenbild mit einem entsprechenden Unternehmensimage zu ergänzen und so einen einheitlichen Markenauftritt nach außen zu gewährleisten. Eine gezielte Markenkommunikation kann auch eine Vorprägung zum Kauf schaffen. Schwankt ein Kunde zwischen zwei gleichwertigen Produkten, wird er sich im Zweifel für das Produkt entscheiden, bei dem er vom Unternehmen schon mal etwas in der Presse gehört hat (»geglaubte Bekanntheit«)[19].

Neben der klassischen Vertriebs-/Produkt-PR spielt somit die Marken-PR eine tragende, übergreifende Rolle im Marketingmix. Durch gezielte PR-Kampagnen können Markenwelten glaubwürdig kommuniziert und durch entsprechende neutrale Fakten »bewiesen« werden. Neben der bekannten

---

[17] Vgl. Herbst, Dieter; S. 96.
[18] Meffert, Heribert; S. 695.
[19] Vgl. Meffert, Heribert; S. 695.

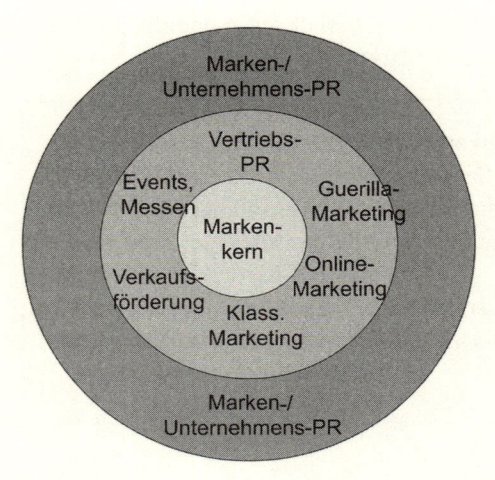

**Abb. 2** Marken-PR im Marketingmix[20]

Werbebotschaft erhält der Verbraucher so eine neutrale Berichterstattung, auf welcher basierend er sich seine Meinung bilden kann. Unabdingbar ist hierbei eine Kongruenz der Markenwerte und der PR-Botschaften, da nur so ein klares und unverwechselbares Image entstehen kann.

Ein entscheidender Faktor einer guten Marken-PR ist die Glaubwürdigkeit und Kompetenz des Absenders[21]. Nach dem Motto »Was draufsteht, ist auch drin« sollte ein Unternehmen seinem Image treu bleiben und den Aussagen zu Unternehmen oder Produkten entsprechend Rechnung tragen. PR-Aussagen, die z. B. bei Testkäufen nicht ihre Produkt-, Service- oder Unternehmensversprechen erfüllen, können schnell ins Negative schlagen. Denn im Gegensatz zu werblichen Aussagen sind redaktionelle Aussagen von persönlichen Einschätzungen und Erfahrungen von Journalisten abhängig. Markenwerte können gezielt mit entsprechenden PR-Instrumenten unterlegt werden. Dies kann das aktive Auffordern zum Testkauf sein oder eine die Kompetenz unterstützende Studie. Wichtig ist, dass die Auswahl der PR-Instrumente für die anzusprechenden Journalisten interessant und glaubwürdig erscheint und letztlich die richtigen Zielgruppenmedien die Botschaften publizieren. Denn die schönste PR-Kampagne nützt nichts, wenn sie nicht die richtigen Medien bedient. So sollte Marken-PR nicht »nebenbei laufen«, sondern im Vorfeld gezielt geplant werden. Nur wer anhand seiner Markenwerte eine klare PR-Strategie aufsetzt, kann hierbei langfristig Erfolg haben. Einmal definiert, helfen

20) Angelehnt an Sudendorf, Malte; S. 34.
21) Vgl. Meffert, Heribert; S. 695.

klare PR-Vorgaben, schnell und einfach neue Maßnahmen auf ihre Sinnhaftigkeit zu überprüfen. Von besonderer Bedeutung bei der Realisation guter Marken-PR ist die Kontinuität. Weg von »Ad-hoc-PR« hin zu einer klaren, kontinuierlichen Pressestrategie. Um einen größtmöglichen Erfolg zu haben, sollte diese langfristig angelegt werden. Was nicht bedeuten soll, dass sie nicht auch auf aktuelle Ereignisse reagieren soll. Diese Dynamik sollte jede Strategie mit sich bringen. So sollten mögliche unvorhersehbare, kritische Situationen (Stichwort Krisen-PR) im Vorfeld durchdacht und vorbereitet werden. Bei der Kontinuität geht es vielmehr darum, dass klare Unternehmenswerte und klare Botschaften über einen längeren Zeitraum vermittelt werden, so dass ein Journalist und auch ein Verbraucher versteht, für welche Attribute das Unternehmen steht.

- Marken-PR soll das Markenbild mit einem unverwechselbaren Unternehmensimage ergänzen.
- Markenbotschaften und PR-Botschaften müssen kongruent sein.
- Marken-PR unterstützt den kompletten Marketingmix und trägt entscheidend zum Markenaufbau/-führung bei.
- Erfolgreiche Marken-PR zeichnet sich durch Glaubwürdigkeit, Kontinuität und strategische Planung aus.

### 5 Wie sieht die Markenstrategie in Ihrem Unternehmen aus?

Basis einer Marken-PR-Strategie ist die eigentliche Markenstrategie eines Unternehmens. Diese besteht oftmals in großen Unternehmen, jedoch gerade in KMUs wird sie oft eher vernachlässigt. So soll folgend als kurzer Exkurs ein möglicher Ansatz vorgestellt werden, das Markenrad nach Esch, mit dem gerade kleine und mittelständische Unternehmen schnell und einfach für sich ihre Markenwerte definieren und konkrete Maßnahmen ableiten können. Auf dieser Basis kann eine entsprechende Markenpressestrategie abgeleitet werden.

Eine Marke soll so eng gefasst und klar definiert sein, dass sie dem Kunden maximalen Nutzen bringt, solange die Kosten gedeckt werden[22]. Es empfiehlt sich, eine Marke auf bestimmte Kundensegmente auszurichten

---

22) Vgl. *Harvard Business Manager*, März 2005, S. 44 »Die Marke ist tot, es lebe der Kunde«.

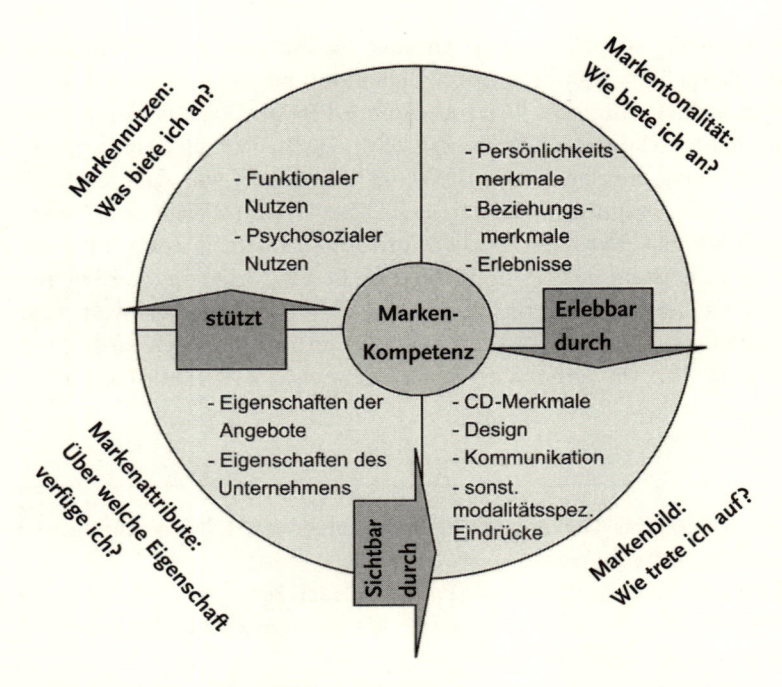

**Abb. 3**  Markenidentitätsansatz von Esch[23]

und nicht umgekehrt. Hierbei steht das Kundenbedürfnis im Mittelpunkt, und Produkte werden eigens für spezielle Zielgruppen zugeschnitten. Produkte unterscheiden sich eher in der Zielgruppenpositionierung und nicht in der Produkteigenschaft.

Der Markenidentitätsansatz von Esch verdeutlicht den Zusammenhang zwischen Markenattributen, Markennutzen, Markentonalität und Markenbild[24]. Der Markennutzen ergibt sich aus den Markenattributen. Die Markenattribute werden sichtbar und die Markentonalität wird erlebbar durch das Markenbild, welches die kommunikative Umsetzung der Marke verdeutlicht.

Zunächst gilt es zu bestimmen, welche Eigenschaften das eigene Produkt oder Unternehmen dem Kunden bietet. Anhand dieser Eigenschaften können dann der funktionale und der psychosoziale Nutzen definiert werden. Nur wer seinen Markennutzen für Konsumenten kennt, kann eine klare Markenpositionierung entwickeln und erlebbar machen. Die Markentona-

23) Eschn Franz-Rudolf: *Moderne Markenführung*, Wiesbaden 2005, S. 121.

24) Vgl. Esch, Franz-Rudolf/Langner, Tobias/Rempel, Jan-Eric; S. 123.

lität beschreibt das Erscheinungsbild der Marke. Muss diese aufgrund ihrer Zielgruppe und Positionierung »jung und dynamisch« oder eher »seriös und konservativ« sein? Durch die Markentonalität beschreiben Sie den Rahmen, den die Marke haben soll, und machen diese im nächsten Schritt erlebbar und sichtbar durch das Markenbild. Denn erst hier werden Corporate-Design-(CD)-Merkmale festgelegt, ein Styleguide entwickelt und die Kommunikationsstrategie aufgebaut.

## 5.1 Definition einer Markenwelt am Beispiel HypothekenDiscount

Die Marke HypothekenDiscount wurde im Rahmen einer Unternehmensakquisition gekauft. Sie wurde zu diesem Zeitpunkt nur rudimentär genutzt und war zum Teil als »billig/ramschig« angesehen, was durch den damals bestehenden Auftritt verstärkt wurde. Dies war das Ergebnis einer durchgeführten Marktforschung. Deshalb wurde die Marke Hypotheken-

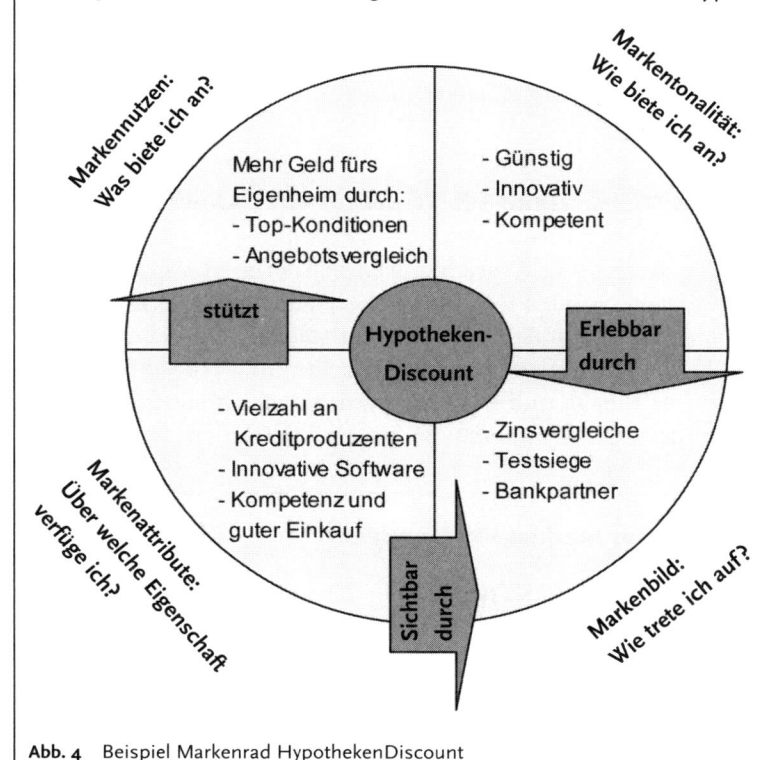

**Abb. 4** Beispiel Markenrad HypothekenDiscount

Discount neu positioniert. Von einem »Billigimage« hin zu einem »kompetenten Anbieter mit einem hervorragenden Finanzierungsangebot zu attraktiven Konditionen«. Diese Neupositionierung hatte folglich Auswirkungen auf den Außenauftritt (neue Farbwelt, neues Logo), die entsprechenden Marketinginstrumente, die Tonality und die entsprechenden Pressebotschaften, die es zu platzieren galt. Nach zwei Jahren des Launches und des konsequenten Verfolgens einheitlicher Botschaften, insbesondere im Pressebereich, gehört HypothekenDiscount zu einem der führenden Baufinanzierungsdirektanbieter.

- Ein Markenbild ist wichtig für die Entwicklung einer Marken-PR-Strategie.
- Besteht dies nicht, sollte es gemeinsam mit Vorstand/Geschäftsführung und Marketing definiert werden.
- Das Markenbild sollte langfristig gedacht sein und nicht permanent geändert werden.

### 6  Wie kann eine Marken-PR-Strategie entwickelt werden?

Ist die markenstrategische Ausrichtung einmal definiert, so kann auf dieser Basis eine entsprechende PR-Strategie abgeleitet werden. Es ist hilfreich, sich zunächst seiner Ist-Situation bewusst zu werden, um dann eine passende individuelle PR-Strategie auszuwählen. Denn zu einer PR-Strategie gehören nicht nur Inhalte und Botschaften, dazu zählen auch Medienauswahl, Auswahl der PR-Instrumente, Zielgruppendefinition. Dies wird oft-

**Vier Schritte zur Marken-PR-Strategie:**

1. Analyse/Bestandsaufnahme (Wahrnehmung, Medienauswahl, bisherige Themen)
2. Ziel und Zielgruppendefinition (Bezugsgruppenübersicht)
3. Entwickeln der Positionierung (USP, USC)
4. Entwickeln der PR-Strategie (Marken-PR-Rad)

mals außer Acht gelassen. Folgende Schritte können hilfreich sein, um eine PR-Strategie aufzusetzen.

## 6.1 Analyse der PR-Ist-Situation

Zunächst hilft eine kurze Ist-Analyse der aktuellen Wahrnehmung in der Presse und der bestehenden PR-Aktivitäten. Besitzt das Unternehmen bereits eine bestimmte Grundbekanntheit? Geht es also darum, eine bestehende Bekanntheit mit einem Profil zu hinterlegen? Ist das Unternehmen zwar bekannt, wird jedoch mit falschen Attributen in Verbindung gebracht? Steht also ein Imagewandel durch gezielte PR-Maßnahmen im Fokus? Oder hat das Unternehmen bislang überhaupt keine Pressearbeit gemacht? Ist es Ziel, ein neues Produktsegment unter einer bestehenden PR-Strategie zu etablieren? Entspricht das Fremdbild auch dem Eigenbild? Welche PR-Medien werden derzeit genutzt? Gibt es Medien, die besonders stark auf die bisherigen Meldungen reagieren, und sind diese für Ihr Unternehmen relevant?

Eine Vielzahl von Fragen, die man für sich im Vorfeld beantworten sollte. Hilfreich sind die bekannten Analyse-Tools. Empfohlen wird eine selbstkritische Stärken-Schwächen-Analyse. Oftmals kann eine entsprechende Marktforschung Aufschluss über die Wahrnehmung der Marke in der Presse geben. Ebenso kann ein gezieltes Auswerten von Presseclippings über die letzten Jahre Information über Themenfokus und bisherige Medienschwerpunkte geben. Je nach jeweiliger Ausgangssituation sind entsprechende PR-Strategiemaßnahmen sinnvoll (siehe Beispiele PR-Markenstrategie).

- Nur wer die Ausgangssituation und Ziele kennt, kann entsprechende Maßnahmen ableiten.
- Neben der eigenen Analyse hilft oftmals eine Diskussion mit Vorstand/Geschäftsleitung, um mögliche Defizite aufzudecken und eine gemeinsame Zielausrichtung zu entwickeln.
- Lösen Sie sich vom Eigenbild, denn entspricht das Eigenbild wirklich dem Fremdbild?

## 6.2 PR-Ziele, PR-Zielgruppen und Teilöffentlichkeiten

Nach Bestimmung der Ist-Situation sollte eine klare Zielausrichtung erfolgen. Hilfreich ist es, sich schon in diesem Stadium ausgewählter Instrumente der Erfolgsmessung, z. B. einer Balanced-Scorecard, zu bedienen. So können Ziele zu Beginn definiert, die PR-Strategie und die daraus folgenden Maßnahmen entsprechend aufgebaut werden.

Essenziell für eine Zielbestimmung ist die Definition von konkreten PR-Zielen. Das bedeutet: Was will ich mit welchen Mitteln in welchem Zeitraum um wie viel Prozent/Stück steigern/verringern? Ist man sich seiner Ziele einmal bewusst, können gezielt Maßnahmen ergriffen werden und auch zwischenzeitlich Maßnahmen optimiert werden.

Ist die Zielausrichtung definiert, sollte die Auswahl der entsprechenden Zielgruppen und Teilöffentlichkeiten definiert werden. Denn wenn ein Image entsteht, bedeutet dies, dass Bezugsgruppen (Zielgruppen und Teilöffentlichkeiten) aufgrund dessen, was sie über ein Unternehmen wissen oder bereits gelernt haben, einschätzen können, inwieweit ein Unternehmen diese Eigenschaft erfüllt[25]. Daraus ergeben sich Meinungen zu einem Unternehmen, aber auch eine Erwartungshaltung. Daher ist besonders wichtig, dass man sich im Vorfeld darüber im Klaren ist, welche Bezugsgruppen man direkt und indirekt erreichen will und erreicht und welche Botschaft für das Unternehmen steht. Einzelne Unternehmensbotschaften nach Zielgruppen sind zwar machbar, aber schwer zu steuern, da man nicht, wie z. B. bei Anzeigen, ausgewählte Platzierungen realisieren kann. Von besonderer Bedeutung ist jedoch, dass man keine Aussagen wählt, die ein Teil der Bezugsgruppen nicht wissen sollte oder die auf diese negativ wirken. Eine Unternehmenskommunikation muss also den Anspruch einer ganzheitlichen Ansprache ohne negative Einflüsse für bestimmte Bezugsgruppen erfüllen.

Was verbirgt sich jedoch hinter Zielgruppen und Teilöffentlichkeiten?

Unter Zielgruppen versteht man Personen, die man direkt mit seinem Produkt ansprechen will, d.h. potenzielle Käufer. Unter Teilöffentlichkeiten versteht man Bezugsgruppen, die mit dem Unternehmen oder dem Produkt direkt oder indirekt in Kontakt kommen, so zum Beispiel Investoren, Lieferanten, Mitarbeiter, Endverbraucher, Händler, Medien und Behörden[26].

Durch gezielte PR-Arbeit werden sowohl Zielgruppen als auch Teilöffentlichkeiten angesprochen. Daher sollten im Vorfeld einer PR-Strategie die Kernaussage und ihre Wirkung auf sämtliche Bezugsgruppen überprüft werden. Kann die PR-Aussage für bestimmte Teilöffentlichkeiten negative Auswirkungen haben? Wie stehen mögliche Investoren zu den Aussagen? Unterstützen Mitarbeiter diese Aussagen? Gibt es Schnittmengen zu Lieferanten? Empfehlenswert ist folglich, vorab ein Bezugsgruppenraster anzulegen, um die Kernaussagen abzuprüfen.

25) Vgl. Herbst, Dieter; S. 99.
26) Vgl. Avenarius, Horst; S. 181.

## 6.3 Beispiel: Bezugsgruppenraster Immobiliendienstleister

Kernaussage: »Überregionale Makler mit Anbindung an Großbanken haben ein besseres Netzwerk, finden den passenden Käufer für jede Immobilien und erzielen so den besten Verkaufspreis.«

| Bezugsgruppe | Reaktion auf Aussage + / 0 / – | Bedeutung 1 gering, 5 hoch | To Do |
|---|---|---|---|
| Zielgruppe 1: Immobilienverkäufer | + | 5 | verstärkte Ansprache von Zielgruppenmedien |
| Zielgruppe 2: Immobilienkäufer | 0/– ggfs. negativ, da sie nicht den höchsten Preis zahlen möchten | 5 | Optimierung der Formulierung: nicht »bester Verkaufspreis«, sondern »man findet den Käufer, der den Wert der Immobilie zu schätzen weiß« |
| Investoren | + | 5 | Aussage wird positiv gewertet, da passend zur strategischen Ausrichtung als überregionaler Makler; kein Handlungsbedarf |
| Kooperationspartner | + | 4 | positive Bewertung, da Aussage für diese Bestätigung für den richtigen Kooperationspartner; kein Handlungsbedarf |
| Verband | 0/– neutral, da grundsätzlich positive PR für die Branche gemacht wird; ggfs. negativ, da Vielzahl der Verbandsmitglieder regional und keine Bankenzugehörigkeit | 2 | Aussage muss ggfs. Gegenaussagen des Verbandes standhalten; entsprechende Vorbereitung |
| Wettbewerb | – negativ, da kein relevanter Wettbewerber diese USPs unterstützt | 3 | Vorbereitung entspr. Unterlagen, sollte eine PR-Kampagne entgegen dieser Aussage folgen |
| ... | ... | | |

Ist die Kernbotschaft auf ihre Funktionalität überprüft, kann eine Medienselektion der Zielgruppenmedien helfen, um Botschaften entsprechend zu gestalten und Zielgruppenmedien für Exklusivplatzierungen und Verlagskooperation auszuwählen.

*Tipp:* Zur Orientierung der relevanten Medien für die geplante Zielgruppe können Mediaauszählungen mit Rangreihen nach Affinitätsindex (bekannt aus der Anzeigenplatzierung) unterstützend dienen, um so eine Einschätzung der Medien nach ihrer Bedeutung zu erhalten. Als Grunddaten für die Auszählung können sowohl soziodemografische Merkmale als auch Sinus-Milieus zugrunde gelegt werden. Dies bedeutet nicht, dass Platzierungen in anderen Medien nicht von Bedeutung sind (siehe Two-Channel-Strategie, Schwerpunkt Bekanntheit). Vielmehr soll dies die Auswahl im Hinblick auf PR-Exklusivplatzierungen und Kooperationen (Leseraktionen etc.) erleichtern (siehe Two-Channel-Strategie, Schwerpunkt Zielgruppenansprache). Die entsprechenden Medien können dann in A-, B-, C-Medien geclustert werden und erleichtern die tägliche Pressearbeit.

- Prüfen Sie Ihre Themen auf Relevanz für Ihre Zielgruppen.
- Klären Sie mögliches Konfliktpotenzial mit anderen Bezugsgruppen.
- Tipp: Mediaanalysen helfen Zielgruppenmedien für Exklusivplatzierungen zu definieren.

### 6.4 PR-Positionierung

Ist man sich seiner Zielgruppen bewusst geworden, geht es nun darum, eine entsprechende Marken-PR-Positionierung zu erarbeiten. Hierbei sind eine Positionierung neu zu entwickeln oder bestehende Profile zu schärfen. Denn »erst Profile führen zu Sympathien oder Antipathien«[27]. Grundsätzlich lässt sich hierbei sagen: »Das Ansehen einer Organisation muss untadelig sein. Ihr Profil darf Kanten haben.«[28] Aber wie entwickelt man ein Profil und eine passende PR-Positionierung?

Oftmals besteht bei dem Verbraucher bereits eine Vorprägung im Kopf, z. B. bedingt durch eine Branchenzugehörigkeit. So schreibt man z. B. einer Bank schon unmittelbar Kompetenz und Seriosität als Branchenmerkmale zu, Makler hingegen werden oft als »schwarze Schafe« gesehen und eher mit den Attributen »unseriös, nicht notwendig« verbunden. Ziel einer guter

27) Vgl. Avenarius, Horst, S. 167.
28) Vgl. Avenarius, Horst, S. 167.

PR-Strategie muss es sein, zum einen Branchenmerkmale zu nutzen oder ihnen durch Aufklärung entgegenzuwirken, zum anderen Unternehmens- oder Produktvorteile aus Verbrauchersicht zu kommunizieren. Gemeinsam mit unternehmensspezifischen Merkmalen bieten Branchenmerkmale die Basis. So wird zum Beispiel in der Kommunikation des Immobilienmaklers PlanetHome gezielt der Zusatz »In Kooperation mit der HypoVereinsbank« genutzt. Hierbei sollen durch gezielten Imagetransfer Attribute wie Seriosität und Kompetenz übertragen werden. Substituiert wurde ebenso das Wort »Makler« durch »Immobiliendienstleister«, um so negative Vorprägungen auszuschalten und weitere Dienstleistungen wie Finanzierung und Marktplatz mit abzudecken. Durch die gezielte Themenauswahl wie z. B. »Warum sind Makler wichtig?« konnte diese Positionierung verstärkt werden.

So gilt es, sich über die PR-Positionierung des Unternehmens im Vorfeld klar zu werden. Vielfach besteht bereits im Marketing eine klare Aussage über die USP (Unique Selling Proposition). Dies kann idealerweise als Basis für die daraus abgeleitete, redaktionell und nicht werblich begründete UCP – Unique Communication Proposition – sein.

### 6.5 Beispiel:

*Unique Selling Proposition*
PlanetHome erzielt durch die Kooperation mit der HypoVereinsbank und als überregionaler Makler den besten Immobilienverkaufspreis für seine Kunden.

*Unique Communication Proposition*
Überregionale Immobilienvermittler mit Anbindung an Großbanken haben ein besseres Netzwerk, finden so den passenden Käufer für jede Immobilie, der den Wert der Immobilie zu schätzen weiß (siehe Zielgruppenkonflikt Käufer/Verkäufer).

Einen weiteren Ausbau gerade im Hinblick auf entsprechende Markeninszenierungen in Bezug auf PR-Instrumente stellt die UFP – Unique Feeling Proposition[29] – dar. Ist sie einmal definiert, unterstützt er beim einheitlichen Markenerlebnis auf Messen, beim Sponsoring oder auch bei Experten- oder Round-Table-Gesprächen.

Im Fokus dieser Aktivitäten sollte eine einheitliche Kommunikation stehen, deren sich PR-Referenten bewusst werden sollen. Nur wer immer

---

[29] Vgl. Herbst, Dieter; S. 104.

wieder seine PR-Aktivitäten auf ein Einzahlen in die PR-Markenbotschaft überprüft, wird langfristig bei den Verbrauchern entsprechende Botschaften vermitteln und erreichen, dass ein Unternehmen mit bestimmten Themen automatisch in Verbindung gebracht wird.

- Werden Sie sich Ihrer USP (Unique Selling Proposition) bewusst.
- Entwickeln Sie Ihre UCP (Unique Communication Proposition) und ggfs. Ihre UFP (Unique Feeling Proposition).
- Checken Sie kontinuierlich Ihre PR-Maßnahmen auf Übereinstimmung mit Ihrer UCP.

### 6.6 Marken-PR-Strategie

Die Ausgangssituation ist klar, Zielgruppen und mögliche Kommunikationskonflikte sind geklärt und die Kernbotschaft ist definiert. Nun ist es an der Reihe, auf dieser Informationsbasis eine einheitliche Pressestrategie zu entwickeln. Dabei hilft es, sich bestimmter PR-Rahmenfaktoren bewusst zu werden und diese einmal zu definieren. Beginnend mit folgenden Überlegungen: Welchen PR-Nutzen kann ich einem Journalisten und seinem Leser bieten? Welche Ziele verfolgt das gewünschte Zielmedium? Kann ich entsprechende Anlässe dafür bieten? Kann ich auf entsprechende Gegebenheiten, wie täglicher oder monatlicher Newsbedarf, eingehen? Habe ich Experten im Unternehmen, die Ratschläge oder Marktprognosen abgeben können? Habe ich die Möglichkeit, Servicethemen zu erstellen? Kann ich Sonderservices oder Leseraktionen anbieten? Welches meiner Unternehmensthemen eignet sich für welches Medium? Gibt es ein Thema, das den Markt derzeit bewegt, zu dem ich etwas beisteuern kann? Macht es Sinn, bewusst ein Thema zu wählen, um den Markt zu bereiten, um nachfolgend eine entsprechende Vertriebs-PR zu platzieren?

*Die PR-Strategie sollte aus Sicht des Journalisten gedacht werden und nicht in erster Linie auf eigenen Produkt- und Marketingbotschaften basieren.*

Ist man sich des PR-Nutzens bewusst, sollten die Eckpfeiler der PR-Strategie festgelegt werden. Was ist meine strategische Ausrichtung? Strebe ich die Themenführerschaft in einem Segment an? Was kommuniziert mein Wettbewerber? Realisiere ich eine Me-too-Strategie? Betreibe ich ausschließlich Krisen-PR oder geht es um aktive Presseansprache? Auf welcher Ebene

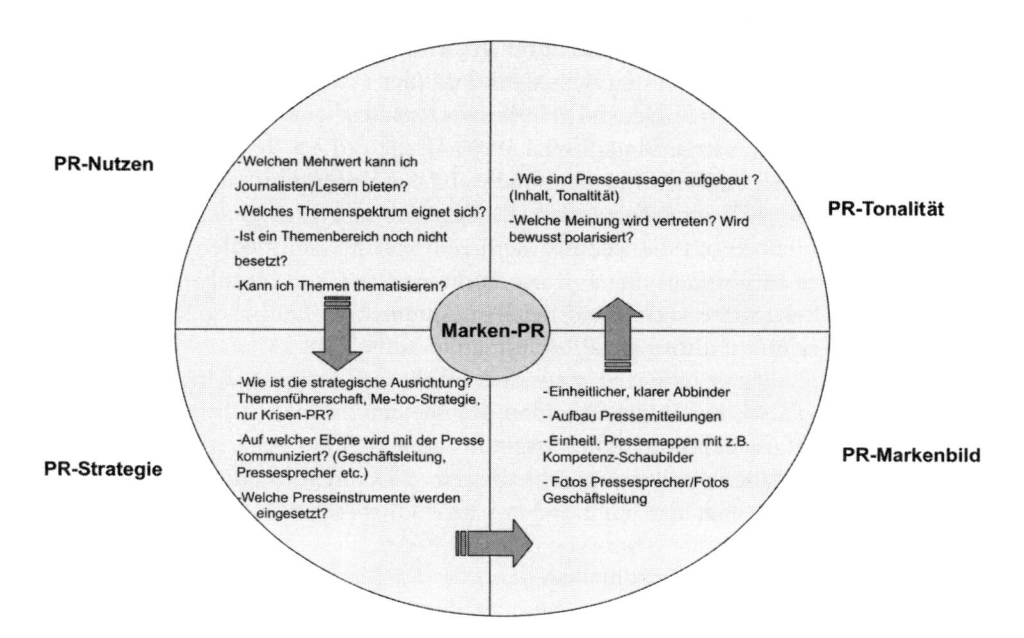

**Abb. 5** Marken-PR-Rad

*Diagramm: Marken-PR-Rad mit vier Quadranten*

- **PR-Nutzen**:
  - Welchen Mehrwert kann ich Journalisten/Lesern bieten?
  - Welches Themenspektrum eignet sich?
  - Ist ein Themenbereich noch nicht besetzt?
  - Kann ich Themen thematisieren?

- **PR-Tonalität**:
  - Wie sind Presseaussagen aufgebaut? (Inhalt, Tonaltität)
  - Welche Meinung wird vertreten? Wird bewusst polarisiert?

- **PR-Strategie**:
  - Wie ist die strategische Ausrichtung? Themenführerschaft, Me-too-Strategie, nur Krisen-PR?
  - Auf welcher Ebene wird mit der Presse kommuniziert? (Geschäftsleitung, Pressesprecher etc.)
  - Welche Presseinstrumente werden eingesetzt?

- **PR-Markenbild**:
  - Einheitlicher, klarer Abbinder
  - Aufbau Pressemitteilungen
  - Einheitl. Pressemappen mit z.B. Kompetenz-Schaubilder
  - Fotos Pressesprecher/Fotos Geschäftsleitung

wird mit der Presse kommuniziert? Wer wird für welche Themen als Experte zitiert? Wer steht für Interviews zur Verfügung? Sollten meine PR-Aktivitäten saisonale Schwerpunkte haben? Und natürlich: Welche Presseinstrumente passen zu meiner Strategie? Wähle ich z. B. eine Positionierung als Themenführer, dann sind Presseinstrumente wie Trendstudien, Round-Table-Gespräche und Experteninterview zu empfehlen. Und natürlich die Frage: Passt meine PR-Strategie zu meiner Markenpositionierung? Rundet die Marken-PR-Strategie die gesamten Markenaktivitäten ab? Werden mit den entsprechenden Themen die richtigen Zielgruppen angesprochen?

Wesentlich bei der Entwicklung der PR-Strategie ist die klare Definition eines PR-Plans. Wo soll das Unternehmen in drei Jahren stehen und welche Botschaften sollen das Markenversprechen in dieser Zeit stützen? Im Rahmen der Strategie sollen folglich nicht nur die einzusetzenden Instrumente definiert werden, sondern auch das strategische Vorgehen. Hierbei gilt es, zuerst erneut einen Blick auf die Analyse zu werfen, um so eine klare Ausgangssituation zu definieren. Ist das Unternehmen bereits bekannt, so können in der Positionierung definierte Botschaften durch eine entsprechende Frequenz platziert werden. Ist das Unternehmen zwar bekannt, jedoch mit falschen Attributen, dann sind oftmals Aufklärung und eine Repositionierung erforderlich. Dies kann durch gezielte Interviews mit Key-Journalisten erfolgen, die Umstellung des Abbinders (der standardisierte Schlusssatz in einer Pressemitteilung), die Erstellung einer Studie, die sich ausschließlich mit dem Kernkompetenzthema beschäftigt und so den Unternehmenszweck in der Außenwirkung verstärkt. Ist das Unternehmen kaum bekannt, empfiehlt sich eine so genannte »Two-Channel-Strategie«. Hierbei wird zum einem durch das gezielte Bedienen von Massenmedien mit entsprechenden Meldungen, die auf das Markenversprechen einzahlen, eine relevante Reichweite erzielt und bei konsequenter, einheitlicher Kommunikation Bekanntheit und ein PR-Markenbild aufgebaut. Zum anderen werden Themen, die aus Unternehmenssicht für die Zielgruppe von besonderer Bedeutung sind, bei entsprechenden Key-Medien exklusiv platziert, z. B. eine exklusive Auskopplung eines Trendmonitors. Oft bieten sich dafür Schwerpunktausgaben der jeweiligen Medien an. So kann zum einen die Zielgruppenbotschaft platziert, zum anderen eine entsprechende Reichweite aufgebaut werden.

Aus der Strategie ergibt sich dann das PR-Markenbild. Dies fängt an bei einem einheitlichen klaren Abbinder, der die Positionierung stützt, und einer klaren Struktur der Pressemitteilungen, klaren Definitionen, wie Markenattribute erlebt werden können. Dies kann zum Beispiel auch durch die entsprechend für das Markenleitbild passenden Unternehmensfotos und Vorstandsfotos erfolgen. Ebenso spiegeln einheitliche Pressemappen das Markenbild wider. Aber auch inhaltlich sollte eine Adaption des Markenleitbildes auf das PR-Markenbild erfolgen. Dies kann durch gezielte wiederholende Statements, Aussagen oder auch bestimmte Kompetenzschaubilder erfolgen.

Abschließend sollte man einmalig definieren, welche PR-Tonalität angewandt wird. Wird polarisiert? Welcher Sprachstil scheint zum Markenbild angebracht? Und wie wird der Umgang mit den Journalisten definiert? Wird mit Unternehmensnennungen bei Zitaten immer einheitlich umgegangen? Soll es heißen »das Münchner Unternehmen XY« (Regionalfokus in der Markenstrategie)? Heißt es »Immobilienmakler« oder »Immobiliendienstleister«? Wie soll das Unternehmen in der Öffentlichkeit positioniert werden? Welche Ansprache eignet sich für welches Medium? Wesentlich ist hierbei, dass diese Faktoren einmal definiert sind und dann auch konsequent kommuniziert werden, unabhängig davon, welcher Pressereferent die Pressemeldung schreibt.

- Machen Sie sich Ihren PR-Nutzen bewusst und entwickeln Sie so entsprechende Themen.
- Definieren Sie Ihre PR-Strategie inklusive strategischer Zielausrichtung, Medienauswahl und Definition von PR-Instrumenten.
- Übertragen Sie Ihre Markenattribute auf das PR-Markenbild.
- Sichern Sie eine einheitliche PR-Markenerscheinung in der Außenbetrachtung, auch im Hinblick auf eine entsprechende Tonalität.

## 7 Beispiele aus der Praxis

### 7.1 PlanetHome Immobilienvermittlung

**Ausgangssituation: Das Unternehmen wird nur vereinzelt wahrgenommen und dann jedoch mit falschen Attributen verbunden (B2C)**

PlanetHome ist einer der führenden Immobiliendienstleister in Deutschland und Tochter der HypoVereinsbank. Die Marke PlanetHome wurde zu Beginn 2004 primär als Dotcom-Marke wahrgenommen. Die Marktforschung hatte ergeben, dass die Marke als Immobilienbörse (bedingt durch die Markenpositionierung als Immobilienbörse im Jahr 2000) oder Bauträger wahrgenommen wurde, nicht jedoch als Immobilienmakler. Eine Präsenz in den Medien war nur vereinzelt vorhanden. Im Rahmen der Marken-PR-Strategie wurde ein neues PR-Profil erarbeitet. Hierbei wurde eine eindeutige Kommunikation des Unternehmenskerns und klare Abgrenzung zu Wettbewerbsunternehmen mittels einer klaren USP und UCP unter Berücksichtigung der entsprechenden Bezugsgruppen definiert. Im Rahmen der Pressestrategie wurde eine Two-Channel-Strategie aufgesetzt. Zum einen sollte durch die Ansprache von Massenmedien die Bekanntheit erhöht und das Markenbild repositioniert werden. Zum anderen sollten durch die bewusste Ansprache von Zielgruppenmedien Kompetenzbeweise bei Zielkunden und Multiplikatoren hinterlegt werden. Ziel war die Repositionierung der Marke vom Immobilienportal zum seriösen Immobilienmakler/-dienstleister, um so das Hauptgeschäftsfeld von PlanetHome zu stärken. Die besondere Herausforderung lag darin, ein eher negativ belegtes Bild eines Maklers durch positive Attribute wie Kompetenz, Erfahrung und Seriosität zu belegen. Unterziele waren:

- Besetzen des Themenfeldes Immobilien, Positionierung als erster Ansprechpartner, Experte und Kompetenzträger;
- Generieren von immer wiederkehrenden, spannenden Themen rund um das eher »langweilige und statische« Thema Immobilienvermittlung;
- Wahrnehmen von PlanetHome bei Redaktionen und Journalisten, um aktiv Anfragen zu Thema Immobilien zu generieren.

Neben der Anpassung von Abbinder, Internetpressecenter, Schaubildern an die neue Marken-PR-Strategie wurden als Presseinstrumente unter anderem regelmäßige Service-, Verbraucher-, Markt- und Studienmeldungen herausgegeben. Die Frequenz der Pressemeldungen und der Einsatz von Presseinstrumenten wurden immens erhöht. Als Standard wurde zweimal jährlich eine Immobilientrendumfrage etabliert, die explizit auf das Kompetenzthema Immobilien einging und auch das Thema »seriöser Makler« aufgriff. Durch einen detaillierten Verwertungsplan konnten Exklusivberichterstattungen unter anderem in der *Welt, FAZ am Sonntag, Bild München* sowie ein Serien-Special »Was Makler leisten« in *Focus Money* platziert werden. Durch Pressemeldungen konnten ergänzend Publikumszeitschriften und Tageszeitungen erreicht werden. Parallel stellten fortlaufende Interviews, z. B. *Euro am Sonntag*, und Leseraktionen wie z. B. Immobilienwertermittlung mit *Capital*, die Zielgruppenansprache sicher. Durch die Teilnahme an Wettbewerben wie z. B. »Deutschlands Kundenorientierteste Dienstleister 2007« konnten Qualitätssiegel die Positionierung in der Außenwirkung verstärken.

In einem Zeitraum von zweieinhalb Jahren gelangen ein hervorragender Aufbau einer flächendeckenden PR-Präsenz sowie eine erfolgreiche Markenpositionierung als renommierter Immobilienexperte, sowohl regional als auch überregional. Das Unternehmen konnte die Anzahl der Medienkontakte/Clippings in diesem Marktsegment um über 300 Prozent steigern und einen Anzeigenäquivalenzwert von über 300 000 Euro erwirtschaften. PlanetHome wird inzwischen fortlaufend aktiv von Journalisten rund um das Kompetenzthema Immobilien als Experte befragt.

### 7.2 PlanetHome Finance – Immobilienfinanzierung B2B

**Ausgangssituation: Das Unternehmen ist nicht bekannt/die Produktsparte ist neu (B2B)**

PlanetHome Finance ist die B2B-Sparte von PlanetHome und unterstützt insbesondere Banken und Vermittlung bei der professionellen Abwicklung ihrer Baufinanzierungssparte. PlanetHome gehört in diesem Bereich zu den führenden Anbietern. Ausgangssituation war, dass dieser Bereich von PlanetHome kaum dem Fachpublikum bekannt war. Die Wahrnehmung fokussierte sich primär auf den B2C-Bereich und die inzwischen aufgebaute Positionierung als Immobiliendienstleister/-makler. Die Herausforderung zu Beginn 2007 war die Vorstellung dieser neuen Produktsparte im Sinne einer Marken-PR für die neue Submarke PlanetHome Finance bei Entscheidern von Banken und Sparkassen. Für den PR-Launch des neuen Segments wurde zur Abgrenzung der Sparte durch Journalisten der Zusatz »Finance« gewählt. Im Rahmen der PR-Strategie wurden die Kompetenzfelder aufgebaut und gezielt meinungsbildende Medien (Multiplikatoren) ausgewählt. Schwerpunkt dieser PR-Strategie war eine gezielte Ansprache von Entscheidermedien. Kern der Strategie war eine Entscheiderstudie, die die aktuelle Situation im Baufinanzierungsmarkt, Gefahren und Chancen sowie Einschätzungen zu neuen innovativen Ansätzen (Produkte PlanetHome) darstellt. Durch TNS Infratest wurden über 100 Entscheider von Banken und Sparkassen befragt. Das Ergebnis: Die Studie wurde im Rahmen von Interviews exklusiv in den Medien *Die Bank*, *Bank & Markt* umfassend vorstellt. Die *FAZ* veröffentlichte einen Artikel mit dem Titel »Baufinanzierung im Umbruch«, ebenso wurde ein umfassender Artikel in *Handelsblatt online* positioniert. Weitere Baufinanzierungsclippings, z. B. in *Cash*, wurden erfolgreich mittels entsprechender Pressemeldungen generiert. Die pressetechnische Einführung einer neuen Produktsparte im Rahmen der PlanetHome-Gruppe konnte erfolgreich realisiert werden, die Submarke PlanetHome Finance etabliert und so optimale Ansätze für den Vertrieb geschaffen werden.

### 7.3 Namhaftes Unternehmen

**Ausgangssituation: Das Unternehmen ist bekannt, jedoch kaum in der Presse wahrgenommen (B2C)**

Die Ist-Analyse des Unternehmens hatte ergeben, dass es kaum mit einem bestimmten Produktbereich in Verbindung gebracht wurde, obwohl dieser bereits seit Jahren angeboten wurde. Presseaktivitäten zu diesem Bereich waren nur im Rahmen einer ganzheitlichen Pressestrategie erfolgt.

Folgend wurde eine eigene Marken-PR-Strategie für dieses Produktsegment unter Berücksichtigung der Gesamt-PR-Strategie entwickelt. Ziel war es, eine Kompetenzführerschaft aufzubauen. Schwerpunkt waren Maßnahmen, die das Profil des Unternehmens in diesem Fachbereich stärken und den Journalisten diesen Kompetenzbereich aufzeigen. Neben Aktivitäten, die auf die Kompetenz einzahlen, wurde entscheidend die Frequenz erhöht, um eine Wahrnehmung für dieses Thema bei Journalisten zu erzeugen. Als Presseinstrumente wurden Interviews mit Key-Medien mit Multiplikatorenfunktion, eine Pressekonferenz, auf der eine breit aufgesetzte Studie zum Fachbereich mit Gastrednern aus der Wissenschaft vorgestellt wurde, Round-Table-Expertengespräche, Zweitvermarktung der Studie über Exklusivplatzierungen und Pressemitteilungen, ein gesonderter Presseansprechpartner, Presseservice-Tools und kontinuierliche Journalistenservices wie volkswirtschaftliche Markteinschätzungen eingesetzt.

Das Unternehmen verzeichnete nach rund neun Monaten eine verstärkte Wahrnehmung in diesem Bereich und ihm wurde die Kompetenz für dieses Unternehmensfeld zugeschrieben, was eine entsprechende Marktforschung ergab und sich auch in den Clippings widerspiegelte.

## 8 Marken-PR-Quick-Check

Überprüfen Sie anhand folgender Schlüsselfragen in einem Quick-Check Ihre Presseresonanz und Ihre Marken-PR-Strategie. Sie erhalten auf dieser Basis Ansatzpunkte, um Ihre PR-Arbeit gezielt weiter auszubauen.

## Check der Presseresonanz/Ausgangssituation

### Ihre Situation

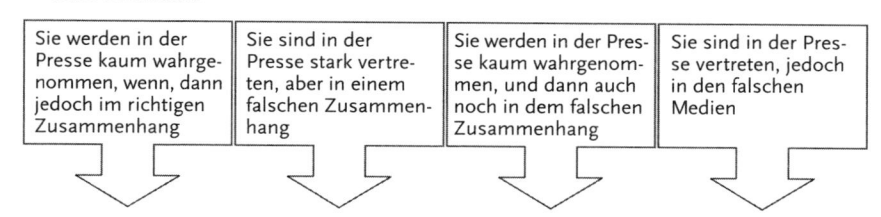

| Sie werden in der Presse kaum wahrgenommen, wenn, dann jedoch im richtigen Zusammenhang | Sie sind in der Presse stark vertreten, aber in einem falschen Zusammenhang | Sie werden in der Presse kaum wahrgenommen, und dann auch noch in dem falschen Zusammenhang | Sie sind in der Presse vertreten, jedoch in den falschen Medien |
|---|---|---|---|

⬇ ⬇ ⬇ ⬇

### Handlungsempfehlung

| Erhöhen Sie Ihre Frequenz, prüfen Sie Ihre Themenrelevanz und testen Sie neue PR-Instrumente zur Themengeneration, z. B. Studien. Überprüfen Sie Ihre Verteiler im Hinblick auf Anzahl der Journalisten und korrekte Daten. Kann dies weiter ausgebaut werden (z. B. mit Zimpel)? | Ihr Unternehmensprofil oder Ihre Produktbotschaft ist bei den Journalisten nicht präsent. Überprüfen Sie Ihre PR-Strategie und Ihre UCP, wie können Sie ein klareres Profil schaffen und dies auf PR-Instrumente anwenden (z. B. Abbinder)? | Verfahren Sie wie bei 1 und 2 | Überprüfen Sie Ihre Verteiler auf Medienauswahl. Sind die wichtigen Medien und die richtigen Ressortleiter vertreten? Sprechen Sie gezielt Ihre Top-Medien an. Lernen Sie die Ansprechpartner Ihrer A-Medien kennen, durch Interviews, Telefonate, Kooperationen, Anbieten von exklusivem Content. Sprechen Ihre derzeitigen Themen diese Medien an? Gibt es einen Themenmehrwert für Ihre Top-Medien? |

*Tipp: Weitere Details finden Sie insbesondere im Bereich der PR-Markenstrategie*

## Strategie-Check

|  | Ja | Nein |
|---|---|---|
| Kennen Sie das Markenbild Ihres Produktes/Unternehmens mit seinen Attributen? | O | S |
| Haben Sie Ihre PR-Strategie schriftlich festgehalten? Sind Ihre Ziele, Maßnahmen und Zielgruppen definiert? | O | S |
| Wissen Sie, welche Medien für Sie die wichtigsten sind? | O | Z |
| Kennen Sie die USP (Unique Selling Proposition), den einzigartigen Verkaufsvorteil Ihres Produktes/Unternehmens? | O | S |
| Sie haben bereits für sich eine Unique Communication Proposition definiert? | O | S |
| Sie kennen Ihre PR-Bezugsgruppen und überprüfen diese auf Korrelation mit Ihren PR-Aussagen? | O | Z |
| Ihre PR-Strategie ändert sich tagtäglich, je nach den Vorlieben der Geschäftsführung? | O | S |
| Sie kennen Ihre PR-Ziele? Diese werden von den Unternehmenszielen abgeleitet? | O | Z |
| Ihre Markenbotschaft kommt beim Verbraucher richtig an? | O | S |
| Haben Sie individuelle Journalistenverteiler und ein Ranking nach A-, B-, C- Journalisten? | O | Z |

**Sie haben »S« vermerkt?**

Dann werfen Sie einen kritischen Blick auf Ihre Strategie (S). Bestimmen Sie gemeinsam mit Marketing und Geschäftsführer Ihre USP und ein klares Markenbild, z. B. mit dem Markenrad. Definieren Sie Ihre UCP und eine klare PR-Positionierung. Sorgen Sie für Kontinuität in Ihrer Pressestrategie und vermeiden Sie laufend neue Ausrichtungen, nur so können Botschaften langfristig klar etabliert und vom Verbraucher gelernt werden. Optimieren Sie Ihre Markenbotschaft. Nur wenn Ihre PR-Strategie und Ihre Markenstrategie aus einem Guss sind, ist eine optimale Wahrnehmung beim Verbraucher garantiert. Widersprüchliche Aussagen erschweren die Wahrnehmung und Erinnerung bei Rezipienten.

*Tipp: Weitere Details finden Sie insbesondere im Bereich der PR-Markenstrategie, PR-Positionierung*

**Sie finden ein »Z« in Ihren Antworten?**

Werfen Sie einen kritischen Blick auf Ihre PR-Ziele (Z) und Ihre Zielgruppen. Schreiben Sie Ihre PR-Ziele nieder, und überprüfen Sie, ob diese auch mit den Unternehmenszielen übereinstimmen.

Überprüfen Sie Ihre Themenauswahl auf die Relevanz der von Ihnen bevorzugten Medien. Definieren Sie Medien, die Ihre Zielgruppen lesen, z. B.

mit einer Zielgruppen-Mediaauszählung. Überprüfen Sie Ihre Verteiler – sprechen Sie die richtigen Journalisten an und sind die für Sie wichtigen Medien vertreten? Sprechen Sie gezielt Ihre A-Medien auf z. B. Leseraktionen oder Verlagskooperationen an. Nur wenn Ihre Botschaften neben dem »Grundrauschen« auch die richtigen Zielgruppen erreichen, kann eine Reaktion erfolgen.

*Tipp: Weitere Details finden Sie insbesondere im Bereich der PR-Markenstrategie, PR-Ziele und Zielgruppen*

# Mit PR auf Kundenfang

Jörg Forthmann

## 1 Einleitung

Die Geschäftsleitungen in deutschen Unternehmen schichten die Kommunikationsbudgets massiv um: Werbung verliert, Direkt- und Eventmarketing gewinnen. Und PR? Die Pressearbeit wäre für viele Aufgabenstellungen ob des sehr guten Kosten-Nutzen-Verhältnisses geradezu prädestiniert, die umzuschichtenden Budgets auf sich zu ziehen. Das Hindernis: Viele PR-Verantwortliche quälen sich mit der Anforderung, über die klassischen Zieldimensionen Image und Bekanntheit hinauszugehen und Vertriebserfolg herzustellen. Zwar gehört Produkt-PR schon seit vielen Jahren zum geübten Repertoire der Presseverantwortlichen. Doch auch hier maß man sich oft genug nur an Reichweiten – also an der Wahrnehmung durch den Verbraucher. Das reicht nicht mehr. So wie es Werber und Marketingleute bereits seit vielen Jahren kennen, werden nun auch die Presseabteilungen und PR-Agenturen zunehmend nach ihrem konkreten Nutzenbeitrag zum Unternehmenserfolg gefragt. Und das heißt zumeist: »Wie viel Umsatz haben wir durch eure Arbeit mehr gemacht?« Eine unangenehme Frage, wenn man sich bislang in der Erfolgsmessung mit Ordnern von Clippings, Reichweiten, Anzeigenäquivalenten[1], Bekanntheit oder Image-Items begnügt hat. Wer jetzt nur an der Erfolgsmessung dreht, springt zu kurz. Denn die zugrunde liegende Herausforderung wird lediglich an der Erfolgsfrage deutlich. Pressestellen und PR-Agenturen sollen vertriebsunterstützende PR leisten, also Vertriebsplattformen schaffen oder Leads[2] generieren. Das ist deutlich mehr, als bislang unter der Überschrift »Produkt-PR« geleistet wurde, wo es vor allem um mediale Sichtbarkeit von Produkten und Dienstleistungen ging. Nun reicht nicht mehr die Sichtbarkeit. Der Vertrieb soll Absatzchancen eröffnet bekommen.

Doch kann das die PR überhaupt? Bei dieser Frage sind die Fach- und Führungskräfte sehr selbstbewusst. Gerade bei erklärungsbedürftigen Pro-

---

1) Evaluations-Tool der PR: Größe des redaktionellen Beitrags in Verhältnis zum Anzeigenpreis.

2) Kaufimpuls, der durch eine werbliche Maßnahme hervorgerufen wird.

*Praxishandbuch Public Relations*. Herausgegeben von Jörg Forthmann
Copyright © 2008 WILEY-VCH Verlag GmbH & Co. KGaA, Weinheim
ISBN 978-3-527-50329-0

dukten, bei Dienstleistungen und im Business-to-Business-Geschäft sehen sie sich klar im Vorteil gegenüber der klassischen Werbung. Der Grund: Hier kommt es auf Kompetenzwahrnehmung, auf das Überzeugen und auf Nutzwerte an, die der Kunde beim Kauf verspürt. Im Gegensatz hierzu geben PR-Verantwortliche der Werbung klar den Vorzug bei Massenprodukten, die im harten Preiswettbewerb stehen – also zum Beispiel bei Joghurt, Benzin oder Last-Minute-Reisen. Dies ergab der PR-Trendmonitor 2007, eine vierteljährliche Umfrage unter rund 2 500 Fach- und Führungskräften der PR von news aktuell und Faktenkontor.

Mit der konkreten Umsetzung in Vertriebs-PR tun sich die PR-Schaffenden unterdessen deutlich schwerer. Hier lohnt ein Blick über die Abteilungsgrenzen hinweg – hinüber zu den Kolleginnen und Kollegen von Marketing und Werbung. In diesen Disziplinen wurden nämlich in den letzten Jahrzehnten sehr hilfreiche Analysen und Marktforschungsinstrumente entdeckt, um die Zielgruppen mit ihren Wünschen, Nöten, Problemen und Sorgen, ihren Träumen und Ängsten, ihrem verfügbaren Einkommen und ihren persönlichen Zielen genau kennenzulernen. Dieses Lernen über den Kunden, das Eintauchen in die Zielgruppe nehmen PR-Leute nicht ernst und verzichten darauf. Doch wer jemandem etwas verkaufen möchte, muss seinen Kunden genau kennen. Oder anders gesagt: Vertriebs-PR funktioniert nur, wenn man seine Kunden bis in den Bauch hinein ausgekundschaftet hat. Denn Kaufentscheidungen sind im Wesentlichen Bauchentscheidungen. PR-Konzepte auf Basis von Marktanteilen, Unique Selling Propositions (USPs) und einem dicken Stapel von Mediadaten müssen scheitern. Zuerst müssen wir lernen, was den Menschen wirklich bewegt. Was ihn zum Kauf motivieren könnte. Wem er vertraut. Wie er im Innersten entscheidet.

Das ist ein hartes Stück Arbeit. Also, wie tickt unser Konsument?

## 2 Der Konsument als Individuum

Das Kennenlernen der Zielgruppe beginnt mit groben Einordnungen, um Handlungsmuster und prägende Motivatoren zu erkennen. Da gibt es zum Beispiel die so genannten *Tugendhaften:* Wer sie beim Einkaufsverhalten beobachtet, wird vor allen Dingen einen Grundsatz wiedererkennen: das Sparen. Es ist zu erwarten, dass diese Gruppe keine unüberlegten Kaufentscheidungen tätigt. Ihr Geld geben sie meist nur für wirklich Notwendiges und Brauchbares aus. Deshalb lösen Tugendhafte auch keine besonderen Wachstumsimpulse aus. Die Tugendhaften werden für die Vertriebs-PR nur dann interessant, wenn es um die Verteidigung oder das Ausbauen von Marktanteilen in gesättigten Märkten geht.

Die *Hungrigen* gelten zwar als Heavy Consumers. Sie sind hungrig auf den Besitz von Statussymbolen. Bei ihnen steht aber nicht der besondere Wert oder die Marke im Mittelpunkt der Kaufentscheidung, sondern der reine Besitz eines bestimmten Produktes. In den meisten Fällen achten sie nicht auf die Qualität. Wenn gerade Flachbildschirme en vogue sind, kaufen sie sich auch einen. Sie gehören zu den »Early Adopters«, also den frühen Nutzern einer Produktneuheit, haben oftmals jedoch nicht das nötige Einkommen, um Neuheiten sofort bei Markteintritt zu erwerben. Also wird der Flachbildschirm gekauft, wenn er erstmals im Sonderangebot ist. Hungrige definieren ihren Status über das, was sie besitzen, und leben das auch in ihrem sozialen Umfeld aus: »Lass uns doch am Samstag die Bundesliga bei mir zu Hause gucken. Ich habe jetzt einen richtig großen Flachbildschirm an der Wand hängen. Das musst du sehen!« Sie beschleunigen zwar den Umsatz bei Unternehmen wie Praktiker und Saturn, außerhalb der preisaggressiven Segmente sorgen sie allerdings für keine besonderen Umsatzimpulse.

Die *Selektiven* gelten als neue, bewusste Kunden, für die der Konsum keine besondere Bedeutung hat. Obwohl sie über das nötige Geld verfügen, zögern sie beim eigentlichen Kauf, weil die Unternehmen ihre Sehnsüchte und Wünsche häufig nicht bedienen können. Diese Käufergruppe ist für Unternehmen, die außerhalb der preisaggressiven Produktgruppen agieren wollen, sehr attraktiv und liefert perfekte Anknüpfungspunkte für die PR-Arbeit. Die Selektiven kaufen einen BMW wegen des Fahrgefühls. Sie greifen zu Bio-Lebensmitteln aus Verantwortung für die Natur und weil Bio-Brot und -Fleisch »wirklich besser schmecken«. Und wenn sie im Italien-Urlaub sehen, welchem Olivenöl der Koch vertraut, kann es sein, dass sie zu Hause danach im Supermarkt suchen – denn »im Ristorante hat es damals wirklich viel besser geschmeckt als mit dem Olivenöl, das wir bis dahin hatten«. Man ahnt es, der Preis ist bei Selektiven eher zweitrangig. Genuss, Freude, Erfüllung, Geborgenheit, Abenteuer – das sind Dimensionen, die zum Kauf motivieren und gezielt durch die PR adressiert werden können.

Auch der US-Psychologe Barry Schwartz hat sich in seinem Buch *The Paradox of Choice* den verschiedenen Konsumentengruppen gewidmet. Für ihn zählen die so genannten *Maximizer*[3] zu den selektiven Käufern. Sie wägen ihre Kaufentscheidungen sehr genau ab und treffen diese sowohl nach dem Preis-Leistungs-Verhältnis als auch nach dem eigentlichen Nutzen und dem Mehr-

---

3) Vgl. Schwartz, Barry: *The Paradox of Choice*, 2005.

wert eines Produktes. Häufig sind sie von der Vielfalt der Angebote überlastet und fühlen sich von komplexen Kaufentscheidungen überfordert. Neben den rationalen Indikatoren spielen auch emotionale Motive beim Kauf eine Rolle.

Zu der Kategorie der *Satisfyer*[4] zählen die Gruppen der Hungrigen und Tugendhaften. Ihre Kaufentscheidungen fallen meist schnell und orientieren sich schlicht am Preis. Bei ihnen wirkt häufig die aggressive Kommunikation des niedrigen Kaufpreises gepaart mit dem Nutzwert des Produktes. Ihre Käufe dienen als emotionale Befriedigung und als Ausgleich zu fehlenden Statussymbolen. Daraus resultiert für die PR, dass sie sich auf die preisaggressive Kommunikation konzentrieren muss.

Die fünf genannten Typologien führen bereits zu maßgeblich unterschiedlichen Strategien in der Vertriebs-PR. In einem zweiten Schritt kommt es nun darauf an, möglichst viel über die Zielgruppe zu lernen. Dabei sollten PR-Leute intensiv die Marktforschungsergebnisse der Verlage nutzen. Sie wurden zwar für die Werbetreibenden erhoben, um ihnen eine möglichst effiziente Mediaschaltung zu ermöglichen. Doch für die Pressearbeit lassen sich diese Daten ebenfalls hervorragend nutzen – zumal sie in der Regel kostenfrei bereitgestellt werden.

[4] Vgl. Schwartz, Barry: *The Paradox of Choice*, 2005.

### 2.1 Interessante Marktforschungsergebnisse zu Konsumenten im Internet

- Mediadaten der Publikumszeitschriften des VDZ (www.pz-online.de)
- Burda Community Network: Typologie der Wünsche (www.tdwi.com)
- Focus Magazin Verlag: Communication Networks (www.medialine.de)
- Verlagsgruppe Bauer: Verbraucher-Analyse (www.bauermedia.com)
  Gruner+Jahr: KommunikationsAnalyse (Frauen), FamilienAnalyse, Imagery, MarkenProfile, Wohnen+Leben, ACTA, AWA, AWA First Class, LAE (gujmedia.de)
- Axel Springer: Verbraucher-Analyse, LAE, AWA First Class (www.mediapilot.de)
- Spiegel: AWA, AWA First Class, ACTA, LAE, Outfit 5, Typologie der Wünsche, Top Level (media.spiegel.de)
- GWP: AWA, ACTA, LAE, Entscheidungsträger Berlin (www.gwp.de) Arbeitsgemeinschaft Leser-Analyse Entscheidungsträger: LAE (www.lae.de)

Das Stöbern in den Marktforschungsdaten ist einerseits erfreulich, denn es finden sich viele Ergebnisse, die eine Zuspitzung der Pressearbeit erlauben und damit eine höhere Effizienz in der Kommunikation. Andererseits bleiben viele Fragen unbeantwortet. Wer diese Lücken auffüllen möchte, kann eine eigene Marktforschung initiieren. Oftmals reicht es aber auch, Diskussionen in so genannten Fokusgruppen zu verfolgen, zu denen das Unternehmen oder ein beauftragter Marktforscher einlädt. Die Gruppe kann zu vorgegebenen Fragestellungen diskutieren, woraus sich interessante Ableitungen für die Pressearbeit ergeben. Wichtig ist bei Fokusgruppen, dass die Diskussion nicht zu eng gesteuert wird. Dieses Instrument lebt von überraschenden Aussagen der Probanden.

Aus den intensiven Nachforschungen ergibt sich ein Mosaik – möglicherweise an manchen Stellen mit Lücken –, das die konkreten Ansatzpunkte aufzeigt, wo Vertriebs-PR in der Zielgruppe ansetzen sollte.

## 3 Stolpersteine in der Vertriebs-PR

Bei den Beobachtungen im Kaufverhalten ist eines besonders auffällig: Der Konsument leidet an einer extremen Reizüberflutung und nimmt Werbung keinesfalls mehr als immer positiv wahr. Er ist genervt von dem Übermaß an Kommunikation, das auf ihn hereinprasselt, und schon zu häufig von Werbeversprechen enttäuscht worden. Er sehnt sich danach, dass seine eigentlichen Bedürfnisse erhört und ihm Themen angeboten werden, die seinen Tagesablauf unterstützen. Laut aktuellen Analysen des Rheingold-Instituts vertraut er auf so genannte Ratgeberangebote und einer Kommunikation, die besondere Lebenskonzepte oder »Guidelines« verkörpern. Diese Chance, »Rat-Geber« für den Kunden zu sein, nutzen noch viel zu wenige Pressestellen. Dabei ist gerade dieser Ansatz hervorragend für die Vertriebs-PR geeignet, wenn eine Entscheidung komplexitätsbehaftet ist. Die betriebliche Altersvorsorge ist ein gutes Beispiel: Der Verbraucher ist hoffnungslos überfordert, würde aber gerne für den Ruhestand stärker vorsorgen. Aufgrund der verschiedenen Durchführungswege mit ihren unübersichtlichen Vor- und Nachteilen scheut der Kunde jedoch davor zurück, eine Entscheidung zu treffen. Hier kann ein Unternehmen gezielt in den Medien mit Ratgeberinformationen, mit einer Ratgeberbroschüre zum Abfordern oder mit einem kurzen Leserserviceangebot »Welche Altersvorsorge für Sie die beste ist« auf das eigene Unternehmen aufmerksam machen. Von einer derartigen PR-Kampagne würde auch der Vertrieb profitieren, denn durch das Abfordern von Ratgeberbroschüren und durch den Leserservice gehen qualifizierte Leads ein, die von den Vertriebskollegen – mit dem nötigen Feingefühl – verfolgt werden können. Weitere Instrumente zum Provozieren von Leads sind Veranstaltungen oder Benchmark-Analysen. Letztere eignen sich sehr gut im Business-to-Business-Kontakt, denn Entscheidern kann durch eine Benchmark-Analyse aufgezeigt werden, wo sie Handlungsbedarfe haben und um welche Problemfelder sie sich vorrangig kümmern sollten. Wenn eine Benchmark-Analyse klug aufgesetzt ist, ergibt sie direkte Anknüpfungspunkte für das anschließende Verkaufsgespräch. Veranstaltungen und Benchmark-Analysen führen möglicherweise zum Stirnrunzeln bei Presseverantwortlichen: Ist das noch PR? Ja, denn diese Instrumente sind besonders dann responseintensiv, wenn sie gemeinsam mit einem renommierten Medienpartner realisiert werden. Dies erhöht die Glaubwürdigkeit, und die breite Streuung durch den Medienpartner sorgt erfahrungsgemäß für eine höhere Resonanz als bei Kampagnen, die in Eigenregie durchgeführt werden. Medienpartnerschaften können ein wichtiger Katalysator für die vertriebsunterstützende Pressearbeit sein und lassen sich zunehmend leichter vereinbaren, da Verlage selten die finanziellen Möglichkeiten haben, gute Leserservices aus eigener Kraft zu finanzieren.

In den Medien können Ratgeber- und Informationsangebote systematisch so aufgebaut werden, dass eine Kompetenzwelt für den Konsumenten entsteht, in der er sich gern bewegt und durch die er an das Unternehmen herangeführt wird. Dies kann nur geschehen, wenn die PR-Fachleute ihre Verbraucher weit über die »normalen« Pressemeldungen hinaus ansprechen.

Besonders relevant für PR-Maßnahmen ist das Auslösen von Betroffenheit im Zielpublikum. Dabei unterscheidet man persönliche, emotionale und fachliche Betroffenheit: Persönliche Betroffenheit wird durch Nachrichten ausgelöst, die den Menschen persönlich betreffen, also zum Beispiel die Ankündigung von Benzinpreiserhöhungen bei Autofahrern. Die Nachricht über steigende Benzinpreise könnte zugleich auch emotionale Betroffenheit auslösen, wenn sie als großes Ärgernis, als Betrug am Verbraucher oder als ungerecht empfunden wird. Fachliche Betroffenheit wird hingegen adressiert, wenn jemand mit Informationen zu seiner beruflichen Tätigkeit angesprochen wird. Dabei kann auch bei einer Hausfrau fachliche Betroffenheit ausgelöst werden, zum Beispiel mit der Nachricht, dass der Boden einer Erdbeertorte fest bleibt, wenn zwischen Erdbeeren und Boden eine dünne Schicht aus Vanillepudding aufgetragen wird. Dieses Beispiel löst Schmunzeln aus? Dr. Oetker und das Maggi Kochstudio sind exakt mit dem Adressieren dieser Art von fachlicher Betroffenheit bei Hausfrauen sehr erfolgreich.

Betroffenheiten lassen sich nur dann zielgerichtet provozieren, wenn man seine Kunden vorab genau analysiert hat und weiß, wo »im tiefen Inneren des Menschen« die Punkte sitzen, auf die empfindlich reagiert wird. Dies kann die Verzweiflung von Steuerzahlern bei der jährlichen Steuererklärung sein, wo einfache Tipps des *Großen Konz* auf fruchtbaren Boden fallen: »Vielleicht sollte ich mir doch mal dieses Buch kaufen!« Denkbar ist aber auch die Nachricht von mängelfreien japanischen Autos, die bei werkstattgeplagten Daimler-Fahrern persönliche und emotionale Betroffenheit auslöst.

Das Identifizieren von Ansatzpunkten, wo in der Zielgruppe die Betroffenheit besonders hoch ist, führt in der Regel zu einem wichtigen Eckpunkt der Vertriebs-PR-Strategie: dem USP. Der USP in der PR unterscheidet sich allerdings mitunter stark vom Marketing-USP. Wichtig für die PR-Kommunikation ist, dass er sich inhaltlich definiert und aus der Sicht des Kunden klar formuliert ist, also zum Beispiel: »Bei der Commerzbank gibt es die beste Beratung in der Geldanlage.« Im Marketing könnte der USP hingegen lauten: »Wir sind die größte und erfolgreichste Privatkundenbank Deutschlands!« Egozentrik funktioniert allerdings in der PR nicht. Der Konsument muss den einzigartigen Mehrwert des Produktes sofort begreifen und ihn für sich verinnerlichen. Dies gelingt nur, wenn der Mehrwert in der richtigen Tonalität der Zielgruppe vermittelt wird. Durch die Kombination aus der inhaltlichen Definition des Mehrwertes und der adäquaten Ansprache des Kunden kann es die PR schaffen, ohne werbliche Maßnahmen dem Konsumenten seine Thematik zu »verkaufen«. Denn nur wenn der Konsument richtig vermittelt bekommt, warum er einem Unternehmen vertrauen sollte, wird er bereit sein, Geld zu investieren. Nun wissen wir, *was* wir vermitteln wollen. Jetzt geht es um den *Weg* zum Kaufentschluss.

### 4 PR begleitet bis zum Kauf

Das Werbewirkungsmodell *AIDA* beschreibt vier Phasen, die ein Kunde bis zum finalen Kauf durchläuft: *A*ttention, *I*nterest, *D*esire und *A*ction. Bisher konzentrierte sich die PR in ihrer Kommunikationsstrategie üblicherweise auf die Punkte Attention und Interest. Die Überführung von potenziellen Kunden in die Stufen Desire und Action unterblieb. In der vertriebsunterstützenden PR gilt es jedoch, den Käufer komplett entlang der Kette zu begleiten und ihn zum Kauf zu bewegen. Das heißt nicht, dass die Pressestelle nun plötzlich selber verkauft. Vielmehr sind PR-Konzepte gefordert, in denen die Übergabe von Interessierten an den Vertrieb systematisch hinterlegt ist. Dies konzentriert sich in der Regel auf zwei Fragestellungen: Welche Vertriebsfläche kann PR schaffen, die dann durch die Vertriebskollegen genutzt wird, oder wie kann PR qualifizierte Leads generieren, die durch den Vertrieb aufgenommen und betreut werden?

## 4.1 Von der Kommunikation zum Vertrieb mit der HVB Group

Die HVB Group ist die zweitgrößte private Großbank in Deutschland und mit der Bank Austria Creditanstalt Marktführer in Österreich. Mit 60 000 Mitarbeitern und 9,8 Millionen Kunden in 18 Ländern ist sie die Nummer eins in den Märkten Deutschland, Österreich sowie Zentral- und Osteuropa. Um sich als Spezialist für Central and Eastern Europe (CEE) zu positionieren und einen höheren Bekanntheitsgrad bei Firmenkunden zu erlangen, startete die Gruppe eine umfassende Kommunikationskampagne anlässlich der Osteuropaerweiterung der Europäischen Union. Besonders im Vergleich zu anderen Banken war die Bekanntheit der HVB-Gruppe außerhalb von Bayern ausbaufähig.

Um sich als Central-and-Eastern-Europe-Experte bei mittelständischen Unternehmen, aber auch bei Analysten und Medien zu positionieren und eine grenzüberschreitende Zusammenarbeit zu fördern, bot die HVB Group mittelständischen Entscheidern ein umfangreiches Informationspaket an. Mit diesen Informationen sollte den Managern die Expansion nach Osteuropa bzw. das Verlagern von Produktionskapazitäten in die Region erleichtert werden. Im Zentrum der Kampagne stand das »Go-East-Paket« mit einem umfangreichen Set an Länderinformationen. Dieses Paket wurde ergänzt um regionale Expertenforen und eine CEE-Roadshow. Federführend in der Kommunikation war in diesem Fall die Marketingabteilung. Diese stand im engen Kontakt mit der PR-Abteilung, so dass beide Kommunikationsbereiche an einem Strang zogen.

Durch das Zusammenspiel sollte neben der Bekanntheit auch zusätzlicher Ertrag generiert werden. In diesem Zusammenhang wollte das Unternehmen Potenziale bei Bestandskunden ausschöpfen und Neukunden akquirieren. Dabei wurde ein Zeitraum von mehreren Jahren eingeplant. Alle Ziele unterlagen einem systematischen Controlling. Es wurden sowohl die Zahlen der Interessentengewinnung, der »Go-East-Paket«-Bestellungen als auch der Terminvereinbarungen zur Neukundengewinnung gemessen.

Für die PR bedeutete dies durch den gezielten Einsatz von Presseworkshops, Vorstandsinterviews und Veröffentlichung der Geschäftsberichte der HVB den Aufbau einer Kompetenzführerschaft in den Medien.

Parallel zu den PR-Maßnahmen schaltete die HVB Group im Laufe der ausgereiften Kommunikationskampagne in deutschen und osteuropäischen Wirtschaftsreihen Anzeigen. Darüber hinaus erschienen Zeitungs-

und Magazinbeilagen, in denen Firmen aufgefordert wurden, das »Go-East-Paket« mit Wirtschaftsdaten und Investitionsleitfäden über die Beitrittsländer abzurufen. Innerhalb von drei Monaten forderten bereits mehr als 1 800 Unternehmen diese Informationen an. 120 weitere vereinbarten sofort einen Termin bei einem Firmenkundenbetreuer. Die Interessenten, die ihre Daten freigegeben haben, erfasst die HVB Group in einer Datenbank. Die Adressen werden für dezentrale Mailingaktionen oder Einladungen zu regionalen Veranstaltungen an den Vertrieb weitergegeben.

Die HVB-Gruppe hat sich mit ihrer integrierten Marketingkampagne an der AIDA-Kette entlanggehangelt. Durch gezielte Platzierungen wurden die Firmenkunden aufmerksam gemacht und das Interesse geschürt. Schließlich wurde die Kommunikation so weit zugespitzt, dass es zu Vertragsabschlüssen kam – also Action erfolgte.

## 5 Angefangen beim altbekannten Punkt: Attention und Interest

Verschiedene Formate sorgen für Aufmerksamkeit beim Kunden. Werbung wird zwar wahrgenommen, aber nicht als positiv bewertet. PR dagegen öffnet Türen: Aufmerksamkeit erregen, ohne zu belästigen. Und trotz dieser einmaligen Chance passieren hier noch zu viele Fehler.

Häufig fehlt es den PR-Fachleuten an dem nötigen Werkzeug, um zunächst bei den Journalisten und final auch bei dem Konsumenten positiv aufzufallen. Hohe Distanz, Subjektivität beim Formulieren von Pressemitteilungen und das fehlende Timing sind nur einige Fehler, die in der PR-Kommunikation entstehen. Bereits beim Formulieren der Pressemitteilung geht es los. Mehr als die Hälfte aller PR-Agenturen geben selbst zu, dass ihre Pressemitteilungen zu marketinglastig sind. In der Vertriebs-PR ist diese Gefahr besonders hoch, denn allzu oft wird das eigene Produkt in den Mittelpunkt gestellt und nicht die Sorgen, Nöte oder Wünsche der Zielgruppe.

Seien es Vorgaben aus den Vorstandsreihen oder aktuelle Geschäftsentwicklungen – meist sind es die aus Sicht der anderen Geschäftsabteilungen wichtigen Inhalte, die an die Öffentlichkeit gereicht und an die Presse »verkauft« werden müssen. Doch nur allein mit diesen Themen wird es keinem Unternehmen gelingen, eine Themenführerschaft auf einem Gebiet aufzubauen. Die Pressestellen sind in der Zwickmühle, aus dem eigenen Haus vor allem mit wenig nützlichen Informationen überspült zu werden, während es an originären und nachrichtenrelevanten Fakten fehlt, um eine Themen- oder Kompetenzführerschaft im Markt aufzubauen. Dabei sind diese Meinungsführerschaften sehr oft der entscheidende Schlüssel, um über PR den Vertrieb zu unterstützen, denn im Kopf des Kunden muss der Eindruck reifen: »Wenn mir einer helfen kann, dann die. Die kennen sich aus!«

Um eine positive Aufmerksamkeit beim Leser, aber auch beim Journalisten zu erregen, ist das Erstellen von Studien gut geeignet. Hierbei können verschiedene Marktforschungsmodule hilfreich sein. Für die Marktforschung häufig angewandt und kostengünstig: Umfragen beim Endverbraucher oder beim Fach- und Führungspersonal im Internet. Leider kann es dabei zu enormen Einbußen in der Teilnehmerzahl kommen. Kooperationen mit Verbänden oder Medien helfen, eine möglichst hohe Anzahl an Befragten für eine Trendumfrage zu gewinnen. Diese Partner sind zugleich hilfreiche Katalysatoren für den Vertrieb, denn sie »adeln« den Anbieter als marktführendes und solides Unternehmen. Außerdem kommt man in direkten Kontakt mit dem Verbraucher und kann sich zum Beispiel mit einer individuellen Benchmark-Studie für die Teilnahme bei einem Fachpublikum bedanken. Klug inszeniert lassen sich daran weitere Kontaktpunkte anknüpfen, die dem Vertrieb höchst willkommen sein dürften.

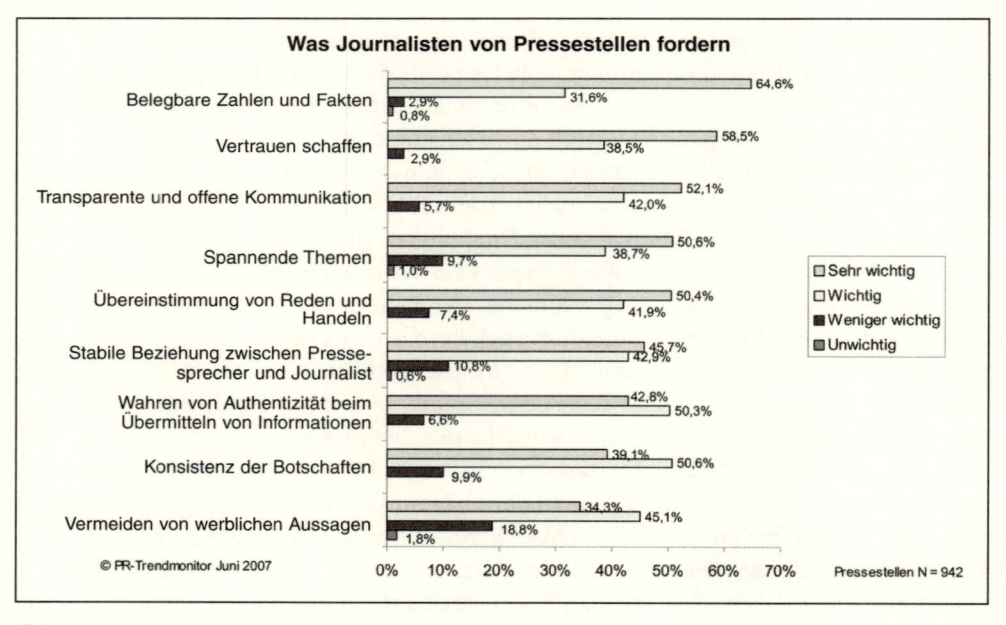

**Abb. 1** Fakten öffnen die Türen in die Redaktionen

Für repräsentative Ergebnisse sorgen im Gegensatz zu Trendumfragen so genannte Busumfragen. Marktforschungsgesellschaften befragen dabei 500 bis 1 000 Endverbraucher zu einzelnen Fragen. Auch diese Variante ist erschwinglich: Mit weniger als 1 300 Euro pro Frage setzen Unternehmen dieses Marktforschungsinstrument gerne ein. Durch eine gekonnte Fragestellung besteht die Möglichkeit, einen hohen Nachrichtenwert herauszuarbeiten, der für die Kommunikation interessant ist.

Der Nachrichtenwert für die Zielgruppe entsteht nicht durch den Fakt, sondern durch die Geschichte, die zu einer Zahl erzählt wird. Deshalb ist es wichtig, die für die Pressearbeit wichtigen Fakten mit dem hausinternen Wissen zu verknüpfen und daraus spannende Nachrichten zu kreieren. Viele Unternehmen tun sich sehr schwer mit dieser Inszenierung von Nachrichten und sind zu wenig bereit, auf die Bedürfnisse der Medien einzugehen. Das Zuspitzen und Simplifizieren eines doch gar nicht so einfachen Themas wird als Tabubruch empfunden. Tatsache ist jedoch, dass in der Vertriebs-PR einfache Botschaften am besten funktionieren, denn – so sagt die Wissenschaft – etwa 80 Prozent unserer Entscheidungen werden vom Bauch gesteuert und nicht vom Kopf. Mut beim Nachrichtenzuschnitt hilft, sich in den Medien und in den Köpfen der Kunden zu platzieren. Die ge-

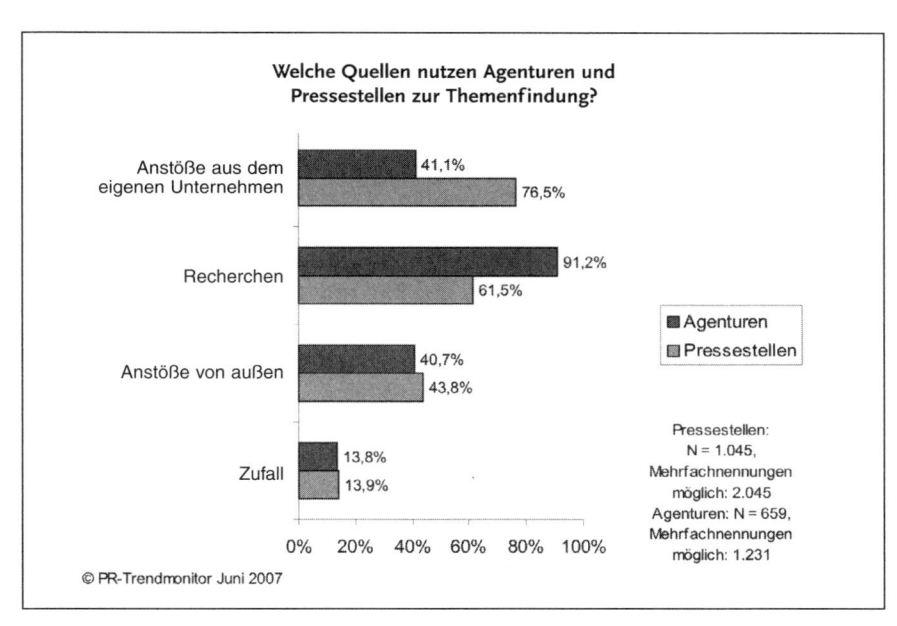

**Abb. 2** Pressestellen vertrauen auf Themen aus dem eigenen Unternehmen

wonnene Freiheit in der Themenfindung ist auch in anderer Hinsicht hilfreich: Eine höhere Frequenz in der Pressearbeit wird machbar. Dieser Faktor hat erhebliche Bedeutung, denn mit einer einzelnen Presseinformation hier und einem vereinzelten Fachartikel dort ist es nicht möglich, die Wahrnehmungsschwelle im Zielpublikum zu überschreiten. Vertriebs-PR braucht ein kritisches Maß an Wahrnehmung! Wer diese Anforderung nicht erfüllen kann, sollte auf eine vertriebsunterstützende PR-Kampagne von vornherein verzichten.

### 5.1 Hamburger Sparkasse erreicht mit ihrer Studie den Mittelstand

Auf Fakten und eine ausgereifte Marktforschung setzt die Hamburger Sparkasse (HASPA). Mit ihrem »Kompass Wachsende Stadt« bildet sie sehr detailliert die Entwicklung des Hamburger Mittelstandes ab – bis in die Stadtteile hinein. Für die Studie wurden 10 000 Mittelstands- und Kleinunternehmen untersucht. Seit 2005 veröffentlicht die HASPA ihren Kompass. In regelmäßigen Erneuerungen und Weiterentwicklungen stellt die Studie mittlerweile einen anerkannten Standard in Hamburg dar – nicht nur die Medien greifen die Studienergebnisse umfassend auf, auch die örtliche Politik lässt sich die Daten vorstellen. Die HASPA hat es also verstanden, sich als Themenführer im Mittelstand zu positionieren. Dadurch wächst die eigene Kompetenz und Akzeptanz in den Medien, in der Politik sowie bei Firmenkunden. Mit dieser Erhebung ist das Kreditinstitut in Deutschland einmalig.

Die Pressearbeit profitiert von der beeindruckenden statistischen Basis (mehr als 10 000 untersuchte mittelständische Unternehmen in Hamburg), der Objektivität der Zahlen und der regionalen Nähe der Ergebnisse, denn die Studie berichtet sogar auf Stadtteilebene. Für den Vertrieb leiten sich aus der Studie Zusatzinformationen über Wachstumsregionen und Branchenpotenziale ab. Für die Firmenkommunikation ist der Kompass zu einer zentralen Plattform geworden. Aus den diversen Interpretationsansätzen ist nahezu jede auf die Studie aufbauende Kommunikation denkbar. Sowohl Presseveranstaltungen, Präsentationen in HASPA-Gremien, zielgruppenspezifische Kundenveranstaltungen als auch eine Ansprache der kommunalen Meinungsbildner und Autorenbeiträge können für die Studie genutzt werden.

Helfen Studien, Marktforschungsergebnisse und interne Recherchen nicht, eine geeignete Geschichte zu finden, die Aufmerksamkeit erregt, hilft nur noch eines: die richtige Inszenierung. Die Inszenierung lebt von der Überraschung, von der Originalität und Kuriosität einer Maßnahme. So hat zum Beispiel die Konfiserie Lauenstein ein Wertpapier ausgegeben, bei dem sich die Verzinsung verdoppelt, wenn sich der Kapitalanleger die Zinsen in Form von Pralinen auszahlen lässt. Sechs Hamburger Hotels schlossen sich zur Aktion »Sechs in the City« zusammen und luden zu einem Sechs-Gänge-Menü ein – in jedem Hotel ein Gang, chauffiert mit einer Limousine von Haus zu Haus. Milka setzte hingegen auf Protest und kündigte an, die Zugspitze lila zu beleuchten. Umweltschützer, Interessenverbände und Politik diskutieren das Projekt und hielten so Milka mit ihrer Markenfarbe Lila wochenlang in den Medien. Polaroid setzte auf den Promi-Faktor und schickte einer Vielzahl von Sängern und Künstlern eine Polaroid-Kamera mit der Bitte, spontan Fotos von sich und ihrer Umgebung zu schießen. Abgedruckt wurden die Fotos über mehrere Seiten in einem bundesweiten Szenemagazin, denn wer möchte nicht wissen, wie sich Stars privat geben? Aufgrund der typischen Optik der Polaroid-Fotos musste auch nicht großartig auf den Urheber der Idee verwiesen werden – wer spontan witzige Fotos schießen will, greift zu Polaroid.

Die Inszenierung ist ein schmaler Grat und kann auch schiefgehen. Deshalb sollten diese PR-Aktivitäten besonders gründlich überlegt und abgewogen werden.

### 5.2 Gelungene Inszenierung: die FC-Bayern-Sparkarte

Die HypoVereinsbank AG (HVB) ist eine der größten privaten Großbanken in Deutschland mit mehr als 26 000 Mitarbeitern und 640 Filialen. Den Schwerpunkt ihrer Arbeit bildet das Geschäft mit Firmen- und Privatkunden. Seit 2003 geben der FC Bayern München und die HVB die FC-Bayern-SparKarte heraus. Für den Kunden bedeutet dies: Für jedes zehnte Bundesligator des Vereins gibt es einen Zinsaufschlag von 0,1 Prozent p.a. Wird der FCB sogar Meister, bekommt der Inhaber dieser Karte mit einem Sparguthaben von 100 000 Euro in dem folgenden Monat 5 Prozent obendrauf.

Das aus der Kooperation entstandene Produkt, die FCB-SparKarte, versprach attraktives Geschäftspotenzial und sollte von den relevanten Medien als innovative Produktidee aufgefasst werden. Somit wollte die HVB eine positive Einstellung gegenüber der Bank hervorrufen und durch den Produktlaunch kontinuierliche Berichterstattung in den Medien sichern.

Zur Einführung der Karte veranstaltete die Bankengruppe eine Pressekonferenz mit dem Topmanagement. Hierbei wurde die »strategische Finanzpartnerschaft« gemeinsam mit rund 50 Journalisten vorgestellt. Die Reden der Vorstände konzentrierten sich ausschließlich auf die Möglichkeit, durch die Partnerschaft neue Geschäfte zu generieren, die Erträge zu erhöhen sowie ergänzende Kundenpotenziale auszuschöpfen.

Außerdem wurde die dpa durch einen Artikel vor der Einführung des Produktes über die Kooperation zwischen Bank und Fußballclub informiert. Das Thema wurde von vielen überregionalen Titeln aufgegriffen. Die *Bild*-Zeitung veröffentlichte erste exklusive Fotos und sorgte somit für die nötige Emotionalisierung und Sensibilität für das kommende Produkt.

Bei der eigentlichen Markteinführung konnte das bereits aufgebaute Interesse durch klassische Presseinstrumente ausgebaut werden. Durch Presseinformationen und Interviews zur neuen SparKarte im ZDF, n-tv und im Bayerischen Fernsehen konnte sich die HVB gekonnt platzieren.

Auch nach der gelungenen Markteinführung belieferte die HVB die Presse kontinuierlich weiter mit ergänzendem Material. In regelmäßigen Abständen wurden die Medien mit Statements sowohl von der Bank als auch vom Fußballverein beliefert. Auch dadurch gelang es der HVB, sich weiterhin prominent zu platzieren.

Durch die Kooperation mit dem FC Bayern München konnte sich das Unternehmen mit einem »First-Mover-Image« freuen. Inzwischen gilt die Karte als Bestseller unter den Finanz-Fußball-Produkten. Da der Kunde nur mit jedem zehnten Bundesliga-Heimtor des bayerischen Vereins eine steigende Verzinsung um 0,1 Prozent verzeichnen konnte, lieferte die Karte keine rationalen Vorteile. Aber die HVB traf die Fußballbegeisterung ihrer Zielgruppe.

20 000 SparKarten sollten abgesetzt werden. 10 000 Neukunden hatte sich die HVB mit dieser Kampagne als Ziel gesetzt. Bereits nach der Hälfte der anvisierten Zeit konnte das Unternehmen seine Erwartungen übertreffen. Während des ersten Dreivierteljahres verkaufte die HypoVereinsbank 36 329 SparKarten. 13 393 Neukunden begrüßte das Kreditinstitut seit der Produkteinführung. Tatsächlich konnte sich das Unternehmen nach einundhalb Jahren über einen Abverkauf von 63 750 SparKarten freuen. Auch das Neukundengeschäft hat die Erwartungen weit übertroffen: 20 400 Neukunden kann das Unternehmen seit der Produkteinführung verbuchen.

Haben die diversen Kommunikationsmaßnahmen die Aufmerksamkeit und das Interesse des Kunden geweckt, wird es Zeit, ein neues Territorium der PR zu betreten:

## 6  Desire – Verlangen – beim Konsumenten auslösen

Jetzt hat das Unternehmen die Chance, an das bereits Geschehene anzuknüpfen und den Kunden zum eigentlich Kauf zu bewegen. Hierbei ist es besonders wichtig, dass Vertrieb und PR eng zusammenarbeiten. Leider ist das noch viel zu selten der Fall, was in dieser Phase der Vertriebsunterstützung ausgesprochen hinderlich ist. Denn der Kunde soll nun zur abschließenden Kaufentscheidung bewegt werden.

Die PR kann in dieser Phase zum Beispiel durch den Einsatz von Dialogmedien Kaufimpulse setzen. Dabei kann es sich um Kundenzeitschriften, aber auch um den Einsatz von Online-Foren handeln. Nutzt der Konsument die in den Dialogmedien eingefügten Response-Elemente, ist er genau dort, wo er für den Vertrieb am wertvollsten ist: Er wünscht sich eine direkte Ansprache. Die kräftezehrende Kaltakquise bleibt aus. Derartige von der PR ausgelösten Rückmeldungen aus dem Markt sind Steilpässe für den Vertrieb, um den eigentlichen Kauf – *Action* – auszulösen.

Neben den Dialogmedien können auch andere Werkzeuge zum Einsatz kommen. Bewährt haben sich Veranstaltungen – im Kleinen wie im Großen, für die breite Masse oder eher exklusiv –, Einladungen zu Produkttests oder im B2B-Kontakt der Einsatz von Benchmarking-Studien, so dass der Zielkunde eine Individualanalyse anfordern kann.

In der Desire-Phase zeigt sich, ob die Vertriebs-PR-Konzeption aufgeht. Üblicherweise agiert die Pressearbeit monologisch und aus hoher Distanz. Der Vertrieb braucht jedoch Nähe und den Dialog. Wenn es gelungen ist, den Kunden durch die Pressearbeit auf sich aufmerksam zu machen und dorthin zu führen, wo der Vertrieb ihn mühelos abholen kann, ist das Konzept aufgegangen. Üblicherweise kann Pressearbeit direkte Rückmeldungen aus dem Markt provozieren, also Leads für den Vertrieb generieren. Oder es werden Vertriebsflächen eröffnet, wie zum Beispiel Veranstaltungen oder Messen.

### 6.1 Mit PR Pflegerentenversicherungen verkaufen

Das Risiko, im Alter an Pflegebedürftigkeit zu leiden, wird von den Deutschen unterschätzt, zeigt eine Analyse des Deutschen Ringes: Die Studie »Risikoanalyse Armutsfalle Pflege« zeigt erhebliche Defizite in der Einschätzung des finanziellen Risikos im Falle eines »Pflegeszenarios« auf. Dass die Lebenserwartung eines heute 50-jährigen Mannes bei 90 Jahren liegt und er ab einem Alter von 85 mit einer Pflegewahrscheinlichkeit von 38,3 Prozent rechnen muss, wird von vielen unterschätzt. Bei Frauen ist das Risiko sogar noch dramatischer: Eine heute 50-Jährige hat eine durchschnittliche Lebenserwartung von 94 Jahren; mit 90 wird sie zu 61,8 Prozent auf tägliche Hilfe angewiesen sein. Fakt ist, dass mit der körperlichen und geistigen Einschränkung auch erhebliche Kosten auf den Patienten zukommen, die dessen Krankenkasse nicht trägt.

Die Studie bereitet die sieben Irrtümer in der Pflege sehr plastisch und eindrucksvoll auf, was einerseits für die Pressearbeit sehr nützlich ist. Andererseits hat die Studie für Versicherungsvermittler eine hohe Attraktivität, denn sie unterstreicht die Wichtigkeit einer finanziellen Pflegevorsorge intensiv – was im konkreten Verkaufsgespräch sehr hilfreich ist. Der Deutsche Ring bot auf der Internetseite www.versicherungsjournal.de die Studie zum Bestellen an, woraufhin mehr als 1 000 E-Mails von interessierten Lesern eingingen.

Experimente in der Sozialpsychologie haben ergeben, dass die Sympathie gegenüber bestimmten Personen oder der Bewertung von Objekten steigt, je öfter der Kontakt mit diesen stattfindet. Diese Steigerung – der so genannte »Mere-Exposure-Effekt« – funktioniert auch dann, wenn der Kontakt als völlig neutral und nicht als positiv empfunden wird. Der Effekt tritt schon bei einer relativ geringen Anzahl von Kontakten auf und steigt nach etwa 20 Kontakten nur noch wenig an. Sogar bei Anknüpfungspunkten, die nicht direkt, sondern nur unterschwellig wahrgenommen wurden, ist der Effekt der Kundenzufriedenheitssteigerung zu beobachten. Dabei muss es sich nicht um zusammenhängende Sinneinheiten handeln, sondern er kann auch durch irgendwelche Wörter, Zeichen oder Ähnliches hervorgerufen werden. Da neben der Neukundenakquise auch eine langfristige Kundenbindung von den Unternehmen angestrebt wird, ist der »Mere-Exposure-Effekt« von hoher Bedeutung für die Pressearbeit. Sie kann kontinuierlich und ohne großen Aufwand für eine Sympathiesteigerung im Bewusstsein des Kunden sorgen.

## 6.2 Wie E-Plus türkische Kunden erobert hat

von Christiane Kohlmann, Manager Corporate Communications bei der E-Plus Mobilfunk GmbH & Co. KG

In Deutschland leben rund 2,7 Millionen türkischstämmige Mitbürger. Sie sind erwiesenermaßen besonders konsumfreudig, verfügen über ein ausgeprägtes Markenbewusstsein und sind außerordentlich technikaffin. Mit diesen Eigenschaften und nicht zuletzt durch ihre Kaufkraft von circa 17 Milliarden Euro sind sie eine äußerst interessante Zielgruppe. Mittlerweile erkennen – wenn auch teilweise noch etwas zögerlich – immer mehr deutsche und internationale Unternehmen dieses Potenzial. Die türkischstämmigen Bürger in Deutschland werden zunehmend zu einer begehrten Zielgruppe. Unternehmen, beispielsweise Banken und Versicherungen, sehen und nutzen zunehmend ihre Chancen, Kunden über eine kulturspezifische Ansprache für sich zu gewinnen. Neben passgenauen interkulturellen Marketingstrategien gewinnt auch der Bereich Ethno-PR stärker an Bedeutung.

Als eines der ersten deutschen Unternehmen erkannte E-Plus Mobilfunk GmbH & Co. KG im Jahr 2005 die Bedeutung und das Potenzial der türkischstämmigen Zielgruppe. Im Rahmen seiner Multimarkenstrategie startete das Düsseldorfer Unternehmen Ay Yildiz, die erste Mobilfunkmarke für türkischstämmige Mitbürger in Deutschland. Damit übernahm E-Plus eine Vorreiterrolle, denn bis dato gab es auf dem Markt keine speziell konzipierten Produkte mit klarer Ausrichtung auf die Nutzungsgewohnheiten türkischstämmiger Mitbürger.

Die Grundlage von Ay Yildiz ist das Bewusstsein darüber, dass es sich bei den türkischstämmigen Bürgern um eine in sich stark geschlossene Zielgruppe handelt, die durch ein außergewöhnliches Zusammengehörigkeitsgefühl geprägt ist. Zudem bevorzugt sie türkische Konsumgüter und setzt sich intensiv mit dem Thema Telekommunikation auseinander – alles Steilvorlagen für ein zielgruppenspezifisches Mobilfunkangebot.

Um erfolgreich zu sein, braucht ein spezifisches Angebot eine spezifische Ansprache. Kulturelle und sprachliche Faktoren spielen daher in der Kommunikation bei Ay Yildiz die Hauptrolle. Die logische Konsequenz: Ay Yildiz ist vom Unternehmensnamen »Mond und Stern«, der Unternehmensphilosophie, den Marketing- und Handelsaktivitäten bis hin zum gesamten Mitarbeiterstamm türkisch geprägt – und damit selbst Teil der

Zielgruppe. Dies ist ein klares Alleinstellungsmerkmal, das Ay Yildiz von jedem anderen Angebot unterscheidet und den Erfolg der Marke ausmacht. Eine Adaption bestehender E-Plus-Kampagnen auf die türkische Zielgruppe stand nicht zur Debatte, da sie niemals zu dem gewünschten Erfolg geführt hätte. Denn die Ansprache bei allen Kommunikationsmaßnahmen muss stets den kulturellen Gesellschaftsbildern der jeweiligen Zielgruppe entsprechen.

Bei Ay Yildiz steht die bilinguale Kommunikation im Zentrum aller Maßnahmen. Das bedeutet, dass Presseinformationen je nach Medium in deutscher oder in türkischer Sprache versendet werden. Für Rückfragen der Presse steht nicht nur unternehmens-, sondern auch PR-seitig ein deutsch-türkisches Team zur Verfügung. Dabei unterscheidet sich die kontinuierliche Ansprache der türkischen von den deutschen Medien durch jeweilige Schwerpunktthemen. Für die türkischen Medien stehen die Produktvorzüge sowie der Community-Gedanke im Vordergrund, für die deutschen Journalisten wird hingegen die Unternehmensstrategie von E-Plus hervorgehoben.

Neben den abweichenden Schwerpunkten und Sprachen unterscheidet sich auch die emotionale Ansprache deutscher und türkischer Medien. Während türkische Medien größtenteils mit Dialogmaßnahmen, die eine sehr persönliche Ebene schaffen, angesprochen werden, richtet sich Ay Yildiz vergleichsweise sachlich und stärker ergebnisorientiert an die deutschen Medien. Die Ansprache der deutschen bzw. türkischen Presse erfolgte dabei sowohl getrennt als auch gemeinsam wie beispielsweise bei der bilingualen Pressekonferenz zur Kooperation mit dem Reiseveranstalter ÖGER Tours. Auf diese Weise wird die Kommunikationsarbeit für Ay Yildiz der Erwartungshaltung sowohl der türkischen als auch der deutschen Journalisten gleichermaßen gerecht.

Die bislang durchgeführten PR-Aktivitäten zeigen deutlich, dass bei türkischen Medien die Grenzen zwischen persönlichen und geschäftlichen Beziehungen oftmals fließend sind. So informierte E-Plus beispielsweise türkische Medien zwei Tage vor den deutschen im Rahmen einer Pressekonferenz zum Start der Marke Ay Yildiz. Außerdem wurde den Journalisten anlässlich des Fastenmonats Ramadan die Möglichkeit geboten, im Anschluss an diese Pressekonferenz an einem türkischen Büfett ihr Fasten zu brechen. Weitere regelmäßig stattfindende Veranstaltungen wie eine Redaktionstour zu türkischen Medien in Deutschland und der Türkei, Pressegespräche wie »100 Tage Ay Yildiz« oder Abendevents wie das

Mediendinner AYlem (= Familie) bedienen die persönliche Ebene, die im türkischen Kulturkreis als unverzichtbare Grundlage aller Beziehungen angesehen wird. Die Kommunikation auf einer – für deutsche Verhältnisse – sehr persönlichen Ebene schließt eine sachorientierte Arbeit mit den Medien aber keineswegs aus. Das zeigt die erfolgreiche kommunikative Begleitung aller bisherigen Produkteinführungen. Auftritte der Geschäftsführung als Redner oder Repräsentant bei Konferenzen und Foren sowie strategische Kooperationen runden die Maßnahmenpalette ab.

Ay Yildiz engagiert sich zudem stark im Bereich Bildung türkischer Jugendlicher. So initiierte das Unternehmen 2006 eine Podiumsdiskussion zu diesem Thema, bei der bekannte deutsche und türkische Persönlichkeiten aus Politik, Wirtschaft und Bildungswesen mit *Ay-Yildiz*-Geschäftsführer Dogan Calmaz über mögliche Lösungsansätze diskutierten. Die Ay-Yildiz-Initiative »El ele« (Hand in Hand) ist das Ergebnis dieser Veranstaltung. Ziel dieser Initiative ist der Bau kommunikativer Brücken zwischen den Elternhäusern türkischstämmiger Kinder und den Schulen. Auf diese Weise will Ay Yildiz Kinder und Jugendliche auf ihrem Bildungsweg unterstützen und fördern. Das Pilotprojekt startete Ende 2006 in Berlin und Frankfurt am Main.

Ay Yildiz erlangte innerhalb von nur einem Jahr einen Bekanntheitsgrad von mehr als 80 Prozent in der Zielgruppe. Grundlage dafür ist die kontinuierliche Kommunikation des Markencharakters von Ay Yildiz, der nicht nur für günstigen Mobilfunk, sondern auch glaubwürdig und authentisch für das türkische Lebensgefühl in Deutschland steht. Sowohl durch die speziellen Tarifangebote als auch die bilingual angelegten Marketing-, PR- und Handelsaktivitäten entstand eine starke Kundenbindung – was binnen kürzester Zeit zur Bildung einer eigenständigen *Ay-Yildiz*-Community führte.

Das Unternehmen hat sich inzwischen als klar profilierte Mobilfunkmarke innerhalb der E-Plus-Markenstrategie etabliert. Mehr noch: Als Prototyp eines präzise auf die Zielgruppe abgestimmten »Ethnounternehmens« nimmt sie eine Vorreiterrolle ein und ist bereits fester Bestandteil der türkisch-deutschen Wirtschaftbeziehungen.

Durch die konsequent bilinguale Kommunikation in Richtung deutscher und türkischer Medien in Deutschland erreichte Ay Yildiz eine Presseberichterstattung von bislang 400 Artikeln in Print-/Online-/TV-Medien – und damit über 5 Millionen Leser und 17 Millionen Besucher in Online-Medien.

## 7 Der finanzielle Hintergrund

Häufig muss sich die Presseabteilung im Gegensatz zu ihrem »großen Bruder« Werbung nur mit einem Bruchteil des Kommunikationsbudgets zufrieden geben. Doch kaum eine andere Kommunikationsdisziplin verfügt über einen so hohen nachweisbaren Nutzwert wie die PR. Mit dem konkreten Nachweis tun sich die PR-Verantwortlichen allerdings häufig schwer, da es Geld kostet und sie sich generell mit dem Einsatz von Werkzeugen zur Erfolgskontrolle schwertun.

Ein Ansatz in der Erfolgskontrolle von vertriebsunterstützender PR ist die Break-even-Analyse. Hierbei wird der Punkt ermittelt, an dem Kosten und Erlös genau gleich sind. Alles, was darüber hinaus erwirtschaftet wird, ist als Gewinn zu verbuchen. Der Break-even fungiert als Gewinnschwelle und gibt darüber Auskunft, wie viel Umsatz das Unternehmen durch Investitionen in die PR erwirtschaften muss, damit die Kosten abgedeckt sind. In der Pressearbeit ist auffällig, dass die Kosten im Vergleich zur Werbung sehr gering sind und somit schneller die Profitabilität erreicht werden kann. Die Break-even-Rechnung erfolgt in zwei Stufen:

1. Wie viel Umsatz muss das Unternehmen machen, um rechnerisch so viel Gewinn vor Steuern zu erlösen, dass die zusätzlichen PR-Investitionen gedeckt sind?
2. Wie viele neue Kunden müssen gewonnen werden, damit der erforderliche Umsatz generiert wird?

Mit einer Break-even-Rechnung ist die Geschäftsführung gut vertraut, und es wird ihr leichter fallen, einer PR-Investition zuzustimmen, als ohne eine valide betriebswirtschaftliche Rechnung. Letztlich läuft es auf die Frage hinaus »Konnten wir Sie mit dem PR-Konzept davon überzeugen, mehr als die notwendige Zahl von Abschlüssen zu generieren« oder nicht?

Erfahrungsgemäß fällt die erforderliche Zahl von Neukunden überraschend gering aus. Kaum eine Werbe- oder Marketingmaßnahme wird es schaffen, den Vertrieb mit einem so geringen Budget anzukurbeln.

## 8 Checkliste für Ihre Vertriebs-PR

Ob sich auch Ihre PR an der AIDA-Kette entlanghangelt und über das Ansprechen von Attention und Interest hinausgeht, erfahren Sie mit der folgenden Checkliste. Dies bietet Ihnen die Möglichkeit, Ihr Konzept auf die Probe zu stellen und sich mit anderen Unternehmen zu messen: Für das Benchmarking wurden 15 umfassende und vorbildliche Kampagnen ausgewertet.

|  | Ja | Nein |
|---|---|---|
| • Verzichten Sie in der PR konsequent auf werbliche Aussagen? | 1 | 2 |
| • Arbeiten Sie die Kompetenz Ihres Unternehmens als Mehrwert gegenüber dem Wettbewerb heraus? | 1 | 2 |
| • Orientieren Sie sich in der Kommunikation klar an Problemlösungen für den Kunden? | 1 | 2 |
| • Bieten Sie der Zielgruppe mit den einzelnen Maßnahmen der Vertriebs-PR konkreten Nutzwert im Sinne von Service, Ratgeber, Benchmark, Best Practice? | 1 | 2 |
| • Lösen Ihre Presseverlautbarungen in der Zielgruppe emotionale, persönliche oder fachliche Betroffenheit aus? | 1 | 2 |
| • Nutzen Sie eine Kooperation mit einem renommierten Partner, um die Glaubwürdigkeit Ihrer Kompetenz zu unterstreichen? | 1 | 2 |
| • Generieren Sie im Rahmen der Kommunikation Aussagen mit sehr hohem Nachrichtenwert, so dass eine hohe Publizität entsteht? | 3 | 4 |
| • Verstärken Sie die mediale Sichtbarkeit durch hochrangige Medienkooperationen? | 3 | 4 |
| • Erreichen Sie durch die Pressearbeit aufmerksamkeitsstarke Veröffentlichungen in den wichtigsten Medien Ihrer Zielkunden? | 3 | 4 |
| • Ist das PR-Konzept auf den langfristigen und nachhaltigen Aufbau einer Kompetenzwahrnehmung ausgerichtet? | 3 | 4 |
| • Ist die Vertriebs-PR so angelegt, dass konkrete Akquisekontakte generiert werden bzw. der Vertrieb Anlässe für die Kontaktaufnahme mit Potenzialkunden erhält? | 5 | 6 |
| • Verfügen Sie über einen Kooperationspartner, der den Zugang zur Zielgruppe für den Vertrieb erleichtert? | 5 | 6 |
| • Sind die PR-Maßnahmen verzahnt mit Aktivitäten des Direktmarketings, der Werbung und des Vertriebs? | 5 | 6 |
| • Ist die PR auf den engen Kreis lukrativer Zielkunden ausgelegt (Pareto-Regel: 20 Prozent der Kunden bringen 80 Prozent des Umsatzes)? | 5 | 6 |

Bitte zählen Sie nun die Anzahl der Kreuze bei 1, 3 und 5 zusammen.

*Attention:* Die Benchmark für ein aufmerksamkeitsstarkes Vertriebs-PR-Konzept liegt bei 3, 2. Wenn Sie dreimal oder öfter »3« angekreuzt haben, erzeugt Ihre Pressearbeit eine hohe Aufmerksamkeit. Entscheidend sind die Intensität und die Kontinuität der Veröffentlichungen (Nachrichtendruck) sowie die Signalwirkung (herausragende Veröffentlichungen). In der Regel verfügen die Unternehmen jedoch nicht über eine ausreichende Faktenfülle mit hohem Nachrichtenwert, um dieses Ziel tatsächlich zu erreichen. In diesen Fällen sollte intensiv an der Faktenbasis gearbeitet werden.

*Interest und Desire:* Erzeugt Ihre PR-Kampagne Interesse und Verlangen nach Ihrem Produkt? Der Benchmark in dieser Disziplin liegt bei 3,7 und ist damit recht schwach ausgeprägt. Sie können sich an diesem Vergleich messen, indem Sie Ihre Kreuze bei »1« zählen. Größter Fehler ist eine zu starke werbliche Kommunikation. Die Unternehmen kommunizieren egozentrisch in den Markt und berichten aus ihrer Perspektive, wie toll ihr Produkt ist. Das interessiert Kunden jedoch nicht. Entscheidend ist es, die Position des Kunden einzunehmen und aus seiner Sicht Vorteilsargumentationen und Services aufzubauen.

*Action:* Für diese Disziplin zählen Sie bitte die Kreuze bei 5. Die Benchmark ist auch hier mit 2,6 relativ niedrig. Grund hierfür ist die in vielen Unternehmen unzureichend entwickelte Zusammenarbeit zwischen PR und Vertrieb. Einerseits fordert der Vertrieb vorzugsweise gelungene Produkt-PR, andererseits lassen sich Pressestellen immer noch ungern für den »Verkauf« instrumentalisieren. Wenn sich aber PR-Konzepte in guten Vertriebserfolgen niederschlagen, ist der Nutzen der Pressearbeit klar nachvollziehbar und eröffnet neue Handlungsfelder im Unternehmen. Vor diesem Hintergrund sollten sich PR-Verantwortliche bewusst für Vertriebskampagnen öffnen.

# III
# Erfolgreiche PR in der Praxis

# Kommunikation im virtuellen Raum: Internet-PR

Roland Schweins

## 1 Einleitung

Das Internet stellt die gesamte Kommunikationsbranche vor große Herausforderungen. Eine gut im Netz platzierte und distribuierte, zudem kostengünstige Online-Aktion kann im Zweifel eine weitaus größere Aufmerksamkeit und Diskussion auslösen als zahlreiche Einladungen, Events und Abendessen mit Redakteuren überregionaler Tageszeitungen. Auch Werbekampagnen werden heute nicht ausschließlich in TV und Print geschaltet, sondern viel günstiger und in der Response deutlich besser auswertbar auf Online-Portalen. Damit hat das Web die gesamte Werbe- und Kommunikationsbranche in ihrer funktionierenden Ökonomie aus der Spur gebracht. Gleichzeitig rücken bei PR-Agenturen wie Werbetreibenden häufig Portale in den Medienmix ihrer Kommunikationsstrategie, die gar keinen redaktionellen Hintergrund besitzen. Sie besitzen aufgrund neuer Trends (Mitmachnetz, Bürgerjournalismus, Web 2.0, Communitys, virales Marketing) ebenso große Glaubwürdigkeit und Authentizität wie die redaktionellen Portale klassischer Verlage und TV-Sender. Einige davon unterhalten auch eigene Redaktionen (z. B. T-Online), andere kaufen Nachrichten von Agenturen ein (Google News). In der Folge der Verschiebung von Werbebudgets von klassischen Werbeträgermedien hin zu Online-Portalen leiden Printredaktionen selbst in einer boomenden Wirtschaft unter rückläufigen Werbeeinnahmen. Investitionen in ihre Online-Redaktionen werden zeitgleich blumig verkündet, in der Praxis scheint es jedoch fast unmöglich, teure Redakteure mit Online-Werbung zu refinanzieren. Die Konsequenzen daraus: Viele Online-Redakteure sind überarbeitet, dankbar für jede gute Agenturgeschichte und Online-Kooperation. Wer nun meint, dass es umso einfacher sei, gut formulierte Pressemitteilungen bei den Online-Redaktionen unterzubringen, denkt zu kurz. Überfüllte E-Mail-Postfächer lassen die mit Aufgaben überfrachteten und personell dünn besetzten Online-Redaktionen selbst die spannendste Pressemeldung nicht aufgreifen. Intelligente Kommunikationskonzepte sind gefragt, die den Redaktionen Arbeit abneh-

*Praxishandbuch Public Relations*. Herausgegeben von Jörg Forthmann
Copyright © 2008 WILEY-VCH Verlag GmbH & Co. KGaA, Weinheim
ISBN 978-3-527-50329-0

men und sie in ihren Zielsetzungen unterstützen. Anders als bei Zeitungen, wo die intrinsische Motivation eines Redakteurs in der Nennung seines Namens in der Autorenzeile liegt, verfolgen Online-Redakteure weitere Ziele: Sie werden an erzielten Reichweiten, also Klicks auf ihren Artikeln, Fotostrecken und Tools gemessen. Ein Redakteur, der gute Tools aufsetzt, die dauerhafte Reichweiten und Nutzerbindung generieren, ist in seinem Ansehen häufig viel höher als ein exzellenter Schreiber mit guten Kontakten.

Unabhängig von der Herausforderung klassischer Verlage, mit verhältnismäßig teuren Redaktionen im Netz eine wahrzunehmende Rolle zu spielen, relevante Reichweiten zu erzielen und darüber hinaus mit redaktionellen Online-Portalen Geld zu verdienen, nimmt die Bedeutung des Online-Mediums insgesamt stetig zu. Gerade junge Zielgruppen lesen immer weniger Zeitung und werden über die klassischen Kommunikationskanäle weder von Werbetreibenden noch von PR-Spezialisten erreicht. Dazu verstärkt sich ein Trend, der auch der TV-Wirtschaft perspektivisch zu schaffen machen wird: Die exzellente und flächendeckende Verbreitung von Breitbandinternet sorgt dafür, dass junge Leser und Zielgruppen tendenziell eher Filme und Spots im Internet anschauen oder herunterladen, als sich von einem vorgegebenen Fernsehprogramm berieseln zu lassen. Mittlerweile verfügen 59 Prozent der Online-Nutzer über einen DSL/Breitband-Anschluss, der den komfortablen Abruf datenintensiver Angebote ermöglicht. Die Folge: Im TV-Bereich sind immer größere Anstrengungen nötig, um Shows wie beispielsweise *Germany's next Topmodel* zu einem Megaevent aufzubauen – und auch nur bei diesen durchkonzeptionierten Formaten funktioniert die Ansprache der gewünschten Zielgruppe noch in der gewohnten Weise. Die klassische Rollenverteilung Unternehmenskommunikation – PR – Nachrichtenagentur – Redaktion scheint sich in zahlreichen Fällen neu zu sortieren.

## 2 Veränderte Mediennutzung der Deutschen

Online-Journalismus gewinnt stetig und rapide an Bedeutung. Valide Zahlen liefert jährlich die ARD/ZDF-Online-Studie, die in der Branche als eine der wenigen Medienstudien gilt, deren Zahlen auf einer soliden Erhebung und Darstellung beruhen. Im Jahr 2007 fiel die 40-Millionen-Grenze für die Internetnutzung. Das bedeutet einen Zuwachs gegenüber dem Vorjahr von 2,2 Millionen neuen Internetnutzern, die ihre Zeit für den täglichen Medienkonsum nun nicht allein mehr auf Zeitung, TV, Radio und Zeitschrift verwenden, sondern als weiteres Medium das Netz in ihr Informationsset aufnehmen. Rund 40,8 Millionen Deutsche ab 14 Jahren haben Zugang zum Netz. Damit verzehnfachte sich der Anteil der Internetnutzer in Deutschland im Zeitraum 1997 bis 2007 von 6,5 Prozent auf 62,7 Prozent. Im Netz wird inzwischen mehr geworben als im Radio. Vor allem Leute unter 35 Jahren nutzen das Internet neben dem Fernsehen als bevorzugte Informationsquelle.

Die größten Zuwachsraten gibt es im Segment der weiblichen Nutzer und der so genannten »Silver Surfer«, über 50-jährige Personen also, die ihre Skepsis dem Medium gegenüber verlieren und Freude an der interaktiven Nutzung gewinnen. Zunehmend attraktiv sind Videos und Audiodateien im Netz. 16 Prozent der Internetnutzer schauen sich im Internet mindestens einmal wöchentlich Online-Videos an – fast doppelt so viele wie im Vorjahr. Informationen und Online-Videos werden aber nicht vorwiegend auf redaktionellen Portalen abgerufen, sondern bei zahlreichen weiteren Portalen, die ihre Nutzer über gute Services (z. B. E-Mail-Postfächer) viel intensiver an sich binden und neben Produktinformationen auch Nachrichten anbieten. Unterhaltungsportale wie T-Online, Yahoo! oder Web.de erreichen mit ihren Inhalten viel mehr Leser als sueddeutsche.de, FAZ.net oder FTD.de. Zudem hat sich an den Medienhäusern vorbei erfolgreich ein Para- und Pseudojournalismus etabliert: in Gestalt von Weblogs, so genannten sozialen Netzwerken und Videoplattformen.

Das Monopol der Verleger auf die Information der Öffentlichkeit, ihre Deutungshoheit der Ereignisse, ist ökonomisch wie bei der Verbreitung von Informationen gebrochen. Die deutschen Internetnutzer verbringen täglich etwa 119 Minuten im Internet. Die steigende Internetnutzung und längere Verweildauer im Netz geht zu Lasten anderer Medien: Für das Jahr 2006 gaben 31 Prozent der Internetnutzer an, im Vergleich zu früher weniger fernzusehen. 23 Prozent lesen weniger Zeitungen oder Zeitschriften. 20 Prozent hören weniger Radio. Die Online-Nutzung am Arbeitsplatz und im privaten Haushalt hat in den vergangenen Jahren kontinuierlich zugenommen. Immer öfter werden über das Netz auch Inhalte konsumiert, deren klassische Distribution in der Vergangenheit Fernseh- und Radioanstalten vorbehalten war (vgl. Abbildung 1).

|  | 2003 | 2004 | 2005 | 2006 | 2007 |
| --- | --- | --- | --- | --- | --- |
| Videaos/Videodateien ansehen/herunterladen | 10 | 7 | 6 | 7 | 14 |
| Audiodateien anhören/herunterladen | 17 | 11 | 11 | 12 | 14 |
| live im Internet fernsehen | 2 | 1 | 2 | 2 | 2 |
| live im Internet Radio hören | 7 | 6 | 6 | 11 | 11 |
| Podcast | – | – | – | 3 | 3 |
| Vodcast | – | – | – | 1 | 2 |

Basis: Online-Nutzer ab 14 Jahren in Deutschland
Quelle: ARD/ZDF-Online-Studio 2003–2007

Abb. 1   Nutzung multimedialer Anwendungen 2003 bis 2007 »mindestens wöchentlich«

Zu den jungen Nutzern, die ihre Videos bei Youtube.com, Myspace.com oder Clipfish.de ins Netz einstellen, die Plattformen als neue Tauschbörse für Musik und Filme nutzen und damit als höchst internetaffin bezeichnet werden können, gesellt sich eine stark wachsende Zahl älterer Anwender. Diese konsumiert insbesondere vertraute Medien wie zum Beispiel Handelsblatt.com, das laut einer jüngst durchgeführten Umfrage des Meinungsforschungsdienstleisters Innofact über einen sehr großen Anteil von Nutzern im Alter 50 plus verfügt. Dies bietet einerseits Potenzial, eine attraktive und finanziell gut situierte Zielgruppe anzusprechen. Gleichzeitig arbeiten zahlreiche Verlage aber derzeit daran, den Kontakt zu jungen Nutzern nicht zu verlieren. Ein Beispiel dafür ist die gesellschaftsrechtliche Übernahme der studiVZ Ltd. durch Holtzbrinck. Auf studiVZ tauschen sich rund 2,8 Millionen deutsche Studenten und Alumni aus und hinterlassen in Foren und auf virtuellen Pinnwänden ihre Spuren.

Auch eine Umfrage im Auftrag der BBC bestätigt die wachsende Bedeutung des Webs. Im Januar 2006 veröffentlichte der Sender die Ergebnisse einer Befragung von Top-Leuten aus Großbritanniens Finanzwelt über die Beliebtheit verschiedener BBC-Angebote. Danach besuchen 32 Prozent aller Befragten BBC Online als erste und wichtigste Nachrichtenquelle, aber nur 15 Prozent den 24-Stunden-Newskanal.

## 3 Wer Internetmedien liest

Im Gegensatz zu klassischen Medien, die ihre Leser- oder Zuschaueranalysen in zeitlichen Routinen und mit relativ großem Aufwand durchführen, sind nicht nur Klickraten auf Inhalten, sondern auch zahlreiche weitere Informationen der Nutzerschaft für die Betreiber von Portalen direkt abrufbar. Sie können auswerten, mit welchem Betriebssystem die Nutzer unterwegs sind oder von welcher so genannten IP-Adresse die Besucher auf das Webangebot kommen. Laut einer weiteren Umfrage, dem jüngst veröffentlichten (N)Onliner-Atlas von TNS infratest und der Initiative D21, lassen sich die Konsumenten von Online-Portalen sehr gut klassifizieren. Demnach korreliert die Nutzung von Internetmedien sehr stark mit dem Einkommen. In Haushalten mit weniger als 1 000 Euro ist nur rund ein Drittel der Personen online. Das Durchschnittseinkommen liegt nach der Erhebung über 2 300 Euro und damit deutlich höher als bei den Medienkonsumenten, die das Internet noch nicht nutzen (rd. 1 600 Euro). Das Web nutzen inzwischen über 67 Prozent der Männer als Informationsquelle, bei den Frauen sind es 53,8 Prozent. Je höher die Bildung der Nutzer, umso mehr gleichen sich die

Anteile von Frauen und Männern jedoch an. Im weltweiten Vergleich liegen die Deutschen von der Nutzungsintensität her auf Rang sieben.

Bei der inhaltlichen Nutzung von Online-Portalen wird selbst bei renommierten Portalen deutlich, dass eine Vielzahl von Nutzern eher seichte, leicht verdauliche Themen konsumiert. Klickauswertungen belegen, dass insbesondere Bilderstrecken und boulevardeske Themen von den Lesern abgerufen werden. Hierfür gibt es zwei Erklärungen: Zum einen ist die Lesegewohnheit am Bildschirm eine andere als bei gedruckten Publikationen – häufig informieren sich Nutzer im Netz auf redaktionellen Portalen, um einen Überblick über die Nachrichtenlage zu erhalten. Sie steigen aber weitaus weniger in harte Themen wie Kriegsreportagen oder Weltwirtschaftsanalysen ein als in kurzweilige Themen aus den Ressorts Panorama und Journal. Zum anderen ist dies auf einen sich selbst verstärkenden Effekt zurückzuführen, da selbst Portale renommierter Medien diesen Trend ausnutzen und aus Reichweitengründen zahlreiche Bilderstrecken und leicht verdauliche Themen anbieten. Die Nutzung der Leute, die über eine Suchmaschine einsteigen oder recherchieren, ist wiederum gegenläufig: Sie suchen gezielt nach Informationen, aber eben nicht ausschließlich so, dass sie direkt bestimmte Online-Publikationen ansteuern. Hieraus kann eine erste Schlussfolgerung aus Sicht erfolgreicher PR erfolgen: »Dauerbrenner« wie Gehaltsvergleiche, Top-Ten-Listen von Städten, berühmten Persönlichkeiten, großen Unternehmen etc. werden dankbar von Online-Journalisten aufgegriffen, weil sie eine hohe Klickrate versprechen und für längere Zeiträume auf den Online-Portalen zugänglich bleiben (Archivfunktion).

### 3.1 Personalmarkt mit Medienresonanz

Der Online-Dienstleister Personalmarkt.de liefert regelmäßig an seine Kooperationspartner Spiegel Online, Focus Online oder Handelsblatt.com Gehaltsmeldungen oder so genannte Gehaltsbarometer, in denen die Gehälter einzelner Branchen oder Berufe analysiert werden. Die Portale veröffentlichen die Berichte mit einem Verweis auf den Link des Kooperationspartners und den kostenpflichtigen, individuellen Gehaltsvergleich. Auf diese Weise schafft sich Personalmarkt eine einzigartige Marktposition, denn die verlinkten Meldungen führen direkt auf das Kooperationsportal und werden von den Redaktionen gern verwendet, weil sie gut gelesen und geklickt werden.

## 4 Zielgruppentypologie von Internetnutzern

Wie oben beschrieben steigt die Intensität der Internetnutzung mit der Bildung an. Menschen mit Hochschulabschluss sind nach einer Studie des Bundesverbandes Digitale Wirtschaft (BVDW) zu 83 Prozent online unterwegs. Um eine Zielgruppentypologie zu entwickeln, aus der sich eine effiziente PR-Ansprache und -Strategie ableiten lässt, wird im Folgenden insbesondere das Nutzungsverhalten von Internetnutzern in den Mittelpunkt gestellt. Daraus werden Zielgruppenkanäle entwickelt, die bei der Wahl der richtigen Online-PR Berücksichtigung finden können. Rund 73 Prozent der Internetnutzer steigen in ihrer Recherche nach Informationen laut einer »w3b-Studie« des Online-Researchhauses Fittkau und Maaß über Suchmaschinen wie Google, Yahoo oder Altavista ins Netz ein und nutzen Navigationshilfen und Webkataloge (Open Directory Project, Sharelook, Web.de, allesklar.de). Weitere 32 Prozent nutzen Online-Shops, 25 Prozent Flug- und Fahrpläne und 23 Prozent Online-Zeitschriften und Magazine. Nur jeder Fünfte liest regelmäßig die Internetableger von Online-Tageszeitungen. Obwohl Verlage regelmäßig mit Studien die Glaubhaftigkeit ihrer redaktionellen Portale belegen, konsumieren Online-Nutzer Nachrichten ebenso intensiv auf Unterhaltungsportalen wie T-Online, Web.de oder reinen Online-Redaktionsseiten wie der Netzeitung, was dafür spricht, dass Online-Leser den Wert einer Information weitaus weniger in Zusammenhang mit der publizierenden Adresse in Verbindung bringen, als dies in klassischen Medien (Print, TV) der Fall ist. Aus diesen Nutzungskriterien lassen sich exemplarisch Zielgruppen entwickeln und in der Folge daraus Wege, diese mit Botschaften effizient zu erreichen (vgl. Abschnitt: Kommunikationskampagnen im Web).

### Der Unerfahrene:

Genauso wie junge Menschen sehr selbstverständlich mit dem Medium Internet umgehen, gibt es weiter eine Anzahl von Nutzern, die dem Netz entweder skeptisch gegenüberstehen oder wenig Zeit für die Internetnutzung aufbringen. Im Resultat bleibt die Nutzung im Regelfall relativ gering und häufig willkürlich. So kommt der unerfahrene Nutzer nicht auf die Idee, seine Startseite im Internetbrowser anzupassen, und wird als T-Online-Kunde die voreingestellten Angebote nutzen, um sich hier mit Informationen zu versorgen. Lediglich wenn ein konkretes Bedürfnis vorliegt (z. B. eine Bestellung abgeben oder eine Archivsuche anstoßen), begibt er sich entweder über die Direkteingabe der Internetadresse (URL) oder über den Umweg einer Suchmaschine auf die Recherche.

**Der Gelegenheitssurfer:**
Ähnlich dem unerfahrenen Nutzer bezieht der Gelegenheitssurfer seine Informationen vorwiegend aus klassischen Medien und nutzt das Netz nur dann, wenn er direkt dazu eingeladen wird oder ein konkretes Informationsbedürfnis befriedigt. Er weiß sich aber im Netz zu bewegen und legt auch wichtige Quellen in Form von Bookmarks ab. Er klickt nur selten auf Werbemittel und beendet seinen Internetbesuch nach Erledigung seines Informationsbedürfnisses. Wer den Gelegenheitssurfer erreichen möchte, hält qualifizierte und nutzwertige Informationen vor, die er in einer Archivfunktion exzellent aufbereitet.

**Der regelmäßige Nutzer:**
Der regelmäßige Nutzer öffnet bei der Arbeit und auch daheim nahezu täglich seinen Internetbrowser. Er arbeitet viel mit E-Mails, hat zahlreiche Newsletter abonniert und besucht gezielt Informationsseiten wie Spiegel Online, wo er über die Startseite scrollt und bei Interesse in Themen einsteigt. Er kennt sich auch mit der Nutzung von Online-Tools (z. B. Tagesgeldvergleichsrechner) aus, verwaltet sein virtuelles oder reales Wertpapierdepot im Netz, ist bei mindestens einer Community angemeldet (z. B. bei Xing, früher OpenBC) und misst dem Netz eine hohe Bedeutung zu.

**Der Power-User:**
Als Power-User können Personen bezeichnet werden, die sich intensiv im Netz bewegen, bei eBay ein Konto unterhalten und auch über das Internet einkaufen und am Leben im Netz teilnehmen. Sie beteiligen sich an Umfragen, sind in drei bis fünf Communities angemeldet, stellen gezielt Forenbeiträge ein und treten auch unter ihrem realen Namen auf, um von Suchmaschinen in ihrer beruflichen Funktion gefunden zu werden. Power-Nutzer verknüpfen sich über interaktive Möglichkeiten mit anderen Internetnutzern, haben einen Messenger wie Skype oder ICQ auf ihrem Rechner installiert und nutzen auch hier die Verknüpfungen zu Nachrichten und weiteren Online-Tools. Die webbasierte Buchung von Reisen und Flügen ist für sie selbstverständlich. Power-Nutzer besitzen einen Blackberry und arbeiten ihre E-Mails unterwegs ab.

**Der Webexperte:**
Der Webexperte organisiert sich seine Internetnutzung, indem er seine Nachrichtenkanäle verwaltet. Dies geschieht in Form von RSS-Readern in Webbrowsern oder individualisierter Startseiten bei iGoogle oder Netvibes. Er pflegt ein Weblog, in dem er entweder zu einem bestimmten Thema oder

über sich selbst schreibt. Sein Weblog wird auch von anderen Bloggern gelesen, die sich mit ihm austauschen und online verknüpfen. Seine favorisierten Links verwaltet er mit einem professionellen Social-Bookmarking-Programm (del.icio.us, Webnews oder digg.com). In Communities wie Xing oder Lokalisten.de moderiert er eine Themengruppe, stellt seine Digitalfotos bei Flickr.com ein und verwaltet eigene Online-Videos bei Youtube.com. Zu seinen Interessengebieten entgeht ihm kein Thema, weil er bei Google einen Alertdienst eingestellt hat und die wichtigsten neuen Nachrichten per E-Mail ins Postfach geschickt bekommt.

Aus den hergeleiteten, vorgenannten Nutzergruppen lassen sich spezielle Kommunikationskonzepte entwickeln, die die einzelnen Zielgruppen ideal erreichen. Hierzu ist eine Grundkenntnis der relevanten Formate und Darstellungsformen im Netz notwendig, die im Folgenden erläutert werden.

### 4.1 Standard auf dem Markt: Xing

Das Online-Netzwerk Xing sammelte innerhalb von zwei Jahren über 2 Millionen Nutzer ein, die ihre Kontakte verwalten, einen virtuellen Lebenslauf pflegen und sich in Foren und Gruppen austauschen. Selbst Menschen, die normalerweise beim Ausfüllen von Werbepostkarten auf die Angabe ihrer Telefonnummer verzichten und mit der Preisgabe persönlicher Daten vorsichtig sind, melden sich bei Xing an, weil sich die Teilnahme am Netzwerk als »Must« etabliert hat. PR-Spezialisten nutzen diese Kontaktmöglichkeit, indem sie sich virtuelle Verteiler aufbauen. Jürgen Henke beispielsweise von der Hamburger Agentur prima events organisiert über die Plattform Alumnikongresse für Absolventen von Bundeswehr-Universitäten. Er verwendet dabei sämtliche Funktionen des Community-Anbieters: (Gruppen-)Newsletter, Gruppenmoderation, Online-Eventplaner und erreicht damit kostengünstig und direkt seine Zielgruppe. Rund 500 hochkarätige Absolventen, die jetzt in Spitzenpositionen in der freien Wirtschaft arbeiten, kommen zu den Kongressen in Hamburg oder München. Auf diese Weise präsentiert prima events seine PR-Stärke und demonstriert potenziellen Auftraggebern exemplarisch eine perfekte Eventorganisation.

## 5 Medienformate im Internet

Redaktionen von Online-Portalen arbeiten – anders als in klassischen Medien – mit einer starken Verknüpfung der Inhalte untereinander. Die Inhalte können interaktiv gestaltet werden und mit Archivinhalten angereichert werden. Im Gegensatz zu anderen Medien bietet das Internet vor allem eines: unlimitierten Platz. Es gibt keine Beschränkung von Textlängen oder Sendezeiten. Zudem sind die Inhalte stets on demand abrufbar und – wenn sie zahlreiche gut platzierte Schlagworte enthalten – über Suchmaschinen gut auslesbar.

Klassische Darstellungsform im Netz ist der veröffentlichte Text. Hier sind Redaktionen dankbar für weitere spannende Links im Kontext von Meldungen. Texte, die stark nutzwertig geschrieben sind, haben für Online-Redaktionen in der Regel einen höheren Wert als Meldungen, die einen allgemeineren Hintergrund haben. Zudem haben Online-Texte in der Regel eine begrenzte Halbwertzeit von maximal einem Tag. Wer es also schafft, der Redaktion einen Bericht zu liefern, der aufgrund seiner spannenden Überschrift gut gelesen und damit geklickt wird, hat eine große Chance, dass dieser Text auch ins redaktionelle Programm einfließt.

Wichtiger noch als redaktionelle Texte sind für Online-Redaktionen reichweitenbringende Applikationen: Tools. Wer es schafft, Redaktionen eine für die Leser nutzwertige Anwendung zur Verfügung zu stellen, erzielt gleich mehrere Effekte. Tools bleiben in der Regel dauerhaft auf dem Webportal stehen. Durch ein Co-Branding oder einen Sponsorenhinweis wird deutlich, von wem die Tool-Kompetenz stammt, und wenn das Tool so konzipiert ist, dass es gute Reichweiten erzielt, hat die Redaktion auch regelmäßig den Anreiz, wieder darauf zu verlinken oder das Tool sogar in der Navigation anzukündigen (siehe Fallbeispiel 5.1).

Höchst beliebt sind bei Online-Redaktionen Fotostrecken. Alle Portale – auch Wirtschaftsportale – nutzen die Darstellung von Bildergalerien als reichweitentreibendes Instrument. Besonders Autohersteller liefern den Redaktionen auf CD hervorragendes Bildmaterial, das die Redaktionen zu Galerien aufbereiten können. Die Autohersteller profitieren so von der Verwendung des Pressematerials und erhalten quasi unentgeltlich eine umfangreiche Werbefläche. Der Trend gilt auch für weitere Fotolieferungen insbesondere aus der Unterhaltungsindustrie. Unternehmen, die gut aufbereitete und leicht zu verarbeitende Bilder in der entsprechend für das Internet optimierten Auflösung zur Verfügung stellen, haben gute Chancen, dass ihre Produkte in der Form von Fotogalerien auf Webportalen erscheinen.

Das selbe gilt auch für gut aufbereitete Infografiken. Häufig fehlt in Online-Redaktionen die Zeit, ansprechende Infografiken zu erstellen. Wer zu aktuellen Themen eine Infografik liefert, hat gute Karten, dass diese samt Co-Branding von der Redaktion Verwendung findet. In der Praxis findet diese Belieferung mit hintergründigen und interaktiven Formaten allerdings noch höchst selten statt.

Zunehmend haben Redaktionen auch Bedarf, Audioformate und Videoclips in ihre Seiten aufzunehmen. Zwar sind dies in der Regel noch Formate, die sich weder gut refinanzieren lassen noch von einer Vielzahl von Seitenbesuchern konsumiert werden, einige Beispiele zeigen jedoch, wie auch hier erfolgreiche PR-Konzepte den Weg auf renommierte Websites gefunden haben. So hat beispielsweise die DAB bank den Online-Portalen von *Welt* und *Zeit* einen Profi-Depotcheck zur Verfügung gestellt. In einer Videoserie wurden Geldanlageexperten zur Anlage mit Rohstoffen, Zertifikaten oder Fonds befragt. Wer im Anschluss eine persönliche Depotberatung erhalten wollte, konnte sich über ein entsprechendes Formular registrieren. Es ist damit zu rechnen, dass mit zunehmender Nutzung von Video- und Podcastangeboten auch der Bedarf an zur Verfügung gestellten Formaten steigen wird. Noch befindet sich diese Form von Medienkooperation allerdings in einem experimentellen Stadium.

In dem Fall, in dem spannende Videos produziert werden, ist es auf jeden Fall ratsam, diese nicht ausschließlich redaktionellen Portalen anzudienen, sondern auf zahlreichen Videoplattformen zugänglich zu machen und zu verschlagworten. In Frage kommen hier Portale wie Myvideo.de, Clipfish oder Youtube.com, auf denen sich in der Regel höhere Reichweiten erzielen lassen als direkt auf redaktionellen Online-Angeboten. Auch die Redaktionen stellen häufig ihre produzierten Online-Videos zusätzlich in diesen Aggregationsplattformen ein, um relevante Abrufzahlen zu generieren.

### 5.1 Verivox nutzt Klimaschutz für sich

Zum Klimawandel bestücken zahlreiche Redaktionen ihre Portale mit einem redaktionellen *Spezial*. Innerhalb des *Spezials* werden Texte aufbereitet und Tools angeboten: zum Beispiel Stromsparrechner oder Rechner, mit denen sich eine persönliche $CO_2$-Bilanz ermitteln lässt. Der Online-Dienstleister Verivox etwa bietet entsprechende Rechner im Rahmen von Kooperationen an. Redaktionelle Portale wie Stern.de, Focus online oder Handelsblatt.com binden die Rechner in ihren Online-Content ein und verlinken auf diese. Die Reichweite wird bei den entsprechenden redaktionellen Portalen über eine IVW-Messung gezählt. Kundenanfragen gehen direkt an Verivox. Auf diese Weise verschafft Verivox den Portalen Klicks und nutzwertige Tools, verdient aber an den vermittelten Telefon- oder Stromlieferungsverträgen.

## 6 Blogs und Chats in der Pressearbeit

Der Begriff Weblog setzt sich zusammen aus Website und Log (Tagebuch). Ein Weblog enthält laufend neue Einträge und bezeichnet ein Online-Journal mit tagebuchähnlichem Charakter und zahlreichen Verlinkungen und Kommentaren zu anderen Weblogs. Online-Weblogs werden sowohl von Privatpersonen als auch von Unternehmen und Journalisten geschrieben. Aktuell widmen sich sehr viele Unternehmen in ihrer Kommunikation dem so genannten »Bloggen«, wobei noch nicht klar ist, ob das direkte Verlinken mit Nutzern oder Kunden der Königsweg der Kommunikation oder eine reine Mode darstellt. Weblogs sind nach einer aktuellen Studie von Fittkau und Mass heute der Mehrheit der Internetnutzer ein Begriff – doch nur die wenigsten nutzen sie tatsächlich. Trotz der hohen Anzahl der Internettagebücher werden sie wenig frequentiert, die Anzahl der aktiven Kommentatoren ist häufig gering. Interessant erscheinen Weblogs allein für ein sehr spezifisches Zielgruppenmarketing: Der typische Weblognutzer zeichnet sich durch einige sehr charakteristische Merkmale aus. Er gehört in der Regel zu der beschriebenen Nutzergruppe der Power-User.

Nur jeder fünfte Nutzer zählt zum weitesten Nutzerkreis von Weblogs. Lediglich 4 Prozent der Nutzer besuchen Blogs regelmäßig. Zumeist diskutiert die so genannte »Bloggerszene« unter sich, was zum einen zu einer Wahrnehmungsverzerrung führt, denn die Blogger fühlen sich durch die

Meinung und Verlinkung anderer Blogger ernst genommen, relevant in ihrem Wort und einflussreich. Gleichzeitig erreichen diese aber nur selten eine große Öffentlichkeit. Vergleichbar ist dieser Trend mit den Medienseiten großer überregionaler Publikationen, die in der Regel vorwiegend von Konkurrenten und Journalisten gelesen werden, aber den Abonnenten nur wenig interessieren. Wer Weblogs aktiv in der Kommunikation einsetzt, sollte einige Gefahren kennen:

Auf die Interpretation durch die Unternehmen selbst und die geschönte Darstellung im Rahmen von CEO-Blogs reagieren Kunden und Journalisten sehr sensibel und hinterfragen diese Angaben öffentlich im Netz. Es gibt keine schönere Story, als dass entlarvt wird, wenn gute PR-Manager im Namen der Konzernvorstände ein Blog schreiben. Gerade internetaffine Unternehmen wie der Online-Versender DocMorris oder das Business-Netzwerk Xing nutzen ihr Unternehmensblog, um Kommunikation mit Kunden und Anlegern zu pflegen. Das ist legitim, jedoch wird sich selten etwas Kritisches im Blog finden. Wie bei einem guten Beschwerdemanagement ist es auch hier wichtig, die Form des Bloggens als ernsthafte Kommunikation einzusetzen und auch umgehend auf Kritik offen zu reagieren. Wenn dies geschieht, kann ein Blog ein exzellentes Mittel zur Stärkung der Glaubwürdigkeit sein. Für den Wert eines Blogs lohnt sich eine Abfrage bei einer speziellen Suchmachine: Technorati.com bestimmt die Relevanz einer Seite durch die Anzahl an Links, die auf diese verweisen. Oft erwähnte und häufig kommentierte Blogs werden so zumindest in ihrer Wahrnehmung durch die Internetgemeinschaft eingeordnet. Häufig empfiehlt sich neben dem Betreiben eines eigenen Blogs der regelmäßige Blick in unternehmenskritische Weblogs – beispielsweise das Technikblog Techcrunch.com. Die eher wirtschaftsfeindlich orientierte Website boocompany.com berichtet dagegen überwiegend tendenziös, mit schwacher Faktenlage und konzentriert sich auf das gerüchtemäßige Besudeln junger Unternehmen. Aber auch an dieser Website kann man lernen, wer beim Bloggen und der Selbstdarstellung Fehler begeht. Gefährlich ist die Taktik, wenn private Weblogs von Unternehmen unterwandert werden, um guten Nachrichten mehr Nachdruck zu verleihen und Suchmaschinenrelevanz zu erhalten: Nicht selten geht dies schief. Der amerikanische Handelskonzern Wal-Mart heuerte beispielsweise Blogger an, die positive Kommentare über den Konzern in Tagebüchern verbreiteten. Als aufflog, dass die Blogger bezahlt waren, wurde das Unternehmen mit Negativkommentaren in anderen Blogs überschüttet. Kein Einzelfall, denn selbst seitens großer Konzerne wird im Netz geschönt, wo es nur geht. Siemens hat seine Lektion gelernt, als Mitarbeiter ihrem damaligen Chef Klaus Kleinfeld zu einem besseren Wikipedia-Eintrag verhelfen wollten. Die Headline »Peinliche PR – Mitarbeiter schönen Wikipedia-Eintrag über Siemens-Chef« zierte einen *Spiegel*-Bericht, »Image-Politur für Kleinfeld« schrieb die *Berliner Zeitung*. Doch kann davon ausgegangen werden, dass nur ein Bruchteil von geschönten Blog- und Wiki-Einträgen auffliegt. Weblogs bieten aber genauso viele Chancen. Wer kontinuierlich bloggt und sich mit anderen Bloggern verlinkt, steigert die Suchmaschinenauffindbarkeit der Unternehmenswebsite und sorgt im besten Fall dafür, dass Kunden sich per Push-System – so genannten RSS-Feeds – über Meldungen informieren lassen. RSS-Feeds (Abkürzung für Really Simple Syndication, zu deutsch etwa »wirklich einfache Verbreitung«) sind elektronische Nachrichtenströme, die dem Nutzer ermöglichen, die Inhalte einer Webseite – oder Teile davon – zu abonnieren oder in andere Webseiten oder direkt in den Internetbrowser zu integrieren. Die Abgrenzung zum normalen Webbrowser besteht darin, dass aktuelle Nachrichten automatisch geladen werden, wenn ein Kanal (Feed) einmal abonniert ist. Im Unterschied zu E-Mail geht die Initiative dazu aber von dem Empfänger aus, der den Feed anwählt, d. h., der Anbieter kann die Leser nicht direkt adressieren, sondern lediglich seinen Informationsfeed bereitstellen.

Nutzer von RSS-Feeds haben eine Vielzahl spannender Blogs stets im Blick – besonders, wenn einer der Autoren etwas Neues geschrieben hat.

Aus der Mode gekommene Kommunikationsformate sind hingegen Chats. Im Chat tauschen sich zwei oder mehr Nutzer direkt aus. Eine Zeit lang boten Angebote redaktioneller Webseiten und auch etwa Sabine Christiansen nach ihrem sonntäglichen Polittalk moderierte Expertenchats an. Chats sind als Kommunikationsmittel in der Pressearbeit denkbar ungeeignet. Melden sich zu wenig Nutzer für einen Chat an, so ist die Frustration des Rede und Antwort stehenden Experten relativ hoch. Sind es zu viele Teilnehmer, so ist der Experte in der Regel überhaupt nicht in der Lage, die gesamten Fragen abzuarbeiten. Die ursprünglichste Form des Internetchats ist der reine Textchat, bei dem nur Zeichen ausgetauscht werden können. Mittlerweile kann – je nach System – eine Ton- und/oder Videospur dazukommen bzw. den Textchat ersetzen. Man spricht dann von Audio- bzw. Videochat. Nach einer Erhebung des Statistischen Bundesamtes für das erste Quartal 2006 nutzen 39,6 Prozent der über zehnjährigen Chats oder Internetforen als Kommunikationsmittel. Studenten und Schüler nutzten mit 72 Prozent diese Form besonders häufig. Die Nutzung nimmt mit Höhe des Bildungsstandes ab.

Eine Renaissance erlebt der Chat in der zunehmenden Verbreitung von Messengersystemen wie Skype, MSN-Messenger, ICQ oder dem Yahoo!-Messenger. Hier verwalten auch gut gebildete Internetnutzer ihre Kontakte und chatten, telefonieren oder führen Videokonferenzen durch. Da es sich aber hier um 1:1-Kommunikation handelt, sind auch Messengersysteme für die Kommunikation klassischer PR-Botschaften denkbar ungeeignet.

---

**6.1 Nützliche Tipps auf PR-Blogger.de**

Eine besondere Expertise beim erfolgreichen Bloggen mit kommerziellem Hintergrund bietet der PR-Experte Klaus Eck an. Er ist der Herausgeber des Weblogs PR Blogger, das auf Blogberatung, Blogcoaching und Blogmonitoring für Unternehmen spezialisiert ist. Unter PR-Blogger.de publiziert Eck zahlreiche wertvolle Hinweise für erfolgreiches Kommunizieren über Weblogs. Auf der Online-Site finden sich zahlreiche Best-Practice-Kataloge für erfolgreiches Weblogmarketing, Glaubwürdigkeit von Blogs und den Einsatz von PR in Weblogs. Eck hat sich in erster Linie über sein Blog selbst und die Forenmoderation im Online-Netzwerk Xing eine Reputation erschrieben und wird auch wegen seiner kritischen Beiträge zur Blognutzung von der Internetgemeinde geschätzt.

---

## 7 Anforderungen an PR-Angebote von Internetmedien

Eine klare und aussagekräftige Navigation und wenige Klicks zur Kontaktseite sind für recherchierende Journalisten eine Grundanforderung. Wer die Kontaktseite der Presseabteilung versteckt, frustriert den recherchierenden Journalisten. Eine Vielzahl von Unternehmen versteht es, diese relevanten Daten gut zu verbergen oder überhaupt nicht erst zugänglich zu machen. Der Grund liegt zumeist in dem Arbeitsaufkommen, wenn eine direkte Kontaktaufnahme per E-Mail ermöglicht wird. Nehmen Anfragen von Journalisten überhand und möchte man in der Presseabteilung die Kommunikation gut steuern können, so kann es hilfreich sein, lediglich ein Kontaktformular anzubieten. Auf jeden Fall ist es dann unerlässlich, einen zeitnahen Rückruf garantieren zu können. Ein gut strukturiertes PR-Angebot bietet neben Kontaktdaten auch einen Bereich mit frei verfügbaren Pressefotos, Studien, einer Datenbank mit Pressemitteilungen und ein Unternehmensportrait mit Fotos und Vita der Unternehmenslenker an. Online-Redakteure suchen in der Regel relativ spontan nach Fotos und Hintergründen zu Personalien. Wenn sie gut fündig werden, steigt die Chance, dass die Informationen sehr schnell ihren Weg auf diverse redaktionelle Portale finden.

Damit Fachredakteure regelmäßig auf dem Laufenden gehalten werden können, empfiehlt sich zudem ein Unternehmensnewsletter. De facto werden Journalisten auf den meisten Websites von Unternehmen jedoch enttäuscht. Sie vermissen gut aufbereitete Fakten, weiterführende Linkquellen und Ansprechpartner.

Heute steigen zahlreiche Journalisten bei ihrer Recherche direkt über eine Suchmaschine ein – zumeist über Google. Wo noch vor einigen Jahren bei Dokumentaren und Archivaren angerufen wurde und ein entsprechender Themenordner bestellt wurde, nutzen Redakteure heute eine schier unendlich scheinende Vielzahl an Informationen im Netz für ihren ersten Informationshunger. Für PR-Angebote im Netz bedeutet dies vor allem eines: Sie sollten von Suchmaschinen gut auffindbar sein. Suchmaschinen wie Google crawlen permanent das Netz ab und erheben vor allem zwei Größen für die Relevanz eines Internetportals: die Anzahl der Links, die auf dieses Portal verweisen, und die Häufigkeit der Aktualisierung des Webauftritts. Wer diese beiden Faktoren fördert, wird sein Portal schon nach kurzer Zeit an den oberen Stellen in den Ergebnislisten der Suchmaschinen wiederfinden. Damit die Inhalte über entsprechende Suchabfragen gut auffindbar sind, ist besondere Bedeutung auf die Bezeichnung von Navigationselementen und Überschriften zu legen. Generell gilt: Die Einfachheit und Aussagekraft von entsprechenden Texten dient der Popularität im Netz ungemein. Nutzer und Journalisten suchen im Zweifel eher nach »Medizin« oder »Pille« als nach »Arzneimittel« oder »Antirheumatika«. Dazu kommt: Eine klare Linksprache für die einzelnen Rubriken steigert ebenfalls die Auffindbarkeit in entsprechenden Suchmaschinen und Webverzeichnissen. So werden Ergebnisse deutlich höher gewichtet und angezeigt, wenn die Links in der Form von www.unternehmensname.de/thema angeboten werden als in einer kryptischen Darstellung nach dem Beispiel www.unternehmensname.de/0w2x67888/sh/0745.html. Diese Anforderung an die Programmierung von PR-Angeboten wie auch an die von Unternehmensauftritten zahlt sich in der Regel durch eine höhere Frequentierung der Website direkt aus. Empfehlenswert ist es zudem, auf imposante und als modern geltende Animationen in den Programmiersprachen Flash oder Ajax im Zweifel zu verzichten – zugunsten einer gut auffindbaren, klar strukturierten und aussagekräftigen HTML-Website. Hinweise für die erfolgreiche Gestaltung von Webseiten mit den Faktoren Suchmaschinenoptimierung, Usability und Websitemarketing geben Standardwerke wie zum Beispiel die eingängig und auch für Laien gut zu lesende Publikation *Website Boosting* (vgl. Literaturhinweise).

> **7.1 Orientierung auf www.pwc.de**
>
> Da es der Wirtschaftsprüferzunft nicht gestattet ist, Werbung zu schalten, ist sie auf gute direkte Kommunikationswege angewiesen. Ein übersichtlicher und nutzwertiger Online-Auftritt eignet sich für diesen Zweck optimal. So sticht beispielsweise der Unternehmensauftritt von PricewaterhouseCoopers unter www.pwc.de hervor. Die Informationen sind strukturiert angeboten, zu jedem Thema und jeder Studie befinden sich in der rechten Kontextspalte die Kontaktkoordinaten des entsprechenden Ansprechpartners. Eine eingängige Navigation ermöglicht den zielgerechten Seiteneinstieg. Im Pressebereich ist eine ausreichende Zahl an Ansprechpartnern aufgeführt. Ein umfangreicher Studienbereich lässt sich durch eine prominent im Seitenkopf platzierte Suchfunktion leicht und intuitiv erschließen. Verbesserungspotenzial gäbe es aber natürlich auch hier. Gibt man in die Suche etwa das Wort »Tarnsaktionen« statt Transaktionen ein, so erhält der Nutzer lediglich einen Fehlerhinweis auf eine möglicherweise falsche Schreibweise. Üblich sind heute Vorschlagsysteme, die als so genanntes Suggest-Suchen bezeichnet werden. Die Suggest-Suche toleriert Fehler und schlägt über eine Vorschlagliste semantisch verwandte Treffer vor: »Meinten Sie Transaktionen?« oder wandelt die Begriffe bereits bei der Eingabe in das Suchfeld in eine Auswahl von weiteren Begriffen um. Je stärker der Unternehmenserfolg mit dem direkten Abverkauf von Produkten an Endverbraucher korreliert, desto eher lohnt sich eine Investition in eine solche Suchmaschinentechnologie, wie sie beispielsweise von der in Konstanz ansässigen Firma Exorbyte (www.exorbyte.de) angeboten wird.

## 8 Kommunikationskampagnen im Web

Wie oben dargestellt, lässt sich eine gute Kommunikationskampagne über ein Angebot zahlreicher nutzwertiger Elemente wie Infografiken, Videos, Fotomaterial oder das Zurverfügungstellen kompletter Tools, die in Webportale eingebunden werden können, effizient und dauerhaft abbilden. Auf diese Weise werden gleich mehrere Zielgruppen erreicht: sowohl unerfahrene Nutzer als auch regelmäßige Nutzer und Power-User. Eine weitere Herausforderung besteht hingegen darin, die Kommunikationsstrategie so weit zu planen, dass die Tools und Inhalte auf entsprechende Akzeptanz und Resonanz stoßen. Anders als in klassischen Informationsmedien ist der exklusive Zugang zu bestimmten Journalisten im Netz nicht unbedingt notwendig. Viel wichtiger ist eine gute Planung, auf welchen Portalen die Kampagne angeboten werden soll. So rücken neben Adressaten wie Spiegel Online oder FAZ.net auch hoch frequentierte Portale wie T-Online, Web.de oder GMX in das relevante Set von Trägermedien. Im Zweifel kann es viel effektiver sein, auf diesen Portalen Leserschichten zu erschließen – abhängig von dem jeweils zu platzierenden Thema.

Da Online-Redaktionen aufgrund der oben beschriebenen ökonomischen Grenzen häufig unterbesetzt sind und mit wenigen Redakteuren arbeiten, sind diese umso mehr auf gute Agenturmeldungen angewiesen. Nachrichtenagenturen haben zwar aktuell ebenfalls mit einem starken Konkurrenzdruck zu kämpfen, versorgen aber eine Vielzahl von Portalen mit Nachrichten, die im Zweifel nur wenig angepasst werden oder gar mit einer zweiten Quelle nachrecherchiert werden. Wer sich somit auf gute Agenturarbeit kapriziert, steigert deutlich seine Chance, dass Informationen ihren Weg gleich auf eine Vielzahl von Portalen finden. Der *Spiegel* (Nr. 40/2006) beschrieb diese Entwicklung unter dem Titel »Journalismus – gesteuerte Flut«. Verglichen mit Amerika gehe es allerdings hierzulande noch »paradiesisch« zu. Rund 70 000 Journalisten stünden 30 000 PR-Mitarbeitern gegenüber. Ein Verhältnis, das sich in den USA längst zugunsten der PR-Branche gedreht hat. Rund 20 Prozent der bei Nachrichtenagenturen platzierten Themen finden den direkten Weg in den Ticker, mehr als die Hälfte davon werden abgedruckt oder auf redaktionellen Portalen veröffentlicht.

Neben der Konzentration auf Multiplikatoren empfiehlt sich auch die Nutzung von Portalen, auf denen man direkt seine Pressemitteilung publizieren kann (vgl. »Pressemitteilungen für jedermann«). Die hier publizierten Pressemitteilungen bleiben häufig monate- oder jahrelang auffindbar. Wenn sie an relevanten Stellen mit Links auf das eigene Portal angereichert sind, generieren sie nachhaltig Seitenbesucher.

Weitaus schwieriger ist es, direkt andere Power-User für sich zu gewinnen und sich direkt mit der Blogger-Community zu verlinken. Zwar gelingt dies in Einzelfällen, wenn zum Beispiel der Chef eines internationalen Unterhaltungselektronikkonzerns neue Trends in seinem Blog beschreibt und einschätzt und daraufhin auch die Blogger-Community das Blog als relevant in die eigene Linkliste (so genannte »Blogroll«) aufnimmt. Vielversprechender sind aber klassische Meldungen, die eine Studie oder Umfrage zugrunde legen, bestenfalls in einem fixen Turnus erhoben und publiziert werden oder Meldungen mit starkem Ratgebercharakter.

Sofern in diesen Meldungen dann auf unter »Medienformate im Internet« beschriebene weitere Angebote verwiesen werden kann und diese erfolgreich angenommen werden, kann eine Kommunikationsstrategie im Netz als erfolgreich und gelungen bezeichnet werden.

### 8.1 Pressemitteilungen für jedermann

Auf dem Online-Presseportal OpenPR.de lassen sich Pressemitteilungen kostenlos über ein entsprechendes Formular veröffentlichen. Jede Meldung wird vor ihrer Veröffentlichung redaktionell gesichtet und in der Regel sehr zeitnah freigeschaltet, wenn sich der Absender an die Veröffentlichungszeiten Montag bis Freitag, 8 bis 18 Uhr hält.

Der Vorteil der Distribution über OpenPR liegt nicht nur darin, dass der Service gratis ist. Durch die Vielzahl von Meldungen, die über OpenPR täglich verteilt werden, sind diese wiederum in Suchmaschinen exzellent auffindbar und werden auch von News-Services wie Google News ausgewiesen. Empfehlenswert ist es, die Pressemitteilung mit Links auf das eigene Portal, den PR-Bereich oder weitere Hintergründe zu verlinken, da auf diese Weise wiederum Rezipienten auf die eigenen Inhalte stoßen. Neben OpenPR gibt es eine weitere Anzahl empfehlenswerter Presseportale:

www.businessportal24.com/de – Hier lassen sich ein bis drei Pressemitteilungen täglich kostenlos einstellen.
www.pressemitteilung.ws – Auf dem Portal kann man nahezu unbegrenzt Pressemitteilungen veröffentlichen.
www.firmenpresse.de – Auch hier kann man nach Registrierung nahezu unbegrenzt Pressemitteilungen veröffentlichen. Die Pressemitteilung wird auch per Newsletter verteilt.
www.news4press.com – Das Portal wird sehr gut von Google ausgelesen.
http://at-de.i-newswire.com ist ein qualitativ starker Online-Pressedienst, der nicht jede Pressemitteilung übernimmt.

Weitere Veröffentlichungsmöglichkeiten für Pressemitteilungen bieten sich auf
- www.4.am
- www.artikelweb.de/
- www.globalewirtschaft.de
- http://news.free-radio.de/index.php/on
- www.perspektive-mittelstand.de
- www.live-pr.com

- www.pr-inside.com/de
- www.pr-zentrale.de
- www.swf-info.de

oder

- www.themenrelevanz.de

## 9 Welche Chancen Web 2.0 für die PR bietet

Der überstrapazierte Modebegriff »Web 2.0« bezeichnet eine Reihe interaktiver und kollaborativer Funktionen und Websites im Internet. Der Begriff wurde durch Tim O'Reilly geprägt, Gründer und Chef des O'Reilly-Verlages. Web 2.0 beschreibt inhaltlich eine veränderte Benutzung des Mediums Internet, die auch als Mitmachnetz oder Bürgerjournalismus bezeichnet wird. Inhalte werden nicht mehr nur zentralisiert von klassischen Medien an die Massen verbreitet, sondern auch von unabhängigen Leuten, die sich untereinander vernetzen. Klassische Medienanbieter wie Verlage oder TV-Sender verlieren damit einen Teil ihrer Deutungshoheit und werden sowohl ökonomisch als auch in ihrem klassischen Geschäftsgebaren aus der Bahn geworfen. Fieberhaft werden von Verlagen und Sendern daher Konzepte erarbeitet und erprobt, entweder an der Entwicklung im Netz zu partizipieren oder darauf zu reagieren. Typische Beispiele für Web-2.0-Angebote sind Wikis, bereits beschriebene Weblogs, Communities oder Foto- und Videoportale (vgl. Flickr, YouTube.com).

Auch Redaktionen bedienen sich bei der Recherche immer stärker Online-Enzyklopädien wie Wikipedia, an denen die Nutzer selbst mitschreiben. Nach einer Umfrage unter Journalisten, die das Marktforschungsinstitut Smart Research gemeinsam mit der PR-Agentur Storymaker durchgeführt hat, nutzen rund 74 Prozent der Redaktionen regelmäßig Wikipedia. Dagegen spielen Foren, Blogs, Communitys oder Videoplattformen bisher bei den meisten Journalisten eine nachgelagerte Rolle. Dennoch betrachten immerhin fast 20 Prozent der Journalisten die Web-2.0-Instrumente als relevant für ihren Arbeitsalltag: zum Beispiel, indem sie ihre Kontakte über das Netzwerk Xing verwalten oder dort nach Ansprechpartnern für ihre Recherche suchen.

Einen besonderen Stellenwert im Rahmen von Web 2.0 nehmen so genannte virale Funktionen ein, die auch eine große Chance für erfolgreiche PR-Konzepte und -Strategien bieten. Virales Marketing ist eine Marketingform, die existierende soziale Netzwerke ausnutzt, um Aufmerksamkeit auf Marken, Produkte oder Kampagnen zu lenken, indem sich Nachrichten wie ein Virus über Mundpropaganda und Empfehlungen von Online-Nutzern im Netz ausbreiten.

Paradebeispiele für virales Marketing sind Online-Spiele, die sich im Netz verbreiten. Dazu zählen etwa die Lycos-Prügelpause oder das Spiel Moorhuhn. Die meisten gelungenen viralen Kampagnen kommen häufig wie aus dem Nichts, bedienen sich keiner Unterstützung klassischer Werbemedien und funktionieren mit minimalem finanziellem Aufwand. Dennoch erreichen sie einen erstaunlichen Werbe- und Verbreitungseffekt.

(Nach einem ähnlichen Prinzip funktionieren auch witzig aufgemachte Werbepostkarten, die in Kneipen und anderen öffentlichen Orten – z. B. Universitäten – über Kartenständer verteilt werden und dann mit der Werbebotschaft an andere Menschen weiterverbreitet werden.)

### 9.1 Auf den Spuren des viralen Marketings

Virales Marketing: Wie Gründer virales Marketing nutzen können, beschreibt der *WirtschaftsWoche*-Redakteur Sebastian Matthes am Beispiel der Kelterei Walther. Er betreibt auf wiwo.de ein lesenswertes Weblog namens »Gründerraum« (http://blog.wiwo.de/gruenderraum/), das die Markteintrittsstrategien und Kommunikationskonzepte junger Unternehmen beschreibt.

So gelang es dem Familienunternehmen Kelterei Walther, eine Unternehmenskrise abzuwenden, indem es seine Säfte über ein Internet-Tagebuch bekannt machte. Walther startete im Jahr 2006 das Saftblog.

Das Unternehmen schrieb über Fruchtfliegen, die Inventur und den Saft der Aroniabeere. Nach einer Abmahnung, weil das Saftblog den Begriff »Olympia« verwendete, berichteten Regionalzeitungen, Magazine und das ZDF über die kleine Saftkelterei. Mit dem Ergebnis, dass die Säfte der Kelterei jetzt in zahlreichen Reformhäusern zu finden sind. Heute geht es der Kelterei blendend. Die Produktion wächst nach *WirtschaftsWoche*-Recherchen jeden Monat mit zweistelligen Wachstumsraten.

# Fernsehen erobern – TV-PR

Carsten Heer und Tine Vogt

## 1 Einleitung

Für viele ist es Neuland: TV-PR stellt die Kommunikationsabteilungen der Unternehmen vor neue Herausforderungen. Dabei müssen einige grundlegende Fragen beantwortet werden: Wo liegen die Kniffe und Tricks, sich in der Themenauswahl der TV-Landschaft zu positionieren?

Wie kommuniziert man eigentlich mit TV-Redaktionen? Hat man sich dafür entschieden, seine Kommunikationsaktivitäten nicht nur auf Print- und Online-Medien zu fokussieren, dann empfiehlt sich auch für diesen Bereich eine umfassende Medienanalyse. Interessant sind dabei zunächst drei Fragestellungen: Wie ist die TV-Medienlandschaft aufgestellt, welche Formate gibt es und wo macht es für Ihr Unternehmen Sinn, im Fernsehen präsent zu sein?

## 2 Die TV-Medienlandschaft

Deutschland zählt über 200 TV-Sender. Die öffentlich-rechtlichen Sender stehen bei den Zuschauern noch immer hoch in der Gunst. Mit Marktanteilen zwischen 13 und 14 Prozent lassen sie die meisten privaten Sendeanstalten noch immer deutlich hinter sich. RTL ist den Öffentlich-Rechtlichen allerdings dicht auf den Fersen. Mit 12,8 Prozent Marktanteil liegt der Sender nur knapp hinter ARD und ZDF (siehe Abbildung 1).

### 2.1 Die verschiedenen Medienformate

Von Serien über Spielfilme bis hin zu Talkshows – die Formate, die dem Zuschauer geboten werden, sind in ihrer Vielfalt fast grenzenlos. Für den Medienplaner ist es wichtig, das Denken in diesen Kategorien zu kennen. Denn den Programmmachern in den Sendern wird die Arbeit wesentlich erleichtert, wenn sich sein Gegenüber von der Unternehmenskommunikation

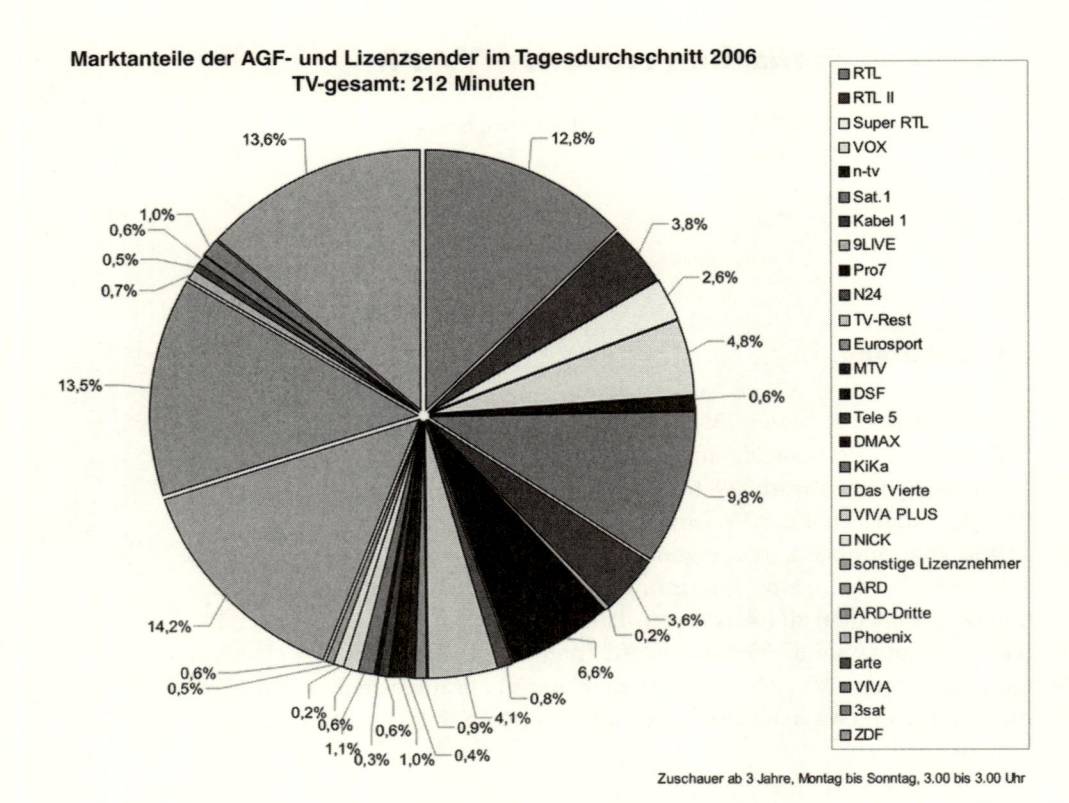

**Marktanteile der AGF- und Lizenzsender im Tagesdurchschnitt 2006
TV-gesamt: 212 Minuten**

- RTL
- RTL II
- Super RTL
- VOX
- n-tv
- Sat.1
- Kabel 1
- 9LIVE
- Pro7
- N24
- TV-Rest
- Eurosport
- MTV
- DSF
- Tele 5
- DMAX
- KiKa
- Das Vierte
- VIVA PLUS
- NICK
- sonstige Lizenznehmer
- ARD
- ARD-Dritte
- Phoenix
- arte
- VIVA
- 3sat
- ZDF

Zuschauer ab 3 Jahre, Montag bis Sonntag, 3.00 bis 3.00 Uhr

**Abb. 1** Die Öffentlich-Rechtlichen halten im Jahr 2006 die größten Marktanteile[1].

schon Gedanken über die mögliche Einordnung eines Sendebeitrags gemacht hat. Damit steigen auch die Chancen für eine Platzierung.

### Das Magazin

Magazinformate wie die Urgesteine *Monitor* und *Weltspiegel* aber auch *Spiegel-* oder *Stern TV* erfreuen sich bei den Zuschauern hoher Beliebtheit. Hier reihen sich diverse Beiträge aneinander, unterbrochen von Moderationsblöcken. Dazwischen kommt es auch zu dem einen oder anderen Interview. Besonders im politischen Themenumfeld sind die »Magazin-Macher immer hinter dem Skandalösen her«[2]. Deswegen sind die Redaktionen auch auf spannenden Input angewiesen. Hierbei stehen Exklusivität und natürlich auch der Wahrheitsgehalt im Mittelpunkt.

1) Quelle: AGF/GfK Fernsehforschung. pc#tv. Fernsehpanel D + EU, 2006
2) *ABC des Fernsehens*, Ruth Blaes, UVK-Medien, S. 190.

### Regionale Sendungen

Lange waren es nur die dritten Programme der Öffentlich-Rechtlichen, inzwischen sind es auch viele private Sendeanstalten, die sich nur mit einer Region befassen. Hierbei steht immer eines im Mittelpunkt: das Interesse der ansässigen Bürger und Geschichten der eigenen Region. Vergleichbar ist diese Arbeit mit der von regionalen Tageszeitungen. Von München bis nach Hamburg verfügt wohl jede größere Stadt über einen Regionalsender, der sich mit den Geschehnissen der Stadt beschäftigt. Sie haben meist gegen die Infrastruktur der Öffentlich-Rechtlichen zu kämpfen, aber auch gegen Regionalprogramme der großen Privaten (Guten Abend RTL). Da sich die Sender, wenn sie nicht wie der Regionalsender Hamburg 1 zur Axel-Springer-Gruppe zählen, meist selbst finanzieren, sind sie für gute PR dankbar.

### Frühstücksfernsehen

Auch wenn die Einschaltquote erst am Abend in die Höhe schnellt, schaffen es einige Formate schon am Morgen, ihre Zuschauer vor die Flimmerkiste zu locken. Das so genannte Frühstücksfernsehen auf den Öffentlich-Rechtlichen, aber auch den Privaten wartet mit Reportagen, Gewinnspielen, Expertenmeinungen und Nachrichten auf.

### Liveübertragungen

Liveübertragungen kosten eine Menge Geld und werden meist nur zu besonderen Anlässen veranlasst, sei es ein Fußballspiel oder *Wetten, dass...?* – einige Formate haben sich den Livecharakter auf die Fahnen geschrieben. Dieses Format ist dadurch gekennzeichnet, dass spätere Korrekturen dessen, was geschehen ist, nicht mehr möglich sind. Sowohl für Redaktionen als auch für Gäste, die in Liveübertragungen auftreten, sind solche Veranstaltungen eine besondere Herausforderung und bedürfen einer ausgefeilten Vorbereitung.

### Ratgebersendungen

Für nützliche Tipps im Umgang mit Geld, Gesundheit und anderen Verbraucherfragen haben sich diverse Ratgebersendungen auf dem Markt etabliert. Bei Formaten wie dem *ARD Ratgeber Gesundheit* oder *Ratgeber Geld* wird der Zuschauer über alle relevanten Fragen aufgeklärt. Daraus ableitend lassen sich auch Anknüpfungspunkte für die PR definieren.

### Wissenssendungen

Wissensformate wie *Schau dich schlau* oder *Galileo* eignen sich ausgezeichnet für TV-PR. Sie sind sehr dankbare Abnehmer für spannende Geschichten. Sie berichten über alles, was sich mit dem Thema »Wissen« beschäftigt, angefangen vom Klimawandel über Herstellungsprozesse von Lebensmitteln oder Gebrauchsgegenständen bis hin zu praktischen Tipps für den Alltag.

## 3 Die TV-Nutzung der Deutschen

Neben dem Wissen um die Medienlandschaft und die möglichen Programmformate kommt es für eine erfolgreiche Medienarbeit auf die Sehgewohnheiten der Bevölkerung entscheidend an. Knapp vier Stunden[3] schaut der Bundesbürger durchschnittlich in den Flimmerkasten. Deswegen ist es auch nicht verwunderlich, dass Fernsehen für 41 Prozent der Zuschauer ab 14 Jahren unverzichtbar wäre[4]. Damit hebt sich dieses Medium deutlich von den Konkurrenten Radio, Print und Internet ab. So würde zwar jeder Fünfte auch nur ungern auf Tageszeitungen & Co. verzichten – den Stellenwert des Fernsehers erreichen die Konkurrenzmedien allerdings damit nicht. Doch was fasziniert die Zuschauer an den bewegten Bildern auf dem Bildschirm?

Immerhin jeder Zweite sieht die Zeit vor dem Fernseher als Entspannungskur nach einem anstrengenden Arbeitstag. Daraus resultierend gehen die Einschaltquoten ab 18 Uhr deutlich in die Höhe. Besonders stark vertreten zu dieser Zeit: die Generation 50 plus. Um 21 Uhr beispielsweise gucken durchschnittlich knapp 45 Prozent der Gesamtbevölkerung Fernsehen. Zuschauer ab 50 sind zu dieser Zeit mit 60 Prozent vertreten[5].

Doch neben der Entspannung schätzen die Zuschauer auch die Aktualität und den Informationsgehalt, den das tägliche Fernsehen bietet[6]. Immer informiert zu sein über die aktuelle Nachrichtenlage auf den verschiedenen Sendern oder das gezielte Einschalten von Informationssendungen ist für die Deutschen besonders wichtig. Immerhin 75 Prozent informieren sich über das aktuelle Tagesgeschehen vor dem Fernseher[7]. Damit rangiert das Medium deutlich vor Printformaten und Online-Angeboten. Hierbei zeigt sich, dass der Zuschauer nicht nur das passive Ansehen von Sendungen schätzt, sondern auch den Teletext aktiv nutzt. Dieser hat massiv an Bedeu-

---

3) IP Deutschland, Television 2006.
4) *Erlebnis Fernsehen – Alltagsmedien im Vergleich*, SevenOne Media GmbH, Unterföhring 2006, S. 9.
5) AGF/GfK Fernsehforschung, pc#tv, Fernsehpanel D + EU, 2007.

6) *Erlebnis Fernsehen – Alltagsmedien im Vergleich*, SevenOne Media GmbH, Unterföhring 2006, S. 13.
7) *Erlebnis Fernsehen – AAtagsmedien im Vergleich*, SevenOne Media GmbH, Unterföhring 2006, S. 18.

tung gewonnen. So informierten sich 2006 jeden Tag mehr als 17 Millionen Menschen über aktuelle Geschehnisse[8]. Im Jahr zuvor zählte der Teletext eine Dreiviertelmillion Nutzer weniger.

### 3.1 Wer schaut was?

Bei der vielfältigen Auswahl von TV-Sendern und den verschiedenen Formaten ist interessant, wie sich die Sehgewohnheiten der unterschiedlichen Bevölkerungsgruppen im Einzelnen darstellen lassen. Mit dieser Frage hat sich im September 2007 die SevenOne Media AG beschäftigt und folgende Untersuchung in Bezug auf die Sinus-Milieus und somit die Lebenswelten der Fernsehzuschauer herausgegeben:

#### Die Etablierten

Diese Gruppe mit überdurchschnittlichem Bildungsniveau wählt ihre Programminhalte sehr gezielt aus. In den durchschnittlich 199 Minuten, die sie täglich vor dem TV verbringen, widmen sich die Etablierten vorwiegend den öffentlich-rechtlichen Sendern. Wenn es aber beispielsweise um Sportformate geht, schalten sie auch die privaten Fernsehkanäle ein. Das spiegelt sich vor allem bei Großveranstaltungen wie Formel-1-Rennen oder der Tour de France wider. Neben den sportlichen Highlights interessiert sich diese Zielgruppe in erster Linie für tagesaktuelle Nachrichten sowie für Sendungen mit zeitgenössischem, aber auch historischem Hintergrund. Deswegen ist es auch nicht verwunderlich, dass diese Zuschauer Fernsehshows wie *Anne Will* oder *Berlin Mitte* bevorzugen. Zur Entspannung zappen sie zu Serien wie *Unsere kleine Farm* oder *Das A-Team*.

#### Die Postmateriellen

Die dosierteste Fernsehnutzung hat die Zielgruppe der Postmateriellen. Die Zuschauer mit höchstem Einkommen schauen mit 177 Minuten pro Tag sehr selektiv TV. Kommen allerdings Sendungen ihren Vorlieben wie Kunst oder gesellschaftspolitischen Themen entgegen, widmen sie ihre Aufmerksamkeit vorrangig den Öffentlich-Rechtlichen. Ihr Interesse an klassischer und moderner Literatur veranlasst sie dazu, Formate wie *Das Literarische Quartett* oder *aspekte extra: Frankfurter Buchmesse* einzuschalten. Wenn es um Dokumentationen oder Reportagen geht, bevorzugen sie *37 Grad* oder *ZDF-Expedition*. Darüber hinaus weisen sie eine spezielle Begeisterung für US-Serien und -Spielfilme auf, die sie zu den privaten Fernsehanstalten

---

[8] IP Deutschland, Television 2006.

locken. Dazu zählen beispielsweise Serien wie *McLeods Töchter* oder *Everwood*. Besondere Begeisterung hegen sie neben deutschen Krimireihen wie dem *Tatort* für Science-Fiction. Schalten sie einen Spielfilm ein, könnte dies *Drei Farben: Rot* oder *Herr Lehmann* sein.

### Die Modernen Performer

Die junge, unkonventionelle Leistungselite schaut täglich im Durchschnitt 194 Minuten fern. Sie stehen zu Serien, die ihrem dynamischen und optimistischen Lebensgefühl entsprechen. Deswegen schalten sie Sendungen wie *Lost* oder *Grey's Anatomy*, aber auch Sitcoms wie *King of Queens* ein. Besonders beliebt war bei ihnen auch der deutsche Comedy-Erfolg *Stromberg*. Hoch im Kurs stehen bei den Modernen Performern außerdem Wissens- und Lifestylemagazine wie *Galileo* oder *Fit for fun*. Neugierde zeigen sie für Castingshows wie *Deutschland sucht den Superstar* oder *Germany's Next Topmodel*.

### Die Konservativen

Für die älteren deutschen Bildungsbürger ab 60 Jahren spielt das Medium Fernsehen eine untergeordnete Rolle. Obwohl sie mit 212 Minuten pro Tag im Durchschnitt liegen, nutzen sie das Fernsehen fast ausschließlich zu Bildungs- und Informationszwecken. Sie weisen großes Interesse für Sendungen wie *ttt – titel thesen temperamente* und *Kulturspiegel* auf. Gern verfolgen die Konservativen auch Diskussionsrunden zu aktuellen Geschehnissen aus Wirtschaft und Politik wie im *Presseclub* oder *Berlin direkt*. Zur Entspannung und Unterhaltung schaltet diese Zielgruppe die *SOKO*-Reihen bei den Öffentlich-Rechtlichen ein. Schauen sie sich einen Spielfilm an, kommt er wohl aus der Rosamunde-Pilcher-Reihe.

### Die Traditionsverwurzelten

In dieser Zielgruppe, die meist ihren Altersschwerpunkt in der Kriegs- und ersten Nachkriegsgeneration hat, spielt das Fernsehen eine überdurchschnittlich große Rolle. Sie verbringen durchschnittlich 253 Minuten vor dem TV-Apparat. Die öffentlich-rechtlichen Sender begleitet diese Zielgruppe seit den 50er Jahren und deswegen schalten sie auch heute noch bei ihnen ein. Traditionsgemäß interessieren sie sich für Nachrichtensendungen wie *heute* oder *Die Tagesschau*. Entscheiden sie sich für Unterhaltung am Nachmittag, bleiben sie auch hier zumeist den klassischen drei Sendern treu. Bei *Julia – Wege ins Glück* oder *Sturm der Liebe* verfolgen sie die schicksalhaften Entwicklungen. Am Abend machen sie es sich zu *Das Traumschiff* und *Pfarrer Braun* vor dem Fernseher bequem. Sie schalten außerdem zu

Volksmusiksendungen wie *Melodien der Berge* oder *Liebesgrüße mit Marianne & Michael* ein.

### Die DDR-Nostalgischen

Mit 308 Minuten liegen die DDR-Nostalgiker in ihrer Fernsehnutzung deutlich über dem Durchschnitt. Sie bleiben bei der Programmauswahl vorwiegend bei den privaten Sendern hängen. RTL und Sat. 1 stehen dabei hoch in der Gunst. Am wenigsten sind sie an den Formaten von ProSieben interessiert. Besondere Beachtung widmen sie Gerichtsshows, Crime-Dokus und Tiersendungen. Auch sehr beliebt: ältere US-Unterhaltungsshows wie *Quincy* oder *Walker, Texas Ranger*. Hohe Aufmerksamkeit bekommen zudem Doku-Soaps rund ums Tier wie *Hundkatzemaus*.

### Die Bürgerliche Mitte

Die Zuschauer aus dem statusorientierten Mainstream haben keine »Lieblingssender«. Ihre Favoriten bei der TV-Wahl sind die deutschen Fictionserien wie *Die Wache*. Aber auch Reality-TV aus dem Alltag anderer Menschen wie *Frauentausch* oder *Bauer sucht Frau* kommen bei diesem Zuschauerkreis gut an. Interesse zeigen sie auch für Sendungen mit praktischen Inhalten. Deswegen schauen sie sich vermehrt *Zuhause im Glück* oder *Einsatz in vier Wänden* an.

### Konsummaterialisten

Der Zuschauerkreis mit geringen finanziellen Mitteln verbringt 258 Minuten pro Tag vor dem Fernseher. Bei ihnen stehen besonders die privaten Sender hoch in der Gunst. Sie wünschen sich Ablenkung und erlebnisreiche Unterhaltung. Deswegen weisen die Konsummaterialisten kaum thematische Schwerpunkte auf, sondern suchen sich meist die Formate mit hohem Spaßfaktor aus. Sie verfolgen Doku-Soaps und auch amerikanische Sitcoms.

### Die Experimentalisten

Durch ihre hohe Outdoor-Affinität liegen die Experimentalisten mit 189 Fernsehminuten pro Tag unter dem Durchschnitt. Verbringen sie aber doch schon mal einen Abend vor dem TV, schauen sie sich US-Fiction, deutsche Comedy, Castingshows und Magazinformate an. Große Begeisterung lösen US-Sitcoms bei ihnen aus. Sie zählen meist auch zu den Fans der Zeichentrickserie *Die Simpsons* – und halten ihr schon über Jahre die Treue. Information findet meist in Magazinsendungen wie *taff* oder *Galileo* statt.

### Die Hedonisten

Die »Spaßkultur« der Hedonisten spiegelt sich auch im Fernsehverhalten wider. Genres und Sender spielen keine große Rolle, die Unterhaltung steht im Mittelpunkt. Diese finden sie vorrangig bei US-Serien wie *Nip/Tuck* und *Law & Order*. Ebenso gern schalten sie deutsche Serien wie *Sophie – Braut wider Willen* und *Unter uns* ein. Unterhaltung finden sie bei Comedysendungen wie *TV Total*. Interesse zeigen sie auch an Sendungen wie *Big Brother* und *Talk Talk Talk*.[9]

## 3.2 Wen erreicht man über TV?

98 Prozent der Menschen in Deutschland haben einen Fernseher. Und selbst die Zuschauer, die mit ihrer Minutenanzahl pro Tag unter dem Durchschnitt liegen, sitzen immer noch mindestens zwei Stunden pro Tag vor dem Bildschirm. Deswegen können auch die »Wenig-Zuschauer« über den Medienkanal Fernsehen erreicht werden. Wie die Zuschauerprofile gezeigt haben, unterscheiden sich die Sehgewohnheiten nach Sendungen und Sender sehr deutlich. Dieser Umstand bedarf aus Sicht der Unternehmenskommunikation besonderer Beachtung.

## 3.3 TV-Formate richtig bedienen

Die Medienformate im TV bieten der Unternehmenskommunikation ganz unterschiedliche Möglichkeiten: Das Spektrum reicht beispielsweise auf der Nachrichtenseite von der Präsentation der Unternehmenszahlen über die Verbreitung aktueller Hintergrundinformationen zum Geschäftsverlauf bis zur Krisenberichterstattung. Auf der werblichen Seite werden von den Sendern zahlreiche Formate zur Darstellung von Waren, Marken oder Dienstleistungen angeboten. Der Abgrenzung von nachrichtengetriebenen Informationen zu werblichen Inhalten kommt für die Zuordnung der Formate eine entscheidende Rolle zu. Der Grund: Werbung und Programm sind in den elektronischen Medien nach Vorgabe des Rundfunkstaatsvertrags klar voneinander zu trennen. Fernseh-PR bedeutet vor diesem Hintergrund in erster Linie, Themen auf ihre Umsetzbarkeit zu prüfen und Angebote für die unterschiedlichen Formate zu entwerfen. Die dafür entscheidenden Kriterien unterliegen ganz speziellen redaktionellen Anforderungen. Um dauerhaft erfolgreich zu sein, müssen PR-Verantwortliche vor

---

9) Vgl., *Sinus-Milieus Lebensstil, Fernsehnutzung und Umgang mit neuer Kommunikationstechnologie*, SeverOne Media GmbH, Unterföhring 2007.

allem die Unabhängigkeit der Journalisten konsequent beachten. Dazu gehört in erster Linie die Einhaltung des geltenden Rechts – also die beschriebene Trennung von Werbung und redaktionellen Inhalten. Um der Vermittlerrolle als Interessenvertreter des eigenen Unternehmens und Partner der Redaktionen gerecht zu werden, ist es von elementarer Bedeutung, dass die Kommunikationsexperten sich im TV-Bereich bestens auskennen und wissen, wie Redakteure denken. Welche Themen werden in den Redaktionen diskutiert und welche Formen aktuell in den Programmen eingesetzt? Noch stärker als in den Printmedien kommt es hier auf Aktualität an. Denn eine tagesaktuelle Nachricht geht im Fernsehen in der Regel mit der Sonne unter. Im Gegensatz hierzu haben die Printredaktionen meist bis zum folgenden Morgen Zeit.

## 4 Anforderungen an PR-Angebote für TV-Sender

Die Anforderungen an PR-Angebote für professionelle Fernsehsender beginnen mit einer goldenen Regel: Die Nachricht zählt. Nur wenn das Unternehmen eine Story zu erzählen hat, die in das Nachrichtenraster der Redaktionsplanung passt, bestehen Chancen für einen Programmauftritt. Fernseh-PR bedeutet für die Unternehmenskommunikation daher, Themen zu identifizieren, die beim Zuschauer und damit bei der TV-Redaktion Interesse erzeugen. Die zweite goldene Regel: Das Thema muss visualisierbar sein. Außerdem werden telegene Menschen benötigt. Der Erfolg ist dabei sehr klar messbar: Die Quotenauswertung führt den Verantwortlichen der TV-Sender jeden Tag vor Augen, welcher Beitrag die Zuschauer interessiert hat und welcher nicht.

### 4.1 TV-PR am Beispiel von Wirtschaftsformaten

Im Falle von Wirtschaftssendern ist ein wichtiges Kriterium beispielsweise das Anlegerinteresse. Für eine kleine Privatbank bietet sich damit ein erster Anknüpfungspunkt. Den Anleger wird sicherlich interessieren, was die Analysten der Privatbank für ihre vermögenden Privatkunden unternehmen, um das Portfolio der erlesenen Kundschaft erfolgreich zu führen. Bei der Suche nach einem geeigneten Interviewpartner unter den Mitarbeitern der Bank ist zunächst die notwendige Trennung von Werbung und redaktionellen Inhalten notwendig. Einer TV-Redaktion kann

> nur ein Angebot gemacht werden, wenn sichergestellt ist, dass reine Produktwebung – beispielsweise für ein Anlageprodukt der Privatbank – ausgeschlossen werden kann. Denn keinem interessierten Zuschauer ist damit gedient, eine Anlageempfehlung zu sehen, die vorrangig auf den Absatz von Produkten zielt.
>
> Im konkreten Fall war es günstig, dass die Bank aufgrund ihrer (fehlenden) Größe über kein eigenes Produktangebot verfügte. Die Bank hält selber auf dem Markt Ausschau nach der Performance von Anlagemodellen, die von den Wettbewerbern aufgelegt werden. Wenn sich die Renditeerwartungen erfüllen, werden sie als Anlage in die Portfolios der Kunden aufgenommen. Bei der Suche nach einem geeigneten Interviewpartner kann dem TV-Sender damit ein Bankexperte angeboten werden, der als unabhängiger Produkttester für die Kunden auftreten kann. Dieses Profil ist auch für einen Programmverantwortlichen interessant. Der Wirtschaftssender bekommt die Einschätzung eines Brancheninsiders, ohne werbliche Inhalte befürchten zu müssen.

### 5 Experten vor die Kamera

Mit der Wahl des Experten besteht auch eine gute Möglichkeit, um über eine weitere Hürde zu springen. Denn bei vielen Sendern zählt »Big is beautiful«. So wird den strategischen Entscheidern der Großbanken – wie beispielsweise Norbert Walter, dem Chefvolkswirt der Deutschen Bank, oder Hans-Günther Redeker von der Großbank BNP Paribas – leichter Sendezeit eingeräumt als Experten kleinerer Häuser. Denn allein die Größe dieser Kreditinstitute signalisiert ein hohes Maß an Professionalität. Dass dies nicht immer stimmen muss, hat zum Beispiel ein TV-Interview des damaligen Deutsche-Bank-Chefs Rolf Breuer zur Kreditwürdigkeit von KirchMedia gezeigt. Gegenüber einem Wirtschaftssender hatte Breuer die Kreditwürdigkeit der Kirch-Gruppe öffentlich angezweifelt. Dieser mögliche Verstoß gegen die Verschwiegenheitspflicht beschäftigte in der Folge jahrelang die Gerichte. Doch nicht nur Wirtschaftsgrößen haben es im TV leichter, einen Sendeplatz für sich zu ergattern. Was wäre ein Fußballspiel ohne eine Einschätzung von Franz Beckenbauer und eine Buchveröffentlichung ohne die Meinung von Marcel Reich-Ranicki? Manche Größen müssen gar nicht viel tun, außer den passenden Namen zu haben. Doch nicht alle haben dieses Standing und die benötigte Professionalität im Umgang mit den TV-Kameras.

## 5.1 Gute Grundlage: ein Medientraining

Um die Professionalität eines Experten vor einem Interviewauftritt sicherzustellen, ist ein Medientraining dringend anzuraten. Eine solche Medienschulung zielt in zwei Richtungen. Zum einen werden die Grundlagen der Unternehmenskommunikation vermittelt. Zum anderen kann sich der TV-Sender darauf verlassen, dass der Interviewgast in spe auf seine Kameratauglichkeit getestet wird. Neben der fachlichen Expertise geht es dabei immer auch um Sekundärtugenden eines Interviewpartners. Dazu zählt im Fernsehen insbesondere die Fähigkeit, auch komplizierte Sachverhalte einfach und klar auf den Punkt zu bringen. Jeder Moderator, der beispielsweise Juristen zu den Neuerungen in der Unternehmenssteuerreform befragt hat, weiß hier von signifikanten Unterschieden in der Rhetorik zu berichten. Der Zwang zu einer prägnanten Ausdrucksweise ist nicht zuletzt dem Zeitdruck des Mediums Fernsehen geschuldet. Innerhalb von drei Minuten geht ein Standardinterview bei den Nachrichtensendern über die Bühne. Bei Privatsendern ist oft schon nach 90 Sekunden Schluss. Bis dahin muss alles Wichtige gesagt sein.

**Checkliste: Die richtige Vorbereitung für ein gelungenes TV-Interview**
- Bereiten Sie sich auf das Interviewthema vor und rufen Sie sich die wichtigsten Fakten ins Gedächtnis.
- Verzichten Sie auf Notizzettel.
- Vermeiden Sie Hektik vor dem TV-Termin.
- Seien Sie rechtzeitig vor dem Sendetermin im Studio für Kosmetik und Mikro.
- Keine kleinkarierten und dunklen Stoffe; gut ist zum Beispiel ein grauer Anzug mit blauen Hemd.
- Prüfen Sie vor der Aufzeichnung den Sitz Ihrer Kleidung und der Haare oder bitten Sie die Studioassistenz um Hilfe.
- Kein Drehstuhl vor der Kamera.

**Checkliste: Das richtige Verhalten während der Aufzeichnung**
- Stehen Sie breitbeinig auf beiden Beinen. Hände kommen auf den Studiotisch oder halten ein zusammengerolltes Stück Papier.
- Schauen Sie auf den Interviewer bei einer persönlichen Aufzeichnung oder in die Kameralinse im Studio.
- Antworten Sie kurz, klar und verständlich.

### 5.4 Fernsehen öffnet den Weg zur Kompetenz-PR

Darüber hinaus ist es immer hilfreich, wenn ein Interviewgast unterhalterische Qualitäten hat. Er kann dann für sein eigenes Unternehmen punkten. Als Beispiel sei die Medienpräsenz von Folker Hellmeyer genannt. Der Chef-Volkswirt der Bremer Landesbank vertritt ein Institut, das unter den Top 30 der größten deutschen Banken nicht zu finden ist. Seine Medienpräsenz ist dagegen erstklassig. Eingeleitet durch ein regelmäßiges TV-Format im Wirtschaftsfernsehen werden sein Mut zur eigenen Meinung und der unverblümt hanseatische Stil mittlerweile auch von den Printmedien sehr geschätzt. Die Analysen dieser Bank aus der dritten Reihe sind damit in den Wirtschaftsteilen der A-Medien in Deutschland sichtbar geworden. Auf Unternehmensseite sind Erfolgsgeschichten wie diese geeignet, die mit den Fernsehauftritten verbundene Mehrarbeit zu rechtfertigen. Die Präsenz in den elektronischen Medien transportiert die Expertise des Bankhauses und macht damit im erlaubten Rahmen Werbung. Diese so genannte Kompetenz-PR ist unter anderem für Kunden aus der Finanzdienstleistungsbranche besonders geeignet. Sie ist seriös und macht die Arbeit der Anleger transparent. Gleichzeitig wird die gewünschte Zielgruppe angesprochen.

## 6 Themenauswahl für die Platzierung

Doch hat man seinen Experten für den bevorstehenden TV-Auftritt gerüstet, muss nun auch die Themenwahl für die Redaktion sichergestellt werden. Dabei spielen die Nachrichtenfaktoren eine entscheidende Rolle. Deswegen ist es ratsam, sich soweit möglich das aktuelle Tagesgeschehen zunutze zu machen und den hauseigenen Experten entsprechend zu platzieren. Dies kann auf die unterschiedlichsten Weisen funktionieren:

Von den Mitarbeitern einer Bank beispielsweise sind vor allem die führenden Volkswirte und Analysten der DAX und MDAX-Werte interessant. Entsprechende Aussagen können in den täglichen börsenbegleitenden Sendungen gut eingebaut werden. Außerdem gibt es eine regelmäßige Nachfrage für Rohstoffexperten, die einen Ausblick auf die Entwicklung des Ölpreises und damit auch die Benzinpreisentwicklung an den Tankstellen darstellen können. Schließlich sind immer auch Devisenexperten gefragt, die eine Einschätzung von Euro, Dollar und Yen auf dem Geldmarkt abgeben können.

Der Vorteil von Interviews der beschriebenen Art, die in das laufende Programm der Sender live zugeschaltet werden, ist der geringe Produktionsaufwand. Außer einem Besuch in einem TV-Studio, das über ATM-Leitung[10] an den Sendebetrieb angeschlossen werden kann, sind keine weiteren Maßnahmen erforderlich.

Anders als das Live-Expertenstatement verlangen Hintergrundgeschichten zu einem Unternehmen, die bei den TV-Sendern an den Schnittplätzen entstehen, umfangreiches Bildmaterial.

## 7 Die Redaktion mit Footage-Material versorgen

Was für Printredaktionen eine gut geschriebene Pressemitteilung ist, ist für TV-Redaktionen gut gefilmtes Footage-Material. Unter diesem Begriff versteht man ungeschnittenes Filmmaterial beispielsweise aus dem Unternehmen oder von einem Produkt, welches den Sendern kostenlos zur Verfügung gestellt wird. Wichtig hierbei ist, darauf zu achten, dass es von Profis hergestellt wird. Die Fernseh-PR trägt dafür Sorge, dass dieses Material den Anforderungen entspricht, die für eine Verwendung durch den Redakteur erforderlich ist. Deswegen gibt es einige Merkmale, auf die bei der Produktion von Footage-Material geachtet werden sollte:

Das Konzernlogo sollte nur dezent im Hintergrund bleiben, der Sound gut ausgesteuert sein und die Aufnahmen von der Regie in angemessenem Tempo eingefangen werden. Zu langsame oder zu hektische Kamerafahrten treiben die Techniker an den Schneidegeräten unnötig zur Verzweiflung. Auch wenn eine professionelle Produktion von solch sendefertigem Material nicht billig zu haben ist, trägt sie ihren Nutzen. Denn so hat das Unternehmen selbst in der Hand, welche Szenen zum Beitrag gezeigt werden. Durch den herrschenden Zeitdruck und chronischen Mangel an Personal steht ein Unternehmen mit qualitativ hochwertigem Bildmaterial in der Gunst der Journalisten. Darüber hinaus sollte bei der Produktion immer die Frage im Hinterkopf bleiben, für wen das Footage-Material im Endeffekt gedacht ist. Dient es nur zur journalistischen Verwertung, so darf es nicht den Anschein eines Werbe- oder Imagefilms erwecken. Generell gilt für den Umfang des Footage die Regel: Für einen Beitrag mit drei Minuten Länge benötigen Sie Filmmaterial mit einer Länge von 15 bis 30 Minuten.

10) *Asynchronous Transfer Mode (ATM)* ist eine Technik der Datenübertragung, bei der der Datenverkehr in kleine Pakete, *Zellen* oder Slots genannt, mit fester Länge (53 Byte, davon 48 Byte Daten, 5 Byte Zellkopf) codiert und über asynchrones Zeitmultiplexing übertragen wird (Quelle: www.wikipedia.de).

### 7.1 Vorreiter in der TV-PR: Automobilkonzerne

Als eine Benchmark für gutes Footage-Material haben sich in der Branche die Automobilkonzerne etabliert. In regelmäßigen Abständen liefern sie neues Filmmaterial zu ihren Produkten: professionell gefilmte Fahrten der neuen Modelle durch spektakuläre Landschaften oder interessante Kamerafahrten über das Produktionsband. Als eine der wenigen Branchen schaffen es die Automobilunternehmen, den Journalisten immer wieder neues Filmmaterial zu liefern. Das Footage wird den Sendern üblicherweise per Tape zugänglich gemacht. Neue Technik ermöglicht auch einen Online-Zugriff auf MPEG-Formate.

### 7.2 BASF lockt Journalisten mit Online-Footage

Die BASF bietet beispielsweise seit Ende Oktober 2007 einen Online-Zugang für das TV-Material des eigenen Unternehmens an. Redakteure können sich nun kostenfrei mit Footage, aber auch an fertig geschnittenen und vertonten Beiträgen bedienen. Das Material steht unter www.tvservice.basf.com zur Verfügung und kann nach Akkreditierung heruntergeladen werden. Im Pressebereich der BASF haben Journalisten auch die Möglichkeit, sich das Material als DVD oder Tape zusenden zu lassen. Neben dem reinen Sendematerial liefert die BASF zusätzlich Informationen zu Format, Länge, Spurbelegung oder auch Timecodelisten, Presseinformationen und Pressefotos.

## 8 Welche Chancen Webcast für die PR bietet

Das Produzieren von Audio- oder Videobeiträgen gewinnt über die klassischen Einsatzfelder hinaus als Informationskanal der Zukunft an Bedeutung. Stichwort Internet: Webcastbeiträge öffnen den Unternehmen einen neuen Kommunikationskanal. Mit dem Einstieg in die neuen Medien beweisen bisher vor allem Konzerne wie Siemens, BMW oder IBM ihre Innovationsstärke. Berichtet wird über die gesamte Themenpalette, die bereits aus den klassischen Medien – Rundfunk und Fernsehen – bekannt ist. Die Verbreitung von Webcasts ist allerdings nicht durch Engpässe beschränkt, die über die Redaktionsfilter der öffentlichen und privaten Sendeanstalten entstehen. Vielmehr sind die Unternehmer selber die Herren der Verbreitung. Der Einsatz von Webcasts kann zum Beispiel im Vorfeld von Produkteinführungen effektiv genutzt werden. Aber auch die Begleitung von Live-Kommunikationsveranstaltungen wie Pressekonferenzen, Roadshows oder anderen Events steht den Planern offen. Neben der externen Kommunikation werden Webcasts auch in der internen Kommunikation, beispielsweise für Schulungen eingesetzt. Dabei sind die Mediendateien im Internet über die Webseiten der Unternehmen oder spezielle Webcastportale zu beziehen.

Dass die Zahl der Webcasts ständig wächst, liegt auch an der stark zunehmenden Verbreitung von Breitbandanschlüssen und MP3-Playern. Der Anteil der Internetnutzer in Deutschland stieg im Zeitraum von 1997 bis 2007 von 6,5 auf 62,7 Prozent. 16 Prozent der Onliner schauen sich via Internet mindestens einmal wöchentlich bewegte Bilder an. Das sind fast doppelt so viele wie 2006[11]. Da ist es kein Wunder, dass immer mehr Unternehmen die zahlreichen Einsatzmöglichkeiten dieser neuen Form der Kunden- und Mitarbeiteransprache für sich entdecken.

11) Online Studio ARD/ZDF 2007.

## 8.1 Privatbank im Videopodcast

Gut ist dies am Beispiel einer TV-PR-Agentur zu erklären, die im Rahmen der Betreuung einer Privatbank mit Videopodcasts interessante Synergien schafft. Alle Regeln, die für die Produktion von TV-Interviews gelten, sollten auch hier beachtet werden. Damit wird die Professionalität der Beiträge sichergestellt. Die technische Infrastruktur für eine Umsetzung in ein Webcastformat ist kostengünstig herzustellen. Im konkreten Fall bestand die Aufgabe der Agentur darin, drei Videopodcasts für einen Messeauftritt zu produzieren. In diesen Beiträgen sollten drei Experten aus verschiedenen Abteilungen der Bank zu Wort kommen. Ziel war, die Arbeitsweise zu ausgewählten Themen wie Geld & Devisenmarkt, Rohstoffmärkte und Anlagestrategien näherzubringen. Ausgerichtet an der Nachrichtenstruktur eines Wirtschaftssenders, lassen sich die gewünschten Beiträge gliedern. Die TV-PR-Agentur kann bei der Prüfung der Inhalte zudem die Chance ergreifen, die Inhalte auf Sendefähigkeit bei den etablierten Wirtschaftssendern zu prüfen und zusammen mit den Experten im laufenden Programm zu platzieren.

# Medienkooperationen: Leuchttürme setzen

Andreas Gutjahr

## 1 Einleitung

Durch die tägliche Zielsetzung von PR-Fachleuten, ihr Unternehmen möglichst oft und effektiv mit deren Hauptthemen in den Medien zu platzieren, gewinnen Medienkooperationen zunehmend an Bedeutung. Es geht darum, sich von der Masse abzusetzen, wenn möglich regelmäßig. Wie ein Leuchtturm, der sein Licht zur Kennung der Küste rotierend setzt, so kann eine Medienkooperation einen klaren Sichtbarkeitspunkt für die Zielgruppe bedeuten. Neu sind sie nicht, doch waren die meisten oft mit Produktplatzierung gleichzusetzen. Große Marken steuerten Produkte als Gewinne für Preisausschreiben, Rätsel und andere Verlosungen bei. Diese Methode kann sehr erfolgreich sein. Besonders Produkte, die ihren eigenen Kult erzeugen und verbreiten wollen, wie der Mini oder der iPod, werden von Redaktionen gerne als Preise akzeptiert und erreichen dadurch viel Aufmerksamkeit beim Publikum. Im Falle des iPod sogar oft ohne jegliches Zutun vom Hersteller Apple selbst, da Firmen gerne mit dem prominenten Nachfolger des Walkman Aufmerksamkeit erregen möchten und ihn daher als Preis bereitstellen.

Allerdings gibt es diverse andere Wege, gemeinsam mit einem relevanten Medium zielführend zusammenzuarbeiten. Richtig konzipierte Medienkooperationen können besonders Produkten, die noch keinen Kultstatus erreicht haben, helfen, sich in den Medien und somit bei der Zielgruppe auffällig zu platzieren.

Beide Parteien, die Medien und die Kunden, müssen in der Kooperation einen klaren Vorteil sehen, um die Idee zu verwirklichen. Gravierende Änderungen in der Medienlandschaft heben die Vorteile von Kooperationen hervor.

## 2 Exklusive Inhalte zur Bindung der Leserschaft

Laut der IVW sinken Auflagen der Printmedien stetig. Quartalsauflagen von Tageszeitungen einschließlich Sonntagszeitungen schrumpften in den letzten zehn Jahren um 5 Millionen von 29,7 Millionen (1997) auf 24,5 Millionen (2007). Bei den Publikums- und Fachzeitschriften zeichnet sich ein ähnliches Bild ab. Hier betragen die Auflagenverluste fast 10 Millionen bzw. 3 Millionen (siehe Abbildung 1).

Obwohl der am Anfang der 90er Jahre prophezeite Tod der Printmedien durch Verbreitung des Internets ausgeblieben ist, sind die Veränderungen in den Verlagen und auch bei den Sendern deutlich zu spüren. Der offensichtlichste Grund ist, dass mit dem Internet ein neues Medium um Aufmerksamkeit kämpft. Zum Beispiel wird Radio traditionell morgens beim Frühstück und im Auto gehört und Fernsehen findet hauptsächlich abends statt.

Die Verbreitung von topaktuellen Nachrichten ist nicht mehr allein den traditionellen Medien überlassen. Vermehrt finden sich brandheiße Themen auf Websites wieder und erst später in den traditionellen Medien. Nachrichtensender können mittels Websites den Verlagen Konkurrenz machen. Doch die Welle schwappt zurück. Inzwischen haben Breitbandanschlüsse zum Internet auch dazu geführt, dass jeder bewegte Bilder bereitstellen kann. Traditionelle Druckverlage investieren vermehrt in Fernsehbeiträge, die dann online bereitgestellt werden. Dieser Trend wird durch die Verbreitung von Multimediahandys unterstützt. Schon lange ist der Leser und Zuschauer nicht mehr passiv. Bilder und Videos von Augenzeugen finden oft schneller ihren Weg zum interessierten Leser und Zuschauer als die der Nachrichtenteams, so zum Beispiel bei der Tsunami-Katastrophe Ende 2004 oder den Bombenanschlägen auf die Londoner U-Bahn und Busse im Sommer 2005.

Die Medien reagieren. Zunächst ist das bestehende Team von Journalisten auch für die Online-Inhalte verantwortlich. Mit steigender Verbreitung des Internets und den steigenden Nutzerzahlen ergab sich nicht nur ein deutlicher Mehraufwand für die Journalisten, sondern auch der Druck, effizienter zu werden. Zum Beispiel legte der Axel Springer Verlag Ende 2001 die Redaktionen von *Die Welt* und *Berliner Morgenpost* zusammen. 2006 wurde dann ein gemeinsamer Newsroom für die *Welt Online, Die Welt, Welt am Sonntag, Welt kompakt* und *Berliner Morgenpost* eingerichtet. Ein erster Schritt zur Zusammenlegung aller Redaktionen. Zusammenlegungen bedeuten auf der einen Seite kürzere Wege und hoffentlich Synergien, aber damit auch oft, dass weniger Journalisten mehr Arbeit für unterschiedliche Medien liefern müssen.

**Entwicklung Tageszeitungen**

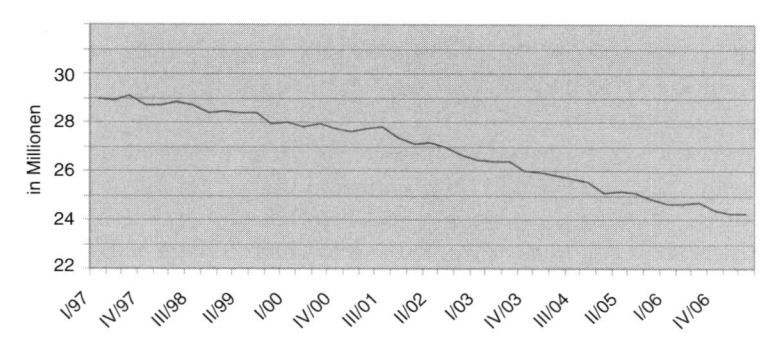

**Entwicklung Publikumszeitschriften**

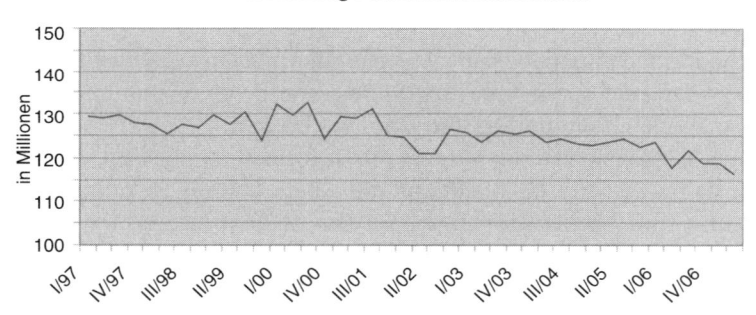

**Entwicklung Fachzeitschriften**

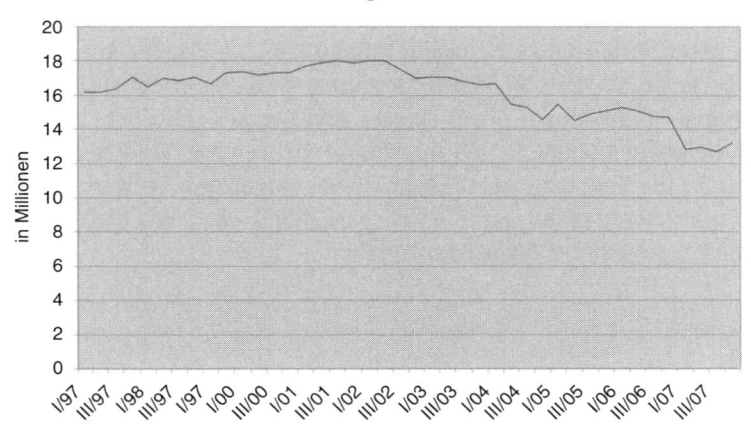

**Abb. 1** IVW – Trend Quartalsauflagen

Fazit: Der Druck auf die Medien wächst stetig. Die Medienbereiche sind nicht mehr so klar definiert wie früher und es kommt mehr denn je auf Alleinstellungsmerkmale an. Für alle Medien ist es wichtig, loyale Leser, Zuschauer und Zuhörer zu halten und neue dazuzugewinnen, um Anzeigeneinnahmen zu sichern.

Wie erreichen Medien diesen Vorsprung? Viele haben erkannt, dass es zunächst darum geht, bestehende Leser zu halten und weiterhin zu überzeugen. Interessanterweise passt hier ein Sprichwort des Internetdesigns: Content is King. Der Inhalt regiert. Wer keine relevanten Inhalte bietet, verliert auf Dauer Leser. Für Medien, die den Nachrichtenwert zunehmend ans Internet verlieren, heißt dies vor allem: Mehrwert schaffen. Mehr Hintergrund, mehr Analyse, mehr relevante Fakten. Medien müssen eine Position verteidigen oder manchmal erst finden. Dies geschieht über Themenführerschaft. Die Kurzinformationen kommen aus dem Internet, zukünftig auch direkt auf das Handy, der Hintergrund und die Analyse dann über das entsprechende Lieblingsmedium. Wer das *Handelsblatt* oder die *Financial Times* liest, erwartet spannende Interviews, Kommentare und andere Zusatzinformationen. Wer die *Tagesthemen* sieht, ebenso.

Doch wie kann man ständig interessante Informationen bieten, wenn das Team der Beitragenden klein bleibt und mit Überarbeitung zu kämpfen hat? Eine Lösung sind Medienkooperationen. Die Medien bekommen Inhalte, über die zuerst und/oder exklusiv berichtet werden kann. Sie demonstrieren außerdem Themenführerschaft und stärken so die Marke. Kurzum, das Publikum bekommt relevante Informationen und durch gezielte Auswahl der Themen lassen sich klar fokussierte Anzeigen um diese Inhalte platzieren. Wenn eine Kooperation auf lange Sicht ausgerichtet ist, kann die Leserschaft durch Seriencharakter weiterhin gebunden werden.

Ein weiterer Vorteil sind die Kosten. Inhalte aus einer Medienkooperation sind billig, jedenfalls aus Sicht des Mediums. Den Nachrichtenwert einer hochwertigen Studie haben wir in diesem Buch an anderer Stelle beschrieben. Für die Medien ist die Erstellung von umfangreichen Studien meist zu teuer. Durch eine Kooperation mit einer Firma, welche den Aufwand und die Kosten der Studienerstellung und Analyse trägt, bekommt das Medium kostenneutral Zugang zu hochwertigen Inhalten.

## 3 Exklusive Sichtbarkeit durch enge Partnerschaft

Der Aufwand von Medienkooperationen lohnt sich für Ihr Unternehmen auf jeden Fall, da sie über die reine Lieferung von Inhalten hinausgehen und die Platzierung von relevanten Themen im Zielmedium garantieren. Der Kampf um die Gunst der Journalisten wird täglich härter. Schon lange werden Redakteure mit Anrufen und E-Mails von PR-Fachleuten bombardiert, die ihre Unternehmen platzieren möchten. Die Beziehung zu Redakteuren und Journalisten ist das A und O der Pressearbeit. Eine Kooperation stärkt und unterstreicht die Beziehung zum Medium. Nach erfolgreicher Durchführung werden die Journalisten eher für Pressemitteilungen aus Ihrem Haus oder weitere Kooperationen offen sein. Im Idealfall wird Ihr Unternehmen auch bei relevanten Themen direkt vom Journalisten um Expertenkommentare gebeten, wenn durch die Zusammenarbeit Kompetenz bewiesen werden konnte.

Damit zusammenhängend hilft eine starke Partnerschaft, im entsprechenden Segment die Konkurrenz auszubremsen. Kein Medium wird exklusiv über nur eine Firma berichten, aber dem Wettbewerb wird es schwererfallen, Sonderkonditionen und Gefallen beim Medienpartner einzufordern.

Ein weiterer Grund dafür, Medienkooperationen anzustreben, ist, dass andere Medien desselben Sektors aufmerksam werden. *Focus* und *Spiegel* beobachten natürlich, was der jeweils andere macht, und somit steigert eine Medienkooperation auch die Sichtbarkeit bei Medien aus dem Umfeld des Medienpartners.

Nicht zuletzt kann die Verbindung zu einem Fachmedium auch für den Vertrieb einen erheblichen Vorteil darstellen. Zum Beispiel gewinnt eine Studie, die an (potenzielle) Kunden geschickt wird, durch das Logo eines relevanten Mediums erheblich an Glaubwürdigkeit.

## 4 Wie können Kooperationen gestaltet werden?

Eine Kooperation mit Medien kann viele Formen haben, doch der Name »Kooperation« ist Programm: Es muss sich für alle Beteiligten lohnen. Ein klares Verständnis des Medienpartners, seiner Ziele und seines Publikums ist unerlässlich. Schon in der Konzeptionsphase muss sich der PR-Profi fragen, welchen Mehrwert das Medium seinem Publikum durch die Kooperation bietet. Zur Verdeutlichung eignet sich das Beispiel einer Kooperation zwischen Rock- und Blues-Legende Joe Cocker und NDR 2 im Oktober 2007. Mittels Ticketverlosung durch den Sender erreichte der Sänger hohe

Sichtbarkeit vor dem Konzert. Gleichzeitig bietet der Sender seinem Publikum die Chance, das Konzert kostenlos zu besuchen. Ein anderes Beispiel ist der Vorsorgecheck, den die DAB bank mit der *Welt am Sonntag* im Februar 2004 durchführte. Die Bank präsentierte sich mit klarer Kompetenz vor der Leserschaft und das Medium konnte den Lesern einen Dienst anbieten, den es alleine nicht hätte leisten können.

### 4.1 Kernpunkte einer Kooperation

Um eine Medienkooperation erfolgreich zu gestalten, sollte man sich stets die Ziele und Motivationen der Partner vor Augen führen und diese abgleichen.

Was ist für das Medium wichtig bei der Kooperation?
- Durch neue Inhalte von der Konkurrenz absetzen.
- Die Leserschaft durch Mehrwert binden.
- Für die Zielgruppe relevant sein.
- Für das Medium kostenlos sein.
- Idealerweise zusätzliche Anzeigenkunden gewinnen.

Was ist für Ihr Unternehmen wichtig bei einer Kooperation?

- Auffallen durch Differenzierung von Standardinhalten des Mediums.
- Der Leserschaft gegenüber Kompetenz beweisen.
- Vertrauen bilden.
- Angemessen im redaktionellen Teil des Mediums platziert sein.
- Die Inhalte müssen pünktlich erscheinen.

Wie in jeder (Geschäfts-)Beziehung ist es gegebenenfalls nötig, zu Beginn Kompromisse einzugehen. Nicht zuletzt, um das Verhältnis zum Medium zu stärken. Doch sollten von Anfang an klare Ziele gesetzt werden, die es zu erreichen gilt. Wie bei den neuen IKEA-Möbeln ist es wahrscheinlich nötig, die wichtigen Schrauben nach einer Weile nachzuziehen. Gegebenenfalls muss das Thema angepasst werden oder die Frequenz der Erscheinung, die Art der Berichterstattung oder ein anderer Aspekt. Wem es gelungen ist, eine neue Idee auf die Beine zu stellen, dem ist auch zuzutrauen, mit geringfügigen Änderungen die Langlebigkeit der Kooperation zu stützen. Ein Beispiel hierfür ist der Wettbewerb »Deutschlands kundenorientierteste Dienstleister« (DKD), der seit 2006 jährlich mit dem *Handelsblatt* als Medienpartner ausgeschrieben wird (www.bestedienstleister.de). Anfänglich musste viel Zeit und Gehirnschmalz in die Konzeption gesteckt werden, um sowohl

Firmen zur Teilnahme zu bewegen als auch das renommierte *Handelsblatt* von einer Kooperation zu überzeugen. Wie jeder neue Wettbewerb musste auch der DKD einen neuen Aspekt beleuchten, methodisch sauber durchgeführt werden und in der deutschen Geschäftswelt anerkannt werden. Dank der herausragenden Zahl von Teilnehmern und breiter Kommunikation wurde der erste Wettbewerb ein Erfolg und das *Handelsblatt* konnte von einer Wiederholung überzeugt werden.

## 5 Gestaltung der Kooperation

Obwohl der kreativen Gestaltung der Zusammenarbeit kaum Grenzen gesetzt sind, fallen die meisten Kooperationen in eine von vier Gruppen: Involvieren des Publikums, exklusive Inhalte, Nutzung von Partnerprodukten oder Zugang zur Partnerexpertise.

### 5.1 Gewinnspiel/Wettbewerbe

Wahrscheinlich die bekannteste Art der Medienkooperation ist die des Gewinnspiels. Ein Unternehmen bietet einer Zeitung/einem Radiosender/einer Fernsehshow einen Preis oder eine Reihe von Preisen an. Der Gewinner eines vom Medium durchgeführten Gewinnspiels bekommt ein Essen im Exklusivrestaurant, einen Mini, einen Fallschirmsprung oder Tickets für das Konzert der Rolling Stones.

Bei dieser Variante wird bei der Zielgruppe ein Verlangen nach dem Preis aufgebaut und hohe Involviertheit geschaffen. Allerdings setzt diese Art von Kooperation schon ein gewisses Interesse am Produkt voraus. Gewinnspiele können daher zum Beispiel genutzt werden, wenn die Verfügbarkeit der neuen Version eines bekannten Produktes kommuniziert werden soll. Die neue X-Box oder das iPhone sind Beispiele hierfür.

Für kostbare oder seltene Produkte ist dies mit Sicherheit auch eine gute Idee: der Backstagepass für das Rolling-Stones-Konzert, die Kreuzfahrt oder Karten für die Premiere des neuen Harry-Potter-Films.

Im B2B-Bereich sind Wettbewerbe eine Alternative zu den klassischen Gewinnspielen. Teilnehmende Firmen gewinnen keinen Preis im eigentlichen Sinne, sondern die Gelegenheit, das Unternehmen von unabhängigen Juroren als herausragend beurteilt zu bekommen und diese Beurteilung dann wiederum in der eigenen Presse-, Marketing- und Vertriebsarbeit einzusetzen. Der bereits genannte Wettbewerb »Deutschlands kundenorientierteste Dienstleister« ist ein Beispiel hierfür.

## 5.2 Umfragen

Medien können ihr Publikum auch mittels Umfragen involvieren. Besonders im B2B-Bereich ist dies eine immer beliebtere Art und Weise der Zielgruppenansprache. Nicht zuletzt sind Umfragen durch das Internet extrem einfach geworden. So befragte die *Information Week* zum Beispiel Leser zum Thema Outsourcing. Partner für diese Umfrage war der IT-Berater Steria Mummert Consulting, der entsprechende Fragen konzipierte, die Umfrage durchführte und letztendlich analysierte. Die resultierenden Ergebnisse wurden in der *Information Week* zuerst veröffentlicht. Weitere Presseaktivitäten in Form von Mitteilungen und Fachartikeln folgten, bei denen beide Partner als Autoren der Studie auftraten und entsprechend Kompetenz bewiesen. Ein positiver Effekt, der oft übersehen wird, war außerdem, dass die Zielgruppe direkt mit dem für Steria Mummert Consulting wichtigen Thema in Kontakt kam. Teilnehmer an der Umfrage konnten ihre Daten hinterlegen, um eine Kopie der Studie zu erhalten.

## 5.3 Vorstellung exklusiver Informationen

Im Zusammenhang mit Umfragen sind natürlich auch Studien zu erwähnen, die nicht in Kooperation mit dem Medium erstellt wurden. Trotzdem kann, besonders bei sich wiederholenden Studien, eine Exklusivität vereinbart werden, bei der das Medium die neuen Ergebnisse jeweils als Erstes und in größerer Tiefe beschreiben darf. Diese Methode ist besonders für Marktforschungsunternehmen interessant, deren Produkte Studien und Zahlen sind. Seit Jahren führt beispielsweise Nielsen Online (ehemals Nielsen//NetRatings) eine Reihe von exklusiven Partnerschaften mit Medien, die bestimmte Bereiche der Internetnutzung monatlich aktualisiert betrachten. So verfolgt *Textintern* die Nachrichtenwebsites, während der *Kontakter* die Firmen mit dem stärksten Werbedruck online analysiert.

## 5.4 Die Kulisse wird zum Thema

Als besonders fernsehtauglich hat sich die Kooperation mit exklusiven Orten herausgestellt. Was in den 80er Jahren mit fiktiven Serien wie *The Love Boat* (USA) und *Das Traumschiff* anfing, entwickelte sich nach der Jahrtausendwende schnell in Richtung Reality-TV.

Die Suche nach einem Drehort für *Das Traumschiff* sicherte der Deilmann-Reederei seit 1981 eine regelmäßige Platzierung im nationalen Fernsehen. Die Fluggesellschaft EasyJet nahm diese Idee 2005 auf und ließ zusammen mit dem britischen Privatsender *ITV* London wöchentlich Einblicke in das Leben auf dem Flughafen Luton zu. Kamerateams folgten den Angestellten der Fluggesellschaft und berichteten über menschliche Schicksale. Die Geschichten aus dem täglichen Leben ganz normaler Fluggäste und ganz normaler Angestellter der Airline halfen EasyJet nicht nur, die Marke der Zielgruppe extrem nah zu bringen. In jeder Episode wurde außerdem gezeigt, wie die als Billiganbieter bekannte Fluggesellschaft trotzdem alles tut, um die teilweise sehr komplexen Probleme und Wünsche der Reisenden zu erfüllen.

Schon im Jahre 2002 sah der Musiksender *MTV* in der Nutzung einer exklusiven Kulisse große Potenziale. Der für Musikvideos bekannte Sender entwickelte die nächste Stufe seiner Sendung *The Real Life*, die sehr erfolgreich das Leben von Studenten verfolgt. Im Jahre 2002 wurden Kamerateams in der Villa des Altrockers Ozzy Osbourne platziert und zeichneten das tägliche Leben der Familie auf. Durch den großen Erfolg hat die Marke *The Osbournes* Kultstatus erreicht und alle Familienmitglieder können sich kaum vor Aufträgen, Einladungen und Projekten retten. Alle Familienmitglieder haben, zumindest was die Karriere angeht, von dieser Offenlegung ihres Privatlebens profitiert. Für *MTV* ergaben sich Werbeeinnahmen in Millionenhöhe und die Ausweitung des Angebots weit über Musikvideos hinaus.

### 5.5 Zugang zu Expertise

Nur wenige Vorstände wären zu einer solchen Offenbarung des Privatlebens bereit und es ist auch fraglich, ob dies zum Beispiel dem Image einer Versicherung guttäte. Für PR im B2B-Bereich ist die Expertise besser geeignet. Firmen können ihre Expertise in Medienkooperationen bereitstellen und kommunizieren. Medien, die Experten interviewen, sind eine Möglichkeit, allerdings ist Exklusivität nicht immer möglich und nicht im Sinne des Mediums. Auch sind die Interviews davon abhängig, welche Themen gerade aktuell sind. Eine Möglichkeit, dennoch Expertise zu demonstrieren, hat zum Beispiel die DAB bank mit der *Welt am Sonntag* angeboten. Der Vorsorgecheck demonstrierte Kompetenz und diente gleichzeitig als Lead-Generator. Ein weiteres Beispiel ist die regelmäßige Besprechung von Rechtsthemen für den E-Commerce, die das Team von www.legalershop.de in der *INTERNET WORLD BUSINESS* anbietet. Die Zeitung bekommt hochrelevante Informationen für die Leser vom Spezialisten und die Anwälte platzieren sich mit Kompetenz direkt vor ihrer Zielgruppe.

# 6 Fallbeispiele

## 6.1 Commerzbank-Kooperation für Privatkunden

Das Commerzbank Private Banking spricht mit seinen Leistungen einen kleinen, sehr exklusiven Kreis der Privatkunden an. Da es sich als besonders schwierig herausgestellt hat, die Zielgruppe über relevante Medien anzusprechen, hat die Commerzbank neben kontinuierlicher Pressearbeit nach einer exklusiven Medienkooperation gesucht. Das Ziel: regelmäßige Präsenz in den Top-Medien.

Deswegen entwickelte die Commerzbank gemeinsam mit dem Forschungsinstitut für Asset Management (FIFAM) der Rheinisch-Westfälischen Technischen Hochschule Aachen ein Verfahren, Directors' Dealings von börsennotierten Gesellschaften wissenschaftlich auszuwerten und für den Anleger nutzbar zu machen. Daraus resultiert das Insider-Barometer, das hoch ausfällt, wenn viele Insider die Aktien ihrer Unternehmen erwerben, und besonders niedrig, wenn Insider diese verkaufen. Die Leser bekommen damit ein leicht verständliches Werkzeug an die Hand, wann Investitionen in Aktien aussichtsreich sind und wann Aktieninvestments reduziert werden sollten. Darüber hinaus liefert das Insider-Barometer wichtige Hinweise für das so genannte Cherry-Picking, also das gezielte Investieren in einzelne Gesellschaften.

Als Medienpartner für die Veröffentlichung des Barometers konnte die Commerzbank das *Handelsblatt* gewinnen. Sowohl die Bank als auch die Zeitung haben gleichermaßen Vorteile aus dieser Kooperation gezogen: Das für den deutschen Markt einmalige Insider-Barometer bestätigt zum einen die Kompetenz von Commerzbank Private Banking und sichert eine regelmäßige Medienpräsenz. Auch der Zeitung nutzt die exklusive Kooperation: Sie profitiert von der Erstveröffentlichung und liefert neben den exklusiven Informationen auch einen hohen Nutzwert für ihre Leser.

Das Insider-Barometer wird neben der Zeitung auch im Online-Auftritt unter www.handelsblatt.com intensiv begleitet. Ein auf dem Insider-Barometer aufgebautes Zertifikat von Commerzbank Private Banking war innerhalb weniger Tage vollständig platziert – so einleuchtend war den Anlegern das Werkzeug, das in erster Linie für die Pressearbeit entwickelt worden war.

## 6.2 Online-Werbung – Nielsen Online, *Der Kontakter*

Nielsen Online, ein Service von The Nielsen Company, liefert mit Nielsen//NetRatings und Nielsen BuzzMetrics umfangreiche, unabhängige Messungen und Analysen von Online-Nutzern/-Werbung, nutzergenerierten Inhalten und Konsumentenverhalten. Mittels dieser qualitativ hochwertigen, technologiebasierten Produkte und Dienstleistungen ermöglicht Nielsen Online seinen Kunden, wichtige Marketing- und Geschäftsentscheidungen im Hinblick auf digitale Medien auf eine solide Informationsbasis zu stützen.

**Zielsetzung:**
- Positionierung von Nielsen Online als führender Anbieter von Marktforschung und Einsichten zum Online-Werbemarkt;
- Zielpublikum: Entscheider in Werbeagenturen und der Medienbranche;
- Darstellung des Mehrwertes, den die Marktzahlen liefern, durch regelmäßige, prominente Darstellung der Messergebnisse in führendem Fachmedium;
- Erwartungshaltung beim Zielpublikum aufbauen, dass regelmäßige Analysen des Online-Werbemarktes im Zielmedium erscheinen.

**Strategie:**
Exklusive, monatliche Belieferung der Top-Werbetreibenden in Deutschland mit Expertenanalysen von Nielsen Online. Zusätzliche Daten zum Online-Werbemarkt in Absprache mit dem Medium zur Illustration und Vertiefung der Analyse.

**Maßnahmen:**
Entwicklung einer Seite zum Online-Werbemarkt im wöchentlichen Branchenmagazin *Der Kontakter*. Darstellung und Analyse der Werbetreibenden und Anzeigen mit dem höchsten Werbedruck. Zusätzlich die Beschreibung des Online-Werbemarktes in den USA. Durch die Verwendung von einfachen Datentabellen und Analyse durch die Redaktion und Nielsen Online werden den Lesern die Zahlen präsentiert und gleichzeitig dargestellt, welchen Mehrwert sie für den Werbetreibenden in Deutschland haben.

**Bilanz:**
Seit 2004 erscheint zum Ende des Monats eine Analyse der Werbetreibenden und Anzeigen, die im Internet die meisten Sichtkontakte erzeugen. Nielsen Online und das Produkt AdRelevance haben dadurch einen festen Platz im Nachrichtendienst für Führungskräfte der Kommunikationsbranche.

### 6.3 Trend Scout – Internet World Business, novomind

Das Hamburger Softwarehaus novomind ist das am schnellsten wachsende Unternehmen auf den Gebieten elektronische Kundenkommunikation und Mailmanagement. Als führender Anbieter innovativer Lösungen für die digitale Kundenkommunikation bietet die novomind AG Software für einen serviceorientierten und personalisierten Umgang mit dem Kunden. Dabei werden spürbare Effizienzsteigerungen bei der Kundenadministration sowie ein schneller Return on Investment erreicht.

novomind möchte als führender Softwareanbieter im Branchenmedium *Internet World Business* sichtbar werden. *Internet World Business* ist die aktuelle Fachzeitschrift für alle Internet-Professionals, die im Web erfolgreich verkaufen oder vermarkten wollen. Mit einer Auflage von 17 187 erreicht das vierzehntägig erscheinende Fachmedium vor allem Leser in leitenden Funktionen, die für Internetprojekte/-anwendungen (mit-)verantwortlich sind.

**Zielsetzung:**
- Steigerung der Sichtbarkeit der novomind AG in Zusammenhang mit den Themen Trends in den Bereichen Sicherheit, Online-Shopping und Servicequalität durch gezielte Presse- und Öffentlichkeitsarbeit;
- Kompetenzdemonstration bei den Zielgruppen der novomind AG durch Lieferung von fachlichem Mehrwert und Serviceinformationen rund um das Thema »Internettrends«;
- Positionierung bei Key-Journalisten als Lieferant von originären Fakten und Mehrwertcontentanbieter.

**Strategie:**
Entwicklung eines Studienformats als Basis für nutzwertorientierte Faktengenerierung. Gegenüber der Zielgruppe wird Kompetenz und Themenführerschaft bei dem Thema »Internettrends« demonstriert, indem aktuelle und originäre Erkenntnisse identifiziert und kommuniziert wurden. Anschließende Presseverwertung der durch die Studie geschaffenen Contentbasis in Kooperation mit dem Branchenmedium *Internet World Business*.

## 6.4 Benachteiligte Jugendliche – Fifteen Foundation, Channel 4 England

Im Jahre 2002 startete der britische Starkoch Jamie Oliver ein gemeinnütziges Projekt, das benachteiligten Jugendlichen eine Alternative zu Kriminalität und Arbeitslosigkeit geben sollte. Die Idee war, eine Gruppe von 16- bis 24-Jährigen, die zum Beispiel vorbestraft waren, zu Köchen auszubilden. Die Besten von ihnen würden dann eine Anstellung im eigens hierfür aufgebauten Restaurant »Fifteen« in London, England, erhalten.

**Zielsetzung:**
Die Fifteen Foundation, die dieses Projekt leitete, war zur Durchführung des 500 000 Pfund (750 000 Euro) teuren Trainingsprojektes überwiegend auf Spenden angewiesen. Um die Finanzierung zu sichern, mussten breite Bevölkerungsschichten über dieses Projekt informiert werden.

**Strategie:**
Durch die Zugkraft von Jamie Oliver gelang es, eine Medienkooperation mit dem vierten Fernsehkanal in England, Channel 4, einzugehen.

**Maßnahmen:**
Ein Fernsehteam begleitete den Koch und seine Schützlinge von der Auswahl der Kandidaten über deren hartes Training bis hin zur Restauranteröffnung. Jede Woche.

**Bilanz:**
Der Erfolg der Serie resultierte in weiteren Trainingsprojekten, von denen jedes um die 500 000 Pfund (750 000 Euro) kostet. Inzwischen gibt es Fifteen-Projekte und Restaurants in London, Cornwall, Amsterdam und Melbourne.

### 6.5 Vorsorge – DAB bank, *Welt am Sonntag*

Die DAB bank wurde im Mai 1994 gegründet und ist seit dem Jahr 1999 an der Frankfurter Börse sowie seit dem Jahr 2001 am Nouveau Marché in Paris gelistet. Die DAB bank AG ist die Nummer eins der Direktbanken im Wertpapiergeschäft – gemessen an Kundenzahl und verwaltetem Kundenvermögen. Die DAB bank stellt als Direktbank eine umfassende Dienstleistungspalette rund um das Thema Vermögensaufbau und Vermögenssicherung mit Wertpapieren zur Verfügung.

**Zielsetzung:**
Aufbauend auf die starke Position im Wertpapiergeschäft wollte die DAB bank den Bereich Vorsorge stärken. Potenzielle Kunden sollten über das Vorsorgeangebot der DAB bank informiert werden. Neben den normalen Werbemaßnahmen sollte die Zielgruppe direkt durch redaktionelle Beiträge angesprochen werden.

**Maßnahmen:**
Ein Vorsorgecheck wurde erstellt, der die Leser direkt anspricht und durch eigenes Ausfüllen direkte Betroffenheit schafft. Durch das eigene Ausfüllen durch den Leser wird eine direkte Verbindung geschaffen. Durch den Mehrwert, schnell und einfach die eigene Situation evaluieren zu können, wird die DAB bank als neutraler Informationsdienst platziert und gleichzeitig ein indirekter Aufruf zum Handeln erzeugt. Die Platzierung dieses Vorsorgechecks in der *Welt am Sonntag* soll Seriosität vermitteln und dadurch Vertrauen schaffen.

**Bilanz:**
Das Kreditinstitut konnte im Rahmen dieser Kooperation seine Fachkompetenz als Anbieter von Vorsorgeprodukten demonstrieren, indem die Leser die Möglichkeit hatten, den abgedruckten Check selbst auszuführen. Die Veröffentlichung des Checks im redaktionellen Teil der Sonntagszeitung unterstreicht, dass es sich dabei nicht um werbliche Inhalte handelt.

# 7 Vorsicht geboten

## 7.1 Am Ball bleiben

Eine Medienkooperation muss regelmäßig geprüft und angepasst werden. Es ist nicht allein mit der Vereinbarung und Lieferung von Inhalten getan. Beide Partner dürfen sich nicht auf der Vereinbarung ausruhen, sonst kann es zur Inflation der Informationen kommen. Wenn der Überraschungseffekt der ersten Veröffentlichung vergangen ist und in der folgenden Episode keine neuen Ergebnisse präsentiert werden können, langweilt sich der Leser und das Medium wird die Kooperation einschlafen lassen. Im Gegensatz dazu ist es natürlich auch möglich, dass das Medium so viel Gefallen an der Idee bekommt, dass es zu viele zusätzliche Kooperationen eingeht. Die Gefahr hierbei ist, dass einzelne Inhalte nicht mehr herausstechen. Wenn der Leuchtturmeffekt verloren geht, muss die Kooperation neu ausgehandelt werden.

## 7.2 Content is King

Jedem PR-Profi ist bewusst, dass die Inhalte und Aussagen im Vordergrund stehen müssen. Durch offensichtliche Platzierung der Produkte kann es bei Medium und Publikum schnell zu Verdrossenheit kommen. Wahre Kompetenz wird dadurch bewiesen, dass man den Markt versteht. Die Auszeichnung von Deutschlands kundenorientiertestem Dienstleister ist ein Beispiel hierfür. Die IT-Berater Steria Mummert vergeben diese Auszeichnung jährlich. Dabei geht es nicht darum, selbst an dem Ranking teilzunehmen, sondern vielmehr Kompetenz auf einem Markt zu beweisen und Sichtbarkeit bei den eigenen Kunden hervorzurufen.

## 7.3 Die Umfragenfalle

Umfragen sind ein wahres Minenfeld, hauptsächlich, weil sie vermeintlich einfach durchzuführen sind. Jeder kann inzwischen einen Fragebogen erstellen und selbst oder über den Medienpartner beantworten lassen. Doch ist der Aufbau eines Fragebogens allein schon eine Wissenschaft für sich. Wer zum Beispiel mit der Frage »Was ist Ihr monatliches Einkommen?« den Einstieg wagt, kann sicher sein, dass viele die Beantwortung der Umfrage gleich wieder abbrechen. Medien sind außerdem – zu Recht – skeptisch geworden, was Online-Befragungen angeht. Nicht jede Umfrage muss repräsentativ sein, doch sollte deutlich werden, warum eine bestimmte Gruppe befragt wurde und warum deren Meinung relevant ist.

Ein Panel kann außerdem schnell umfragemüde werden. Professionelle Panelanbieter sind sich dieser Tatsache sehr bewusst und haben Quoten eingeführt. Bei einfachen Befragungen von Websitebesuchern können diese aber nicht immer definiert und eingehalten werden. Je nach Medium sollte daraufhin geprüft werden, wie viele Besucher die Website täglich hat, wie oft Umfragen geschaltet werden, wie lange die entsprechende Umfrage laufen muss, um verwendbare Ergebnisse zu liefern usw. Online-Umfragen sollten also nicht auf die leichte Schulter genommen werden. Die Grundsätze der Marktforschung sollten zumindest verstanden sein. Wer zu Beginn einer Medienkooperation gleich zweifelhafte Ergebnisse liefert, gefährdet schnell die Vertrauensbasis.

## 7.4 Viel hilft viel

Erinnern wir uns an einen wesentlichen Vorteil einer Kooperation für das Medium: die Lieferung von relevanten Inhalten bei geringem Aufwand. Die Inhalte müssen für die Publikation aufbereitet sein. Diese allgemeine PR-Regel wird auch bei Kooperationen nicht ausgesetzt. Der Medienpartner wird selten willens und in der Lage sein, einen 60-seitigen Berichtsband zu durchforsten. Davon ganz abgesehen sollten die Informationen schließlich kontrolliert und zielführend an die Presse gehen. Die Inhalte sollten auf die entsprechenden Aussagen fokussiert sein, die Ihr Unternehmen in der Presse platzieren möchte. Es sollte ein Dialog zwischen den Partnern stattfinden, in dem die Inhalte abgestimmt werden. Wenn es mehrere interessante Aspekte gibt, können diese aufgeteilt werden. Der Medienpartner bekommt den Königsanteil und andere Aussagen werden über Fachartikel oder Pressemitteilungen verbreitet.

## 7.5 Gute Vorsätze

Noch ein Wort zur Vorsicht. Es kommt – glücklicherweise selten – vor, dass nach Wochen der Konzeption, Erstellung der Inhalte und Aufarbeitung der Ergebnisse ein Medienpartner seine Meinung ändert. Ein neuer Redakteur, ein neuer Inhaber oder einfach eine neue Meinung können einen Rückzug aus der Kooperation zur Folge haben – sehr unerfreulich, besonders für das Unternehmen, das die Kooperation eingegangen ist. Zum Beispiel ist es vorgekommen, dass nach fest vereinbarter Medienkooperation ein Studienprojekt in Angriff genommen und durchgeführt wurde, das letztendlich umfangreiche Ergebnisse zu Tage brachte. Erst nach Durchführung, Analyse und visueller Aufbereitung machte der Medienpartner einen Rückzieher und das Unternehmen stand mit einer Investition von knapp 50 000 Euro ohne Medienpartner da.

Was können Sie tun? Ein Vertrag ist unpraktikabel. Keine Redaktion wird sich darauf einlassen. Selbst wenn, können Sie sich ernsthaft vorstellen, eine Redaktion aufgrund dieses Vertrages zu belangen? Das Ziel einer dauerhaften Beziehung und die Chancen auf eine zukünftige Zusammenarbeit wären für immer ausgeschlossen. Doch schon die Verhandlung eines solchen Vertrages zu Beginn der Partnerschaft wäre nahezu unmöglich.

Rechtliche Schritte sind also ausgeschlossen. Allerdings ist anzuraten, die Details der Vereinbarung schriftlich festzuhalten. Was ist das gemeinsame Ziel der Kooperation? Wer liefert welche Inhalte und welche Platzierung ist erwünscht? Durch schriftliche Bestimmung der Idee können Missverständnisse oft gleich am Anfang angesprochen und ausgeschlossen werden.

Sollte es trotz aller Vorkehrungen nicht zu einem Abdruck beim Medienpartner kommen, sind Sie natürlich auch nicht mehr an das Versprechen der Exklusivität gebunden und finden vielleicht kurzfristig andere Interessenten für die Inhalte.

## 8 Dos and Don'ts

### 8.1 Do

**Seien Sie vorbereitet**
Sie werden voraussichtlich mehr Zeit in diese Kooperation stecken als das Medium. Das Konzept kommt wahrscheinlich von Ihnen. Es ist auch Ihre Aufgabe, die Redaktion regelmäßig zu erinnern und sicherzustellen, dass die Sache tatsächlich durchgeführt wird.

**Seien Sie flexibel**
Ihre Idee ist vielleicht der erste Schritt zu einer größeren Idee. Erarbeiten Sie die Kooperation mit dem Medienpartner, nicht isoliert.

**Seien Sie kreativ**
Neue Ideen bahnen eher den Weg als das Altbekannte. Auch wenn Ihre Idee über das Ziel hinausschießt, lässt sich im Dialog mit dem Zielmedium oft ein Kompromiss finden.

### Seien Sie großzügig

Nicht nur mit Ihrer Zeit, sondern auch mit den Inhalten. Eine Kooperation muss über den Inhalt einer Presseinformation hinausgehen. Das Medium erwartet etwas Besonderes.

### Geben Sie Quellen an

Welche Inhalte Sie auch liefern, machen Sie Ihre Quellen deutlich und geben Sie ebenso deutlich an, wie auf diese verwiesen werden sollte. Auf besondere Schreibweisen oder Besonderheiten der Quellen sollten Sie explizit hinweisen.

## 8.2 Don't

### Erwarten Sie keine kostenlose Werbung

Das ist natürlich das Ziel, aber dies wird durch Mehrwert beim Leser erreicht, nicht dadurch, dass Sie sich gänzlich auf das Produkt konzentrieren.

### Bevormunden Sie die Presse nicht

Natürlich muss die Zusammenarbeit auch für Sie Sinn machen, Sie können letztendlich dem Medium aber nicht vorschreiben, was es zu tun hat. Der Trick ist, einen solchen Mehrwert aufzuzeigen und zu liefern, dass das Medium von sich aus Engagement beweist.

### Tanzen Sie nicht auf zwei Hochzeiten

Eine wirklich gute Idee kann nur einmal in einer Kooperation ausgeschlachtet werden. Wenn alle Radiosender Tickets für das Police-Konzert verlosen, verschwindet der Mehrwert für die einzelnen Sender und auch die Tickets verlieren an Wert.

### Bestehen Sie nicht auf idealer Platzierung

Wie eingangs erklärt, muss die Kooperation für beide Parteien funktionieren. Sie haben daher natürlich das Recht auf Erscheinung, jedoch nicht unbedingt auf Seite 2. Allerdings sollten Sie nicht auf einer bestimmten Platzierung bestehen. Letztendlich gehen Anzeigenkunden vor. Es gibt allerdings einen Trick, eine gute Position zu erreichen: interessante Inhalte. Wenn Sie eine gute Geschichte haben, wird das Medium sie automatisch gut platzieren.

**Überfordern Sie Redakteure nicht mit Informationsbergen**

Wenngleich es sich um eine Partnerschaft handelt, werden Sie die meiste Arbeit leisten müssen. Dazu gehört auch die Aufbereitung der Inhalte für die Redaktion. Journalisten ersticken täglich in einer Flut von Informationen, tragen Sie nicht unnötig dazu bei. Vermeiden Sie es, Manuskripte von mehr als ein paar Seiten an das Medium zu schicken, es sei denn, dies ist ausdrücklich so gefordert. Präsentieren Sie die Informationen aufbereitet in einer Art Executive Summary, so dass die Redaktion sofort die Hauptinformationen erkennen und verwerten kann.

## 9 Fazit

Medienkooperationen sind ein wundervoller Weg, neue Beziehungen zur Presse zu knüpfen oder bestehende zu festigen. Die Ressourcen des Kunden kommen dem knappen Budget der Redaktion entgegen und mit dem richtigen Thema, das zielgruppenrelevant und aktuell ist, werden beide Partner den positiven Effekt deutlich spüren. Wer es schafft, zusammen mit dem Medium relevante Inhalte zu erzeugen und zu präsentieren, hilft dem Medium, das Publikum zu interessieren. Gleichzeitig wird die Marke Ihres Unternehmens gestärkt, wenn es regelmäßig relevante Einsichten liefert. Sogar der Vertrieb kann direkt profitieren, wenn er die Inhalte zur Akquise einsetzt. Denn die Glaubwürdigkeit der Inhalte wird durch das Logo des Medienpartners gestärkt.

All diese Gründe sprechen dafür, dass Medienkooperationen zukünftig verstärkt eingesetzt werden. Unternehmen und besonders Medien müssen aufpassen, eine Inflation zu verhindern. Besonders, wenn sie den Anspruch haben, Themenführerschaft zu demonstrieren.

# Von der Studie zur Story

## Wie man mit Fakten PR macht

Mathias Oldhaver

## 1 Warum Journalisten Studien gerne nutzen

Auch an den Medien sind die Sparzwänge der letzten Jahre nicht vorbeigegangen. Effizienzsteigerung und Nutzung von Synergiepotenzialen gehören zum Alltag in den Redaktionen. Die wichtigsten Folgen: zu wenig Personal und Zeit für ausgiebige Recherchen und mangelnde Ressourcen für die Erhebung von eigenem Daten- und Fotomaterial. Diese Situation führt nicht selten dazu, dass Journalisten Material aufgreifen, das ihnen von Unternehmen und Organisationen zur Verfügung gestellt wird – zur Freude der PR-Branche. 70 Prozent der deutschen Journalisten geben laut Umfragen an, zur Verfügung gestelltes PR-Material zu verwenden, bei honorarfreien Bildern sind es sogar fast 100 Prozent. Die Arbeitsüberlastung in den Redaktionen sollte für uns PR-Leute allerdings kein Freibrief dafür sein, die Medien mit schlechten Pressinfos und überflüssigen Werbetexten zu überschütten. Es sollte vielmehr als Chance gesehen werden, sich als echter Partner der Journalisten in Position zu bringen, nämlich indem man ihnen Material anbietet, mit dem sie etwas anfangen können – zum Beispiel Studien. Warum? Nur wenige Medien haben die Mittel zur Verfügung, um eigene repräsentative Umfragen in Auftrag zu geben. Studien entlasten bei der mühsamen Suche nach Datenmaterial, das sehr oft für den Einstieg in einen Artikel, den Beleg von Thesen oder die Unterfütterung aktueller Themen mit Fakten benötigt wird. Wer einmal versucht hat, für eine bestimmte Story die passenden Zahlen zu recherchieren, weiß, wie mühsam das ist. So ist es beispielsweise unmöglich, herauszufinden, wie viele Deutsche pro Jahr promovieren – am wenigsten beim Statistischen Bundesamt. Studien liefern aber nicht nur Fakten als Basis für eine Berichterstattung, sie lassen dem Redakteur im Gegensatz zu vielen anderen PR-Materialien viele Freiheiten. Er hat die Möglichkeiten zu interpretieren. Aus einer guten Studie lassen sich viele verschiedene Storys stricken, sie lässt sich in unterschiedlichster Weise aufbereiten. So ergaben verschiedene Umfragen, dass belegbare Zahlen und Fakten für Journalisten die wichtigste Basis für ihre Texte sind. Es ist so leicht, ihnen bei diesem Wunsch nach Datenmaterial entgegenzukommen – mit PR-Studien.

## 2 Mit Studien PR machen

Das Hauptaugenmerk des vorliegenden Beitrags liegt auf so genannten PR-Studien, also Studien, die erstellt werden, um damit kommunikative Ziele zu unterstützen. Selbstverständlich lassen sich die hier beschriebenen Mechanismen auch für Studien anwenden, die Beratungshäuser oder wissenschaftliche Institute aufgrund ihrer Geschäftstätigkeit für andere Zwecke erstellt haben. Gerade hier besteht oft noch Nachholbedarf, weil der kommunikative Nutzwert solcher Studien nicht erkannt wird, weil die Ergebnisse der Studie sich vermeintlich nicht für eine Veröffentlichung eignen, weil die Fachabteilung keinen Kontakt zur Pressestelle hat oder weil man im Unternehmen schlichtweg nicht weiß, wie man eine solche Studie öffentlichkeitswirksam vermarktet.

Hauptziel einer Studie ist das Sichtbarmachen von Expertise in einem bestimmten Bereich. Studien vermitteln Seriosität, Erfahrung und vor allem Kompetenz. Die Erstellung von Studien für Kommunikationszwecke ist natürlich nur für solche Unternehmen interessant, die durch proaktive Pressearbeit Themen in den Medien besetzen wollen. Gerade für Unternehmen, die virtuelle Produkte (z. B. Banken und Versicherungen) oder Beratungsdienstleistungen anbieten, sind Studien ein geeignetes Mittel, um die mangelnde Visualisierbarkeit ihrer Produkte zu kompensieren. So kann eine Studie helfen, bestimmten Sachverhalten Leben einzuhauchen, um diese dann auf einem Umweg doch noch plastisch sichtbar zu machen.

Entscheidend ist der Bezug der Studie zum Unternehmen, d. h. deren Einbettung in die Unternehmens- und Kommunikationsstrategie. Dabei geht es nicht um die profane Aufforderung, eine Studie einer Versicherung solle ein Versicherungsthema behandeln. Es geht um die Frage, wie glaubwürdig die durch eine Studie zu untermauernde Expertise des Versicherers ist. Wenn also ein Lebensversicherer sein Angebot um Sachversicherungsprodukte erweitert und aus diesem Anlass eine Studie zu Sachversicherungen präsentiert, stellt sich die Frage, was er mit einer solchen Studie bezwecken will. Wenn er nur Aufmerksamkeit generieren und sich mit seinem neuen Geschäftsfeld in Verbindung bringen will, ist dieser Ansatz vertretbar. Wenn er aber Vertriebserfolge unterstützen möchte, wird ein solches Vorgehen wenig Erfolg haben. Denn die besser informierten Adressaten – vom Fachjournalisten über den Vertriebspartner bis zum interessierten Endkunden – werden eine solche Studie eher als reine PR-Maßnahme denn als Ausdruck der Unternehmensexpertise goutieren. Denn im Zweifel wird das Unternehmen gar nicht die Experten aufbieten können, um die Studie erfolgreich verwerten zu können. Sehr schnell kann der Argwohn ausgelöst werden, das betreffende Unternehmen würde sich hochtrabend zu Themen äußern, bei denen eigentlich nicht seine Kernkompetenz liegt. In einem solchen Fall wäre der Ansatz für eine faktenorientierte PR-Unterstützung eher eine Umfrage, die geeignet ist zu belegen, dass den Kunden bisher genau die Art von Sachversicherung gefehlt hat, die der betreffende Versicherer jetzt anbietet. Mit einer solchen Umfrage läge der Tenor weniger auf der Expertise (was unglaubwürdig wäre), sondern eher darauf, das Unternehmen in der Öffentlichkeit mit der neuen Produktlinie in Verbindung zu bringen.

### 2.1 DBV-Winterthur thematisiert gesellschaftliche Verantwortung

Die DBV-Winterthur ist eine Versicherungsgruppe mit über 4 000 Mitarbeitern, rund 3,5 Millionen Versicherten und Beiträgen von rund 3,8 Milliarden Euro. Das Unternehmen fokussiert sich traditionell auf die drei Hauptzielgruppen Beamte und Mitarbeiter im öffentlichen Dienst, kleine und mittlere Unternehmer und Ärzte. Die Aufgabe für die Kommunikation war, einen Ansatz zu finden, alle drei Gruppen mit einer gemeinsamen Botschaft zu erreichen. Eine Analyse führte zu dem Schluss, dass alle drei für ihre jeweiligen Anspruchsgruppen besondere Verantwortung tragen – der Beamte für die Bürger, der Unternehmer für seine Angestellten und Kunden, der Arzt für seine Patienten. Diese Verantwortung wurde daher als verbindendes Element zwischen DBV-Winterthur und ihren Zielgruppen identifiziert. Denn auch als Versicherer übernimmt man eine große Verantwortung. Die Kunden verlassen sich darauf, dass dieser ihnen in einer Notsituation hilft oder dass er ihnen im wohlverdienten Ruhestand eine garantierte lebenslange Rente auszahlt. Das Verständnis von Verantwortung reicht für die DBV-Winterthur noch weiter. Diese Maxime beeinflusst ihre Produktentwicklung, ihr Kapital- und Anlagemanagement, ihre Kundenberatung und ihre Kommunikation. Das Unternehmen fühlt sich der Idee der Corporate Citizenship verpflichtet und engagiert sich in vielen Bereichen der Gesellschaft.

Um die neue Maxime »Verantwortung verbindet« auf eine solide Grundlage zu stellen und das Thema »Verantwortung« zu besetzen, hat

> die DBV-Winterthur gemeinsam mit dem F.A.Z.-Institut eine Studie herausgegeben, in der untersucht wurde, wie es um den Wert der Verantwortung in Deutschland bestellt ist. Mit dieser ersten umfassenden Studie zum Thema Verantwortung ging es darum, den Begriff nicht nur als Schlagwort für sich zu vereinnahmen, sondern glaubwürdig zu demonstrieren, dass man sich mit dem Thema ernsthaft beschäftigt. Die Studie wurde an Multiplikatoren und Vertreter von Verbänden und Gewerkschaften der drei Hauptzielgruppen der DBV-Winterthur versandt, von denen der Vorstand reges positives Feedback erhielt.

Einsichtiger wird die Forderung nach Einbettung einer Studie in die Unternehmensstrategie, wenn das Unternehmen mit der Studie ein allgemeines, gesellschaftliches oder psychologisches Thema besetzen will (siehe Praxisbeispiele Shell, R+V, DBV-Winterthur). Voraussetzung eines solchen Ansatzes ist entweder die entsprechende langjährige Expertise im Haus oder die starke Verwurzelung mit der Tradition und der Kultur des Unternehmens. Nur dann kann mit einer Studie glaubwürdig die eigene Position unterstützt, das Geschäftsmodell begründet oder der Produktentwicklungsansatz sekundiert werden. Ideal ist es, wenn es gelingt, mit der Studie einen Standard zu setzen und quasi eine eigene »Studienmarke« zu schaffen, wie es Shell mit der Jugendstudie gelungen ist.

### 2.2 Etablierung einer Studienmarke: die Shell Jugendstudie

Der Deutschen Shell ist es als einem der bisher wenigen Unternehmen gelungen, mit ihrer Jugendstudie eine Studienmarke zu etablieren und mit der Herausgabe jeder neuen Studie ein sehr großes Medienecho zu erzielen. Bereits seit 1953 beauftragt das Energieunternehmen führende Forschungsinstitute mit der Erstellung von Studien, um Einstellungen, Stimmungen und Erwartungen von Jugendlichen zu dokumentieren. Mit mittlerweile 15 Jugendstudien demonstriert die Deutsche Shell ihr Engagement in der Jugendforschung.

Die neueste Shell Jugendstudie 2006 stützt sich auf eine repräsentativ zusammengesetzte Stichprobe von 2532 Jugendlichen im Alter von 12 bis 25 Jahren aus den alten und neuen Bundesländern, die von geschulten TNS-Infratest-Interviewern zu ihrer Lebenssituation und zu ihren Einstellungen und Orientierungen persönlich befragt wurden. Die Erhebung

> fand auf Grundlage eines standardisierten Fragebogens im Zeitraum von Anfang Januar bis Mitte Februar 2006 statt. Im Rahmen der qualitativen Vertiefungsstudie wurden 25 explorative Interviews mit Jugendlichen im Alter von 15 bis 25 Jahren durchgeführt. 20 dieser Einzelfallstudien werden als Porträts vorgestellt.

Natürlich trägt Studien-PR auch zur Steigerung des Bekanntheitsgrades bei. Zwar geht es hier nicht in erster Linie um die Berichterstattung über ein Unternehmen und dessen Produkte, diese Art der Berichterstattung stellt ohnehin nur den geringsten Teil der Clippingausbeute dar, sondern darum, ein Unternehmen mittelbar mit bestimmten Themen oder positiven Eigenschaften wie Kompetenz oder Engagement in Verbindung zu bringen. Je interessanter und damit erfolgreicher eine Studie in den Medien läuft, je häufiger also darüber berichtet wird, desto öfter wird auch der Name des Absenders genannt und dadurch der Mere-Exposure-Effekt gesteigert. Aber Studien-PR kann auch unmittelbar zur Unterstützung in der Produkt-PR eingesetzt werden, z. B. indem die Ergebnisse einer Umfrage einen Leidensdruck offenlegen, einen Mangel an geeigneten Produkten sichtbar machen, Unzufriedenheit mit bestimmten Dienstleistungen offenbaren – kurz: Probleme aufzeigen, für die der Absender der Studie selbstverständlich das richtige Produkt entwickelt hat. Beispiel: »70 Prozent der über 50-Jährigen vermissen seniorengerechte Finanzprodukte. Die Muster-Bank hat deshalb als erstes Finanzinstitut ein spezielles Seniorprodukt für den deutschen Markt entwickelt.«

Es sei an dieser Stelle nicht verschwiegen, dass es leider auch hin und wieder passiert, dass der Name des Absenders einer Studie nicht genannt wird (»Eine Studie hat ergeben, dass ...«). Professionelle Journalisten erwähnen den Absender in der Regel immer, schließlich hat auch der Leser ein Interesse, von wem die erhobenen Daten stammen. Aber gerade im TV- und Hörfunkbereich werden die Namen der Absender oft – vermutlich aus falsch verstandenem Sinn für Objektivität oder aus Angst vor dem Vorwurf der Schleichwerbung – unterschlagen. Dies ist für das Unternehmen nicht nur ärgerlich, es ist auch kurzsichtig von Seiten der Medien. Denn wenn die Mehrheit der Journalisten dies täte, wäre es für die Unternehmen nicht mehr attraktiv, Studien zu PR-Zwecken zu erstellen, und die Medien würden sich einer ihrer Nachrichtenquellen berauben, also quasi den Ast absägen, auf dem sie sitzen.

## 3 Grundbedingungen für die Medienwirksamkeit einer Studie

Der Trend, mithilfe von Studien PR zu machen, ist unübersehbar. Kaum ein Tag vergeht, an dem nicht ein Unternehmen eine Studie oder eine Umfrage zu einem bestimmten Thema veröffentlicht. Deshalb reicht es heute nicht mehr aus, mithilfe der eigenen Studie Fakten zu einem bestimmten Thema zu liefern, denn in der Regel hatten diese Idee bereits mehrere. Hinzu kommt, dass im Rahmen von Panels regelmäßig zahlreiche Punkte abgefragt und auch veröffentlicht werden. Diese Panels arbeiten meist mit Befragungsgruppen von 5 000 bis 10 000 Personen. Mit einer solch umfangreichen Studie kann ein einzelnes Unternehmen in Bezug auf die wissenschaftliche Relevanz oft nicht mithalten. Eine Befragungsgruppe in dieser Größenordnung würde das PR-Budget eines einzelnen Unternehmens sprengen. Aber geht es in der PR um wissenschaftliche Relevanz? Nur bedingt, aber die Einhaltung von Forschungsstandards ist Grundvoraussetzung für eine kommunikativ erfolgreiche Studie oder Umfrage. Denn nicht selten werden Forschungsdesign und -methode von Journalisten kritisch hinterfragt. So ist in der Regel mit einer Grundgesamtheit von 500 Befragten die Repräsentativität erreicht. Wenn man allerdings differenziertere Ergebnisse präsentieren will, also innerhalb des Befragungsergebnisses Untergruppen bilden möchte, sollte man eine Grundgesamtheit von 1 000 Befragten wählen. Nur dann sind auch Aussagen zu Teilmengen (z. B. über 50-Jährige, Haushalte mit einem Nettoeinkommen von 2 000 bis 3 000 Euro, Selbstständige usw.) repräsentativ. Gegenüber den Medien ist man mit einer größeren Grundgesamtheit in Bezug auf die Validität der Ergebnisse weniger angreifbar, man muss hierfür allerdings abwägen, ob dies die teilweise erheblich höheren Kosten rechtfertigt.

### 3.1 AXA Vorsorgebarometer: Erfolg mit solider Datenbasis und internationalen Vergleichen

Der AXA-Konzern zählt mit Beitragseinnahmen von 9,8 Milliarden Euro (2006), mehr als 8 Millionen Kunden und rund 12 000 Mitarbeitern zu den größten Versicherungs- und Finanzdienstleistungsgruppen in Deutschland. Seine Geschäftstätigkeit umfasst Vorsorge, Vermögensmanagement und Versicherung. Das Unternehmen ist Teil der AXA Gruppe, ein der weltweit führenden Versicherungsunternehmen und Vermögensmanager mit Tätigkeitsschwerpunkten in Europa, Nordamerika und

dem asiatisch-pazifischen Raum und einem Umsatz von rund
79 Milliarden Euro.

Um sich im Bereich Altersvorsorge noch stärker zu profilieren, hat AXA das »Vorsorgebarometer« etabliert. Dabei handelt es sich um eine unabhängige internationale Studie, die Sorgen, Anliegen und Wünsche der (noch) Erwerbstätigen und Ruheständler erfragt. Bereits zum dritten Mal in Folge hat AXA in Zusammenarbeit mit dem Marktforschungsinstitut GfK Nürnberg diese Studie sehr erfolgreich realisiert. Für den Deutschlandvergleich wurden insgesamt 8 342 Personen in elf Ländern befragt. Ziel: die sich verändernden Einstellungen gegenüber dem Thema Ruhestand auch hinsichtlich Wunsch und Wirklichkeit herauszuarbeiten.

Dabei nutzt AXA in der Kommunikation konsequent den Vorteil, den eine internationale Gruppe bietet, und führt die selben Umfragen in elf Ländern durch. Der dadurch mögliche internationale Vergleich bietet gegenüber den vielen vergleichbaren Studien zum selben Thema einen großen Vorteil. Dies und die fachliche Fundiertheit begründen den großen Erfolg der Studie: Das Altersvorsorgebarometer wurde mehr als 1 200 Mal zitiert, eine bundesweite Medienberichterstattung, die mit einem PR-Wert von über 1 Million Euro zu bewerten ist. Bei einer Reichweite von mehr als 100 Millionen Kontakten hat statistisch gesehen jeder Bundesbürger rund 1,2 Mal von der AXA-Studie gelesen oder gehört. Die AXA-Studie ist auch ein gutes Beispiel dafür, dass ein eingeführtes Studienformat nicht nach zwei, drei Jahren überholt ist und kaum noch Resonanz findet. Im Gegenteil, die Medienauswertung ergab, dass sich die Zahl der Veröffentlichungen sogar noch erhöht hat, die Anzahl der Clippings im Internet stieg sogar um über 400 Prozent. Dies zeigt, dass das Altersvorsorgebarometer der AXA bei den Journalisten mittlerweile als glaubwürdige Informationsquelle etabliert ist und es möglich ist, auch mit einem Thema Erfolg zu haben, das bereits von zahlreichen Wettbewerbern studientechnisch ausgeschlachtet wird.

### 3.2 Repräsentative Befragung, Trendstudie oder Desk Research?

Eine wichtige Grundfrage betrifft die Art der Studie. Deren Beantwortung hängt u. a. vom Erkenntnisinteresse, der Zielgruppe, der Thematik und nicht zuletzt vom Budget ab. Wer eine Studie für PR-Zwecke erstellen möchte, sollte sich bei den Fragestellungen genau überlegen, welche Ergebnisse dabei herauskommen könnten. Am besten ist es, hier gleich vom Ergebnis her zu denken: Was wären spannende Aussagen? Wo sind polarisierende Ergebnisse zu erwarten? Entscheidend ist, dass nicht die zehnte Studie zum selben Thema erstellt, sondern ein Neuigkeitswert provoziert wird. So führen zum Beispiel Studien von Banken und Versicherungen, die zum x-ten Mal zur Erkenntnis gelangen, dass die Deutschen zu wenig sparen, falsch sparen oder zu wenig für die Altersvorsorge tun, mittlerweile zu Gähnen. Unternehmen, deren Geschäftstätigkeiten sich auf diese Themen beziehen, sollten daher neue Ansätze suchen, die einen tatsächlichen Neuigkeitswert haben oder durch Variation des Themas zumindest eine pseudoneue Information darstellen. Grundsätzlich ist eine repräsentative Befragung als Grundlage einer Studie einer Trendstudie immer vorzuziehen. Nur sie liefert wissenschaftlich fundierte Daten, die klare Aussagen ermöglichen. Trendstudien haben dagegen den Vorteil, dass sie unkomplizierter, preisgünstiger und manchmal auch schneller umzusetzen sind (z. B. Umfrage unter Kunden, auf der eigenen oder der Partnerhomepage, Trendumfrage usw.). Da sie aber nicht repräsentativ sind, haben sie in der Regel eine wesentlich geringere Medienwirkung als Studien auf Basis wissenschaftlich fundierter Marktforschung. Wenn kurzfristig mit einer Pressemitteilung auf aktuelle Entwicklungen reagiert werden soll oder andere Ad-hoc-Maßnahmen durchgeführt werden müssen, kann man auf Desk Research zurückgreifen, um die eigene Position zu untermauern. Dieses Material kann auch für die Erstellung von Fachartikeln oder zur Bereitstellung von Hintergrundinformationen für Journalisten genutzt werden. Der Nutzen für die Medien ist hier der Service des Zusammenstellens des Materials. Als Aufhänger für eine eigene Pressemeldung eignet sich Desk Research hingegen nicht.

### 3.3 Haupterfolgsfaktor persönliche Betroffenheit

Die Einhaltung der Forschungsstandards ist die Pflicht, sie sorgt für die erforderliche Seriosität und Glaubwürdigkeit einer Studie. Die Kür ist nun, aus dem vorhandenen Zahlenmaterial die »News«, die Nachricht zu machen. Dabei ist Zuspitzen, Polarisieren, Überraschen und Emotionalisieren durchaus erlaubt und notwendig. Denn selbstverständlich gelten genauso wie für alle anderen PR-Aktivitäten auch für Studien die berühmten Nachrichtenwertfaktoren. Dabei ist zu berücksichtigen, wer Hauptadressat der Studie sein soll. Wenn mit der Studie vornehmlich einem Fachpublikum die Expertise des eigenen Unternehmens in dem jeweiligen Fach dokumentiert werden soll, müssen die Ergebnisse wesentlich differenzierter dargestellt werden, als wenn es darum geht, mit einer Aussage zu einem bestimmten

Thema für Bekanntheit bei einer breiten Öffentlichkeit zu sorgen. Der Vorwurf der Oberflächlichkeit oder Flachheit einer Studie könnte bei dem interessierten Fachpublikum Reaktanz hervorrufen. Allerdings ist auch für das versierte Fachpublikum die persönliche Betroffenheit intensiver als die fachliche. Insofern ist es legitim und notwendig, auch bei dieser Zielgruppe durch Zuspitzung, Polarisierung und Erzeugung persönlicher Betroffenheit Aufmerksamkeit hervorzurufen. So wäre beispielsweise bei einer Studie zum Thema Kreditversicherung die Headline »Immer mehr Mittelständler werden geprellt« besser als »Risiken im Außenhandel nehmen zu«.

### 3.4 R+V emotionalisiert mit den Themen Angst und Träume

Die R+V Versicherung ist eine der führenden deutschen Versicherungsgesellschaften im Privat- und Firmenkundengeschäft mit rund 11 300 Mitarbeitern. Das Unternehmen ist seit vielen Jahren erfolgreich mit einer umfangreichen Studie zum Thema »Angst«. Ob Arbeitslosigkeit, Preisverfall, Naturkatastrophen, Terror oder Krankheit – Antwort auf die Frage, welche Sorgen die Menschen in Deutschland bewegen, gibt die Langzeitstudie »Die Ängste der Deutschen«, die das Infocenter der R+V Versicherung seit 1991 jährlich in Auftrag gibt. Rund 2 400 Menschen ab 14 Jahren geben dabei Auskunft über persönliche Ängste, aber auch über Sorgen, die sie sich um Gesellschaft, Wirtschaft und Politik machen. 1999 wurde erstmals eine Untersuchung zum Thema »Träume der Deutschen« in Auftrag gegeben.

Ängste und Träume sind sehr emotionale negativ bzw. positiv berührende Themen, die bei jedem Menschen persönliche Betroffenheit erzeugen. Daher gelingt es der R+V mit Medienberichten über die »Angststudie« jedes Mal, eine große Reichweite zu erreichen. Darüber hinaus gründete das Versicherungsunternehmen 1989 das R+V-Infocenter. Es informiert die Medien regelmäßig über Service- und Verbraucherthemen. Seit 2002 schreibt das R+V-Infocenter alle zwei Jahre den Journalistenpreis »Service-Feder« aus, um professionellen Verbraucherjournalismus zu fördern.

## 4 Nachrichtenwertfaktoren als ›Würze‹ guter Studien-PR

Im Grunde stellen die Ergebnisse von Umfragen oder Studien bereits per se eine Nachricht dar, denn sie liefern den Medien Fakten, um daraus einen Artikel zu machen. Um die Veröffentlichungsraten der ermittelten Ergebnisse zu erhöhen, ist es aber sehr sinnvoll, das schnöde Ergebnis einer Umfrage zu einer spannenden Aussage, einer Story zu machen. Dazu ist es erforderlich, die Daten durch Mittel der Zuspitzung oder Polarisierung zu »würzen«. Sowohl bereits beim Studiendesign als auch später bei der mediengerechten Formulierung der Ergebnisse sollte überprüft werden, ob die Nachrichtenwertfaktoren angemessen berücksichtigt sind. Zu jedem dieser Faktoren sollten bestimmte Fragen gestellt und die entsprechenden Schlussfolgerungen daraus abgeleitet werden – je mehr der folgenden Nachrichtenfaktoren auf die Studie zutreffen, desto größer ist die Chance einer (umfangreichen) Berichterstattung:

### 4.1 Bekanntheit – Eingängigkeit

*Ist das Thema bereits im Gespräch oder muss es ganz neu in die (Medien-)Öffentlichkeit eingeführt werden? Kann es in eine »Schublade« einsortiert werden? Ist es eingängig oder sehr komplex? Erfordern die Aussagen eine deutliche Reduktion der Komplexität, um mediengerecht zu sein?*

Ist das Ziel, den Bekanntheitsgrad in der Masse zu steigern, ist es umso besser, je einfacher, knapper und pointierter die Hauptaussage ist. Bei Studien, deren Ziel der Kompetenzbeweis bei einer fachlich versierten Zielgruppe ist, dürfen die Ergebnisse hingegen nicht zu sehr vereinfacht werden, da dies den Vorwurf der Flachheit nach sich ziehen könnte.

### 4.2 Exklusivität

*Wurde die Story schon einmal von einem anderen gebracht? Sind die Nachrichten exklusiv?*

Bei bestimmten Themen ist es schwierig, immer wieder neue Ansätze für Studien oder Befragungen zu finden, weil sie bereits vielfach aufbereitet und diskutiert wurden. Bei Dauerbrennern ist dies auch durchaus statthaft. Um Exklusivität zu erreichen, ist es aber wichtig, sich durch irgendeinen Punkt von den bisherigen Untersuchungen abzuheben, sei es durch den Einschluss neuer Befragungsgruppen, sei es dadurch, dass ein ganz anderer Aspekt des Themas beleuchtet wird oder dass Bezug zu einer aktuellen Entwicklung oder einem verwandten Thema hergestellt wird.

## 4.3 Nähe

*Wie nah ist die Nachricht für den Leser oder Zuschauer?*
Nähe wird durch Betroffenheiten erzeugt, die entweder persönlich, emotional oder fachlich sein kann. Die stärkste Form der Betroffenheit ist die persönliche, bei der das Interesse durch den Umstand geweckt wird, dass die Studienergebnisse einen persönlich betreffen. Wenn das erste Ziel der Studie sein soll, den Bekanntheitsgrad zu steigern, sollte die aus den Ergebnissen formulierte Aussage bei möglichst vielen Menschen persönliche Betroffenheit erzeugen. Auch bei einem Fachpublikum kann persönliche Betroffenheit nicht schaden.

## 4.4 Relevanz

*Betreffen die Studienergebnisse ein wichtiges Thema? Ist der Absender der Studie in politischer oder ökonomischer Hinsicht bekannt und bedeutend?*
Wenn ein Unternehmen ein Studienthema wählt, das zwar Bezug zu dessen Geschäftstätigkeit hat, aber im öffentlichen Interesse keine große Rolle spielt, dann kommt es darauf an, dieses öffentliche Interesse durch das Herstellen von persönlicher Betroffenheit zu erzeugen. Dabei ist zu fragen, auf welche Weise eine Möglichkeit gefunden werden kann, die Ergebnisse der Studie so zu formulieren, dass sie konkrete oder mittelbare Auswirkungen auf die Zielgruppen haben. Hilfen hierzu bieten die hier genannten anderen Nachrichtenwertfaktoren. Ist dies nicht möglich oder würde die Botschaft zu konstruiert wirken, könnte man dort, wo es passt, auch Kuriosität generieren, d. h. die Ergebnisse der eigenen Studie mit einer Botschaft verknüpfen, die entweder humorvoll oder sehr außergewöhnlich ist. Ist nicht das Thema, sondern der Absender der Studie (noch) unbekannt, macht es Sinn, einen Kooperationspartner mit ins Boot zu nehmen, der für den erforderlichen Imagetransfer sorgt und die Tür in die Redaktionen öffnet (s.u.).

---

**Delta Lloyd: mit origineller Umfrage ein modernes Image unterstützen**
Die Delta Lloyd Deutschland AG gehört zur britischen Aviva-Gruppe, eine der großen Fünf im europäischen Lebensversicherungsmarkt. Um den neuen Markennamen Delta Lloyd der ehemaligen Berlinischen Lebensversicherung AG bei einer wesentlichen Zielgruppe, den Maklern, bekannt zu machen und sich als frisch und modern zu positionieren, wurden auch unorthodoxe Ansätze nicht gescheut. So führte das Unternehmen in Zu-

> sammenarbeit mit TNS Infratest unter Frauen eine größere Umfrage durch zum Thema »Was den Kundinnen bei einem Versicherungsvermittler wichtig ist«. Neben zu erwartenden Antworten wie Kompetenz und Erfahrung überraschte die hohe Zustimmung zu den Antwortitems Flirtfaktor und äußeres Erscheinungsbild. Die daraus resultierenden Presseinformationen (z. B. »Frauen flirten gern mit ihrem Versicherungsmakler«) fanden ein großes Presseecho, weil sie aus der üblichen Versicherungsberichterstattung herausstachen und einen Kontrapunkt zum eher negativen Image des Versicherungsvermittlers setzten.
>
> Auf Basis dieser Umfrage entwickelte Delta Lloyd zusammen mit einer professionellen Imageberaterin einen Style Guide für Versicherungsvermittler. Dieser wurde vom Vertrieb des Unternehmens zunächst sehr skeptisch beurteilt, man wollte den Vertriebspartnern schließlich nicht vorschreiben, wie sie aufzutreten hätten. Daher wurde der Style Guide nicht aktiv verschickt, sondern nur auf Anfrage herausgegeben. Nach mehreren Rezensionen (u. a. in der *FAZ*, im *Handelsblatt* und im *Versicherungsmagazin*) war die Auflage von 2 000 Exemplaren innerhalb kürzester Zeit restlos vergriffen.

### 4.5 Prominenz

*Gibt es Prominente, die sich für die Vorstellung der Studie gewinnen lassen?*

Prominente stellen immer einen Nachrichtenwertfaktor dar. Insofern ist es nicht abwegig, zu überlegen, ob sich Prominente in irgendeiner Form in die Studie einbinden lassen. Dies ist insbesondere dann eine sinnvolle Maßnahme, stärkeres Interesse für die Studie zu wecken, wenn derjenige, der die Studie vorstellt (z. B. der Vorstandsvorsitzende), relativ unbekannt ist. In diesem Fall könnte ein Prominenter bei der Pressekonferenz entweder selbst Teile der Studie vorstellen oder – besser – mit seinem Renommee die Ergebnisse der Studie mit Erfahrungsberichten ergänzen. Renommierte Wissenschaftler könnten eingeladen werden, um die Studienergebnisse zu bewerten und Schlussfolgerungen zu ziehen. Eine andere Variante zur Einbindung von Prominenz ist der Abdruck thematisch passender Gastbeiträge oder Kolumnen innerhalb der Studie. Auf diese Weise wird die Studie nicht nur aufgewertet, man kann auch wichtige Bezugspersonen der entsprechenden Zielgruppe einbinden (siehe Praxisbeispiel DBV-Winterthur).

> **DBV-Winterthur spricht mit prominenter Unterstützung Zielgruppen an**
> Wie bereits im ersten Praxisbeispiel zur DBV-Winterthur erläutert, ging es dem Versicherungskonzern darum, das Thema Verantwortung zu besetzen und sich über diesen positiven Wert mit seinen Hauptzielgruppen zu solidarisieren. Eine weitere Aufgabe an die Kommunikation war, diese Identifikation mit den Zielgruppen durch deutlichere mediale Präsenz noch zu steigern. Daher wurden gemeinsam mit dem F.A.Z.-Institut drei Dossiers erarbeitet, die das Selbst- und Fremdbild der jeweilgen Berufsgruppe ermitteln und deren Einstellung zum Thema Absicherung und Vorsorge ermitteln sollten. Ziel: Die DBV-Winterthur wollte nicht nur Expertise bei den einschlägigen Versicherungsthemen demonstrieren, sondern auch zeigen, dass sie sich darüber hinaus mit ihren Zielgruppen auseinandersetzt und über eine über das Tagesgeschäft hinausgehende Sichtweise verfügt. Die Botschaft: »Wir verstehen euch.«
>
> Beim ersten (bereits erschienenen) Dossier »Öffentlicher Dienst« ist es gelungen, führende Vertreter von Gewerkschaften bzw. Verbänden für Gastbeiträge und sogar für die Teilnahme an der Pressekonferenz zu gewinnen. Dies führte nicht nur dazu, dass die Studie durch prominente Beteiligung ein größeres Medienecho erhielt – es kam u. a. zu mehreren TV-Interviews, das Dossier stieß in der Adressatenzielgruppe auch auf größere Resonanz, weil »eigene« Leute involviert waren. So wurden Vertreter der DBV-Winterthur häufig eingeladen, um die Studie in Gremien der entsprechenden Kooperationsverbände vorzustellen.

## 4.6 Negatives – Positives

*Lassen sich die Ergebnisse emotionalisieren, indem man ihnen eine positive oder negative Konnotation gibt?*

Da neutrale Aussagen einen geringeren Nachrichtenwert haben, ist es von Vorteil, wenn vor allem Aussagen zu Entwicklungen eine wertende Note beigefügt wird. Durch die Andeutung von Konflikten, Misserfolgen, wachsender Ratlosigkeit, Verzweiflung, Kriminalität, Aggression oder aber Erfolgsstorys, glücklichen Wendungen, steigender Zufriedenheit usw. können auch vermeintlich zunächst unspektakuläre Ergebnisse emotionalisiert werden, um dadurch Betroffenheit zu erzeugen. So lässt sich zum Beispiel die Aussage: »Mehrheit der Deutschen hat nur geringe Kenntnis über Vermögensanlage« noch stärker emotionalisieren durch die Umformulierung in einen negativen Trend: »Immer mehr Deutsche finden das Thema Vermögensanlage zu kompliziert.« Natürlich lassen sich Aussagen zur Entwicklung nur durch Zeitreihen, Vergleiche oder direkte Abfrage ermitteln. Wenn Aussagen zur Entwicklung möglich sind, sollte man diese unbedingt nutzen, um der Nachricht eine größere Dynamik zu verleihen.

### 4.7 Gegensatz

*Lassen sich aus den Studien- bzw. Umfrageergebnissen Gegensätze aufbauen?*
Polarisierungen bieten sich als Nachricht immer gut an: Männer vs. Frauen, Nord vs. Süd, neue vs. alte Länder, alt vs. jung – wo immer in der Studie Gegensätze identifiziert werden können, sollten sie auch thematisiert werden. Natürlich sollte dabei keine Bevölkerungsgruppe diffamiert werden, auch zahlt es sich selbstredend nicht aus, (potenzielle) Kunden- oder Anspruchsgruppen hierbei schlecht aussehen zu lassen. Wäre Letzteres aufgrund der Ergebnisse der Fall, empfiehlt es sich, die Ergebnisse entweder abzuschwächen, zu relativieren, in einen neuen Zusammenhang zu stellen oder schlichtweg nicht zu publizieren.

### 4.8 Überraschung

*War das Ergebnis der Befragung zu erwarten oder bietet es völlig neue Erkenntnisse?*
Je überraschter man von dem Ergebnis einer Studie ist, desto größer ist die Wahrscheinlichkeit, dass diese Eingang in die Headlines der Medien findet. Gerade bei Fragestellungen, die bereits oft Gegenstand von Studien gewesen sind, wird man keine neuen Erkenntnisse erwarten können. Und falls das Ergebnis sich womöglich stark von einer ähnlich gelagerten Studie unterscheidet, werden die Medien eher die unterschiedlichen Ergebnisse thematisieren und den Forschungsansatz sehr kritisch hinterfragen, als sich eingehend mit dem Thema und dessen Auftraggeber auseinanderzusetzen. Kommen die anders lautenden Ergebnisse von einem wesentlich größeren Unternehmen, kann es sogar passieren, dass die Ergebnisse der eigenen Studie unter den Tisch fallen, weil die höhere Reputation des größeren Unternehmens diese verdrängt. Vor einer repräsentativen Befragung sollte also unbedingt hinterfragt werden, ob die Ergebnisse offen sind. Wird von vornherein ein bestimmtes Ergebnis erwartet, kann daraus keine große PR-Story gemacht werden. Einfaches Beispiel: Eine Brauerei will sich in den Wirtschaftsmedien als vorausschauendes, strategisch handelndes Unternehmen positionieren und plant eine Studie zum Bierkonsum der Deutschen. Ein Ergebnis, das da hieße »Deutsche trinken gerne Bier«, wäre nicht überraschend, sondern zu er-

warten und daher langweilig. Eine Möglichkeit, aus einem erwarteten Ergebnis doch noch eine PR-Aussage zu treffen, ist der Vergleich. So könnte das Ergebnis mit früheren Ergebnissen verglichen werden, um in dem oben genannten Beispiel zu der Aussage zu gelangen »Bierkonsum der Deutschen wächst« oder »Immer mehr Frauen bevorzugen Bier«. Auch Vergleiche zu anderen Nationen wären interessant: »Bierkonsum der Deutschen in Europa am größten.« Vergleiche zwischen Ost und West, Alt und Jung oder Arm und Reich sind eine weitere Möglichkeit, Überraschungen zu offenbaren. Vorsichtig sollte man allerdings sein, wenn man mit dem Ergebnis seiner Studie verfestigte Meinungen der Medien widerlegen will. Beispiel: 2006 haben die Medien die Lebensversicherung als Folge der Einführung des Alterseinkünftegesetzes durchgängig als »überflüssiges Finanzprodukt« bewertet. Aufgrund dieses negativen Pressetenors wäre zu erwarten gewesen, dass die Bevölkerung – davon beeindruckt – dies genauso sieht. Eine Umfrage der DBV-Winterthur ergab aber das Gegenteil, die überwiegende Mehrheit der Deutschen sah in der Lebensversicherung weiterhin ein sinnvolles oder gar sehr sinnvolles Produkt. Die Medienresonanz war mäßig, da hier ein gepflegtes Vorurteil der Medien widerlegt wurde. Schließlich wollten die Journalisten, die vorher die Überflüssigkeit des Produkts Lebensversicherung gepredigt haben, nun nicht in ihren eigenen Artikeln konstatieren müssen, dass die Mehrheit der Bevölkerung das ganz anders sieht als sie.

### 4.9 Dramatik

*Sind die Ergebnisse relativ unspektakulär? Halten sich bei einer Meinungsumfrage Pro und Contra die Waage? Lassen sich auf Basis der Ergebnisse keine Rückschlüsse ziehen und weitere Aussagen treffen?*

Wenn man alle diese Fragen mit ja beantwortet, muss man die Ergebnisse dramatisieren. Zunächst lassen sich vielleicht Teilaspekte einer Befragung extrahieren, die mehr Zuspitzungspotenzial enthalten (z. B. Aufbau von Gegensätzen zwischen Befragungsgruppen, siehe oben). Ist dies nicht der Fall, lässt sich zumindest mit semantischen Mitteln mehr Dramatik erzeugen. Ein wirksames Mittel gegen fade Aussagen sind Modaladverbien wie *sehr, beinahe, fast, sogar, überaus, nur, ziemlich*. Mit ihrer Hilfe kann man eine Wertung herbeiführen, die das Ergebnis zwar nicht hergeben mag, die aber zumindest sprachlich eine Dramatik in sich birgt. Dies erlaubt auch, das Ergebnis im Sinne des Absenders der Studie zu färben. Zwischen der Aussage »Nur ein Drittel aller Senioren nutzt das Internet« und »Mehr als 30 Prozent aller Senioren nutzten bereits das Internet« liegt ein himmelweiter Unterschied.

## 4.10 Aktualität

*Trifft die Studie den Nerv der aktuellen Debatte?*
Wenn dies nicht bereits der Fall ist, sollte man versuchen, Aktualität zu erzeugen, indem Anspielungen auf Dinge gemacht werden, die gerade in den Medien thematisiert werden, also ein aktueller Bezug hergestellt wird. Ein zweiter Aspekt der Aktualität betrifft die Studie selbst. Selbstredend sollten die Ergebnisse relativ zügig nach der Erstellung der Studie bzw. der Feldphase einer Befragung veröffentlicht werden, um sich nicht dem Vorwurf auszusetzen, man beziehe sich auf veraltetes Material oder verwende gar Daten aus der Konserve. Dies soll jedoch nicht heißen, dass nicht Daten aus früheren Studien oder Umfragen zur Unterlegung einer aktuellen Presseinformation herangezogen werden dürfen. Dies sollte im Text aber deutlich werden, bzw. es darf nicht der Anschein erweckt werden, es handele sich bei den Ergebnissen um eine aktuelle Studie. Dies kann z. B. verhindert werden, indem man die Ergebnisse weiter unten in der Presseinformation erwähnt (»Mehrere Befragungen der Muster AG hatten ergeben, dass ...«). Sollte dem Journalisten nämlich womöglich erst bei der Recherche auffallen, dass die zitierten Ergebnisse aus einer älteren Studie stammen, führt das unweigerlich zum Vertrauensverlust.

## 4.11 Personalisierung

*Was bedeutet das konkret für den Einzelnen?*
Diese Frage berührt noch einmal den Aspekt der persönlichen Betroffenheit und erweitert ihn um die praktische Komponente. Wenn man von einem Studienergebnis nicht nur persönlich betroffen ist, sondern auch klar vor Augen geführt bekommt, welche (negativen) Auswirkungen das konkret hat, wird das Interesse an der Information noch gesteigert. Zudem kann man durch die Darstellung der persönlichen Konsequenzen die Aussage einer Studie vereinfachen und anschaulicher darstellen. Im diesem Zusammenhang lassen sich im Übrigen geschickt Aussagen zu Produkten oder Dienstleistungen herstellen.

## 5 Zwischen Manipulation und Interpretation

Das berechtigte Anliegen, aus einer Studie eine Story zu machen, birgt natürlich die Gefahr, sich Marktforschungsergebnisse so »zurechtzubiegen«, dass mehrere Nachrichtenwertfaktoren erfüllt werden, oder gar das Studiendesign so anzusetzen, dass die Ergebnisse von vornherein kaum wissenschaftlichen Standards entsprechen, z. B. durch das Stellen von Suggestivfragen. Da Journalisten qua Beruf kritisch sind, muss man immer davon ausgehen, dass das Zustandekommen der Daten – vor allem bei sehr erstaunlichen oder überraschenden Ergebnissen – hinterfragt wird. Dies gilt nicht nur hinsichtlich der Größe der Befragungsgruppe, sondern auch in Bezug auf die Fragestellung (Formulierungen, Weglassen von Fragen). Um die Studienergebnisse im Hinblick auf deren Wissenschaftlichkeit möglichst wenig angreifbar zu machen, ist es im Grunde unerlässlich, mit renommierten Marktforschungsinstituten zusammenzuarbeiten. Diese bürgen mit ihrem Namen nicht nur für die Qualität der Daten, sie beraten auch bei der Konzeption und bei der Erstellung des Fragebogens. Danach bleibt aber noch die Versuchung, die Ergebnisse einer Studie zu manipulieren oder zumindest den Interpretationsspielraum durch eigene Formulierungen stark einzuengen und die Ergebnisse mit der eigenen Geschäftspolitik in Einklang zu bringen. Dass man die Ergebnisse fälscht oder grob manipuliert, indem man zum Beispiel Zahlen verändert oder erfindet, verbietet sich von selbst. Gewarnt sei aber auch vor subtileren Methoden, Daten im Sinne des Nachrichtenwerts oder der eigenen Botschaften zu verfälschen, beispielsweise indem man Daten unterschlägt, welche zu einer ganz anderen Aussage führen würden. Sollte dies nämlich ans Licht kommen, weil aus Versehen oder mit Absicht die kompletten Datensätze aus der Hand gegeben werden, wäre der Schaden für die betreffende Pressestelle irreversibel, die Glaubwürdigkeit kaum wieder zurückzugewinnen.

Anders verhält es sich mit der Frage, ob man als PR-Verantwortlicher die Ergebnisse selbst interpretieren darf oder dies den Journalisten überlassen sollte. Hierbei handelt es sich eher um eine Einstellungsfrage. Vermieden werden sollten auf jeden Fall zu große Parteilichkeit, stark tendenziöse Aussagen oder unbeholfene Versuche, die Ergebnisse mit Werbebotschaften zu verknüpfen. Journalisten reagieren nämlich auf zu plumpe Manipulationsversuche zu Recht allergisch, zumal sich diese »Nachrichten« auch nicht mit dem gängigen Anspruch der Objektivität der Medien vereinbaren lassen. Zudem sollten Faktenteil und Bewertung deutlich getrennt werden. Es bietet sich daher an, in den ersten Absätzen einer entsprechenden Pressemitteilung die Ergebnisse darzustellen und im Anschluss eine Verbindung zu eigenen Botschaften herzustellen. Kommentierungen sollten immer als solche gekennzeichnet sein, weil man den Medien die Freiheit lassen muss, die Ergebnisse selbst zu kommentieren oder die Kommentierung des Absenders zu bewerten. So bieten sich für eigene Interpretationen Zitate an oder die Formulierung: »Vor dem Hintergrund dieser Ergebnisse hat die ABC GmbH nun ein Produkt entwickelt, das genau in diese Lücke stößt ...«

Bei Umfragen bitten Journalisten auch oft um die Primärdaten, also die Zahlentabellen des Marktforschungsinstituts. Wenn Sie diese herausgeben, wird das Transportieren der eigenen Botschaften natürlich erheblich erschwert, denn dann ist damit zu rechnen, dass der betreffende Journalist die Daten anders interpretiert, als Sie es in Ihrer Presseinformation getan haben – womöglich nicht in Ihrem Sinne. Es kann also passieren, dass Sie verlautbart haben, dass für über 40 Prozent der Deutschen die von Ihnen hergestellten Produkte wichtig sind und der Journalist in Kenntnis der gesamten Datenlage zu dem Schluss kommt, dass »*nur* 40 Prozent der Deutschen« diese Produkte für wichtig halten. Um Derartiges zu vermeiden, gibt es nur zwei Möglichkeiten: Entweder Sie verweisen darauf, dass es sich bei der Umfrage um internes Datenmaterial handelt und Sie nur einen Teil daraus, nämlich den für die Öffentlichkeit interessanten Teil, herausgezogen und veröffentlicht haben. Oder Sie bieten dem Journalisten an, die ihn interessierenden spezifischen Daten (z. B. Unterschiede Mann/Frau, Ost/West oder konkrete Zahlen für einzelne Bevölkerungsgruppen oder Bundesländer) herauszufiltern und ihm (exklusiv) zur Verfügung zu stellen.

Manchmal kann es sinnvoll sein, bestimmte Informationen wie den Zeitraum der Befragung oder die genaue Zahl der Befragten zu unterschlagen. Insbesondere Presseagenturen, die sich für die Studie interessieren, werden dann auf jeden Fall nachfragen. Die Veröffentlichungswahrscheinlichkeit durch Agenturen kann hierdurch sogar steigen, da sie durch die zusätzlich erfragte Information über eine exklusive Zusatzinformation für ihre Meldung verfügen.

## 6 Kommunikative Verwertung: Ausschöpfen aller Möglichkeiten

Vor der Veröffentlichung einer Studie sollte man im Rahmen eines Verwertungskonzeptes festlegen, wann die Ergebnisse mit welchen Maßnahmen verwertet werden sollen. Zentrale Maßnahme ist die erste Veröffentlichung der Ergebnisse. Diese hängt in erster Linie vom Umfang und von der Thematik ab. Solange es sich nicht um eine kleinere Umfrage handelt, deren Ergebnisse mithilfe einer einfachen Pressemitteilung veröffentlicht werden sollten, ist eine Presseveranstaltung angezeigt. Kleinere Umfragen können aber auch gut genutzt werden, um Journalisten einen zusätzlichen Anreiz zu geben, Gesprächsveranstaltungen wie Pressefrühstücke und Round Tables zu besuchen. Wenn jemand ein bestimmtes Thema nicht nur aus seiner Sicht beleuchtet, sondern dazu auch gleich das repräsentative Datenmaterial liefert, steigt nicht nur das Interesse der Journalisten für die Veranstaltung, sondern auch die Clippingrate.

In der Regel ist es angemessen, zur Vorstellung einer Studie zu einer Pressekonferenz einzuladen. Diese sollte an einem für die relevanten Journalisten bequem zu erreichenden Ort stattfinden, denn die Notwendigkeit, Journalisten für die Veranstaltung zu begeistern, ist ungleich höher als bei einer Bilanzpressekonferenz. Während Letztere für Medienvertreter oft eine Pflichtveranstaltung darstellt, ist die Vorstellung einer Studie meist nur ein Termin, der wahrgenommen wird, falls nichts anderes Wichtiges auf dem Terminplan steht. Die Präsentation der Studienergebnisse sollte höchstens eine halbe Stunde in Anspruch nehmen. Anschließend muss genügend Zeit für Fragen und Diskussionsbeiträge zur Verfügung stehen. Der Pressesprecher ist für die Begrüßung der Journalisten, die einführenden Worte zu Inhalt und Ziel der Studie und gegebenenfalls Ausführungen zum Studiendesign zuständig, nicht aber für die Präsentation der eigentlichen Ergebnisse. Dies ist Aufgabe eines Vorstandsmitglieds, mindestens jedoch eines zitierfähigen Leiters des zuständigen Bereichs oder eines absoluten Experten des Hauses. Dabei gilt die Regel: Je höher die Funktion, desto besser. Dadurch signalisiert man den Journalisten, dass einem das Thema wichtig ist, es steigert die Anmeldezahlen für die Pressekonferenz und die Zitate in den Veröffentlichungen. Unterstützt werden sollte die Präsentation durch die entsprechenden Grafiken, schließlich handelt es sich in erster Linie um Datenmaterial, das es mediengerecht aufzubereiten gilt.

Die zentrale erste Presseinformation zur Studie sollte natürlich erst versendet werden, wenn die Pressekonferenz beendet ist, um den anwesenden Journalisten, vor allem den Vertretern der Nachrichtendienste, einen Vorsprung in der Informationsverwertung zu geben. Beim Aufmacher bzw. der Headline ist darauf zu achten, dass diese das wichtigste Ergebnis der Studie wiedergibt. Die Headline sollte also nicht »Studie zur Kfz-Versicherung«, sondern z. B. »Studie: Deutsche wünschen mehr Transparenz in der Autoversicherung« heißen. Bei umfangreichen Studien sollten die wichtigsten Ergebnisse in der zentralen Presseinformation, weitere Ergebnisse oder Erkenntnisse zu bestimmten Befragungsgruppen in späteren gesonderten Pressemeldungen (gegebenenfalls zielmedienspezifisch) veröffentlicht werden. Auch wenn eine Studie viele Ergebnisse enthält, darf die Presseinformation nicht zu einer Broschüre werden, sondern sollte höchstens zwei bis drei Seiten umfassen. Es geht schließlich nicht darum, sämtliche Inhalte der Studie 1:1 in der Presseinformation abzubilden, sondern die wichtigsten Ergebnisse darzustellen sowie Interesse für die Studie und das dahinterstehende Unternehmen zu wecken. Um eine längere Presseinformation lesbar zu halten, bietet sich an – neben der Einhaltung der üblichen Formalbedingungen einer professionellen Presseinformation – diese mit Grafiken und Zwischenüberschriften aufzulockern und die wichtigsten Aussagen auch zur besseren Orientierung am Rand zu wiederholen.

Selbstverständlich gehört zur Veröffentlichung einer Studie auch eine umfassende Pressemappe, die bei der Pressekonferenz ausgegeben bzw. an die Journalisten verschickt wird, welche bei der Einladung um Informationsmaterial gebeten haben. Sie sollte neben der Presseinformation und der Studie selbst weiteres Hintergrundmaterial enthalten wie Grafiken, Bildmaterial, Lebensläufe und Kontaktdaten der präsentierenden Personen, Presseinformationen zu anderen Themen oder Produkten, die in Zusammenhang zur Studie stehen, und gegebenenfalls Informationen zu den Kooperationspartnern – aber natürlich kein Marketingmaterial. Ergänzend zur Pressemappe sollten rechtzeitig zur Pressekonferenz in der Presselounge der Unternehmenswebsite weiteres Material und zusätzliche Services zur Verfügung stehen. Das können herunterladbare – druckfähige – Grafiken, Fotomaterial, Zusammenfassungen, Exzerpte oder Musterartikel sein. Nach wie vor unterschätzt oder auch nur selten genutzt ist das Mittel der Infografik, bei dem die reine Datenpräsentation mit unterhaltenden oder erklärenden Bildmotiven verknüpft wird, um Studien- bzw. Umfrageergebnisse spannender oder verständlicher zu visualisieren. Dies bietet sich vor allem für trockene Themen an und öffnet für diese auch den Zugang zu populären Medien, Regionalzeitungen oder Anzeigenblättern. Mehr Aufwand und Kosten erfordert die Produktion von Footage-Material. Um mit der Studie auch im Hörfunk und in TV-Medien platziert zu werden, ist die Bereitstellung von Originaltönen, also vorproduzierten Interviews und Stellungnahmen, Straßenumfragen zum Thema und anderem Material dringend angezeigt.

Um Kosten und Aufwand einer Studie zu rechtfertigen, sollten alle Möglichkeiten zur Steigerung der Clippingzahl ausgeschöpft werden. Eine Variante wäre, bei der Veröffentlichung der Studie nicht gleich sämtliche Ergebnisse in der Presseinformation zu erwähnen, sondern dies sukzessiv zu tun. Dabei ist darauf zu achten, dass nicht einfach nur die selben Ergebnisse mit einer anderen Formulierung oder einem anderen Tenor veröffentlicht werden. Auch wenn dies bei vielen Medien aufgrund der täglichen Informationsflut vielleicht nicht auffallen würde und man diese Presseinformation wieder aufgreifen würde – Fachjournalisten, mit denen man enger zusammenarbeitet, würde dies verärgern, weil sie jedes Mal prüfen müssten, ob sie diese Meldung schon einmal gebracht haben. Dies könnte in letzter Konsequenz dazu führen, dass diese Journalisten die Studienmeldungen künftig ignorieren. Bei einer Zweit- oder Mehrfachverwertung ist es also unbedingt geraten, Ergebnisse darzustellen, die in dieser Form in der ersten Pressemitteilung noch keine Erwähnung fanden, zumindest aber bereits erwähnte Ergebnisse unter einem völlig neuen Aspekt mit bisher nicht eingebrachten Hintergrundinformationen darzustellen. So könnte man auch bestimmte Medien direkt ansprechen und ihnen eine auf sie zugeschnittene Spezialauswertung bestimmter Ergebnisse anbieten, z. B. nach Bundesländern, Generationen oder Vergleichen zwischen Frauen/Männern, Ost/West usw. Derartige Spezialauswertungen sind auch eine Möglichkeit, bestimmten besonders relevanten Medien Exklusivveröffentlichungen zu gewähren, ohne andere Medien zu verprellen. Dies bietet sich insbesondere für monatlich oder wöchentlich erscheinende Medien an, da diese bestimmte Vorlaufzeiten haben.

Eine weitere Möglichkeit der Verwertung auf Basis direkter Medienansprache sind Interviews, Fachartikel, Namensartikel oder Aufsätze – insbesondere für Fachmedien, die eine weiterführende Beschäftigung mit dem Thema gestatten. Diese Maßnahmen können auch hervorragend mit der Personality-PR für Vorstände oder andere wichtige Personen des Unternehmens genutzt werden. Um auch in kleineren Regionalzeitungen oder Anzeigenblättern zu erscheinen, haben sich Bild-Text-Meldungen oder Maternanzeigen bewährt. Ein wesentliches Mittel zur Unterstützung des Ziels, mit der Studie Kompetenz und Expertise zu beweisen, ist die Vermittlung von Experten, entweder als Interviewpartner oder Ansprechpartner für Fachfragen von Hörern, Lesern oder Zuschauern. Hierdurch bedient man nicht zuletzt den Serviceaspekt der Medien. Wichtig bei einer größeren Studie ist also das Vorhandensein von Inhouse-Experten. Sie werden gebraucht, um bei der Pressekonferenz die entsprechende Kompetenz zu belegen, um auf spätere Journalistenanfragen antworten zu können, um als Autoren für Fachartikel zu fungieren und um weitergehende PR-Maßnahmen möglich zu machen (Expertentelefon, Experteninterview). Dabei sei angemerkt, dass von diesen »Experten« ein vernünftiges Foto vorhanden sein muss und dass sie einen konkreten, kurzen und verständlichen Titel brauchen – selbst wenn dieser (Vorbehalten der Personalabteilung und Eitelkeiten zum Trotz) erfunden werden müsste. Der Leser möchte wissen, wer die Person ist, die ihm einen Rat gibt, und das tut er nicht, wenn der Experte einfach nur Experte ist oder wenn er mit Head of Underwriting tituliert wird. Ausnahmen bei Fachpublikationen bestätigen diese Regel. Darüber hinaus wäre es wünschenswert, wenn die betreffenden Experten über eine gewisse Medientauglichkeit verfügen. Dies betrifft nicht nur das äußere Erscheinungsbild, sondern vor allem die Fähigkeit, relativ eloquent in Funk und Fernsehen auftreten zu können. Es bietet sich daher an, einen Pool von Experten zu Themen, die das Unternehmen besetzen will, zusammenzustellen und diese Personen mit Medientrainings auf ihre Nebenaufgabe vorzubereiten. Die Experten müssten dann natürlich während und in den Tagen nach der Vorstellung der Studie für Medienanfragen zur Verfügung stehen. Es wäre schade, wenn man sich die Chance einer Veröffentlichung entgehen lassen muss, weil der entsprechende Experte aus dem Haus just zum Zeitpunkt der Pressekonferenz für drei Wochen im Urlaub ist.

Nicht unerwähnt bleiben soll hier auch, dass eine Studie selbstverständlich auch in der internen Kommunikation (z. B. in Form von Beiträgen in der Mitarbeiterzeitung) genutzt werden kann. Der Einsatz der Studie zur Vertriebsunterstützung ist ein weiterer wesentlicher Bestandteil der Verwertung, der an anderer Stelle in diesem Buch erörtert wird.

### 6.1 Einbindung von Kooperationspartnern

Die Frage, ob man eine umfangreiche Studie allein oder zusammen mit einem Medien- oder Kompetenzpartner herausgeben sollte, hängt von verschiedenen Faktoren ab. Grundsätzlich ist es am besten, eine Studie allein herauszugeben, denn eine Verdopplung der Absender führt auch zu einer Halbierung der Aufmerksamkeit. Je mehr Absender eine Studie hat, desto mehr Logos lenken vom eigenen ab, desto mehr Experten des Partners können einem die Show stehlen, desto mehr Kompromisse müssen bei der Erstellung gemacht werden und desto eher kann es passieren, dass der eigene Name als Absender untergeht, weil der Journalist nicht geneigt ist, in seinem Bericht zwei Zeilen für die Nennung der Studienabsender zu verschwenden.

Auf der anderen Seite kann die Zusammenarbeit mit Partnern durchaus sehr sinnvoll sein, weil durch das Hinzunehmen eines renommierten zweiten Absenders ein Image- und Kompetenztransfer erreicht werden kann. Dies ist insbesondere dann angeraten, wenn es sich bei den Auftraggebern der Studie um Unternehmen handelt, die entweder nicht so bekannt sind oder deren Kompetenz im Hinblick auf das Studienthema noch nicht allgemein anerkannt ist. Bezüglich der Ausrichtung der Partnerschaft ist im Wesentlichen zwischen Kompetenz- und Medienpartnern zu unterscheiden. Bei Kompetenzpartnern handelt es sich um neutrale Institutionen wie Universitäten oder wissenschaftliche Institute, die bei der Erstellung der Studie unterstützen oder auch nur mit ihrem renommierten Namen für die Seriosität und Qualität der Studie bürgen. Interessenverbände wie Parteien, Vereine, Verbände oder Gewerkschaften eignen sich hier nur bedingt, weil diese nicht neutral sind, sondern klare politische Ziele haben. Dies könnte die Glaubwürdigkeit der Studie eventuell beeinträchtigen. Medienpartner bieten über den Mehrwert des Image- und Kompetenztransfers hinaus den Vorteil, dass die Ergebnisse von dem entsprechenden Medienorgan in jedem Fall vermarktet werden. Als Nachteil eines großen Medienpartners könnte sich erweisen, dass andere Medien über die mit einem Wettbewerber herausgegebene Studie nicht berichten. Da es aber durchaus üblich ist, dass Medien auch aus Berichten von Mitbewerbern zitieren, sollte dieser Nachteil nicht zu hoch bewertet und gegen die Vorteile einer Medienpartnerschaft, wie die Möglichkeit großer Exklusivveröffentlichungen, abgewogen werden.

## 7 Resümee: Standards setzen

Auch wenn die Nutzung von Studien und Umfragen in der Presse- und Öffentlichkeitsarbeit in der letzten Zeit erheblich zugenommen hat – Studien-PR ist keine Modeerscheinung. Denn eines ist sicher: Fakten und Datenmaterial werden von Journalisten als Stoff für ihre Artikel immer gebraucht und verwendet. In Zeiten kleiner werdender Redaktionen, in denen weniger Zeit für eigene Recherchen vorhanden ist, wird die Nutzung dieser Art von PR-Material sogar noch zunehmen. Schließlich belästigen Studien einen Redakteur nicht mit oftmals eher lästigen, weil plumpen PR- bzw. Werbebotschaften, sondern liefern objektive Informationen, die er relativ problemlos nutzen kann. Und Themen für Studien und Umfragen gibt es auch genug. Die Zeiten verändern sich ständig, und jede neue politische, wirtschaftliche oder gesellschaftliche Entwicklung bietet eine Fülle neuer Themen, mit denen man Meinungen, Trends und Stimmungen ergründen und in einen Zusammenhang mit der eigenen Botschaft stellen kann.

Etwas anderes ist allerdings auch klar: Mit 08/15-Studien dringt man im Mediendschungel mittlerweile nicht mehr durch. Bei Themenfindung und Herangehensweise ist Kreativität gefragt. Ob ein Thema umfassend analysiert oder unter neuen Gesichtspunkten originell aufgegriffen werden soll – um eine eingehende Analyse des bereits publizierten Materials, der eigenen Ziele und der Adressaten kommt man nicht herum, wenn man ein erfolgversprechendes Studien- oder Umfragedesign entwickeln und damit eine hohe Clippingzahl erreichen will. Daher sollte man Studien schlüssig in sein Gesamt-PR-Konzept einbinden und nur dann als Kommunikationsinstrument einsetzen, wenn sie die Kommunikationsstrategie unterstützen. Nur wer sich auf bestimmte Themen fokussiert und sich auf die Kernkompetenzen des Unternehmens begrenzt, kann mit Studien die Expertise seines

Hauses in diesem Bereich glaubwürdig nach außen untermauern. Ideal wäre, wenn es gelänge, durch das Auflegen einer Studienreihe oder einer regelmäßig wiederkehrenden Studie ein Thema strategisch zu etablieren und quasi zu einer eigenen Marke zu machen, wie es zum Beispiel Shell mit der Jugendstudie gelungen ist. Wer sich mit Studien in einem bestimmten Themenfeld einen Namen gemacht hat, der wird in diesem Bereich auch bei seinen Kunden und Geschäftspartnern eine hohe Glaubwürdigkeit genießen.

# Wenn's mal kracht – was dann?

## Krisenkommunikation – Handeln in Ausnahmesituationen

Maja Brandl

## 1 Eine Einleitung: Krisenkommunikation – Handeln in Ausnahmesituationen

> »Solange der Ausgang einer gefährlichen Sache nur noch zweifelhaft ist, solange nur die Möglichkeit noch vorhanden ist, dass er ein glücklicher werde, darf an kein Zagen gedacht werden, sondern bloß an Widerstand – ebenso wie man am Wetter nicht verzweifeln darf, solange noch ein blauer Fleck am Himmel ist.«
>
> *Arthur Schopenhauer*

Gerüchte oder leise Ahnungen veranlassen engagierte Journalisten meist zu genauerer Recherche. Der erste kleine Artikel auf einer Lokalseite, dann die Verbreitung der vermeintlichen Nachricht über den Verteiler einer Agentur. Binnen Minuten weiß die Republik Bescheid und damit sind sämtliche Medienmacher alarmiert. Ist was dran an den Informationen eines so genannten Insiders? Das Interesse ist geweckt, die Rechercheure Deutschlands planen ihren Einsatz. Noch bevor das Unternehmen, das Mittelpunkt der »Story« ist, informiert ist, geht der erste Leitartikel über die Zeitungstheken. Für Nachfragen der Journalisten ist im Unternehmen niemand zuständig, und wenn ein Zuständiger erreichbar ist, dann erhält der Redakteur ein »Kein Kommentar«.

Im Worst Case befindet sich die betroffene Unternehmung tagelang im öffentlichen Interesse. Was auch dran ist an den vermeintlichen Anklagen und Gerüchten, eins ist klar: Wenn das Unternehmen keinen finanziellen Nachteil aus der ungewollten Publicity erfährt, dann doch mindestens einen gewaltigen Imageverlust.

Die geschilderte Reaktionskette findet jeden Tag in deutschen Redaktionen und Unternehmen statt. Wie ein Unternehmen in einer drohenden (publizistischen) Krise reagiert und reagieren soll, ist mittlerweile Schwerpunkt eines ganzen Forschungsbereiches: der Krisenkommunikation.

Gute Kommunikation in der Krise kann die entscheidende Überlebensstrategie von strauchelnden Unternehmen sein. In der Vergangenheit wurde immer wieder deutlich, dass Unternehmenskrisen mithilfe guter Kommunikation unter Kontrolle gebracht werden konnten oder aber sich durch schlechte oder gar fehlende Kommunikation von Seiten der Unternehmung weitaus verheerender präsentierten als nötig[1].

Um es treffender mit den Worten des Magazins *Spiegel* zu sagen: »Denn mit ihrem katastrophalen Krisenmanagement haben die Verantwortlichen die ohnehin heikle Affäre endgültig zum handfesten Skandal aufblühen lassen.«[2]

Tagesaktuelle Beispiele schlechter Kommunikation von Unternehmen sind jedem bekannt. Man denke nur an die Victory-Affäre Josef Ackermanns oder das Elchtest-Debakel bei der DaimlerChrysler AG. Wird eine schwierige Situation durch eine nicht adäquate Kommunikation zur Krise?

## 2 Die Krise – das unerwartete Ereignis

»Krise kann ein produktiver Zustand sein. Man muss ihr nur den Beigeschmack der Katastrophe nehmen.«

Max Frisch

»Krise«, »Krisenmanagement« und »Unternehmenskrise« sind Modewörter der Journalisten und Moderatoren. Die Zeitungen, Fernsehmagazine und Nachrichten sind voll von »Schreckensnachrichten« und unüberwindbaren Problemen. Waren in den 80er Jahren nur Umweltkrisen ins Licht der Öffentlichkeit gerückt, sind es seit den 90er Jahren verstärkt Wirtschaftskrisen, Produktkrisen und soziale Krisen, die Interesse in der Gesellschaft finden. Vor allem Wirtschaftskrisen als Folge sinkender Unternehmensgewinne, fehlender Innovationen und gravierender Managementfehler gehören heute in die tägliche Lebenswelt.

---

1) In diesem Zusammenhang oft genannte Beispiele fehlender Krisenkommunikation: Kommunikation von Shell bei der Auseinandersetzung mit Greenpeace um die Ölplattform *Brent Spar* und das Elchtest-Debakel der A-Klasse der damaligen Mercedes-Benz AG. Aus neueren Tagen lässt sich auch die Kommunikation des Energieunternehmens RWE im November 2005 dazu rechnen (Einsturz von Strommasten im Raum Münster durch heftige Schneefälle).

2) *Spiegel*, 11.07.2005.

In der Literatur wird deutlich, dass Krise nicht gleich Krise ist. So ist der Begriff schon immer interdisziplinär und deshalb schwer zu definieren. Ob es sich um die »krisenhaft ausgebreiteten Krankheiten« handelt oder um die Wirtschaftskrise, die Umweltkrise oder einfach um eine Persönlichkeitskrise, so hat der Begriff »Krise« immer einen negativen Touch. Dass Krise in manchen Definitionen positiv aufgefasst wird, verwundert da geradezu. Doch der optimistische Gebrauch spricht der Krise die Eigenschaft einer Chance[3] zu, während der pessimistische die Krise als »Bedrohung von essenziellen Werten«[4] versteht.

## 2.1 Von der Unternehmens- zur publizistischen Krise

Bei der so genannten »publizistischen Krise« stehen Image und Marktposition eines Unternehmens auf dem Spiel. In diesem Zusammenhang ist anzumerken, dass grundsätzlich Krisen jeder Art von öffentlichem Interesse sind und dadurch immer auch die Gefahr besteht, dass eine Unternehmenskrise zu einer publizistischen wird.

Oft wird den Medien vorgeworfen, durch »unseriöse Berichterstattung« Einzelprobleme als Krisen zu definieren und somit als Krisenintensivierer oder gar -auslöser zu fungieren. Oft stehen Medien im Verdacht, Krisenursachen herbeizureden. Es ist unbestreitbar, dass gerade Unternehmenskrisen ein Umfeld benötigen, in welchem sie gedeihen. So entscheiden oftmals nicht der Wahrheitsgehalt oder die tatsächliche, objektive Gefahr, sondern die Reaktion der Öffentlichkeit, die Headlines der Tageszeitungen und die Meinungen der Redakteure über den Ausgang einer Sache.

## 2.2 Krisenmerkmale und deren Ursachen

Krisen haben immer ein anderes Gesicht. Ein einheitliches, fest definiertes Ursachenmodell auf wissenschaftlicher Basis besteht deswegen noch nicht. Potenzielle Krisenauslöser können sein: Betriebsklima, Führung, Fehleinschätzungen, Entlassungen, Ethik im Inneren einer Unternehmung und im immateriellen Bereich. Weiter: Naturkatastrophen, Anschläge und Unfallgefahren.

---

3) Dies mag von der griechischen Wortbedeutung herrühren: Crisis = Wendepunkt, Entscheidung.

4) Weber, Philipp: *Krisenmanagement. Organisation, Ablauf und Hilfsmittel der Führung in Krisenlagen.* Bern, Frankfurt am Main, Las Vegas 1980. S. 9.

## 2.3 Krisenverlauf

»Die Standard-Krise gibt es nicht!«[5] Doch eine Klassifizierung nach Phasen ist durchaus möglich. Der Ansatz nach Wolfgang Reineke gliedert eine Krise in drei verschiedene Abschnitte. In der »Steilphase« einer Krise treten »Schockinteresse, Neugierdesog und Panik«[6] in der Öffentlichkeit auf. Die publizistische Intensität erlebt in dieser Phase ihren Höhepunkt. Abgelöst wird sie von der »Plateauphase«, in der das Interesse der Öffentlichkeit durch weitere Nachrichten, Kommentare und Diskussionen angeregt wird. Nach Abklingen der »Plateauphase« geht der Nachrichtenschub über in die »Umschlagsphase«, in der sich schleichend eine »Überfütterung« mit dem Krisenstoff einstellt. Die Krise wird zur Normalität. Auf diese dritte Phase folgend kann sich umgehend jedoch auch die Berichterstattung über eine neue Krise einstellen, so dass die vorangegangene »überlagert« wird.

Für den Kommunikator empfiehlt es sich, in der ersten Phase der Krise reaktive Krisenkommunikation zu betreiben. Verliert der Pressesprecher oder der kommunikative Betreuer eines Unternehmens in dieser Phase die Informationshoheit, ist eine gesteuerte Krisenkommunikation nicht mehr möglich. Erst in der Plateauphase ist es dem PR-Fachmann gestattet, eigene Ideen und Themen anzubringen. Davor sollte er bevorzugt durch die Medien geisternde Themen aufnehmen und dazu Rede und Antwort stehen. In der Umschlagsphase, die praktisch als Endpunkt der publizistischen Krise gewertet werden kann, liegt es dann wiederum an dem Kommunikator, eventuell positive Resonanzen auf die Krise und das Unternehmen zu fördern. Das Interesse an der Krise ist abgeflacht und die Medien wenden sich neuen, aktuellen Situationen zu. Die gewonnenen Kontakte sollten nun weiter ausgebaut werden. Themen rund um die gemeisterte Krise, positive Entwicklungen und Ereignisse müssen weiterhin kommuniziert werden. Falsch wäre es jetzt, wieder in der Versenkung zu verschwinden.

## 2.4 Auswirkungen und Folgen

Die größte Gefahr bei einer Krise ist, dass Glaubwürdigkeit und Vertrauen in ein Unternehmen in kürzester Zeit zunichte gemacht werden können. Das Unternehmen verliert ganz und gar seine Kompetenz. Daraus ergeben

---

[5] Lambeck, Alfred: *Die Krise bewältigen. Management und Öffentlichkeitsarbeit im Ernstfall. Ein praxisorientiertes Handbuch.* Frankfurt am Main 1994. S. 12.
[6] Reineke, Wolfgang: *Krisenmanagement.* Essen 1997. S. 42.

sich weitere Auswirkungen, die ein Unternehmen bedrohen können. So resultiert aus dem Vertrauensverlust meist ein kommerzieller. Auf dem heutigen Markt gibt es so gut wie keine Monopole einzelner Unternehmen auf bestimmte Angebote. Verliert die Gesellschaft das Vertrauen in ein Produkt, dann wechselt sie den Anbieter. Dass die Verbraucher tatsächlich schnell und überlegt in Krisenzeiten handeln, ist nachvollziehbar. Schwer ist es dann für die Unternehmung, das Vertrauen der Kunden in die Produkte und die Marke zurückzugewinnen.

## 3 PR in der Krise

Einschlägige und thematische Literatur zum Thema Krisenkommunikation ist, trotz der Aktualität des Themas, sehr spärlich. In den letzten zehn Jahren etablierten sich durchaus Kommunikationsstrategien, die sich auf Krisenkommunikation spezialisierten, und erste Forschungsergebnisse wurden veröffentlicht. Doch bis heute konnte sich die Wissenschaft nicht auf allgemeingültige Definitionen, Strategien oder Inhalte festlegen.

Wichtig: Im Zentrum einer Krisenkommunikation muss das Ziel stehen, die öffentliche Vertrauenskrise zu verhindern. Kennzeichnend für Krisen-PR ist, dass sie eher reaktiv ist. Erst wenn sich die Krise abzeichnet, kommt diese Art der Kommunikation zum Zug. Klar abzugrenzen ist hier die Arbeit der krisenvorbeugenden Präventionskommunikation. Einig sind sich Theorie und Praxis darüber, dass Krisenkommunikation die Königsdisziplin der Kommunikationswissenschaft ist.

Die Vorarbeit einer Unternehmenskommunikation besteht aus dem Auf- und Ausbau seines Images, seines Rufes. Ist die Positionierung des Unternehmens in der Öffentlichkeit gut und überzeugend, ist es in der Krise ein Leichtes, auf die bestehenden Strukturen (Mediennetzwerk, Stakeholderkommunikation) zurückzugreifen. Wie glaubwürdig Botschaften eines Unternehmens wirken, hängt zum großen Teil von vorangegangenen Erfahrungen ab, die mit der Unternehmung individuell gemacht wurden. Dabei greift der Betrachter auf Eindrücke zurück, die für ihn mit der Unternehmung zusammenhängen. Hier wird deutlich, wie wichtig ein gut aufgebautes und gepflegtes Image für ein Unternehmen besonders in Krisenzeiten ist.

Eine brauchbare Definition für Krisen-PR liefert Heike Bühler, die in der Krisenkommunikation »die Stärkung des Krisenmanagements über Maßnahmen der Public Relations – über Kommunikation, Information, Vertrauensbildung und den Aufbau eines positiven Images«[7] sieht. Deshalb lässt sich Krisenkommunikation prägnant zusammenfassen als Instrument, um den hoffentlich letzten Rest an Vertrauen in das Unternehmen zu halten oder aber im schlimmsten Fall dieses Vertrauen wieder zurückzuerobern.

### 3.1 Krisenkommunikation als Teil der Public Relations

»Ohne Krise wäre [...] die ganze Medienlandschaft in ihrer Berichterstattung nur halb so interessant.«[8] Deshalb gilt eine »Kein-Kommentar«-Strategie erfahrungsgemäß als tödlich. Medien, Regierungen und die Gesellschaft sowie die einzelnen Anspruchsgruppen in der breiten Öffentlichkeit haben bei Unternehmen, die in Krisen nicht offen kommunizieren, keine Nachsicht.

Zu gleichem Entschluss kommt auch Dombrowsky, der fehlende Dialoge über Risiken und Krisen in einer Gesellschaft für überaus gefährlich hält[9]. Gerade im Umgang mit der medialen Umwelt muss man sich gewiss sein, dass »Ungewissheit über Drohendes der ideale Nährboden für Gerüchtebildung, Übertreibungen und Angstmacherei ist«[10]. In Krisenzeiten, führt Dombrowsky weiter aus, seien dramatisierte, negative Folgen einer verdunkelten Kommunikation bedrohlich. In einem »Klima der Emotionalisierung«[11] fällt es dem Betrachter zunehmend schwerer, rational zu urteilen und zu bewerten. Denn Krisen sind immer emotional aufgeladen. Wenn beispielsweise Arbeitsplätze auf dem Spiel stehen, dann ist mit Reaktionen aus dem Arbeiterumfeld zu rechnen, die Gewerkschaften kommen ins Spiel und die Gesellschaft hat sich entschieden: im Zweifel immer für die Arbeitnehmer. Die Stimmung ist aggressiv und geladen. Hier auf Rationalität und Verständnis zu setzen ist aussichtslos.

### 3.2 Der Journalist in einer Krise

Der Journalist muss vom PR-Fachmann immer als Freund gesehen werden. Das kann sich gerade in schweren Zeiten für ein Unternehmen auszahlen. Mit dem Leitsatz »Agieren, nicht reagieren« definiert Oeckl den modernen PR-Mann, der sich aktiv um Journalisten kümmert. Die klassische Form von Journalismus, bei der Rechercheure Themen identifizieren und

---

7) Bühler, Heike: *Krisenmanagement für Unternehmen durch Public Relations.* Regensburg 2000. (Nachfolgend zitiert: Bühler 2000.) S. 19.
8) Reineke, Wolfgang: *Krisenmanagement.* Essen 1997. S. 9.
9) Vgl. Dombrowsky, Wolf R.: »Krisenkommunikation: Problemstand, Fallstudien und Empfehlungen.« Jülich 1991. S. 7.
10) Ebenda.
11) Ebenda.

recherchieren, ist heute weitestgehend verkümmert. Durch aktive Themenstreuung und -vermittlung kann der Journalist bei der Hand genommen werden.

Wie schon angeführt, werden Auseinandersetzungen und Krisen heute über die Medien geführt. »Die Medien sind die Überbringer der schlechten und guten Nachrichten und zugleich die wichtigsten Akteure im Geschehen.«[12] Es ist wichtig, die Medien und ihre Vertreter keinesfalls als die »Feinde« zu betrachten. Der richtige Umgang mit den Journalisten und dem Mediensystem ist daher eine offene, ehrliche und einheitliche Krisenkommunikation. Dazu gehört:

**Checkliste: Der richtige Journalistenumgang**

- Nur einer im Unternehmen hält die Informationshoheit.
- 24/7-Erreichbarkeit.
- Informationsfluss zwischen Krisenkommunikator und Vorstand muss problemlos funktionieren.
- Freundschaftliches Verhältnis zu Journalisten pflegen.
- Auch negative Entwicklungen kommunizieren (wenn Journalisten aus anderen Quellen Negatives erfahren, dann ist auch die letzte Glaubwürdigkeit verspielt).
- Kommunikation an den Bedürfnissen der Medien ausrichten (Live-Schalten für Fernsehen und Hörfunk anbieten, Gesprächspartner besorgen, Bildmaterial bereitstellen).
- Auf die geänderten Kommunikationsansprüche reagieren. (In der Krise ist eine Pressemitteilung nicht empfehlenswert. Direkte und schnelle Statements, vereinbarte Jour fixes mit den Medienvertretern zu bestimmten Zeiten und telefonische Auskunft sind effektiver und bringen den Journalisten mehr.)
- »Kein Kommentar« vermeiden. Die Journalisten holen sich sonst die Informationen bei anderen Quellen. Die Informationshoheit ist verloren.

12) Trauboth, Jörg H.: *Krisenmanagement bei Unternehmensbedrohung: Präventions- und Bewältigungsstrategien.* Stuttgart 2002. S. 54. Hinzu kommt, dass den Medien eine konfliktverschärfende Rolle zugesprochen wird. Kunczik kommt in einer 1995 von ihm durchgeführten Untersuchung zu folgendem Ergebnis: Unternehmen des umweltsensiblen Bereichs sprechen der Boulevardpresse (1,72) sowie dem *Spiegel* (1,97 auf einer Skala von 1-3 = konfliktverschärfend und 4-6= konfliktmindernd) eindeutig negative Beeinflussung der Leserschaft zu. Vgl. dazu: Kunczik, Michael/Heintzel, Alexander/Zipfel, Astrid: *Krisen-PR. Unternehmensstrategien im umweltsensiblen Bereich.* Köln, Weimar, Wien 1995. S. 192.

### 3.3 Interne Kommunikation in der Krise – der Faktor Mitarbeiter

Neben den Anspruchsgruppen Medien und Gesellschaft, die während einer Krise beachtet werden müssen, muss vor allem an eine weitere durchaus sehr wichtige Anspruchsgruppe gedacht werden: die Mitarbeiter. Verliert das Unternehmen das Vertrauen der Mitarbeiter, ist es gänzlich manövrierunfähig. Schaffen es das Management und die Unternehmenskommunikation nicht, die Mitarbeiter auf die eigene Seite zu ziehen, ist die Schlacht verloren. Deswegen ist neben der externen Krisenkommunikation auch die interne Kommunikation entscheidend.

Der größte Fehler in einer Krise ist es, nur die externen Anspruchsgruppen zu bedienen. Das größte positive Potenzial sitzt im Unternehmen selber. Wenn die Mitarbeiter unterrichtet sind, wissen, was gerade vor sich geht, dann verankern sich Gerüchte viel schwerer. Die Mitarbeiter vertreten ein Unternehmen nach außen: gegenüber Familie, Freunden und Bekannten. Informiert die Firma die Mitarbeiter richtig, können diese gegenüber anderen Stellung beziehen. Andersherum schwächen uninformierte Mitarbeiter die Glaubwürdigkeit eines Unternehmens und das Vertrauen sinkt ins Bodenlose. Deshalb muss im Falle einer Krise sofort eine Kommunikationsstrategie her, bei der die Mitarbeiter einbezogen werden.

Der Informationsfluss über den Stand der Dinge muss unbedingt gewährleistet sein. Dazu eignet sich ein firmeninternes Mediennetz am besten. Intranet, Mitarbeiterzeitung, Mitarbeiternews sind wichtige Informationslieferanten und müssen auch im Falle einer Krise weiterhin aufrechterhalten werden. Über diese Instrumente lassen sich die Mitarbeiter zeitnah und ausreichend über die aktuellen Veränderungen informieren. Weiter helfen Veranstaltungen, die Mitarbeiter auf Linie zu bringen. Nichts wird einem Management höher angerechnet als die ehrliche und offene Stellungnahme gegenüber den eigenen Mitarbeitern.

---

**Checkliste: Mitarbeiterinformation in einer Krise**

- Regelmäßige Jour fixes.
- Berichterstattung in firmeninternen Medien.
- Ansprechpartner für Mitarbeiter im Unternehmen benennen.
- Direkte Ansprache der Mitarbeiter durch den Vorstand.
- Zeitnahe Reaktion auf Fragen der Mitarbeiter (Blogs, Intranet).

## 4 Image – Ethos eines Unternehmens

Image ist »das unbewusste Leitbild«[13] eines Unternehmens. Im Zusammenhang mit Krisenkommunikation kommt dem Image einer Firma ein großer Stellenwert zu. Von Image spricht man im PR-Bereich, wenn man »sowohl subjektiv als auch objektiv einzuschätzende, wahrnehmbare Realitäten meint, die einer wechselnden Beurteilung unterliegen können«[14]. Zur Erklärung: Mit wechselnder Beurteilung ist gemeint, dass ein Image nicht starr ist, vielmehr ist es vielseitig wandelbar. Ein Image lässt sich immer beeinflussen, bearbeiten, formen, verändern und gestalten.

Deshalb ist es von großer Wichtigkeit, ein Image – also den Eindruck, den man von einer Unternehmung hat – ständig zu pflegen. Einmal ein gutes »Standing« in der Öffentlichkeit erlangt, reicht es nicht aus, sich jetzt auf den Lorbeeren auszuruhen. An einer positiven Außenwahrnehmung muss ständig gearbeitet werden. Vor allem im Wechselspiel zwischen PR-Mann und Journalisten ist Imagebildung eine wichtige Aufgabe.

Zu unterscheiden ist in diesem Zusammenhang das Produktimage (Brand-Image) und das in diesem Rahmen zu behandelnde Firmenimage, CorporateImage. Ersterem dient die Werbung als Instrument und hat zum Ziel, einen hohen Identifikationsgrad und eine klare Differenzierbarkeit zu anderen Marken aufzubauen.

Bei der Beurteilung eines Corporate-Image spielt die Art und Qualität der Waren oder Dienstleistungen durchaus eine große Rolle, doch gehören zum Erfassen des Firmenimages auch Bereiche wie beispielsweise die äußere und innere Struktur eines Unternehmens. Darunter fallen Komponenten wie die Unternehmensform, die Marktsituation, die Mitarbeiterstruktur und -größe, der Umsatz, die bekannten Arbeitsbedingungen und viele mehr.

Parallelen zur Imagedefinition liegen im rhetorischen Fachbereich. Eine These zum Imagebegriff leitet sich von der Ethostheorie der Allgemeinen Rhetorik ab. Somit kann davon ausgegangen werden, dass das Image eines Unternehmens, sein Ethos, als Überzeugungsmittel eingesetzt werden kann, »durch das die sittliche und moralische Haltung des Unternehmens hindurchleuchtet und sich bemerkbar macht«[15]. Was Quintilian, einer der

---

13) Schwalbe, Heinz und Zander, Ernst (Hrsg.): *Vertrauen ist besser: mit Public Relations gegen Vertrauensschwund, Politikverdrossenheit und Imageverluste der Wirtschaft.* Wiesbaden 1994. S. 42.
14) Schwalbe, Heinz und Zander, Ernst (Hrsg.): *Vertrauen ist besser: mit Public Relations gegen Vertrauensschwund, Politikverdrossenheit und Imageverluste der Wirtschaft.* Wiesbaden 1994. S. 42.
15) Quintilian: »Institutio Oratoria«. 6,2,13. Zitiert nach: Knape, Joachim: *Allgemeine Rhetorik.* Stuttgart 2000. S. 155.

großen Rhetoriker der Antike, damit sagen will, ist, dass durch das Image gewisse Grundhaltungen der Unternehmung transportiert werden können. Heute können dazu beispielsweise Corporate-Social-Responsibility-Projekte gezählt werden. Unternehmen versuchen durch allgemeinnütziges Engagement sichtbar zu werden. Dies ist nichts weiter als der Versuch. das Image eines Unternehmens aufzubauen.

Wie auch immer sich die Akteure im Unternehmensumfeld verhalten und präsentieren, sie nehmen damit Einfluss auf das Image des Unternehmens, das auf den Rezipienten wirkt. Der Charakter des Redners, das Ethos, ist somit gleichzusetzen mit dem Image eines Unternehmens.

## 5 Fazit: Die sieben Säulen der Krisenkommunikation

Krisenkommunikation ist:
- PR, die Krisen abmildern und Schäden durch Unternehmenskrisen in der Öffentlichkeit begrenzen soll;
- ein Instrument zur Unterstützung des Krisenmanagements in akuten Krisen durch spezielle Handlungsmöglichkeiten (Pressekonferenzen, Ansprechpartner für Medienvertreter stellen, Presseinformationen);
- im besten Falle ein Instrument der Unternehmensführung, mit dem (publizistische) Krisen verhindert werden können.

**Zu beachten ist dabei:**
1. Der Pressesprecher eines kriselnden Unternehmens muss alles daransetzen, von den Journalisten als Informationslieferant anerkannt zu werden. Nur dann hat er eine Chance, sein Anliegen zu verbreiten.
2. Wenn eine Themenstreuung nicht gelingt, dann muss versucht werden, die von den Medien generierten Themen aufzugreifen. Dies kann in Form von Stellungnahmen oder durch PR-Erzeugnisse wie Pressemitteilungen mit Informationen zum gerade aktuellen Thema geschehen.
3. Um kommunikativ Erfolg zu haben, muss sich der Pressesprecher des Codesystems (gemeinsame Definition, Sprache, Lebenswelt) seines Gegenübers bedienen können. Der Prozess der Annäherung und Abstimmung kann abgekürzt werden, wenn Pressevertreter Erfahrungen im Journalismus gemacht haben.
4. Um in der Krisensituation aus dem Blickfeld der Öffentlichkeit zu gelangen, ist eine ruhige, bedachte Kommunikation auf Seiten der Unternehmung nötig. Das wohlwollende, kooperationsbereite Verhalten gegenüber den Journalisten kann dazu beitragen, dass die vermeintliche

Skandalmeldung schnell uninteressant wird und die Medien davon ablassen.
5. Im Umgang mit der Öffentlichkeit und den Journalisten ist es wichtig, dass sich der Repräsentant darüber im Klaren ist, dass er ein gewisses Image vermittelt und dieses Auswirkungen auf die Imagebildung der Unternehmung hat. Dem Kommunikator muss dabei klar sein, dass seine Person, in Szene gesetzt, ebenfalls als Überzeugungsmittel fungieren kann.
6. In akuten Krisensituationen sind Pressemitteilungen als Informationslieferanten gänzlich ungeeignet. Journalisten brauchen ihre Informationen schnell und direkt. Deshalb ist in solchen Situationen darauf zu achten, dass der Informationslieferant, der Pressesprecher also, stets erreichbar und bestenfalls vor Ort ist, um in einer klassischen Face-to-Face-Situation Rede und Antwort zu stehen.
7. Der Aufbau eines positiven Images muss erste und oberste Priorität eines Unternehmens sein. Im Falle einer Krise kann man auf bestehende Sympathien und Beliebtheitswerte aufbauen und diese kriseneinschränkend nutzen.

## 6 Gastbeitrag

**Integration von PR und Recht im Krisenfall – das Beste aus beiden Welten**

von Dr. Gerald Neben, LL.M. (Berkeley), Rechtsanwalt in Hamburg und Mitglied im Arbeitskreis Krisenkommunikation der Deutschen Public Relations Gesellschaft (DPRG)

**Die Verzahnung von Recht und PR im Krisenfall ist vielfältig**

Oft sind die Auslöser von PR-Krisen juristische Probleme (z. B. Razzia der Staatsanwaltschaft wegen Korruptionsverdacht). Stellungnahmen des betroffenen Unternehmens können unmittelbare rechtliche Konsequenzen nach sich ziehen (z. B. Unterlassungsansprüche von Konkurrenten) und spätere Gerichtsverfahren beeinflussen (z. B. als Beweismittel im Produkthaftungsprozess). Gleichermaßen wirken juristische Maßnahmen und Äußerungen von Anwälten (z. B. Plädoyers in Gerichtsprozessen) auf die öffentliche Wahrnehmung und damit die PR-Strategie des Unternehmens ein. Schließlich wird die öffentliche Diskussion während einer Krise oftmals durch gezielte rechtliche Instrumente beeinflusst und gesteuert (z. B. Gegendarstellung, Berichtigung).

Dennoch neigt klassisches Krisenmanagement oft zu einseitigen Antworten. Je nachdem, wer erster Ansprechpartner ist – PR-Abteilung oder Rechtsabteilung, Kanzlei oder Agentur –, wird der Krise nur mit PR-Mitteln oder nur mit juristischen Instrumenten begegnet.

**PR und Recht beeinflussen sich gegenseitig**
Eine Krise nur aus einem Blickwinkel zu betrachten und zu managen hieße jedoch, Risiken zu ignorieren und effiziente Handlungsinstrumente ungenutzt zu lassen. Beide Bereiche beeinflussen sich gegenseitig: Kommunikative Maßnahmen wirken auf das rechtliche Umfeld, rechtliche Maßnahmen auf die öffentliche Wahrnehmung ein. Jede Maßnahme des Krisenmanagements muss daher ebenso auf ihre rechtlichen Chancen und Risiken wie auf ihre Auswirkung auf den öffentlichen Kommunikationsprozess überprüft werden.

Denn jede Äußerung oder Publikation kann unmittelbare oder langfristige rechtliche Folgen haben: Eine unzutreffende Mitteilung auf einer Pressekonferenz ermöglicht der Konkurrenz ein wettbewerbsrechtliches Vorgehen, eröffnet einen ungewollten Nebenkriegsschauplatz und kann zu Unterlassungsverfügungen führen, die – die in der Krise so wichtige – Glaubwürdigkeit des Unternehmens weiter beschädigen. Und eine unbedacht abgefasste Stellungnahme kann Jahre später entscheidendes Beweisstück in einem Schadensersatzprozess sein.

Doch nicht weniger schwerwiegend können die Auswirkungen isolierter rechtlicher Maßnahmen auf die PR-Strategie des Unternehmens in der Krise sein. Das unbedachte Durchsetzen rechtlicher Ansprüche kann zum Eigentor werden. Falsch eingesetzte rechtliche Instrumente versperren wichtige Kommunikationskanäle, verprellen Kontaktpersonen und isolieren das Unternehmen im kommunikativen Prozess.

**Erfolgreiche Krisenkommunikation durch Integration von PR und Recht**
Unternehmen in der Krise brauchen daher interdisziplinäre Unterstützung, die kommunikative und rechtliche Elemente integriert.

PR-Berater und Juristen müssen reibungslos zusammenarbeiten, Verständnis für die Erfordernisse der jeweils anderen Welt aufbringen und ihre Maßnahmen eng abstimmen. Diese Zusammenarbeit sollte idealerweise bereits vor Eintritt einer Krise erprobt sein (Workshops oder besser noch: gemeinsame praktische Erfahrungen). Jedenfalls müssen Juristen und PR-Berater sich schon im Rahmen der Krisenprävention austauschen und mit den Grundbedingungen beider Disziplinen vertraut machen. Zur effektiven Krisenprävention gehören auch die gemeinsame Entwicklung von *Darksites* und Sprachregelungen, von Ablaufplänen sowie die gemeinsame Schulung von Mitarbeitern. Im Ernstfall schließlich gehören Vertreter beider Disziplinen ins Krisenteam, um eine effektive, einheitliche Strategie für das betroffene Unternehmen zu entwickeln und umzusetzen.

Bereits frühzeitig müssen sich abzeichnende Ereignisse mit juristischem Hintergrund wie Unternehmensübernahmen, Gesetzesänderungen, Börsengänge, Entlassungen und insbesondere Gerichtsverfahren (»*Litigation PR*«) als mögliche Krisenursachen identifiziert und Kommunikationsstrategien unter Einbeziehung von Experten aus beiden Disziplinen entwickelt werden. Durch kontinuierliches *Monitoring* und *Reporting* der rechtlichen Risiken und Entwicklungen können Juristen hierzu beitragen.

### Einheitliche, optimierte Sprachregelungen

Rechtsanwälte und Unternehmensjuristen werden – oftmals ungewollt – zu zusätzlichen Sprechern des Unternehmens, insbesondere im Umfeld von Gerichtsverfahren. Zwar sollten offizielle Unternehmensstellungnahmen stets nur von den PR-Verantwortlichen abgegeben werden. Gerichtsverfahren sind jedoch öffentlich, so dass dortige Äußerungen der Anwälte oft auch außerhalb des Gerichtssaals verbreitet werden. Hierüber müssen sich die beteiligten Juristen immer im Klaren sein. Nur durch intensive gegenseitige Abstimmung können Widersprüche in der Argumentation verhindert werden, die die Außenwahrnehmung des Unternehmens erheblich beeinträchtigen würden.

Gleiches gilt für Unternehmenssprecher: Sie müssen oftmals komplexe rechtliche Sachverhalte erklären und in ihrer Außenkommunikation auf Veränderungen des rechtlichen Umfelds reagieren. Auch hier bedarf es intensiver gegenseitiger Unterrichtung, Abstimmung und Schulung im Vorfeld. Insbesondere müssen Juristen sich als »Übersetzer« anbieten – es ist ihre Aufgabe, die PR-Verantwortlichen verständlich und kontinuierlich über die Hintergründe, Entwicklung und Konsequenzen rechtlicher Prozesse zu informieren. Zudem sollten alle Unternehmensstellungnahmen im Krisenfall routinemäßig auf ihre möglichen juristischen Implikationen hin überprüft werden.

**Aktive Unterstützung der Kommunikationsstrategie mit rechtlichen Mitteln**

In vielen Fällen lässt sich die Kommunikationsstrategie des Unternehmens effektiv durch gezielte rechtliche Maßnahmen unterstützen.

Durch Vorgehen mit den entsprechenden rechtlichen Instrumenten (z. B. einstweilige Verfügung) gegen Wettbewerber, ehemalige Mitarbeiter, Informanten, vermeintliche Experten und im Extremfall auch gegen Medien, die unwahre oder ehrverletzende Äußerungen weitertragen, kann das Entstehen einer »Sensationsspirale« verhindert und eine kommunikative Krise vor ihrem eigentlichen Entstehen gebannt werden.

Noch lange nach einer Krise können falsche Darstellungen in Archiven und öffentlich zugängliche Datenbanken zum Problem werden. Mithilfe rechtlicher Maßnahmen lassen diese sich »aufräumen«, um zu verhindern, dass die falschen Darstellungen wieder auftauchen und möglicherweise eine erneute Krise auslösen.

**Schnellere, bessere und nachhaltigere Ergebnisse**

Die Erfahrung zeigt, dass integrierte Krisenkommunikation, die kommunikative und juristische Expertise wie oben geschildert miteinander kombiniert, regelmäßig zu schnelleren, besseren und nachhaltigeren Ergebnissen führt. So kann nicht nur eine negative gegenseitige Beeinflussung von PR-Maßnahmen und rechtlichen Maßnahmen vermieden werden – die kommunikative Gesamtstrategie kann insgesamt deutlich effektiver gestaltet und Krisen so erfolgreicher gemeistert werden.

# 7 Fallbeispiele

## 7.1 *Brent Spar* – Greenpeace und Shell – wer hat die bessere Kommunikation?[16]

Am 30. April 1955 besetzten Greenpeace-Aktivisten die Ölplattform *Brent Spar*, die zum Shell-Konzern gehört. Mit dieser Aktion sollte die Versenkung der Plattform verhindert werden. Die Umweltorganisation wollte damit auf das Problem der Entsorgung von ausgedienten Ölplattformen

---

16) Vgl. hierzu: Klaus, Elisabeth: »Die Brent-Spar-Kampagne oder: Wie funktioniert Öffentlichkeit?«, in: Röttger, Ulrike: *PR-Kampagnen: Über die Inszenierung von Öffentlichkeit*. Opladen 1997. S. 99–123.

hinweisen. Die Besetzung rief ein großes Medienecho hervor. In den Niederlanden, Dänemark und in Deutschland solidarisierten sich viele Verbände, Behörden und Vereine mit den Umweltschützern. Boykottaufrufe verursachten an den Shell-Tankstellen einen Umsatzrückgang um bis zu 50 Prozent. In Hamburg gingen Extremisten sogar so weit, einen Brandanschlag auf eine Tankstelle zu verüben. Shell konnte zu diesem Zeitpunkt in keinster Weise mediale Oberhand gewinnen. Die Kommunikation der Umweltschutzorganisation hatte die Medien für sich. Die Gesellschaft war emotional gefangen und für Rationalität nicht mehr zu gewinnen. Erst knapp zwei Monate später, es wurde ein erbitterter Medienkrieg geführt, gab Shell bekannt, dass die Plattform nun doch an Land entsorgt wird. Die Gegenmaßnahmen zur Krise, wie beispielsweise die Kampagne »Wir werden uns ändern«, hätte man mehr als ein Schuldeingeständnis denn als eine gute Krisen-PR bezeichnen können. Greenpeace konnte, mit wenig Einsatz, die mediale Oberhand gewinnen und einen internationalen Konzern wie Shell in die Knie zwingen. Überaus erstaunlich in diesem Fall ist die Wende, die am 5. September 1995 einen Schatten auf die Umweltorganisation warf. Die Schätzungen der Aktivisten über die Menge giftiger Ölrückstände an Bord der *Brent Spar* waren völlig überzogen. Damit wurde den Umweltschützern die Legitimation der Besetzung plötzlich entzogen. »5 000 Tonnen Öl sollen versenkt werden« – Diese Nachricht schlug noch Anfang des Jahres 1995 ein wie eine Bombe. Die tatsächlichen Rückstände beliefen sich aber auf 75 bis 100 Tonnen, so ein Prüfungsbericht der norwegischen Schiffsklassifizierungsgesellschaft DNV. Greenpeace musste sich aufgrund dieser Irreführung öffentlich bei der Shell und der Gesellschaft entschuldigen. Erstaunlich jedoch ist, dass diese Zahlen schon während der Krise dem Unternehmen und auch Greenpeace bekannt waren. Was lief also schief, als es um die richtige Darstellung ging? Greenpeace gelang es in diesem Fall, die emotionalisierte Gesellschaft auf seine Seite zu ziehen. Dem »bösen« Öllieferanten Shell gelang es nicht, auch nur annähernd Gehör zu finden. Die ganze Affäre um die *Brent Spar* zeigt deutlich, dass manchmal noch nicht mal die Wahrheit hilft, eine Krise zu vermeiden. Image und Standing eines Unternehmens sind ausschlaggebend für die Glaubwürdigkeit und damit auch für den kommunikativen Erfolg. Nichtsdestotrotz ging auch Greenpeace nicht unbeschadet aus dieser Geschichte hervor: »Bei mir blieb das Gefühl zurück, als hätte uns Greenpeace über weite Strecken an der Nase herumgeführt« schrieb ein Journalist der *Neuen Züricher Zeitung* am 8. September 1995.

## 7.2 Der Elchtest – Imageschaden für Traditionsunternehmen

Am 21. Oktober 1997 kippte die neue A-Klasse von Mercedes-Benz um. Bei einer Testfahrt eines schwedischen Journalisten konnte sich das neue Auto des deutschen Traditionsunternehmens nicht mehr in der Kurve halten und überschlug sich – vor den Augen und Kameras vieler Journalisten. Die vernichtende Aussage des Journalisten: Das Auto ist eine Fehlkonstruktion. Was nun folgte, ist die klassische Reaktionskette im Fall einer medial ausgelösten Krise. Dem ahnungslosen Vorstand von Mercedes-Benz wurde auf der gleichzeitig stattfindenden Tokyo Motor Show die Nachricht überbracht, dass die A-Klasse bei einem Fahrtest aus der Kurve gefallen ist[17]. Die unüberlegte Reaktion des Vorstands und seines Pressevertreters beschwor letztendlich die Kommunikationskrise herauf. Eine halbe Stunde nach Erhalt der Informationen trat der Mercedes-Benz-Kommunikator vor die Presse und gab zu Protokoll: »Wir wissen leider noch keine Einzelheiten. Ein Vorstand kann nicht ein Statement geben, nur weil irgendwo auf der Welt ein Auto umgefallen ist. Dann müssten wir zig Kommentare abgeben. Sobald wir mehr wissen, werden wir den Vorfall kommentieren.«[18] Die Reaktion der Medien war eigentlich vorhersehbar. Eingang in die Berichterstattung fand lediglich der Satz: »Ein Vorstand kann nicht ein Statement geben, nur weil irgendwo auf der Welt ein Auto umgefallen ist.« Diese Nachricht, durch die Massenmedien in kürzester Zeit verbreitet, bescherte dem Unternehmen eine der größten Krise seiner Geschichte – und eine der vermeintlich größten Produktkrisen der deutschen Automobilindustrie. Die Nachricht über die Unzuverlässigkeit der neuen Mercedes-Benz A-Klasse grub sich tief in das Bewusstsein ein[19]. Der Begriff fand Eingang in den allgemeinen Sprachgebrauch. Der Vorstand verstand langsam nur, dass die schlechten Assoziationen, die man mit der neuen A-Klasse hatte, auch auf das Unternehmen selbst ausstrahlten. Der unumstößliche nächste Schritt war die Umstellung der klassischen Unternehmenskommunikation auf Krisenkommunikation. Eine Task Force wurde gegründet. Zehn Manager aus verschiedenen Unternehmensbereichen tagten ab diesem Zeitpunkt regelmäßig.[20] Jürgen Schrempp, Vorstandsvorsitzender der Daimler-Benz AG, schilderte

---

[17] Vgl. Rother, Anja: *Krisenkommunikation in der Automobilbranche.* Tübingen 2003. S. 104 ff.
[18] Rother, Anja: *Krisenkommunikation in der Automobilbranche.* Tübingen 2003. S. 104.
[19] Vgl. *Krisenkommunikation in der Automobilbranche.* Tübingen 2003. S. 107.
[20] Vgl. Rother, Anja: *Krisenkommunikation in der Automobilbranche.* Tübingen 2003. S. 106.

die Situation so: »In der ersten Woche hatten wir einen Hänger. Wir wussten nicht genau, was eigentlich passiert war. Dann haben wir klassisches Krisenmanagement eingesetzt. Zuerst kamen mal alle Fakten auf den Tisch. Als der oberste Chef muss ich motivieren, aber auch beruhigen.«[21] Ziel der Arbeit, mit Profis aus den Abteilungen Unternehmens- und Produktpresse, Interne Kommunikation, Investor Relations, Public Relations und Marketing war es, ein schnelles System der Kommunikation zu finden. Die anschließende Kommunikationsstrategie schaffte, was kaum jemand für möglich gehalten hatte. Eingeständnis und Besserungsversprechen brachten dem Unternehmen wichtige Sympathiepunkte zurück. Die »Mea-culpa«-Strategie der Mercedes-Benz-Strategen konnte das Vertrauen in das Traditionsunternehmen zurückgewinnen. Das Unternehmen lernte daraus vor allem eines: Für zukünftige Probleme müssen Krisenpläne erarbeitet werden. Federführend beteiligt an dem Aufbau von Krisenstrategien war immer der Vorstand selbst[22]. Denn es wurde richtig erkannt, dass Kommunikation in der Krise nur positiv funktionieren kann, wenn sie von oben kommt.

21) *SonntagsBlick:* »Ich möchte Hayek an Bord behalten. Interview mit Jürgen E. Schrempp«. Heft 10, 1998. S. A30, zitiert nach Rother, Anja: *Krisenkommunikation in der Automobilbranche.* Tübingen 2003. S. 106.

22) Vgl. Rother, Anja: *Krisenkommunikation in der Automobilbranche.* Tübingen 2003. S. 235 f.

## 7.3 KarstadtQuelle AG – die unerwartete Krise im Herbst 2004

»Hausgemacht und selbstverschuldet«[23] seien laut Jörg Howe, Leiter Konzernkommunikation des Handelsunternehmens KarstadtQuelle AG, einige der Faktoren gewesen, die das Traditionsunternehmen an den Rand der Existenz drängten. Aus einer internen Analyse geht hervor, dass zwar auch die wirtschaftlichen Rahmenbedingungen, die wirtschaftliche Gesamtkrise des Handels und die Konsumflaute Ausschlag für die Krise gaben, doch vor allem interne Faktoren müssen hier genannt werden. Faktoren wie der Aufbau von Randaktivitäten bei gleichzeitiger Vernachlässigung des Stammgeschäftes, fehlende Synergieeffekte bei Fusionen

23) Howe, Jörg, KarstadtQuelle AG, Leiter Konzernkommunikation. Interview. Essen 19.12.2005. (Nachfolgend zitiert: Howe 19.12.2005.)

und die Vernachlässigung des Mitarbeiterpotenzials begleiten den Weg des Konzerns in die Krise.[24] Erschwert wurde die Konzernsituation durch eine sich abzeichnende Kommunikationskrise. Das Verhältnis zwischen Unternehmen und Journalisten war zum Zeitpunkt der ersten Meldungen sehr schlecht. Die ungünstige Kommunikationssituation verschärfte die Unternehmenslage drastisch. Die KarstadtQuelle AG stand in den Medien, und zwar in den negativen Schlagzeilen. Die Krise, von der im Zusammenhang mit Karstadt immer wieder gesprochen wird, lässt sich nicht in einem Zeitfenster fassen. Es gibt weder genaue Anlässe noch Daten, um von einem »Beginn der Krise« zu sprechen. Eher führten viele Faktoren zur letztendlich unternehmensbedrohenden Situation. Mit der Wahl Dr. Thomas Middelhoffs in den Aufsichtsrat der KarstadtQuelle AG Anfang Mai 2004 wurde ein neuer Abschnitt der Unternehmensgeschichte eingeläutet. Der als »ehrgeizig« bezeichnete und als »Vorzeigemanager«[25] gehandelte Middelhoff wurde noch im Juni zum Aufsichtsratsvorsitzenden gewählt. Gleichzeitig begannen Umstrukturierungen auf Vorstandsebene bei der Karstadt Warenhaus AG. Kurz darauf gab die Warenhaus AG bekannt, dass sie bis zum Jahr 2007 Einsparungen in Höhe von 750 Millionen Euro erzielen will. Dies sollte durch sozialverträglichen Personalabbau geschehen. Einsparungen in einer solchen Höhe hätten die Mitarbeiter empfindlich getroffen. Es begann sich langsam Widerstand zu regen. Sowohl die Mitarbeiter als auch die Arbeitnehmerverbände wurden aktiv. Ein Anlass für die Medien, sich dem Fall »KarstadtQuelle« zu widmen. Trotz der drohenden Krise wurden anscheinend weder Managementstrategien noch Kommunikationsstrategien beschlossen, die den Umgang mit der Krise organisieren hätten können. Den Informationsfluss zwischen Konzernführung und Pressevertreter könnte man als unzureichend bezeichnen. Hinzu kommt, dass das Traditionsunternehmen KarstadtQuelle noch nie in einer vergleichbaren Situation war. Weder der Vorstand noch die Kommunikatoren waren auf ein Medieninteresse dieses Ausmaßes eingestellt und vorbereitet, einen Krisenplan gab es nicht. Howe vergleicht in der Nachbetrachtung die Kommunikation KarstadtQuelles vor der Krise im Jahre 2004 mit der eines Gutshofes: traditionell, in ihren Strukturen undurchsichtig und wenig abgestimmt innerhalb des Unternehmens. Der Fluss der Informationen

24) Vgl. dazu: Howe, Jörg: *Krisenkommunikation vor Ort. Kommunikationsstrategien in breit aufgestellten Konzernen.* Vortrag: Fachtagung »Krisen-PR«. Berlin 18.11.2005.
25) *BILD*-Zeitung, 13.05.05.

zwischen Vorstand und Pressesprecher war nicht gegeben. Zu ähnlichen Einschätzungen kommen befragte Journalisten, die KarstadtQuelle auch während der Krisenzeit im Auge hatten. Es sei Usus gewesen, Journalisten einmal pro Jahr zu einer Bilanzpressekonferenz einzuladen. Eine solche Pressepolitik funktioniert dann, wenn das Unternehmen schwarze Zahlen schreibt und sonst keinerlei Probleme aufweist[26]. Was im Herbst 2004 passierte, war ein Versagen der Kommunikationsstrategie. KarstadtQuelle ging nicht von Anfang an offensiv mit den Fakten um. Es gab bei Ausbruch der Gerüchte keine offizielle Stellungnahme. Durch ein solches Verhalten geschieht, was zwangsläufig auch bei KarstadtQuelle geschah: der Journalist versucht – und das mit Erfolg –, auf anderem Wege an Informationen zu gelangen.

»Hallo, ich spreche für diesen Laden und ich hab breite Schultern.« Dieses Motto brachte Jörg Howe, Pressesprecher der KarstadtQuelle AG, großes Vertrauen auf Seiten der Journalisten ein. Weiter zentralisierte er die Pressearbeit auf sich und ging über zur »one-voice policy«, bedeutet: »dass man mit einer Stimme spricht«. Sein Vorteil war, dass er immer per Handy erreichbar war. Abends, nachts, egal wann, die Journalisten hatten einen Ansprechpartner. Ein Indiz dafür, dass er die Sache ernst nahm. Für KarstadtQuelle kam die Krise überraschend und war schwer zu fassen. Für die Zukunft hat das Unternehmen jedoch gelernt. Krisenpläne liegen seit dem Herbst 2004 – für den Notfall – in den Schubladen[27].

26) Vgl. Brandl, Maja: *Rhetorische Strategien im Krisenmanagement – Am Fallbeispiel der KarstadtQuelle AG im Herbst 2004*. Tübingen 2006 (unveröffentlicht).

27) Brandl, Maja: *Rhetorische Strategien im Krisenmanagement – Am Fallbeispiel der KarstadtQuelle AG im Herbst 2004*. Tübingen 2006 (unveröffentlicht). S. 84.

## 7.4 Vom Fall eines großen Energiekonzerns

Im Sommer 2007 verspielte ein Energieunternehmen mit einer Reihe von Pannen und Störfällen und nicht zuletzt durch fehlende Kommunikation seine Stellung auf dem Markt und im Vertrauen der Bevölkerung. Ende Juni 2007 brannte es in einem seiner Kernkraftwerke – und die Krise des Unternehmens begann. Informationen über weitere Zwischenfälle in einem weiteren Atomkraftwerk gab es nicht, noch nicht mal für die Polizei. Während die Staatsgewalt sich jedoch letztendlich mit juristischer Unterstützung Zutritt zum Gelände verschaffte, blieb den Medien und auch der Öffentlichkeit nichts anderes übrig, als zu spekulieren. Was ist da los? Der sehr sensible Bereich der Kernenergie ist für das Gros der Öffentlichkeit unverständlich und beängstigend. Erst viel zu spät versuchte das Unternehmen dann zu retten, was noch zu retten war. Mit dem Rauswurf des Chefs der deutschen Kernkraftsparte und des Leiters der deutschen Konzernkommunikation wollte der Energieriese signalisieren, dass das Unternehmen seinen Fehler eingesteht. Doch so leicht lässt sich das Vertrauen in ein Unternehmen nicht zurückgewinnen. Der Konzern hat die wichtigste Grundregel der Krisenkommunikation missachtet – Transparenz schaffen. Der schale Beigeschmack bei der Affäre wäre weit weniger bitter ausgefallen, hätte das Unternehmen diese einzige kleine Grundregel beachtet. Auch wenn man zuerst intern klären wollte, was in den Atomkraftwerken vorgefallen war, so ist die klassische »No-Comment«-Strategie in einem solchen Fall gänzlich falsch. Die Öffentlichkeit sieht sich im Recht, an Ereignissen solchen Ausmaßes teilzuhaben. Schließlich ging es hier nicht um ein kaputtes Windrad, sondern um einen technischen Fehler in einem Kernkraftwerk. Die Anspruchsgruppen, die ein Recht auf Information haben, sind groß. So sind die Anwohner im Umfeld des Kraftwerks zu informieren und zu beruhigen, die Mitarbeiter des Unternehmens müssen aufgeklärt werden, die Medien müssen zumindest so weit bedient werden, dass keine Spekulationen auftauchen. Beim Thema Kernenergie ist Panikmache sonst fast schon vorprogrammiert. Der Energiekonzern stieß mit seiner Haltung nicht nur seine Kunden und die Bevölkerung vor den Kopf, sondern vor allem die Medien. Der Aufbau eines positiven Images wird nun die erste und wichtigste Aufgabe des Unternehmens nach der Krise sein.

### 7.5 Aus der Krise lernen

Ein renommierter Lebensmittelhersteller ist in den 90er Jahren einer Serie von Lebensmittelerpressungen ausgesetzt gewesen. Derartige Erpressungen sind für Nahrungsmittelproduzenten ein hohes Risiko, da Medien das Thema gerne aufgreifen und die Verbraucher sofort mit Kaufverweigerung reagieren. Bei der ersten Erpressung war das Unternehmen noch nicht optimal auf die Krisenkommunikation vorbereitet. Nachdem die Nachrichtenagenturen von der Lebensmittelerpressung berichtet hatten, gingen aus der gesamten Republik Journalistenanfragen von Tageszeitungen, Radio und Agenturen ein. Die Pressestelle war mit dieser Flut überfordert. Selbst um die Vielzahl der Anrufe aufzunehmen, reichten die Kapazitäten in der Pressestelle nicht aus. Die Folge: Viele Redakteure hörten durchgehend Besetztzeichen oder landeten in der Telefonzentrale, wo ihnen nicht weitergeholfen werden konnte. Noch enger waren die Kapazitäten, um die Anfragen zu beantworten, denn nur ein Pressesprecher war verfügbar. Deshalb wurde die Entscheidung getroffen, vorzugsweise Nachrichtenagenturen und TV-Sender – die wichtigsten Multiplikatoren – zu bedienen. Diese Strategie schlug allerdings fehl, denn die vielen nicht zurückgerufenen Journalisten gewannen den Eindruck, dass sich der Lebensmittelkonzern nicht genug um seine Kunden kümmern würde – die Journalisten verstanden sich als Stellvertreter der Menschen, für die sie Aufklärungsarbeit leisten. Dementsprechend desaströs war das Medienecho am nächsten Tag.

Um für künftige Erpressungen gerüstet zu sein, baute die Pressestelle eine eigene Infrastruktur auf, um die Welle der Anfragen bewältigen zu können:

- Sowohl im Sekretariat der Pressestelle als auch in der Telefonzentrale wurden Formulare verteilt, mit denen alle Anrufe aufgenommen wurden, mit Redaktion, Name des Redakteurs, Telefonnummer und speziellen Wünschen. Über dieses sehr einfache Hilfsmittel wurde sichergestellt, dass kein Journalistenanruf verloren geht. Ein regelmäßiger Pendeldienst zwischen Telefonzentrale und Pressestelle sorgte dafür, dass alle Anrufnotizen schnellstmöglich bearbeitet werden konnten.
- Ein Besprechungsraum wurde so hergerichtet, dass er in einem Krisenfall mit wenigen Handgriffen in einen War Room umgebaut werden konnte. In diesem Raum standen ausreichend Telefone und Computer

für mehrere Sprecher und Unterstützungskräfte zur Verfügung. Die räumliche Nähe wurde hergestellt, um möglichst schnell neue Nachrichten unter allen Sprechern verbreiten zu können. Außerdem lernten die Sprecher untereinander, wenn sie gelegentlich bei ihrem Sitznachbar mithörten und die Gesprächsführung mitverfolgen konnten.

- Gleichzeitig stellte das Unternehmen die Rufbereitschaft aller Pressesprecher im gesamten Bundesgebiet sicher, so dass im Krisenfall innerhalb kürzester Zeit ein Sprecherteam im War Room versammelt werden konnte. Jeder Sprecher erhielt die Zuständigkeit für ein Mediensegment: Nachrichtenagenturen, TV, Print, Hörfunk. Die Journalisten hatten somit immer wieder den gleichen Ansprechpartner; selbst kleine Abweichungen in den Formulierungen wurden vermieden. Obendrein eignete sich diese Aufgabenteilung, um die unterschiedliche Erfahrung der einzelnen Sprecher optimal einzusetzen.

Diese Infrastruktur machte es möglich, alle Journalisten im Einzelgespräch zu bedienen. Das Risiko einer Pressekonferenz, bei der eine unglückliche Frage eines Journalisten sofort von allen anderen Medienvertretern aufgenommen wird, konnte das Unternehmen umgehen. Bei den nächsten Erpressungsfällen konnte die Anfrageflut von Journalisten sehr professionell gehandhabt werden, was sich sofort auf eine wesentlich bessere Tonalität in den Medien durchschlug.

Eine weitere Lektion aus der ersten Erpressung war, nicht nur passiv zu reagieren, sondern aktiv die Nachrichten wenigstens zum Teil zu steuern. Vom ersten Tag an gehörte es fortan zum Kommunikationspaket, den Journalisten aufzuzeigen, dass sich das Unternehmen um seine Kunden kümmert und sorgt. Hierzu zählten Informationen, wie Waren in den Geschäften getauscht werden konnten, welche Hotlines extra eingerichtet wurden und wie diese von den Verbrauchern angenommen wurden. Die Hotline erwies sich zudem als gutes Instrument, um das nachlassende Verbraucherinteresse aufzuzeigen: »Seit gestern hat sich die Zahl der Anrufer mehr als halbiert.« Den Journalisten konnte so signalisiert werden, dass die Aufregung in ihrem Publikum sinkt. Die »We-care-about-you«-Botschaften wurden von breiten Teilen der Presse aufgegriffen, so dass der zur Verfügung stehende redaktionelle Raum durch selbst gesteuerte Informationen belegt werden konnte.

Abgesehen von der Menge der Anfragen ist der erste Tag der leichteste. Die Journalisten fragen Fakten ab; kritische Tiefbohrungen bleiben zumeist aus. Das ändert sich in den Folgetagen, wenn das Thema weitergeschrieben werden soll. Beginnend mit der Frage »Was gibt es Neues?« forschen Redakteure mehr oder minder wahllos herum, welche neue Nachricht gemacht werden könnte. In dieser Zeit ist das Unternehmen – eigentlich Opfer einer Erpressung – anfällig für Skandale und Mutmaßungen, die durch die Presse geistern. Unkontrollierbar wird die Berichterstattung, wenn die Medien selber Experten suchen gehen und um Stellungnahmen bitten.

Nach dieser Phase kommt die gefährlichste Zeit: Die Journalisten brauchen Schuldige und fragen intensiv nach, ob das Unternehmen wirklich alles getan hat, um die Verbraucher zu schützen. Wurde schnell genug die Ware aus den Regalen genommen? Hätten die Lebensmittel sicherer verpackt sein sollen? Dabei kommen auch Fragen auf den Tisch, die das Unternehmen nicht beantworten kann: »Werden Sie das Lösegeld zahlen, um die Erpressung zu beantworten?« Wer hier nein sagt, lässt den Verbraucher vermeintlich im Stich, und auch polizeitaktisch kann diese Antwort problematisch sein. Ein »Ja« ist allerdings auch nicht möglich, denn dadurch würden weitere Kriminelle angespornt werden, eine Erpressung zu versuchen.

Hilfreich in allen Phasen der Krisenkommunikation ist das morgendliche Zusammentragen, welche Fragen im Laufe des Tages zu erwarten sind und wie darauf geantwortet werden sollte. Fehlende Fakten können so in aller Ruhe zusammengetragen und Rücksprachen mit der Geschäftsführung getroffen werden. Erstaunlicherweise können rund 95 Prozent aller Journalistenfragen bereits im Vorfeld erahnt werden, so dass das Krisenkommunikationsteam gut vorbereitet in den Tag geht. Die morgendliche Konferenz ist zudem eine gute Gelegenheit, die Strategie für den Tag festzulegen. Während in den ersten Tagen große Offenheit und Auskunftsfreude herrschen sollte, sind Unternehmen gut beraten, nach einigen Tagen langsam wieder die Tore zu schließen und darauf zu verweisen, dass es keine Neuigkeiten mehr gibt.

Nach dem Kriseneinsatz sollten die gemachten Erfahrungen unbedingt rekapituliert und in eine verbesserte Vorbereitung auf den nächsten Krisenfall überführt werden. Diese Nacharbeit unterlassen Presseverantwortliche viel zu oft, denn die Anspannung fällt endlich ab und das liegengebliebene Tagesgeschäft türmt sich auf dem Schreibtisch. Gut geführte Pressestellen lassen hingegen alle Pressekontakte noch einmal Revue passieren und identifizieren wichtige Journalisten, mit denen der Kontakt

> intensiv gepflegt werden sollte. Der Nahrungsmittelhersteller erkannte zum Beispiel, dass Agenturjournalisten ein tieferes Verständnis für die Vorgänge im Hintergrund haben sollten, zum Beispiel um besser zu verstehen, warum die Frage nach der Zahlungsbereitschaft des Lösegeldes nie beantwortet werden kann.

# Literaturverzeichnis

Aaker, David A.: *Managing Brand Equity*, The Free Press, 1991

AGF/GfK Fernsehforschung: *Fernsehpanel D + EU*, 2006; 2007

Allgayer, Florian: *Zielgruppen finden und gewinnen. Wie Sie sich in die Welt Ihrer Kunden versetzen*, Landsberg 2007.

ARD.de: *ARD/ZDF-Online-Studie 2007 – Deutschland ist online.* http://www.ard.de/-/id=601530/huv79z/index.html, Mai 2007.

Avenarius, Horst: *Die Grundform der gesellschaftlichen Kommunikation.* Darmstadt 1995.

Bazil, Vazrik: *Impression Management. Sprachliche Strategien für Reden und Vorträge*, Wiesbaden 2005.

Berekoven, Ludwig/Eckert, Werner/Ellenrieder, Peter: »Marktforschung. Methodische Grundlagen und praktische Anwendung«, Wiesbaden; in: Hüttner, Manfred: *Grundlagen der Marktforschung*, Berlin 1989.

*BILD*-Zeitung, 13.05.2005.

Blaes, Ruth: *ABC des Fernsehens*, UVK-Medien.

Bühler, Heike: *Krisenmanagement für Unternehmen durch Public Relations.* Regensburg 2000.

Borcherding, Jan/Staff, Julia: *Spendenbedürfnisse: Was denken die Spender?* Fundraising professionell 1, Frankfurt 2007.

Bortz, Jürgen: *Statistik: Für Human- und Sozialwissenschaftler*, Berlin 2004.

Brandl, Maja: *Rhetorische Strategien im Krisenmanagement – Am Fallbeispiel der KarstadtQuelle AG im Herbst 2004*, Tübingen 2006 (unveröffentlicht).

Brandmeyer, Klaus; Prill, Christian: *Markenerfolg ist machbar – 18 Manager berichten*, Die Stern Bibliothek, 2004

Dammer, Ingo/Szymkowiak, Frank: *Die Gruppendiskussion in der Marktforschung.* Opladen 1998.

Deutsch, Emeric: »Sémiomètrie: une nouvelle aproche de positionnement et de segmentation«, in: *Revue Française du Marketing*, Vol. 5; Steiner, Jean-Francois/Ludovic, Lebart/Piron, Marie, *La Sémiomètrie*, Paris 2003.

Dierks, Sven: *Mit Zielgruppen kommunizieren: Finanzspezifische Zielgruppen*, in: *Handbuch Kommunikationsmanagement*, Frankfurt 2005.

Dilman, Don A.: *Mail and Telephone surveys. The total design method.* New York 1978.

Dombrowsky, Wolf R.: *Krisenkommunikation: Problemstand, Fallstudien und Empfehlungen.* Jülich 1991.

Drüner, Marc: »Brand Function Development«, in: *Effizienz in der Markenführung*, S. 400; Stern Bibliothek 2004.

Esch, Franz-Rudolf, Langner, Tobias und Rempel, Jan-Eric: »Ansätze zur Erfassung und Entwicklung der Markenidentität«, in: Esch, *Moderne Markenführung*; Wiesbaden 2005.

Esch, Franz Rudolf: *Moderne Markenführung*, Gabler Verlag, 2005

Evans, Philip; Wurster Thomas S.: *Webattack*, Hanser Verlag, 2000

Fischer, Mario: Website *Boosting – Suchmaschinen-Optimierung, Usability, Webseiten-Marketing.* Heidelberg 2006.

Frauenberg, Anja von/Allgayer, Florian: *Per Zielgruppe durch die Galaxie*, in: *Zielgruppen. Wie sie leben, was sie kaufen, woran sie glauben.* Landsberg 2006.

Gäbler, Siegried/Hoffmeyer-Zlodnick, Jürgen H.P./Krebs, Dagmar: *Gewichtung in der Umfragepraxis*, Opladen 1994.

Gillmore, Dan: *We the media – Grassroots Journalism by the People for the People*. Sebastopol 2006.

Gordin, Seth: *Permission Marketing*, Finanzbuch Verlag München, 1999

*Harvard Business Manager:* »Wie eine starke Marke wirkt«, März 2005.

Henrich, Thomas/Ahrens, Monika: *Frauen und Finanzen: Das Projekt Money – made by Woman*, in: *Handbuch Vertriebsmanagement Finanzdienstleistungen*, Frankfurt 2004.

Herbst, Dieter: *Unternehmenskommunikation*. Berlin 2003.

Herwig, Malte: »Warten auf den Durchbruch«, in: *Spiegel Special Leben 2.0 – Wir sind das Netz*. 3/2007.

Huyett, Bill; Roxburgh, Charles: *On Strategy*, McKinsey, 2000.

IP Deutschland, Television 2006.

Kampik, Wilhelm/Teuber, Stephan: *GIM Values. Analyse des Wertesystems zwischen Marke und Konsument für eine zeitgemäße zielgruppenrelevante Markenführung*, in: *Der Wert der Marke*, München 2004.

Kampik, Wilhelm: *Konsumfacetten im Blick in Zielgruppen. Wie sie leben, was sie kaufen, woran sie glauben*, Landsberg 2006.

Kerth, Klaus/Asum, Heiko/Nührich, Klaus Peter: *Die besten Strategietools in der Praxis*, München 2007.

Kircher, Sybille: »Die strategische Bedeutung des Markennamens, in: Esch, Franz Rudolf: *Moderne Markenführung*. Gabler Verlag, 2005.

Knape, Joachim: *Allgemeine Rhetorik*. Stuttgart 2000.

Koschnik, Wolfgang J.: *Focus-Lexikon Werbeplanung, Mediaplanung, Marktforschung, Kommunikationsforschung, Mediaforschung*, München 2003.

Kroeber-Riel, Werner/Weinberg, Peter: *Konsumentenverhalten*, München 2003.

Kultur, Oliver: »PR-initiierter Markenwert für regionale Geldinstitute«, in: *Handbuch Kommunikationsmanagement*, Frankfurt 2005.

Kunczik, Michael/Heintzel, Alexander/Zipfel, Astrid: *Krisen-PR. Unternehmensstrategien im umweltsensiblen Bereich*. Köln, Weimar, Wien 1995.

Lachmann, Ulrich: *Wahrnehmung und Gestaltung von Werbung*, 2. Auflage, Die Stern Bibliothek, 2003

Ladewig, Sergej: »SVBW-Jugendmarketingstudie 2006: Junge Kunden wollen Beratung«, in: *s-markt 7*, Stuttgart 2007.

Lambeck, Alfred: *Die Krise bewältigen. Management und Öffentlichkeitsarbeit im Ernstfall. Ein praxisorientiertes Handbuch*. Frankfurt am Main 1994.

Lammers, Mark/Krüger, Stephan: »Junge Kunden – Orientierung bieten«, in: *s-markt 3*, Frankfurt 2006.

Lehmann, Kai/Schetsche, Michael: *Die Google-Gesellschaft – Vom digitalen Wandel des Wissens*. Bielefeld 2005.

Leven, Wilfried: »Was ist eine Marke«, in: *Effizienz in der Markenführung*, Stern Bibliothek, Hamburg 2004.

Meffert, Heribert: *Marketing*, 9.Auflage, Wiesbaden 2000.

Müller-Stewens, Günter; Lechner, Christoph: *Strategisches Management*, 2. Auflage, Schäffer-Poeschel Verlag, 2003.

Ollins, Wally: *On Brand*, Thames & Hudson, 2003.

Online Vermarkterkreis im BVDW: *OVK Online-Report 2007/01 – Zahlen und Trends im Überblick*. Düsseldorf/Berlin 2007.

O.V. I: *Printmedien als »aussterbende Gattung«*. Unter: http://www.fr-online.de/in_und_ausland/kultur_und_medien/medien/?em_cnt=1162122, Juni 2007.

Petras, André/Bazil, Vazrik: *Wie die Marke zur Zielgruppe kommt*, Wiesbaden 2008.

Petras, André/Samland, Wolfgang: *Soziodemographie und Psychographie*, in *planung & analyse*, Frankfurt 2001.

PR-Trendmonitor, news aktuell und Faktenkontor, Hamburg Mai/2005; Februar 2007, Juni 2007.

Range, Steffen/Schweins, Roland: *Klicks, Quoten, Reizwörter: Nachrichtensites im Internet – Wie das Web den Journalismus verändert*. Gutachten im Auftrag der Friedrich-Ebert-Stiftung, Berlin 2007.

Reineke, Wolfgang: *Krisenmanagement*. Essen 1997.

Ridder, Markus: »Forsche still und rede laut darüber«, in: *Starke Marken: Nie werden sie so sinnvoll sein wie morgen*, Sonderpublikation von Horizont und BVM anlässlich des 42. Kongresses der Deutschen Marktforschung, Deutscher Fachverlag, 2007.

Ries, Al; Ries, Laura: *Die 22 unumstößlichen Gebote des Branding*, 2. Auflage, Econ, 2001.

Riesenbeck, Hajo/Perrey, Jesko: *Mega-Macht Marke*; Heidelberg 2004.

Rosen, Emanuel: *The Anatomy of Buzz*, HarperCollins Business, 2000.

Rother, Anja: *Krisenkommunikation in der Automobilbranche*. Tübingen 2003.

Röttger, Ulrike: *PR-Kampagnen*. Opladen 1997.

Salcher, Ernst F.: *Psychologische Marktforschung*. Berlin 1995.

Sattler, Henrik: *Markenpolitik*, Stuttgart 2001.

Schacter, Daniel: »Aussetzer. Wie wir vergessen und uns erinnern«, in: *Weiße Handschuhe, Wie das Gedächtnis Lebensgeschichten schreibt*, München 1996.

Schäfer, Ulrich P.: »Per Mausklick an den Rand der Galaxis – Jens Radü bringt ›Spiegel Online‹ in Bewegung«, *Journalistik Journal*, Nr. 1/2007.

Schipperges, Michael/Plöger, Wolfgang/Mayr, Martin: *Die Sinus-Milieus*, in: *Handbuch Kommunikationsmanagement*, Frankfurt 2005.

Schwalbe, Heinz/Zander, Ernst (Hrsg.): *Vertrauen ist besser: mit Public Relations gegen Vertrauensschwund, Politikverdrossenheit und Imageverluste der Wirtschaft*. Wiesbaden 1994.

Schwartz, Barry: *The Paradox of Choice*, Harper Perennial 2005.

Schwerdt, Yvette: »Der aktivierte Kunde«, in: *Absatzwirtschaft*, Nr. 2/2007.

SevenOne Media GmbH: *Erlebnis Fernsehen – Alltagsmedien im Vergleich*, Unterföhring 2006.

SevenOneMedia: *Sinus-Milieus Lebensstil, Fernsehnutzung und Umgang mit neuer Kommunikationstechnologie*, Unterföhring, 2007.

Shell Deutschland: *Jugend 2006 – Eine pragmatische Generation unter Druck* (15. Shell Jugendstudie), Frankfurt 2006.

Steffenhagen: »Was ist eine Marke«, in: Leven, Wilfried: *Effizienz in der Markenführung*, Stern Bibliothek, Oktober 2004, S. 170.

Stern, *Trendprofile: Der Gas-Markt*. Hamburg 2001.

Strack, Fritz: *Zur Psychologie der standardisierten Befragung*, in: *Asking questions – The definitive guide to questionnaire design – for market research, political polls, and social and health questionnaires*, San Francisco 2004.

Sudenhoff, Malte: »Marken-PR – Erfolgsfaktoren einer neuen Disziplin«, in: *PR Magazin*, Remagen 2004.

Sudman, S./Bradburn, N. M./Schwarz, N.: *Thinking about answers: The application of cognitive processes to survey methodology* in *Der Fragebogen*, Stuttgart 2003.

SWK Semnar & Wolf Kommunikation GmbH: http://swk-ffm.de/referenzen.fallbeispiele/commerzbank-money-made-by-women.

Templeton, Jane Farley: *The Focus Group*, Chicago 1994.

TNS Infratest/Initiative D21: *(N)Onliner Atlas 2007 – Typologie des digitalen Grabens durch Deutschland*, Bielefeld/Berlin 2007.

Trauboth, Jörg H.: *Krisenmanagement bei Unternehmensbedrohung: Präventions- und Bewältigungsstrategien*. Stuttgart 2002.

Venzin, Markus/Rasner, Carsten/Mahnke, Volker: *Der Strategieprozess*, Frankfurt 2003.

Weber, Philipp: *Krisenmanagement. Organisation, Ablauf und Hilfsmittel der Führung in Krisenlagen*. Bern, Frankfurt am Main, Las Vegas 1980.

Welker, Martin/Werner, Andreas/Scholz, Joachim: *Online Research. Markt- und Sozialforschung mit dem Internet*. Heidelberg 2005.

Wipperfürth, Alex: *Brand Hijack – Marketing without Marketing*, Penguin Group, 2005.

## Weitere Online-Quellen

www.agma-mmc.de
www.awa-online.de
www.bauermedia.com/markt_media_studien.0.html
www.bdi.de
www.media.spiegel.de/internet/media.nsf
http://www.media.spiegel.de/internet/media.nsf/Navigation/69882C959C5BC0EDC1257157004F5A19?OpenDocument
www.medialine.de/marktanalysen
www.pr-professional.de
www.stadtsparkasse-duesseldorf.de
www.tdwi.de
www.unternehmensperspektiven.de

# Autorenangaben

**Maja Brandl** ist PR-Beraterin bei der Faktenkontor GmbH. Neben der Betreuung von Kunden aus der Finanz- und Wirtschaftsbranche ist sie die verantwortliche Redakteurin des PR-Branchendienstes *PR-Professional*. Erfahrungen in der Medienlandschaft sammelte sie als freie Mitarbeiterin in diversen süddeutschen Lokalredaktionen und bei Spiegel TV sowie während der Journalistenausbildung der Konrad-Adenauer-Stiftung. In den Kommunikationsabteilungen der Deutschen Bank AG, der EnBW – Energie Baden-Württemberg AG – und der KarstadtQuelle AG eignete sie sich tiefgehende Kenntnisse über die PR-Arbeit an. Basierend auf ihrer Abschlussarbeit *Rhetorische Strategien im Krisenmanagement – Am Fallbeispiel der KarstadtQuelle AG im Herbst 2004* arbeitet sie an ihrer Promotion bei Professor Dr. Joachim Knape, Allgemeine Rhetorik, Eberhard-Karls-Universität Tübingen. Schwerpunkt: Krisenkommunikation.

**Jörg Forthmann** ist diplomierter Wirtschaftsingenieur und Geschäftsführer der Faktenkontor GmbH. Nach einer fundierten journalistischen Ausbildung arbeitete er als freier Journalist unter anderem für das *Hamburger Abendblatt* und als PR-Berater in Hamburg. Anschließend war er als Assistent des Pressesprechers in der Presse- und Öffentlichkeitsarbeit der Nestlé Deutschland AG tätig. Sein Arbeitsbereich umfasste die Unternehmens-, Marken- und Krisenkommunikation. Von 1999 bis 2002 leitete er die Unternehmenskommunikation der Mummert Consulting AG. Seit 2003 ist Jörg Forthmann Geschäftsführender Gesellschafter der Faktenkontor GmbH und betreut 50 Kunden, darunter zahleiche DAX-notierte Konzerne.

**Andreas Gutjahr** leitet das Beratungsteam der Faktenkontor GmbH, der Beratungsgesellschaft für Unternehmens- und Vertriebskommunikation. Der Diplom-Kaufmann war zuletzt PR-Berater für Marktforschungsunternehmen in London und kann auf langjährige Erfahrung unter anderem bei The Nielsen Company und Jupiter Media Metrix zurückgreifen. Als Referent ist Gutjahr bisher unter anderem für den Kontakter, Research & Results, Search

*Praxishandbuch Public Relations.* Herausgegeben von Jörg Forthmann
Copyright © 2008 WILEY-VCH Verlag GmbH & Co. KGaA, Weinheim
ISBN 978-3-527-50329-0

Engine Strategies, OMD Düsseldorf und an der Ashcroft International Business School, Cambridge tätig gewesen.

**Carsten Heer** ist Wirtschaftsjournalist und Teamleiter Nachrichten der Faktenkontor GmbH. Der gelernte Volljurist arbeitete zunächst fünf Jahre als Wirtschaftsredakteur beim Finanz- und Börsensender *Bloomberg Television* in London. Zu seinen Aufgaben gehörte die Konzeption und Redaktion der täglichen Hauptnachrichtensendung. Anschließend übernahm er als Chef vom Dienst Verantwortung für den gesamten Programmablauf des deutschen Kanals. 2005 folgte ein Wechsel zum europäischen Nachrichtensender *EuroNews* in Lyon. Dort gehörte neben der redaktionellen Arbeit auch die Moderation der Live-Berichterstattung zu seinen Aufgaben. Seit Ende 2005 leitet Carsten Heer das Nachrichtenteam der Faktenkontor GmbH.

**Roland Heintze** ist Geschäftsführer der Faktenkontor GmbH, die er zusammen mit Jörg Forthmann Anfang 2003 gründete. Nach seiner journalistischen Ausbildung arbeitete er als freier Wirtschaftsjournalist unter anderem für *Die Welt/Welt am Sonntag* und *Financial Times Deutschland*. Das PR-Handwerk hat er in der Politik gelernt, wo er zahlreiche Wahlkämpfe begleitete. 1999 wechselte er in die Unternehmenskommunikation der Mummert Consulting AG, wo er als Pressesprecher tätig war.

**Bernhard Keller** ist studierter Sozialwissenschaftler und hat seinen Magister Artium in Politikwissenschaften an der Universität Mannheim erworben. Seinen Master of Arts (History) legte er an der University of Waterloo (CDN) ab. Bereits während seines Studiums hat Keller in wissenschaftlichen Forschungseinrichtungen die Marktforschung kennengelernt. Nach seinem Studium war er in verschiedenen Positionen an der Universität Mannheim, Waterloo und Augsburg tätig, bevor er 1990 in die kommerzielle Marktforschung wechselte. Keller arbeitet als Prokurist und leitet seit 1996 die Finanzmarktforschung von TNS Infratest am Standort Bielefeld. Seit 1987 hält er Vorträge und verfasst Buchbeiträge sowie Publikationen in Fachzeitschriften zu Markt- und Meinungsforschungsthemen.

**Uwe Mommert** ist Vorstand der Landau Media AG, eines der führenden Anbieter im Bereich der Medienbeobachtung und Medienresonanzanalysen in Deutschland. Mit 170 Mitarbeitern erstellt das Berliner Unternehmen Analysen und Pressespiegel aus Printmedien, Internet, TV, Hörfunk und Nachrichtenagenturen. Mommert, ausgebildeter EDV-Systemberater, ist seit mehr als zehn Jahren in der Branche tätig, zunächst als Marketingleiter eines führenden Medienbeobachters in Berlin, als Koordinator des DPRG-Evaluationsausschusses und als Dozent für diverse PR-Bildungseinrichtungen. 1997 gründete er mit seinen Partnern Lothar Landau und Michael Busch die Landau Media AG.

**Dr. Mathias Oldhaver** ist Politik- und Kommunikationswissenschaftler und Leiter der Unternehmenskommunikation der DBV-Winterthur Versicherungen. Nach einer PR-Ausbildung und einem MBA-Studium sowie einer Tätigkeit als freier Journalist arbeitete er als persönlicher Referent des Hamburger Bausenators. Anschließend war er in der New Economy als PR-Consultant und Coach sowie als Gastdozent für Kommunikation an mehreren Bildungseinrichtungen, u. a. der Hochschule für Wirtschaft und Politik in Hamburg, tätig. Seit 2001 arbeitete Dr. Mathias Oldhaver in der Kommunikation von Versicherungsunternehmen, zunächst bei Delta Lloyd Deutschland, seit 2005 leitet er die Unternehmenskommunikation der DBV-Winterthur.

**Roland Schweins**, Bankkaufmann, studierte Betriebswirtschaftslehre an den Universitäten Marburg und Düsseldorf und absolvierte im Anschluss ein Volontariat an der Georg-von-Holtzbrinck-Schule für Wirtschaftsjournalisten in Düsseldorf. Seit 1999 arbeitet er bei der Verlagsgruppe Handelsblatt im Internetbereich, zunächst als freier Mitarbeiter, dann als Redakteur, später als Projektmanager und seit 2006 als Objektleiter für Handelsblatt.com. Für Handelsblatt.com verantwortete er bis November 2007 in dieser Position u. a. das redaktionelle Marketing und die Öffentlichkeitsarbeit. Roland Schweins ist seit Januar 2007 zudem Geschäftsführender Gesellschafter der styleranking media GmbH, einer Gesellschaft, die Modetrends innerhalb einer Online-Community etabliert und visualisiert. In dieser Funktion nutzt er zum Aufbau der Community vor allem Möglichkeiten des viralen Marketings im Netz. Er berät zudem Verlage und E-Commerce-Plattformen beim Reichweitenaufbau.

**Annette Siragusano** hat seit mehr als zehn Jahren ihre Erfahrungen in den Bereichen Marketing und PR mit dem Schwerpunkt Finanzdienstleistungen gesammelt. Unter anderem war sie für die Dresdner Bank AG und Allianz Dresdner Bauspar AG tätig. Siragusano verantwortete zuletzt die Leitung für das Marketing und die PR der PlanetHome AG, Tochter der HypoVereinsbank und einer der führenden Immobiliendienstleister in Deutschland. Darüber hinaus doziert sie an der BAW Bayerischen Akademie für Werbung und Marketing München sowie der Handelskammer Hamburg mit den

Schwerpunkten Präsentation & Moderation. Siragusanos Werdegang zählt zu den Top-25-Karrieren des Jahres 2006, ausgezeichnet vom *Handelsblatt* und der Zeitschrift *Karriere*.

**Claudia Tödtmann** ist langjährige Redakteurin beim *Handelsblatt*, zuvor bei der *Wirtschaftswoche* und *Impulse*. Sie schreibt über Management- und Personalführungsthemen, die Branchen der Rechtsanwälte und Unternehmensberater und ist Co-Autorin der Bücher *Business Behaviour, More Business Behaviour* und *Wie kommen Sie mir denn?*. Neben der gleichnamigen Rubrik hob sie mehrere andere Rubriken aus der Taufe und verantwortete sie über Jahre, wie die *Wirtschaftswoche*-Rubrik »Schumpeter« über Existenzgründer, die Rubrik »Wie fühlt man sich, wenn ...« oder die »Fünf Weisen« sowie den Prominenten-Fragebogen »Arbeitsplatz« im *Handelsblatt*. Seit dem Herbst 2007 schreibt sie den »Management-Weblog« (http://blog.handelsblatt.de/management) auf www.handelsblatt.com über die Ups and Downs in der Unternehmensführung. Ihre Journalistenausbildung absolvierte sie an der Henri-Nannen-Journalistenschule von Gruner + Jahr in Hamburg.

# Register

*a*

ABC-Analyse 83
Abfrageinterview 23
Abgabezeitpunkt 15
Abläufe 15, 53
Abstimmung (abstimmen) 13, 16, 76, 86, 124, 288
Abverkaufszahlen 64
Ad-hoc-Befragung 51
Affinitätsindex 160
AIDA 179, 181, 192
Akkreditierung 230
Aktualität 124, 220, 225, 268, 281
Alleinstellungsmerkmal *siehe* Unique Selling Proposition
A-Medien 82, 124, 141, 169, 171, 228
Analyse 34 ff, 39 f, 43 f, 65 ff, 71 ff, 83 ff, 93 ff, 100 ff, 105 ff, 156 f, 163, 168, 174, 176 ff, 188, 192, 228, 236, 243, 249, 255, 275, 293, 302
Änderungswunsch 24
Anekdote 22
Anglizismen 138
Angstmacherei 282
Ansichtsexemplar 142
Ansoff 88
Ansprechpartner 12, 73, 137, 141, 143, 166, 168 f, 211 f, 215, 273, 284, 286, 288, 295, 298
Anzeige 9 ff, 102, 132, 158, 180
Anzeigenabteilung 9 ff
Anzeigenäquivalenz 102, 113 ff, 166
Anzeigenkunden 38, 238
Arbeitsverdichtung 10
Artikel 10 ff, 15, 20 f, 72, 93 f, 114 f, 140, 167, 186, 253, 262, 275, 277
Assoziation 80
ATM-Leitung 229
Audienz 23

Audioformate 206
Auflösung 142, 205
Aufmerksamkeit 77, 96, 125, 142 f, 148, 181 f, 185, 187, 194, 197, 216, 221, 223, 233 f, 254, 261, 274
Aufzeichnung 99, 227
Ausnahmesituation 277
Außenwahrnehmung 285, 289
Äußerung 288

*b*

B2B 78, 131, 140, 167, 187, 239 ff
B2C 78, 140, 165, 167 f
Balanced Scorecard 90, 157
Behinderung 13, 16
Bekanntheitsgrad 64, 141, 180, 191, 262 f
Beleidigung 19
Beliebtheitswert 287
Benchmark 38 f, 56 f, 137, 143, 193
Benchmarking *siehe* Benchmark
Beratung 37, 65, 75, 179, 302
Berichterstattung 68, 76, 81 f, 92 f, 95, 97, 102, 104 ff, 152, 186, 238, 253, 257, 262, 279 f, 282, 284, 292, 299, 306
Berichtigung 288
Beschwerde 13
Besonderheit 67 f
Betroffenheit 29 f, 57, 68, 72, 123 f, 178 f, 193, 246, 260 f, 263, 265, 268
Bilanz 82, 141, 207, 243, 245 f
BILD-Flurtest 125
Blattkritik 12
Blockade 22, 139
Blog 100, 208 ff, 213, 216, 308
B-Medien 160
Bookmarks 203

Botschaft   12, 67, 71 f, 74, 77, 100, 106, 110 ff, 115, 117, 131, 140, 147 f, 150 ff, 156, 158, 160, 162 f, 170 f, 182 f, 202, 255, 263, 265, 275
Break-even-Analyse   90, 192
Break-even-Rechnung *siehe* Break-even-Analyse
Bremserthemen   31
Bruttoreichweite   112 f
Budget   79, 102, 106, 146, 192, 251, 258 f
Bürgerjournalismus   197, 215,
Bürgerliche Mitte   42, 223
Busumfrage   134

**c**

CATI   47, 59, 62
Chat   209
Chefredakteur   13, 124 f, 127, 137
Chefredaktion *siehe* Chefredakteur
Clipping   7
Clippingservice   93
C-Medien   160
Codebücher   110
Codesystem   286
Community   34, 176, 190 f, 203 f, 213, 307
Content   29 f, 98, 128, 143, 146, 169, 207, 236, 247
Content-Basis   244
Controllingsysteme   91
Copyright   143
Copytest   33
Corporate Design   155
Corporate Social Responsibility   286
Cross Selling   65

**d**

Dachkampagne   74
Darkside   289
Datenqualität   48
DDR-Nostalgiker   223
Desk Research   259 f
Deutsche Presseagentur   130
Dialogmedien   187
Dienstreise   21
Differenzierung   31, 70, 88, 145, 238
Differenzierungsstrategie   88
Direktmarketing   43, 76
Distribution   199, 214
Doktortitel   15
Dossier   74, 265
DPRG   287, 307

**e**

Early Adopters   175
Einladung   17, 135, 272
einsatzfreudig   16
Einstweilige Verfügung   290
Einzelfallstudie   257
Eisbrecherkampagne   73
Elchtest   278, 292
Endverbraucher   65, 128, 158, 182 f, 212
Erfahrung   84, 165, 254, 264, 290, 298, 305
Erfahrungskurvenanalyse   84
Erfolgskontrolle   7, 64, 93 f, 192
Erreichbarkeit   283
Ertragssteigerung   91
Etablierte   40, 76, 80, 221, 232, 281
Event   73, 75
Eventmarketing   173
Exklusivartikel *siehe* Exklusivität
Exklusivität   88, 134 f, 218, 240 f, 249, 262
Experimentalisten   223
Experte   127 f, 140, 163, 166, 180, 209, 210, 273 f

**f**

F.A.Z.-Institut   74, 128, 141, 256, 265
Face-to-Face   48 f, 287
Fachartikel   8, 73, 75, 139, 141, 184, 248, 273
Fachjournalisten   76, 140, 254, 272
Fachmedium   237, 243 f,
Fakten   5, 16, 22, 38, 58, 66, 77, 105, 123, 125, 127, 130 f, 134 f, 137, 151, 182 ff, 211, 227, 236, 244, 253, 258, 262, 275, 293, 295, 298 f
Feedback   256
Fehlerquelle   55
Fernsehen   6, 33 f, 97, 186, 199, 217, 220, 222, 224 f, 234, 240, 273, 283, 303
Fernseh-PR *siehe* TV-PR
Filter   17, 48
Firewall   17
Footage   229 f, 272
Formate   181, 204, 206, 217, 219, 221, 223 f, 230
Fragebogen   50 f, 55, 57, 247, 303, 308
freier Autor   123
Freisteller   143
Frühstücksfernsehen   219

**g**

Galaxie-Ansatz 40 f, 43
Gap-Analyse 90
Gastbeitrag 21, 264 f, 287
Gatekeeper 117, 123
Gegendarstellung 288
gegenlesen 12
Gegensatz 112 f, 152, 174, 183, 192, 200, 205, 225, 247, 253, 266 f
Gelegenheitssurfer 203
Genios 101
Gerüchte 277, 284, 295
Gerüchtebildung *siehe* Gerüchte
Geschäftsleitung 7, 126, 157
Gesellschaft 40, 255, 261, 178, 281 f, 284, 287, 291, 302, 307
Gewichtung 51 f, 103, 302
Gewinnspiel *siehe* Verlosung
Glaubwürdigkeit 69, 81, 130 f, 134, 146, 150, 152 f, 178, 193, 197, 208, 210, 237, 251, 260, 269, 275 f, 280, 283 f, 288, 291
Google-News 14
Grafik 10
Gross Rating Point 112
Grundgesamtheit 43, 47, 49, 51 f, 258
Gruppendiskussion 46, 301

**h**

Headline 114, 209, 261, 271
Heavy Consumer 175
Hedonisten 224
heterogen 70
Hierarchie 12, 24
Hintergrundgespräch *siehe* Hintergrundinformation
Hintergrundinformation 39, 133, 224, 260, 273
Homepage 14, 75, 131
Hörfunk 33 f, 97, 272, 283, 298, 306
Hungrigen 175 f
Hypethemen 129

**i**

Imagebildung 285, 287
Imagefilm 229
Imagekrise 14
Image-PR 63
Informant 12, 290
Information 4, 14, 17 f, 22, 33, 94, 96, 104, 139, 145, 147, 157, 199, 202, 223, 240, 260, 268, 270, 281, 296

Informationsgehalt 220
Informationshoheit 280, 283
Inhalt *siehe* Content
Input-Output-Analyse 107
Insider 242
Inszenierung 67, 69, 183, 185, 290
Interesse 36, 68 f, 72, 94 f, 103, 130, 186 f, 194, 203, 219, 221 ff, 239, 257, 263 f, 268, 271, 277 ff
interne Kommunikation 284, 293
Internet 4, 6 f, 14, 19 f, 32, 34 ff, 50, 59, 61, 78, 97 ff, 176, 182, 197 ff, 220, 230 f, 234, 236, 240 f, 243 f, 259, 267, 302 ff
Internetableger 202
Internetnutzung 62, 198 f, 202 f, 240
Internet-PR 6, 197
Interpretation 131, 208, 268
Interview 21, 23 ff, 48 ff, 218, 226 f, 293
Intranet 284
Issue Management 110
Issue Monitoring 93, 95, 104
IVW 98, 204, 234 f

**j**

Jour fixe 283 f
Journalist 9 ff, 29, 63, 109, 123, 125, 130 f, 135, 138, 142 f, 153, 182, 270, 274, 282 f, 291, 295, 305, 307

**k**

Kameratauglichkeit 227
Kanzlei 15, 140 f, 288
Kardinalfehler 18
Katalysator 178
Kaufimpuls 71, 173
Kernkompetenzanalyse 84
Key-Journalisten 164, 244
Key-Medien 164, 168
Kirch-Gruppe 226
Klickraten *siehe* Klick
Klick 138 f, 198, 200 ff, 210, 302 f
Kognitionspsychologie 53, 55 f
Kommunikation 6, 30 f, 37, 50, 57 ff, 64, 67, 70, 72 f, 76, 78 ff, 86, 91 ff, 102 ff, 110, 116, 118 f, 146, 161, 164 f, 176 ff, 189 ff, 197 f, 207 f, 210, 231, 239, 255, 259, 265, 274, 278, 281 ff, 286, 290 f, 293 f, 296, 301 f, 307
Kommunikationsabteilung *siehe* Pressestelle
Kommunikationsbudget 91

Kommunikationserfolg 70, 91 f, 95, 135 f
Kommunikationskampagne 180, 212
Kommunikationskanal 230
Kommunikationsstrategie 96, 104, 155, 179, 197, 212, 214, 254, 275, 284, 290, 293, 295
Kommunikationswirkung 117
Kompetenzführerschaft 168, 180, 182
Kompetenz-PR 228
Konkurrenzanalyse 86
Konkurrenzblatt 20
Konkurrenzschutz 11
Konservative 42, 222
Konsument 40, 61, 67, 73, 174 ff, 187, 302
Konsummaterialist 223
Kontakt 18, 20, 58 f, 61 f, 81, 112, 135, 143 f, 158, 178, 180, 182, 187 f, 200, 240, 254, 299
Konzeption 46, 57, 63, 66, 77, 79, 102 f, 187, 238, 248, 269, 306
Kooperation 43, 59, 62, 77, 161, 185 f, 190, 193, 197, 233, 236 ff, 246 ff
Kostenführerschaft 88
Kreativität 127, 275
Kreativ-Workshop 47
Krise 278 ff, 287 ff
Krisenkommunikation *siehe* Krisen-PR
Krisen-PR 153, 162, 281, 283, 291, 294, 302
Krisenmanagement 278 ff, 288, 293, 295, 301 f, 305
Krisenprävention 289
Krisenstoff 280
Krisenverlauf 280
Krisenzeiten 281 f
Kundenkommunikation 244
Kundenkompass 128
Kuriosität 124, 185, 263
kürzen (gekürzt) 24

*l*

Länge 24, 136, 219, 229 f
Layouter 13 f
Lead 241
Leitartikel 277
Leitbild 89, 285
Leitfaden 83
Leserschaft 33, 234, 236, 238, 283
Leuchtturmeffekt 247
LexisNexis 101
Litigation PR 289

Liveübertragung 219
Lokalseite 277

*m*

Magazin 11, 13, 20, 176, 218, 303
E-Mail (Mailing) 8, 59, 83, 95, 97, 125, 133, 136, 139, 141, 197, 199, 209 f
Mailing 76
Manipulation 268
Manuskript 11
Markenaffinität 149
Markenaufbau 153
Markenauftritt 151
Markenbewusstsein 189
Markenbild 146 ff, 153 ff, 164 f, 170
Markenbindung 70
Markenidentitätsansatz nach Esch 154
Markeninszenierung 145
Markenkommunikation 146 f, 151
Marken-PR 146 f, 149 ff, 156, 160, 162 f, 165 ff, 303
Markenpräferenz 149, 151
Marken-PR-Rad 156, 163
Markenwahrnehmung 150
Marketing 7, 29 ff, 39, 43, 58, 61, 64, 72, 150, 156, 161, 170 f, 174, 179, 189, 191, 197, 215 f, 239, 243, 293, 301 ff, 307
Marketingmix 151 ff
Marktanteil 65, 85, 89, 133, 217
Marktdurchdringung 88
Marktentwicklung 88
Marktforschung 29 ff, 40, 44, 46, 49, 51 ff, 57, 71, 77, 116, 128, 155, 157, 165, 168, 177, 182, 194, 243, 248, 260, 301 ff, 306
Marktforschungsmodule 182
Marktposition 67, 201, 279
Maximizer 175
Mediadaten 32 f, 174, 176
Medienauswertung 259
Medienbeobachtung 78, 93 ff, 101 f, 306
Mediengattung 95, 124
Medienkooperation 206, 233, 236 ff, 242, 245, 247 f
Medienlandschaft 94, 217, 220, 233, 282, 305
Medienmacher 277
Mediennetzwerk *siehe* Netzwerk
Mediennutzung 198
Medienpräsenz 64, 95, 101, 108, 228, 242
Medienrechtler 11

Medienresonanz   64, 95, 98, 102, 106 ff,
   111, 116, 201, 267
Medienresonanzanalyse   60, 102 ff, 110
Medientauglichkeit   273
Medientraining   227
Me-too-Strategie   162
Mehrwert   75 f, 128, 145, 151, 179, 193,
   236 ff, 243 ff, 250, 275
Meinung   91, 149, 152, 208, 226, 228, 248
Meinungsforschung   29 ff, 44, 57, 106,
   115 ff
Mere-Exposure-Effekt   188, 257
Messeauftritt   232
Mitarbeiter   12, 17, 82, 90, 95, 117, 123, 142,
   158, 208 f, 255, 284, 290, 294, 296, 307
Mitarbeiterzeitung   274, 284
Mitmachnetz   197, 215
Moderationsblöcke   218
Moderator   47, 227
Moderne Performer   222
Monitoring   93, 95, 104, 289
Monopol   199
Multiplikatoren   165, 167, 213, 256, 297

**n**

Nachbereitung   143
Nachfassanrufe   17 f
Nachricht   14, 69, 94, 123, 125, 138, 178 f,
   225, 260, 262 f, 266, 277, 291 f, 299
Nachrichtenfaktor   124 ff, 228, 262
Nachrichtenzuschnitt   183
Nähe   44, 124, 184, 187, 263, 298
Namensartikel   273
Nebenkriegsschauplatz   288
Neuigkeiten   94, 97 f, 127, 129, 299
Nettoreichweite   112 f
Netzwerk   60 ff, 159, 161, 204, 208, 210, 215
Neukunden   180, 186, 192
Newsfaktor   127
Newsgroup   98
Newsletter   75, 77 f, 203 f, 214
Nischenstrategie   88

**o**

Objektivität   184, 257, 269
Öffentlichkeit   30, 58, 75, 78, 128, 164, 181,
   199, 208, 255, 261 f, 270, 278 ff, 285 ff,
   290, 296
öffentlich-rechtliche Sender   217, 222
on demand   205
Online-Befragung   35, 49 f

Online-Enzyklopädie   215
Online-Portal   82
Organisation   130, 135, 160, 279, 303

**p**

Panel   43, 50, 248
Peer Group   71
Personalisierung   268
Plateauphase   280
platzieren   9 ff, 69, 72, 75, 123, 126 f, 139,
   142, 147, 156, 162, 183, 186, 228, 232 f,
   236 f, 241, 248, 250
Platzierung *siehe* platzieren
Platzierungsset   136
Podcast   78, 99, 199
Polarisierung   261 f
Porter   88
Portfolioanalyse   85, 89
Positionierung   58, 68, 87, 89, 147, 155 f,
   160 f, 163 f, 166 f, 170, 243 f, 281
Post   17
Postmateriellen   221
Potenzial   125, 189, 200, 284
Power-User   203, 207, 212 f
PR-Abteilung *siehe* Pressestelle
PR-Agentur   12, 17, 19 f, 126, 134, 141, 215,
   232
Praktikant   17
PR-Branche   63, 78, 113, 253
Preisausschreiben   233
Preis-Leistungs-Verhältnis   175
Pressefoto   142 f, 210, 230
Presseinformation *siehe* Pressemitteilung
Pressekonferenz   62, 128, 135, 168, 186,
   190, 264 f, 271 ff, 288, 298
Pressemappe   17, 272
Pressemitteilung   138, 164, 181, 213 f, 229,
   260, 269 f, 273, 283
Presseresonanz *siehe* Medienresonanz
Pressespiegel   93, 306
Pressesprecher/in   14, 19, 22, 63, 65, 67 f,
   126, 138, 182, 271, 280, 286 f, 295, 297 f,
   306
Pressestelle   16, 64 f, 67, 69, 72 ff, 84, 89,
   126, 131, 135, 140, 179, 254, 269, 297
Pressetenor   267
PR-Evaluation   93, 100, 115, 117
Priorität   65, 287
Privatsender   241
PR-Konzept   192 f, 275
Produkteinführung   186

Produktion 22, 90, 133, 216, 229, 232, 272
Produktmanager 63
Produktplatzierung 233
Produkt-PR 5, 142 ff, 151, 173, 194, 257
Produktsegment 150, 157, 168
Professionalität 133, 226 f, 232
Prognosemodell 44
Programmierung 211
Programmmacher 217
Prominenz 124, 129, 264
PR-Strategie 5, 63 f, 76, 83, 152 f, 156 ff, 161 ff, 166 ff, 179, 287 f
PR-Wertsystem 113 ff

### q
Qualität 51, 82, 88, 101, 143, 147, 151, 175, 269, 274, 285
Qualitätsstandard 125
quantitative Befragung 47
Quelle 213, 295
Quotenauswertung 225
Quotenstichprobe 49

### r
Random-Route-Befragung 49
Rankings 10
Ratgeber 69, 71, 178, 193, 219
Ratgebersendung 219
Rationalität 282, 291
Reaktionskette 277, 292
Recherche 21, 66 f, 73, 82, 124, 202, 211, 215, 268, 277
Recherchegespräch *siehe* Recherche
Rechercheure 277, 282
Rechtsabteilung 288
Redakteur *siehe* Journalist
redaktioneller Teil 9, 12
Redaktionsbesuch 73, 81, 136
Redaktionshoheit 24
Redaktionsplanung 225
Redaktionsschluss 13
Redaktionsservice 141
Redaktionswebseite 14
Regionalsender 219
Reichweite 99 f, 164, 207, 259, 261
Reichweitenermittlung *siehe* Reichweite
Reizüberflutung 177
Relevanz 24, 46, 67 ff, 71, 81, 94, 160, 170, 208, 211, 258, 263
Reportage 219, 221
Reporting 289

Repositionierung 165
Repräsentant 191, 287
repräsentativ 36, 46, 52, 57, 130, 256, 258, 260
repräsentative Umfrage 131
Resonanz 74, 92, 96, 101 f, 104, 107 ff, 178, 212, 259, 265
Return on Communication 102
Return on Investment 115, 244
Risiko 24, 188, 297 f
Roadshow 180
Rollenverständnis 14, 37
Round-Table-Gespräch 163
RSS-Feed 100, 209
Rückzieher 13, 249
Ruf 16, 20

### s
sample points 49, 57
Satisfyer 176
Schadensersatzprozess 288
schalten 10, 212, 221 f, 224, 283
Schicksale 129, 241
Schreckensnachricht 278
schriftliche Befragung 50
Scorecard *siehe* Balanced Scorecard
Scorecard-Systeme 118
Scoringmodelle 90
Sehgewohnheiten 220 f, 224
Sekretariat 16, 297
Selektion *siehe* Selektionskriterien
Selektionskriterien 124
Selektiven 175
Semiometrie 31, 43 ff, 301
Semiometriemodell *siehe* Semiometrie
Sendematerial 230
Seriosität 131, 160 f, 165, 246, 254, 260, 274
Service 93, 141, 152, 166, 193, 214, 243, 260 f
Share of Voice 104, 106
Sichtbarkeit 5, 65, 74 f, 114, 121, 123, 126, 128, 134, 140, 173, 193, 237 f, 244, 247
Sinus-Milieus 40 ff, 160, 221, 224, 303
Situationsanalyse 67
Skandalmeldung 287
Sonderkonditionen 237
Spannungsbogen 24
Sprachregelung 289
Staatsanwaltschaft 11, 287
Stakeholder 110, 117

Standard-Krise 280
Standing 88, 127, 226, 285, 291
Stärken-Schwächen-Analyse 157
Strategische Planung 89, 153
Statistik 49, 52, 301
Statistisches Bundesamt 253
Steilphase 280
Stellungnahme 284, 288, 295
Story 6, 15, 24, 124, 126, 208, 225, 253, 262, 266, 268, 277
Streichung 9
Streuverlust 76
Studie 20, 31, 34, 36 ff, 46, 52, 57 f, 62, 73 f, 127 f, 133 ff, 139, 141 f, 152, 164, 167 f, 182, 184, 188, 198, 202, 207, 212 f, 236 f, 240, 244, 253 ff, 301
Studien-PR 257, 262 f, 275
Substitutionsanalyse 87
Suchmaschine 201 f, 211
Suchmaschinenrelevanz 208
Sympathie 56, 65, 93, 188
Szenariotechnik 89

*t*

Tagesgeschehen 97, 220, 228
Tageszeitung 13, 16 ff, 125, 128
Teilerhebung 52
Teilöffentlichkeit 157 f
Telefonanrufe 13
Teletext 220 f
Thema 9, 16 ff, 31, 37 ff, 46, 58 ff, 68 ff, 74, 77 f, 82, 90, 97 f, 104 f, 108, 114, 124 ff, 135, 139 ff, 144, 162, 166, 168, 186, 189, 191, 203 f, 211 ff, 220, 225, 238, 240, 244, 246, 251, 255 f, 258 ff, 275, 281, 286, 296 f, 299
Themenauswahl 130, 161, 170, 217, 228
Themenfeld 146, 276 f
Themenführer *siehe* Themenführerschaft
Themenführerschaft 5, 64, 69, 128, 146, 162, 181, 136, 244, 261
Themenmonitoring 141
Themenstreuung 283, 286
Themenvorschlag 9
Themenwelt 67, 69
Tiefeninterview 46
Tonalität 105, 110, 164 f, 179, 298
Tool 67, 78, 141, 173, 205
Traditionsverwurzelte 222
Treiberthemen 5, 29, 30, 38, 57

Trend 75, 86, 128, 198, 201, 205, 208, 234 f, 244, 258, 265
Trendgalaxie 40
Trendstudie 259 f
Tugendhaften 174, 176
TV-Kamera 226
TV-Landschaft 217
TV-Nutzung 220
TV-PR 6, 217, 219, 225, 230, 232
TV-Redaktion 225
TV-Sender 197, 217, 225 f, 297
Two-Channel-Strategie 160, 164 f

*u*

Überlebensstrategie 278
Überraschung 185, 266
Überraschungseffekt 247
Überschrift 15, 125, 173, 205
Übertreibung 282
Überzeugungsmittel 285, 287
UCP *siehe* Unique Communication Proposition
UFP *siehe* Unique Feeling Proposition
Umfragen 35, 77, 116, 182, 203, 240, 247 f, 253, 259, 262, 268, 270, 275
Umschlagsphase 280
Umweltanalyse 86
Unique Communication Proposition 161 f, 170
Unique Feeling Proposition 162
Unique Plattform 77
Unique Selling Proposition 67, 161 f, 170
Unterlassungsverfügung 288
Unternehmensanalyse 66
Unternehmensberatung 20, 75
Unternehmenskrise 216, 278 f
Unternehmenssprecher *siehe* Pressesprecher
Unternehmenswert 146
Unternehmensziele 64 f
Unternehmenswertsteigerung 93
Ursachenmodell 279
USP *siehe* Unique Selling Proposition

*v*

Verdrängungswettbewerb 145
Vergleich 43, 53, 67, 82 f, 104, 113, 132, 150, 180, 192, 194, 199, 201, 220, 159, 167, 303
Vergleichstabellen 10
Verlag 36, 171, 176, 234, 301 f
Verlosung 233
Vermittlerrolle 225

Veröffentlichung 60 f, 137, 142 f, 180, 214, 242, 246 f, 254, 270, 272, 274
Verschwiegenheitpflicht 226
Verteiler 94, 141, 169, 171, 204, 277
Vertrauen 67, 80, 145, 179, 182 f, 238, 246, 280 ff, 293, 295 f, 303
Vertrieb 29 f, 32, 39, 58, 79 f, 83, 167, 173, 177, 179 ff, 184, 187, 192 ff, 237, 251, 264
Vertriebserfolge 254
Vertriebsfläche 179
Vertriebs-PR 162, 174, 176 ff, 183 f, 187, 192 f
Vertriebsunterstützung 7, 63, 79, 187, 274
Verwertbarkeit 29 f, 47
Verwertungsplan 134, 136, 166
Victory-Affäre 278
Videoclips 206
Videopodcast 232
Videoportale 99 f, 215
virales Marketing 197, 215 f
Visualisierung 40
Vodcast *siehe* Videopodcast
Vorgesetzter 24, 102

### w

Wahrheitsgehalt 218, 279
Wahrnehmungsschwelle 72 f, 76 f, 92, 116, 140, 184
Web 2.0 97, 129, 215
Webcast 230
Web-Experte 203
Weblog *siehe* Blog
weiterberichten 15
Werbebotschaft 152, 216
Werbedruck 240, 243
Werbefilm 229
Werbetext 253
Werbung 7, 29, 33, 35, 64, 72, 103, 149, 173 f, 177, 181, 192 f, 197, 212, 224 f, 228, 243, 250, 285, 302, 207

Wertkettenanalyse 85
Wiedererkennung 147
Wikipedia *siehe* Online-Enzyklopädie
Wirkungsebene 92
Wirkungsmodell 91 f, 116 f
Wirtschaftsjournalisten *siehe* Wirtschaftspresse
Wirtschaftspresse 16, 22, 141
Wirtschaftssender 226
Wissenssendung 219
Worst Case 277
Wortlautinterview *siehe* Interview

### z

Zeitplanung 76
Zeitung 14, 18, 20 f, 29, 60, 72, 74, 77, 82, 96, 186, 198, 209, 239, 241 f, 291, 294, 301
zensieren *siehe* Zensur
Zensur 25
Zielgruppe 5, 15, 18, 29 ff, 38 ff, 44, 46 ff, 52, 57 ff, 67, 69 ff, 76 f, 79 f, 86, 88, 92 f, 95, 99 f, 103, 110, 112, 116 f, 128, 134, 140, 155, 159 f, 164, 174, 176 f, 179, 181, 183, 186, 189 ff, 193, 198, 200, 204, 221 f, 228, 233, 238 ff, 244, 246, 259, 261 ff, 301 f
Zielgruppenanalyse 71, 86
Zielgruppensegmentierung 30
Zielmedium 143, 162, 237, 243, 249
Zielsetzung 57, 64, 70, 103, 233, 243 ff
Zitat 15 f, 139
Zitatabstimmung 16
Zufriedenheitsanalyse 84
zurückdelegieren 16
Zuschauerprofil 224
Zuspitzung 126, 177, 261 f
Zuständigkeiten 15, 17
Zweitverwertung 32
Zwischenüberschrift 272

# Marken-Macht den Unterschied!

KLAUS BRANDMEYER et al.
**Marken stark machen**
*Techniken der Markenführung*

2008. Ca. 188 Seiten. Gebunden.
ISBN: 978-3-527-50330-8
€ 34,90

**Mehr Erfolg
durch Markenführung!**

Die Marke ist eines der Top-Management-Themen der letzten Jahre. Immer mehr Unternehmen entdecken die Marke in einem Wettbewerbsumfeld von Billigangeboten, Eigenmarken und fernöstlichen Herausforderern als Weg zu nachhaltiger Wertschöpfung und profitablem Wachstum. Je mehr globaler Wettbewerb, je mehr Preisdruck, desto wichtiger ist eine starke Marke.

Oft wird dabei von einer "Marke als Mythos" gesprochen, als eine Sache von Inspiration und Bauchgefühl. Doch dieses Buch vermittelt konkrete, in der Praxis vielfach bewährte Kriterien und Techniken, mit denen Marken gezielt aufgebaut und erfolgreich geführt werden können.

Wiley-VCH
Postfach 10 11 61 • D-69451 Weinheim
Fax: +49 (0)6201 606 184
e-Mail: service@wiley-vch.de • www.wiley-vch.de

**WILEY-VCH**

# Nur das Genie beherrscht das Chaos

PETER FISK
**marketing genie**

2007. VIII, 508 Seiten. Gebunden.
ISBN: 978-3-527-50274-5
€ 36,-

**Das ultimative
Inspirations-Handbuch
von Marketing-Guru Peter Fisk!**

Marketing braucht mehr Genialität. Modernes Business braucht Marketing wie nie zuvor.

Der britische Marketing-Guru Peter Fisk zeigt in seinem inspirierenden Buch, wie Sie über Ihre täglichen Entscheidungen und Aktionen Marketinggenie in Ihr Geschäft bringen, um sich von der Masse abzuheben und erstklassige Ergebnisse zu erzielen. Er kombiniert die hohe Intelligenz und die radikale Kreativität, die benötigt wird, um heutige nicht-lineare Märkte zu verstehen und in ihnen zu überleben.

Anhand von Beispielen erfolgreicher Unternehmen wie Zara, IKEA, Alessi, Jet Blue, Google und Sony arbeitet der Autor Schwerpunkte, Prinzipien und besondere Merkmale eines modernen, bahnbrechenden Marketings heraus.

Wiley-VCH
Postfach 10 11 61 • D-69451 Weinheim
Fax: +49 (0)6201 606 184
e-Mail: service@wiley-vch.de • www.wiley-vch.de

**WILEY-VCH**